中国社会科学院　学者文选

王绍飞集

中国社会科学院科研局组织编选

中国社会科学出版社

图书在版编目（CIP）数据

王绍飞集／中国社会科学院科研局组织编选. —北京：中国社会
科学出版社，2002.8（2018.8 重印）
（中国社会科学院学者文选）
ISBN 978-7-5004-3485-6

Ⅰ.①王…　Ⅱ.①中…　Ⅲ.①王绍飞—文集②经济学—文集③财
政学—文集　Ⅳ.①F0-53

中国版本图书馆 CIP 数据核字（2002）第 054083 号

出 版 人　赵剑英
责任编辑　李茂生
责任校对　林福国
责任印制　戴　宽

出　　　版　中国社会科学出版社
社　　　址　北京鼓楼西大街甲 158 号
邮　　　编　100720
网　　　址　http：//www.csspw.cn
发 行 部　010-84083685
门 市 部　010-84029450
经　　　销　新华书店及其他书店

印刷装订　北京市十月印刷有限公司
版　　　次　2002 年 8 月第 1 版
印　　　次　2018 年 8 月第 2 次印刷

开　　　本　880×1230　1/32
印　　　张　14.5
字　　　数　347 千字
定　　　价　79.00 元

出 版 说 明

　　一、《中国社会科学院学者文选》是根据李铁映院长的倡议和院务会议的决定，由科研局组织编选的大型学术性丛书。它的出版，旨在积累本院学者的重要学术成果，展示他们具有代表性的学术成就。

　　二、《文选》的作者都是中国社会科学院具有正高级专业技术职称的资深专家、学者。他们在长期的学术生涯中，对于人文社会科学的发展作出了贡献。

　　三、《文选》中所收学术论文，以作者在社科院工作期间的作品为主，同时也兼顾了作者在院外工作期间的代表作；对少数在建国前成名的学者，文章选收的时间范围更宽。

中国社会科学院

科研局

1999 年 11 月 14 日

目　录

财政理论与制度建设

税收理论与税制改革

编者的话

　　王绍飞（1929—1992），中国共产党的优秀党员、忠诚的共产主义战士，中国著名经济学家、财政学家，中国社会科学院研究员、博士生导师。

　　1929年7月1日王绍飞诞生在山西灵丘县一个贫农家庭。作为贫瘠黄土高原贫寒农家的孩子，王绍飞自然无缘读书。抗战军兴，当八路军在离他家几十里处取得了平型关大捷后，这个悟性高、成熟早刚满八岁的孩子，就卷入了民族抗日救亡的大潮之中，他参加了抗日儿童团。接着，共产党将他送到抗日高级小学读了三年书。在抗日战争空前残酷、根据地最困难的1942年，王绍飞中断学业，全力投身抗日工作，任村儿童团长，时年13岁。两年后，年仅15岁的王绍飞光荣地加入了中国共产党。解放战争时期，他参加过平津战役。北平解放后，组织上派他到原察哈尔省税务局工作。面对全新的经济建设工作，尽管王绍飞努力自学科学文化知识，但高度的政治责任感和饱满的工作热情与文化知识水平低的矛盾，使这个十分要强的年轻干部很苦恼。党组织非常理解和关心王绍飞，于1952年保送他上大学深造。1956年王绍飞以优异的成绩毕业于中国人民大学财政系，国家分配他到最高学术殿堂中国科学院经济研究所专职从事学术研究。有谁能想象到，这对于只在战争环境中上过3年小学的王绍飞来说意味着什么？大学4年间，他度过了多少夙兴夜寐、悬梁刺股的日子？在经济研究所21年的学术生涯，除去"三年困难时期"和"十年动乱"，真正从事科学研究的时间也就是七八年。不过，在这宝贵的8年中他的收获是巨大的。后来他在病中曾对学生说：8年时间不算短，我们曾用8年打败了日本鬼子使其滚回老家，我本人在"文化大革命"前的8年形成了有别于前人和旁人的财政学理论体系，只是还没来得及出书。

中国共产党十一届三中全会带来了科学的春天，王绍飞像战士听到冲锋号响一样在学术领域奋力前行，攻关夺旗，频有建树。然而，意气风发、不知疲倦的战士风貌只维持了一年多，大不幸就不期而至，命途多舛的王绍飞在1979年骤罹沉疴：是年6月，他因身体极度不适而去医院检查，被诊断为患贲门癌，且已是晚期。作为一名战士，王绍飞像当年打鬼子那样对待病魔，他要求医生如实相告，大夫为这位坚强的共产党员的精神所感动，确实是"和盘托出"，他本人在第一时间得悉自己身患绝症。王绍飞最令人感动和钦敬的当数他与死神抗争的13年，他一生中全部科研成果的90%是在这一段最痛苦的期间取得的。他在手术后完成的第一部专著的"后记"中写下的一段话，虽然时隔近20年，却令人难以忘怀："1979年6月发现我患贲门癌，做胸腔手术，胃和食管大部切除。术后感染，形成浓胸，以后又做过三次引流手术，身体已经残废。但是，脑力劳动的习惯使我无法停止思考问题、停止工作。对我来说，不能工作是最大的痛苦，比死亡更可怕。同时，我也不甘心把自己的观点带到地下，使它永无出头之日。留在人间也许对社会主义事业有益。我与同志们开玩笑说：'我要垂死挣扎'。"从割去癌瘤的第一次手术到逝世的 13 年中，王绍飞为我们留下了约 200 万字的高质量科研成果（不包括主编的《中国税务百科全书》等合作著述），计有财政学个人专著 2 部，学术论文及研究报告 130 余篇。奉献这么多丰硕的成果，即使一个身强力壮的学者亦非易事，而对于一个在死亡线上拼搏的病人，需要多么坚强的意志和毅力，付出多大的辛劳！王绍飞确实是特殊材料制成的人，是科学家队伍中的"铁人"，中央国家机关党工委授予他优秀共产党员的称号，他当之无愧。

王绍飞不幸英年早逝。不幸中之大幸，是他留下了可备用于决策诸君案头、祁祁学子书桌或储诸兰台石室的不朽文章。在他逝世十周年之际，中国社会科学院决定从中编选出版《王绍飞集》。文集的内容，先由王绍飞的学生刘溶沧、李茂生、吴俊培、谷志杰、马国强等人从他们已收集到的 125 篇文章中初选出 51 篇，然后根据《中国社会科学院学者文选》设定的单本规模，最后选定其中的 36 篇，分为基本经济理论、财政理论与制度建设、税收理论与税制改革三大部分。为方便读者，现略述其梗概于下。

基本经济理论。王绍飞在基本经济理论方面的贡献，主要体现在：

1. 经济核算理论。早在 20 世纪 70 年代王绍飞就强调指出：在商品经济继续存在的社会主义社会，企业盈利是物质生产领域劳动者为社会创造的剩余产品的货币表现，是国家为保证社会共同需要集中剩余产品的一种形式。所以，要不要企业盈利，实际上是要不要企业向社会提供剩余产品的问题。马克思主义认为，劳动产品超出维持劳动的费用而形成的剩余，以及社会生产基金和后备基金从这种剩余中的形成和积累，过去和现在都是一切社会的、政治的和智力的继续发展的基础。社会主义也不例外。而要提供更多的剩余产品，就要改革经济体制，使经济权力、经济责任和经济利益正确地统一起来，全面实行独立经济核算制。

2．剩余产品理论。王绍飞的剩余产品理论，既是其研究经济核算问题的理论总结，又是其系统、深入地研究财政问题的理论基础。在总结马克思、恩格斯有关剩余产品的论述的基础上，王绍飞指出：剩余劳动是人类社会不断前进的基础；剩余劳动和剩余产品的社会形式的发展标志着人类解放的历史进程，既是产生阶级和阶级剥削的物质条件，同时，也是消灭阶级和阶级剥削的物质条件；剩余产品是推动人类社会走向文明的物质基础，在社会主义制度下也必然存在。对于剩余产品在社会主义经济中的具体作用，他指出：剩余劳动和剩余产品作为补偿生产消耗的剩余，必然成为衡量经济效果的主要标志；剩余劳动和剩余产品是积累和扩大再生产的唯一源泉；用于应付不幸事故、自然灾害等的后备基金或保险基金以及与生产没有直接联系的一般管理费用，为丧失劳动能力的人等等设立的基金；必要劳动与剩余劳动、必要产品与剩余产品的客观界限是党和国家制定经济政策、进行综合平衡的主要依据之一。

3．流通理论。王绍飞指出：过去，受自然经济或产品经济的影响，人们片面强调生产对流通的决定作用，看不到流通对生产的决定作用。其实，商品经济是商品生产与商品交换的综合体。流通是生产与消费相分离的必然产物，只要存在生产与消费的分离，流通过程就不可缺少。在人类历史上，是商品交换引起商品生产，而不是商品生产引起商品交换。因此，商品生产要以商品流通为前提。他还指出：流通过程是一个不停顿的运动过程，是通过商品与货币的互相转化而实现的。商品与货币保持数量上的平衡是流通得以实现的条件。从全社会来看，货币流量构成社会总需求，商品流量构成社会总供给，保持社会总需求与总供给的基本平衡也就是要使货币供应量与商品供应量基本相适应，这是实现再生产的前提。同时，流通会形成费用—效益的相互关系，采取投入—产出的表现形式，产生一定的效益。流通过程的科学组织与合理化，可以提高生产社会化的程度，促进生产组织的合理化，减少重复劳动和重复生产，节约社会劳动，减少全社会的生产消耗，提高社会经济效益。

4. 社会主义市场经济理论。在经济学家中王绍飞较早论述了市场经济与商品经济的统一性。他认为：市场经济是商品经济的现实表现。商品经济是内容，市场经济是形式，商品经济是理论概括，市场经济是现实表现。市场经济与商品经济的联系表现为：市场是商品经济发展的前提。没有市场，商品经济就会终止。商品经济随着市场的扩大而发展，市场状况决定商品经济的兴衰。人类对商品经济的认识是从商品交换开始的，没有交换就谈不上市场。在马克思主义经济学中，市场从来就是一个经济问题，而不是政治问题。把市场与经济割裂开，说市场和市场经济是两回事，进而把市场经济和商品经济相对立起来，认为讲社会主义商品经济可以，讲市场经济就是资本主义自由化，这只有那些喜欢做文字游戏、喜欢用政治概念代替科学研究的人才感兴趣。进一步说，市场经济无非是借助货币实现的交换关系的总体表现。这种表现可以适应任何生产方式，不受特殊生产关系的局限，也不是区分社会主义和资本主义的标志。所以，商品与市场，商品经济与市场经济，始终是共生共存不能分离的。

财政理论与制度建设。应该说，在王绍飞的众多贡献中，对财政理论的贡献是最突出的。这集中表现在他以科学地认识剩余产品、社会共同需要与财政关系这三者之间的关系为起点，从提出在社会生产力不断发展的过程中，随着剩余产品的产生逐渐形成了财政关系，由剩余产品形成的社会共同需要是财政关系的经济实质，财政关系随着剩余产品的增长而不断发展（所以，财政关系是社会生产力发展的结果和客观需要，不是由国家权力决定的），到"以马克思主义的剩余劳动与剩余产品理论为基础建立社会主义财政学的理论体系"的整个过程中。他因此而被财政学界公认为"剩余产品分配论"学派的创始人和主要代表，中国社会科学院也因王绍飞独树一帜的财政学理论而奠定了在这一领域的前沿地位。以剩余产品分配为财政立论，是中国财政学家真正的世界性的贡献。需要指出的是，由于本书只是论文集，所选财政方面的几篇文章显然并非他恢宏理论体系之全豹，有兴趣的读者可参阅王绍飞的专著《财政学新论》和《改革财政学》，这是他具有原创性的财政学理论体系的代表作。

税收理论与税制改革。王绍飞在税收理论方面的贡献是突破了传统的税收理论把税收看做国家预算的附属物的局限，帮助人们正确认识现代税收的性质、地位、职能和作用。他认为，税收体现国家的经济职能，反映政府活动的范围；税收体现的是国民共同需要；税收体现社会经济效益；税收是贯彻国家经济政策的手段。他将税收在国民经济中的地位概括为：税收是商品经济发展的必要条件；税收是国民收入分配和再分配的重要环节；税收是财政收入的主要来源。税收的性质和地位决定它在国民经济中的职能和作用。王绍飞将税收的职能归结为聚财以满足社会共同需要和调节社会经济，认为税收的具体作用有四：调节社会供求，调节资源配置，调节收入水平和消费水平，税收是促进商品流通的润滑剂。在实践方面，王绍飞从其理论出发，就强化税收职能提出了政策建议，即转变理财思想，规范财政分配；深化税制改革，理顺分配关系；推行和完善分税制（王绍飞是最早提出在我国实行分税制的学者之一）；统一财源，集中财权和税权。他在 20 世纪 80 年代、90 年代就中国税制改革的方向、模式及步骤提出的见解独到很有价值的建议，其正确性已为此后的实践所充分证明。

限于编者的水平以及文选规模的统一要求，王绍飞的论文中还有不少具有真知灼见者未能选入，而且为保证重点，他所写的二十余篇金融方面的论文此次概未入选，我们深以为憾，也请读者以及王先生的门生故旧鉴谅。

马国强　李茂生
二○○二年七月七日

基本经济理论

社会主义与商品经济

（1）商品经济是社会生产力发展的自然选择。商品经济是社会经济发展必经的阶段，社会主义不能超越商品经济发展的历史过程。十月革命以后，列宁作过消灭商品经济的尝试。从消灭商品经济的失败中看到社会主义保留商品经济的客观必然性，制定了新经济政策。二次大战以后，社会主义国家继续采取限制商品经济发展的政策，搞高度集中的计划经济，使经济管理僵化，经济效益低下，在与资本主义和平竞赛中相形见绌，被资本主义甩在后边。在几十年实践中，社会主义国家的共产党人认识到商品经济是社会生产力发展的自然选择，要提高社会主义国家的经济水平，必须充分发展商品经济，改革不适应商品经济发展的生产关系和上层建筑，建立适应商品经济发展的新体制。

（2）社会主义导源于商品经济，不是导源于自然经济。在商品经济发展的历史中，简单商品经济发展为资本主义商品经济；资本主义商品经济以不可避免的逻辑转变为自己的对立物，走向社会主义。社会主义只能导源于商品经济，不可能导源于自然经济。只有发展商品经济，社会主义才能得到巩固和发展。

(3) 市场经济是商品经济的现实表现。市场是社会分工和商品生产的表现，哪里有社会分工和商品生产，哪里就有市场。市场从来就是经济问题，不是政治问题。市场经济是商品经济的表现。市场经济离不开计划。计划调节是市场经济的产物。市场和计划不是区分社会主义经济和资本主义经济的标志。发展商品经济必须发展市场和市场体系。

(4) 正确认识社会主义商品经济的性质，明确社会主义经济改革的基本目标。正确认识社会主义商品经济的性质，是明确社会主义经济改革基本目标的前提。社会主义经济改革的基本目标包括互相联系的三部分：改革公有制的经营形式，确立合理的经济结构；改革分配关系、分配形式和分配结构，建立合理的分配机制；建立适应商品经济发展的运行机制，充分发挥公有制的优越性和个人劳动的积极性。

从社会财富的表现形式来看，人类社会有史以来经历了两种经济形式：一种是用产品的实物形式表现社会财富的自然经济；另一种是用价值量表现社会财富的商品经济。社会主义生产方式属于什么经济形式，认识很不一致。有些人认为，商品经济是资本主义的经济形式，要划清社会主义和资本主义的界限，社会主义就不能搞商品经济，而应该搞和自然经济相类似的产品经济或称计划经济。这种用主观意念代替客观经济形式的设想，不仅不能帮助人们正确认识社会经济的发展规律，相反会阻碍社会经济的发展。正是在这种主观设想的支配下，社会主义经济发展不断发生曲折。从十月革命胜利到现在的 70 多年的历史中，社会主义的成就与挫折、发展与停滞，无不与人们对商品经济的认识有关。凡是比较重视商品经济并尊重价值规律的时候，社会主义经济发展就比较顺利；相反，凡是限制商品经济和价值规律作用的时候，社会主义经济就呈现停滞或衰退现象。社会主义经济改革能否顺利进行并达到预期目标，在很大程度上仍然取决于人们对发展商品经济有无正确的认识。因此，从理论和实践的结合上弄清社会主义和商品经济的关系，仍然是社会主义经济发展的根本问题。

一　商品经济是社会生产力发展的自然选择

中共中央《关于经济体制改革的决定》指出："商品经济的充分发展，是社会经济发展的不可逾越的阶段，是实现我国经济现代化的必要条件。"这是对马克思主义经济理论的重大发展，其重要性不亚于列宁关于社会主义革命可以首先在一个国家取得胜利的理论。如果说列宁根据 20 世纪初期的社会实践，用社会主义革命可以首先在一个国家取得胜利的理论，代替马克思认为社会主义革命必须在几个主要资本主义国家同时进行，才能取得胜利的理论，指导十月革命取得胜利，是对马克思主义的重大发展，那么用发展社会主义商品经济的理论代替马克思社会主义必须消灭商品经济的理论，确认社会主义经济仍然是商品经济，使社会主义经济走上健康发展的道路，在与资本主义竞争中立于不败之地，这对于保证用社会主义制度战胜资本主义制度来说，其意义不亚于一国夺取政权的重要性。而且取得这样一种认识并非易事，经历了长期的历史曲折，付出了很大的代价。

（一）消灭商品经济的尝试

马克思恩格斯认为，商品经济是生产资料私有制的产物，也是资本主义的经济形式。社会主义要消灭生产资料私有制，建立生产资料公有制，同时也要消灭商品经济。过去，有些人曾试图从马克思和恩格斯著作中寻找社会主义也要发展商品经济的依据，结果总是徒劳的。这是因为：第一，马克思恩格斯认为，只有在资本主义私有制条件下商品经济才发展成为占统治地位的经济形式，消灭私有制也就必然要消灭商品经济。第二，在生产资料公有制条件下，劳动力和生产资料一样归社会占有，劳动具有直接的社会性，不存在个人劳动向社会劳动的转化过程，劳动也不再表现为产品的价值，劳动时间的核算成为经济核算的主要形式，不再求助商品价值的作用。第三，商品交换必然要引起市场买卖的盲目性，产生无政府状态。个别企业的有计划和全社会的无政府状态是产生周期性经济危机的根源。第四，以生产社会化为基础的公有制，消灭了私人之间经济利益的对立，要求社会有计划地组织产品的生产和分配。所以，"在一个集体的、以共同占有生产资料为基础的社会里，生产者并不交换自己的产品；消耗在生产上的劳动，在这里也不表现为这些产品的价值，不表现为它们所具有的某种物的属性，因为这时和资本主义社会相反，个人的劳动不再通过迂回曲折的道路，而是直接地作为总劳动的构成部分存在着"①。而且，"一旦社会占有了生产资料，商品生产将被消灭，而产品对生产者的统治也将随之消除。社会生产内部的无政府状态将为有计划的自觉的组织所代替"②。

在十月革命以前，列宁完全遵循马克思恩格斯的主张，认为社会主义与商品经济是不相容的。早在 1894 年，列宁就讲："须知组织没有企业主参加的生产，首先就必须消灭社会经济的商品组织，代之以公社的共产主义的组织，那时调节生产的就不像现

---

① 《马克思恩格斯选集》第 3 卷，人民出版社 1972 年版，第 10 页（以下凡人民版马列著作不再注明）。

② 《马克思恩格斯全集》第 20 卷，第 307—308 页。

在这样是市场，而是生产者自己，是工人社会本身；那时生产资料就不属于私人而属于全社会。"① 1902 年，列宁在为俄国工人阶级政党制定的第一个纲领草案中，明确提出社会主义要用"产品生产"代替"商品生产"。他写道："工人阶级要获得真正的解放，必须进行资本主义全部发展所准备起来的社会革命，即消灭生产资料私有制，把它们变为公有财产，组织由整个社会承担的社会主义的产品生产代替资本主义商品生产，充分保证社会全体成员的福利和使他们获得自由的全部发展。"② 可见，列宁和马克思恩格斯一样，是把商品经济和资本主义私有制完全联系在一起的，认为消灭资本主义私有制就必须消灭商品经济。甚至断言，"社会主义就是消灭商品经济，……只要仍然有交换，那谈什么社会主义是可笑的"③。

十月革命以后，列宁按照马克思恩格斯的传统认识，着手制定逐步消灭商品经济的政策，打算用产品的计划分配代替商品买卖，开始进行消灭商品经济的尝试。他在 1919 年 2 月写的《俄共（布）党纲草案》中讲："苏维埃政权的现时任务是坚定不移地继续在全国范围内用计划有组织的产品分配来代替贸易。目的是把全体居民组织到生产消费公社中，这种公社把整个分配机构严格地集中起来，最迅速、最有计划、最节省、用最少的劳动来分配一切必需品。"并且"俄共将力求尽量迅速地实行最激进的措施，来准备消灭货币，首先是以存折、支票和短期领物证等等来代替货币，建立有钱一定要存入银行的制度等等。"④ 到 1919 年 10 月，列宁在《无产阶级专政时代的经济和政治》一文中讲：

① 《列宁全集》第 1 版，第 1 卷，第 225 页。
② 《列宁全集》第 1 版，第 6 卷，第 11 页。
③ 《列宁全集》第 1 版，第 15 卷，第 112 页。
④ 《列宁选集》第 3 卷，第 749—750 页。

"由国家组织产品分配来代替私营商业这件事，即由国家收购粮食供应城市、收购工业品供应农村这件事，也是这样。"① 简而言之，从 1917 年到 1919 年，列宁制定了一系列消灭商品经济的政策措施，试图用产品分配取代商品买卖。这些措施当时就受到农民的反对和城市居民的抵制，产品收购困难，黑市猖獗，加剧了经济困难。

　　1918 年夏，国内战争爆发，战争需要和物资困难，迫使苏维埃政府实行战时共产主义政策，对农民实行余粮收集制，除了规定的口粮以外，余粮全部交给国家，并且用强制办法进行征集；在城市用军事办法组织工业生产。战时共产主义政策加速了消灭商品经济的过程，同时也加剧了苏俄的经济破坏。据史料记载，1920 年工业产值比战前 1913 年减少 6/7，农业产量减少 1/3，粮食和日用品严重不足，人民生活极度困难。农民暴动，工人罢工，田地荒芜，工人解体，国民经济陷于破产境地。造成经济破产的原因，除战争破坏以外，消灭商品经济的措施起了重要作用。消灭商品经济首先损害了农民的利益，挫伤了农民生产的积极性。农民讲："我们拥护布尔什维克，因为他们赶走了地主，但我们不拥护共产主义者，因为他们反对个体经济。"② 农民的反抗，使城市粮食供应发生严重困难；工人得不到必要的生活资料，纷纷离开工厂自谋生路，加入小生产者的行列。这些情况说明，消灭商品经济的政策是行不通的。要把人类社会从商品经济拉回到自然经济时代，会给人民生活造成极大的不方便，不仅会遭到农民的反对，而且会使现代工业遭到破坏。商品经济作为社会经济发展的必经阶段，不以人们的意志为转移，人为地消灭商

---

① 《列宁全集》第 2 版，第 37 卷，第 269 页。
② 《列宁全集》第 1 版，第 32 卷，473 页。

品经济是消灭不了的。

1921 年，国内战争结束，需要集中力量恢复和发展国民经济。如何调动工人农民生产的积极性，必须寻找新的途径，制定新的经济政策，重新认识商品经济的性质和作用。列宁作为彻底的唯物主义者，坚持一切从实际出发，勇于正视现实，他从战时共产主义政策的失败中看到消灭商品经济的政策错误，看到社会主义必须保留商品经济的客观必然性，制定了恢复商品交换的新经济政策，并"把商品交换提到首要地位，把它作为新经济政策的主要杠杆"①。这样，在社会主义革命的历史上，列宁就成为第一个改变社会主义必须消灭商品经济观念的马克思主义者，也是对发展马克思主义做出重大贡献的人。

列宁是伟大的马克思主义者，也是真正的实践家，他对社会主义必须保留商品货币的认识是在实践中逐步加深的，不是一步达到的。他在阐明新经济政策形成的历史过程中，曾多次讲他对商品经济的认识过程。他说：商品经济这个概念包括一些什么内容呢？这个概念所设想的建设计划（如果可以这样说的话）是怎样的呢？他设想，在全国范围内，或多或少按照社会主义方式用工业品交换农产品，并通过这种商品交换来恢复作为社会主义结构唯一基础的大工业。结果怎样呢？现在你们从实践中以及从我国所有的报刊上都可以清楚地看到，结果是商品交换失败了。所谓失败，是说它变成了商品买卖。现在我们处于必须再后退一些的境地，不仅要退到国家资本主义上去，而且要退到由国家调节商业和货币流通。这条道路比我预料的要长，但只有经过这条道路才能恢复经济生活。除此以外，没有别的出路。我们必须懂得：目前的具体条件要求国家调节商业和货币流通，我们正应当

---

① 《列宁全集》第 2 版，第 41 卷，第 327 页。

在这方面发挥我们的作用。由此可见，开始列宁设想的是简单商品交换，即由国家直接组织工农业之间的产品交换，但是在实践中简单商品交换变成以货币为媒介的商品买卖，商业成为商品流通不可缺少的环节。这就证明简单商品交换的设想行不通，必须确认商业和货币流通的客观必要性，转上国家调节商业和货币流通的轨道。"学会了解商业关系和经商是我们的责任。而只有开门见山地指明这个任务，我们才能开始有成效地最终学会。我们不得不退这样远，因为商业问题成了党的一个实际问题，成了经济建设的实际问题。"① 到此，可以说列宁比较全面地确认了社会主义商品经济的基本内容。

但是，列宁从事社会主义建设实践的时间是短暂的。由于历史条件的局限，对社会主义商品经济的认识不能不受历史的局限。这种局限主要表现在：（1）列宁认为，社会主义利用商品货币关系是一种革命的倒退，不是前进。既然不能用正面攻击的办法取得战胜资本主义的胜利，就只能用迂回的办法，即利用商品货币关系这些资本主义固有的经济形式来战胜资本主义。因此，他认为新经济政策包含着更多的旧东西。（2）列宁始终认为，商品交换是私有制的产物，社会主义保留商品交换的主要原因是为了适应广大小生产者特别是农民的要求。商品交换是农民唯一可以接受的经济形式，而且也只有与农民进行交换的产品才能叫商品，国家掌握的工业品不再成为商品。他说："包括产品交换在内，因为用来交换农民粮食的国家产品，即社会主义工厂的产品，已不是政治经济学意义上的商品，决不单纯是商品，已不是商品，已不再是商品。"② 列宁对商品经济认识的局限性，后来

---

① 《列宁全集》第 2 版，第 42 卷，第 237 页。

② 《列宁全集》第 2 版，第 41 卷，第 268 页。

竟成了斯大林研究商品经济不可超越的界限，成了社会主义国家限制商品经济发展的主要依据。

（二）限制商品经济发展的后果

列宁对苏联新经济政策的论述，改变了社会主义必须消灭商品经济的传统观念，为社会主义保留商品经济奠定了基础，这是列宁对发展马克思主义的重大贡献。在列宁逝世之后，斯大林领导的苏联共产党，失去一切从实际出发的勇气，把列宁关于新经济政策的论述当作不能改变的教条，思想僵化，对商品经济的认识始终停留在新经济政策确认的在一定范围内利用商品货币关系的阶段，在第二次世界大战以后继续采取限制商品经济发展的政策，使国民经济长期处于僵化低效状态，在和平竞赛中被资本主义经济甩在后边。

第二次世界大战以后，世界上出现了一批社会主义国家，与主要资本主义国家形成政治、军事互相对立的两个阵营，资本主义体系受到很大冲击。主要资本主义国家除了组织军事联盟同社会主义阵营对抗以外，在经济上对社会主义国家实行全面封锁，断绝与社会主义国家的经济技术交往和贸易关系，因此社会主义国家之间则建立了自己的经济联系。两个阵营在进行军事对抗的同时，在经济上也展开了竞赛，但经济发展水平逐渐拉开。到70年代，社会主义阵营的经济发展呈现出明显的劣势，资本主义经济则遥遥领先，社会主义国家的吸引力不断下降，许多人对社会主义制度的优越性产生怀疑。为什么在二次大战以后的几十年间，社会主义由优势变为劣势，从资本主义害怕社会主义变成许多社会主义国家放弃社会主义制度呢？从经济上讲，主要原因是社会主义国家继续采取限制商品经济发展的政策，在国家之间未能建立正常的贸易关系，经济僵化低效，与资本主义商品经济相比相形见绌。

西欧资本主义国家作为经济整体，在 20 世纪经历了两个不同的发展阶段。从 1913 年到 1950 年的 37 年间经历了两次世界大战和一次世界性经济危机，生产和生活处于起落不定之中，资本主义制度的矛盾显得特别突出。"从 1950 年起，情况就大不一样，产生了经济活动的持续景气，产量和生活水平都以前所未有的速度不断提高。投资额一直很高并不断上升，失业人数下降，贸易始终繁荣。"① 什么原因使西欧资本主义国家的经济出现这种繁荣景象？概括地讲，主要有三个方面：（1）在二次大战以后，西欧各国按照商品经济发展的要求调整了产业结构，较为普遍地用先进技术装备了农业和工业生产部门。首先，"在战后时期，西欧每一个国家的农业在 20 年的时间内都发生了重大的结构变化。新的引擎机械可以应用到农业上，从而引起一场真正的土地革命"②。历史上熟悉的农民村庄已经消失，农业从业人口变成少数。

1913 年西欧有 37％的人在农业部门工作，到 1970 年只有 14％。农民的生活条件和价值观念发生了根本变化，农村经济趋向城市化，社会生活进一步商品化；其次，在工业中加速技术改造和集约经营，为了采用新技术，加速折旧，缩短更新周期，同时在调整产业结构中促进企业合并，把产量集中于大企业，用大企业一体化经营增强经济的稳定性，促进了产量的增长。50 年代，西欧各国的总产量年平均增长率为 4.4％，失业率为 2.9％，比 20 年代和 30 年代好得多。60 年代的总产量年

---

① 卡洛·M. 奇波拉主编：《欧洲经济史》第 5 卷（下），商务印书馆 1988 年版，第 40 页。

② 同上书，第 12 页。

平均增长率为 5.2%，高于 50 年代，失业率下降为 1.5%，景况比 50 年代更好。（2）普遍调整了经济政策，协调国内阶级矛盾。首先，战后西欧各国把促进经济增长和维持就业作为政府的政策目标，采用各种财政金融手段把经济波动控制在有限的范围内，加强了政府的经济干预；其次，比较普遍地实行福利政策，扩大社会保障的范围，实行免费义务教育，增加失业救济和各种福利支出，实行公费医疗，在企业管理中吸收工人参与等等。所有这些，都缓和了国内阶级矛盾，减弱了工人反对资本主义的情绪，把人们的注意力引上发展经济、增加个人收入的道路。这是战后几十年西欧各国经济稳定发展的重要原因。（3）为了与社会主义阵营相对抗，西欧各国在美国支持下建立了统一市场，有效地协调了各国的贸易关系。和以前相比，战后资本主义各国的一个显著特点是高度的国际合作。西欧经济共同体的自由贸易法规取消了贸易数量限额，并通过欧洲支付同盟取消了支付壁垒，使西欧各国的贸易合作得到巩固和发展。西欧各国的出口量年平均混合增长率，50 年代为7.8%，60 年代为 9%，高于同期产量年平均增长率。生产的稳定增长和国际贸易的发展，使固定投资占国民生产总值的比率一直保持较高水平，50 年代为 15.4%，60 年代达到18.1%，资源分配效益也比以前提高。这是促进经济发展的主要原因。需要指出的是西欧各国战后的经济繁荣与美国的援助分不开，从 1945 年到 1971 年美国对西欧各国的援助达 530 亿美元，这不仅促进西欧各国战后经济的恢复和发展，也帮助西欧各国建立了统一市场，这就使西欧各资本主义国家的经济出现了持续繁荣的景象。

　　把资本主义世界作为整体来看，美国有其特殊性，两次世界大战中不仅未受损失，而且发了财，这是特殊的历史环境造成的。在人类社会发展中能代表资本主义兴衰的是西欧各国。马克思主要以西欧各国的经济发展为依据，探索了资本主义商品经济的发展规律，建立了科学社会主义学说。现在，要观察资本主义和社会主义的胜负优劣，仍然要以西欧各国为依据。二次大战以后，西欧各资本主义国家之所以能够从衰败中兴起，我认为根源就在于西欧各资本主义国家能够在新形势下，按照商品经济发展的轨道调整经济政策，使经济从衰败中解脱出来，出现暂时繁荣景象（在历史长河中只能说是暂时的）。而社会主义国家的经济相形见绌的原因，也是由于违反商品经济发展的要求，继续限制商品经济发展造成的。

从经济政策上说，战后社会主义国家一直把计划经济和商品经济相对立，用计划经济代替商品经济，使社会经济陷于僵化，尽管生产增长速度不比西欧资本主义国家低，但是经济效益远不如资本主义国家。限制商品经济发展的教条来自斯大林。由于他脱离实际，用官僚主义态度对待经济发展过程，过分强调集中计划的优越性，采取一系列限制商品经济的措施，加剧了计划经济与商品经济的对立。这在他 1952 年发表的《苏联社会主义经济问题》中表述得很清楚。他明确规定商品生产的"活动范围只限于个人消费品。"[①] 至于限制商品经济发展的文章和政策规定，只要翻开社会主义国家 60 年代以前的书刊和法令汇编比比皆是，用不着引证。

在经济改革以前，限制商品经济的发展是社会主义国家共同的经济政策，并以此与资本主义经济相区别。尽管程度不同，但没有一个国家例外。中国从 50 年代的人民公社化到六七十年代的"文化大革命"，曾经几次掀起批判和消灭商品经济的热潮，

[①] 斯大林：《苏联社会主义经济问题》，人民出版社 1971 年版，第 13 页。

每次都给国民经济造成灾难，最后都不得不用发展商品经济的措施推动国民经济的恢复和发展。

(三) 重新认识发展商品经济的重要性

社会主义经济改革从何时算起，改革的起点是什么？尚无统一的认识。从整个发展趋势看，70 年代以前改革基本上是个别国家的事情，未能形成大潮。70 年代以后，所有社会主义国家都在进行经济改革。这是否像西方资产阶级所说的那样，改革意味着社会主义制度的失败。这当然不足为凭。资产阶级没有一天不希望社会主义制度失败，但这不过是他们的梦想。最终失败的绝不是社会主义，而是资本主义，这是人类社会发展的历史规律。邓小平同志讲，经济改革是社会主义制度自我完善的过程，它将充分显示社会主义制度的生命力和优越性。这种改革是由共产党人自己发动的，它不仅证明共产党人能够自觉地驾驭历史规律，像完成政治革命一样完成经济和技术革命，取得经济改革的完全胜利，而且也将再次证明资产阶级希望社会主义制度失败的梦想是无法实现的。

那么，社会主义国家为什么要发起经济改革的浪潮？根本原因是共产党人经过几十年的实践，对社会经济发展有了更深的认识。如果说过去的共产党人在近百年的斗争实践中对政治革命有了比较深刻的认识，能够较为科学地把握政治斗争的规律，夺取政权，那么现代共产党人经过几十年的实践对社会经济发展也有了比较深刻的认识。特别是二次大战后这几十年，为什么处在风雨飘摇中的资本主义社会能出现再度繁荣，而本来是先进生产方式的社会主义国家在经济发展中相形见绌？根源就在于社会主义革命在政治上取得胜利以后，在经济发展中没有完全摆脱空想社会主义的影响，把建立合理的经济制度空想化，想用直接分配社会产品的实物经济代替比较先进的商品经济，把人类社会由高度社会化的商品经济时代拉回到自然经济时代，无疑会阻碍社会生产力的发展，使社会经济效益降低。人类社会由自然经济进入商品经济，是社会生产力发展的自然选择，不以人们的意志为转移，企图用人为的办法消灭商品经济是空想社会主义的做法，在实践上根本办不到，每次消灭商品经济的尝试都会造成经济衰退。商品经济作为社会经济发展不可超越的历史阶段，是一切生产方式都不能避免的，正如人类社会不能超越自然经济阶段一样，也不能超越商品经济阶段。处在商品经济时代的一切生产方式，不论是社会主义还是资本主义，都必须采取商品经济形式，用商品表示社会财富，在商品经济中求发展，否则就会被社会淘汰。社会主义要战胜资本主义，也必须在发展商品经济中显示自己的优势，这是社会主义经济改革的起点。实践告诉人们，如果社会主义不用商品经济代替自然经济，很可能要被资本主义所取代，这关系社会主义制度的存亡。

既然商品经济是社会生产力发展的自然选择，社会主义国家要有效地促进社会生产力的发展，就必须发展商品经济，改革不适应商品经济发展的生产关系和上层建筑，建立适应商品经济发展的经济体制就成了社会主义经济改革的客观要求。这就是社会主义国家进行经济改革的根本原因，也是社会主义最终战胜资本主义的根本所在。

二　社会主义导源于商品经济，不是导源于自然经济

在人类发展的历史中，社会主义与商品经济有不可分割的联

系。马克思主义经济学是从研究商品经济开始的。① 社会主义是从研究商品经济发展规律中得出的科学结论。凡是比较系统地读过马列原著的人都不会怀疑这个结论。

马克思把商品经济发展的历史分为前资本主义的简单商品经济和资本主义商品经济两个阶段。简单商品经济以生产者自己劳动为基础；资本主义商品经济以剥削别人的剩余劳动为基础。以生产资料私有和个人劳动为基础的简单商品经济，按照它自身的发展规律必然要发展为资本主义商品经济。这已经为过去的历史所证实，无须赘述。在马克思主义经济学中，占主要地位的是研究资本主义商品经济的发展规律。马克思通过对商品经济的研究揭示了资本主义生产方式产生、发展和灭亡的历史规律。以剥削别人剩余劳动为基础的资本主义生产方式，使商品经济发展到很高的程度，使全部社会财富包括劳动力、知识和科学技术都变成商品，扩大了社会财富的范围。但是，商品经济的高度发展又和资本主义生产方式的局限性发生尖锐矛盾，使资本主义生产关系无法容纳高度发展的社会生产力，生产社会化要求突破资本主义生产资料私有制的局限，以更高的生产关系适应商品经济发展的需要。马克思讲："以商品生产和商品流通为基础的占有规律或私有权规律，通过它本身的内在的、不可避免的辩证法转变为自己的直接对立物。"② 这种转变是通过以下两个互相联系的过程进行的：（1）通过劳动者与生产资料的分离把生产资料和生活资料集中在少数人手中，使多数人变成无产者。这是资本主义商品经济的起点，也是资本主义商品经济区别其他商品经济的基本特征。生产资料和劳动者相分离从根本上改变了商品经济的性质，

① 《马克思恩格斯选集》第 2 卷，第 123 页。
② 《马克思恩格斯全集》第 23 卷，第 640 页。

加速了商品经济的发展，也使资本主义生产方式中的各种矛盾开始激化。（2）所有权和经营权或称资本所有权和生产职能的分离，使资本家成为生产过程多余的人。这种分离是通过两种形式达到的：一是由竞争走向垄断的规律造成资本集中，"随着这种集中或少数资本家对多数资本家的剥夺，规模不断扩大的劳动过程的协作形式日益发展，科学日益被自觉地应用于技术方面，土地日益被有计划地利用，劳动资料日益转化为只能共同使用的劳动资料，一切生产资料因作为结合的社会劳动的生产资料使用而日益节省，各国人民日益被卷入世界市场网，从而资本主义制度日益具有国际的性质。……生产资料的集中和劳动的社会化，达到了同它们的资本主义外壳不能相容的地步"①。二是随着信用制度的发展，借贷资本和股份公司引起资本所有权和生产职能的分离，生产职能由不是资本家的经营者执行，资本家远离生产过程。"所以，留下来的只有管理人员，资本家则作为多余的人从生产过程中消失了。"② 从马克思恩格斯研究商品经济发展的历史规律中，我们可以清楚地看到：生产资料和劳动者相分离使简单商品经济变为资本主义商品经济；资本所有权和生产职能的分离成为私有制向公有制过渡的起点。商品经济的充分发展必然要加速生产社会化的进程，为社会主义公有制创造历史前提。

过去，有不少的人认为，商品经济是产生资本主义的温床，商品经济的自发性只能把人们引向资本主义，不能把人们引向社会主义。现在有些人仍然坚持这种认识，总是担心商品经济把人们引向资本主义道路，这是主张限制商品经济发展的思想根源。这种认识总是要把商品经济等同于资本主义经济，把社会主义与

---

① 《马克思恩格斯全集》第23卷，第831页。
② 《马克思恩格斯全集》第25卷，第436页。

商品经济相对立，主张用计划经济代替商品经济，实际上就是用直接分配产品的实物经济取代商品经济，使人类社会退回到自然经济时代。尽管他们所说的计划经济也有价值量的计算，但是整个经济运行过程总是具有以实物为主的特征。自然经济的特征越多，离科学社会主义就越远，离封建主义就越近。用自然经济与资本主义商品经济竞赛，必然要被资本主义甩在后边。实际上，认为商品经济只能把人们引向资本主义的观点，是站在小农经济即小商品生产者的角度看问题。如果向前跨一步，从资本主义商品经济发展规律看问题，就会看到商品经济发展的最终趋向必然是把人们引向社会主义，而不会退回到自然经济。商品经济有效地促进了社会生产力的发展，为人类生活提供了各种方便和自由，使人类生活脱离自然经济的局限，走向文明。正是这种方便和自由才引起人们对社会主义的向往，为建立社会主义经济创立了物质和精神前提，最终用社会主义代替资本主义，使人类社会更文明。

列宁讲："商品交换是对工农业相互关系是否正常的检验，是建立较正常地发挥作用的货币制度的基础。"[①] 毛泽东讲，算账才能实行那个客观存在的价值法则，这个法则是一个伟大的学校，只有利用它，才有可能教会我们的几千万干部和几万万人民，才有可能建设我们的社会主义和共产主义。可见，列宁和毛泽东都把商品经济和社会主义联系在一起。如果说马克思恩格斯创立了推翻资本主义制度的经济学，那么列宁和毛泽东奠定了建设社会主义经济学的基础，这两种经济学都是从商品经济发展中引出社会主义，不是从自然经济中引出社会主义。换句话说，社会主义是导源于商品经济，不是导源于自然经济，要想从自然经

---

① 《列宁全集》第2版，第41卷，第26页。

济占主导地位的封建社会直接进入社会主义是不可能的。因此，无论是社会主义革命还是社会主义建设都要以商品经济的发展为前提。

（一）商品经济能够有效地促进社会生产力的发展，为建立社会主义生产方式创立物质前提

在社会主义革命以前，商品经济在资本主义社会推动了生产力的发展，扩大了社会财富的范围，使生产社会化进一步提高，为建立社会主义公有制创造了物质条件，使社会主义革命具有胜利的可能。社会主义公有制要以生产力的高度发展和生产社会化为前提，不能建立在以手工劳动为主的小生产基础上。生产力是生产关系的物质基础；没有相应的生产力要建立社会主义生产关系是很困难的，以小生产为基础的社会主义是不能巩固的。实践证明，无产阶级社会主义革命在生产力比较落后，商品经济不发达的国家取得政权以后，要想完全消灭私有制和建立单一公有制是行不通的，这样做的结果只能造成社会生产力的破坏。无产阶级取得政权以后的首要任务不是尽快地建立单一的公有制，而是要利用现有的经济形式发展社会生产力，为社会主义生产关系创立物质基础。在生产力水平很低而又发展不平衡的情况下，只有发展商品经济才能有效地推动社会生产力的发展。这是因为：第一，商品经济能够适应社会生产力发展的不同层次，使各种不同的生产方式利用共同的经济形式进行经济交往和经济联系。这样，无产阶级政权就可以根据社会生产力的不同层次采取不同的所有制形式，形成以公有制为主导多种所有制并存的社会主义经济结构，有效地促进社会生产力的发展。第二，商品经济与现阶段社会劳动的性质相适应，可以使劳动力和生产资料达到有效的结合。在社会生产力还没有达到满足全体社会成员的各种需要以前，劳动力只能作为人们谋生的手段归劳动者个人所有，不可能为社会所公有。劳动力和生产资料的结合只能采取商品经济形式，按照等价交换原则使劳动力和生产资料相结合。第三，商品经济依据等价补偿原则分配收入，使收入的数量以劳动的数量和质量为转移，适合不同所有者的要求，有助于提高劳动兴趣，激发人们生产劳动的积极性。总而言之，商品经济可以有效地协调个人利益和社会利益的矛盾，有效地利用各种生产资源，使人们在为个人利益奋斗的过程中同时为社会做出贡献。

（二）商品经济的充分发展会改变资本主义生产目的并导致社会主义分配形式的产生

商品经济的内在矛盾是使用价值和价值的对立，随着商品经济的发展，这种内在矛盾逐渐变为商品与货币的外部对立，要占有商品价值的人不一定需要商品的使用价值，而需要商品使用价值的人又必须用货币支付商品的价值。这种使用价值和价值互相对立又互相转换的矛盾，制约着商品经济发展的全过程，使商品经济由低级到高级，由简单到复杂，不断地改变运行过程。首先，商品经济的内在矛盾以其不可抗拒的强制性改变着资本主义的生产目的，迫使一切商品生产者服从社会需要。"谁用自己的产品来满足自己的需要，他生产的就只是使用价值，而不是商品。要生产商品，他不仅要生产使用价值，而且要为别人生产使用价值，即生产社会的使用价值。"[1] 为社会需要进行生产，这是商品经济的特点，否则他的产品就不能得到社会承认，不能变成商品。社会主义和资本主义的一个重要区别，就是社会主义生产是为社会需要；资本主义生产是为了利润。但是，资本家要想

---

[1]　《马克思恩格斯全集》第23卷，第54页。

占有商品的价值，获得利润，他就必须为社会生产使用价值，为满足社会需要服务。如果生产的产品不适合社会需要，商品的价值就不能实现，企业就会亏本。这样，商品价值和使用价值的矛盾迫使资本主义企业不能不从社会需要出发。这就是为什么商品经济越发展，为消费者服务的形式和态度越好，越重视消费者评价的原因。其次，商品经济的内在矛盾会导致用社会主义性质的分配形式代替资本主义性质的分配形式。从历史唯物主义观点来看，社会主义性质的分配形式只能产生于商品经济，不可能产生于自然经济，更不可能由人们随意臆造，一切离开商品经济臆造的社会主义分配形式都难在实践中存在。从分配过程看：第一，商品买卖过程为消费者根据自己的收入选择自己需要的商品提供了条件，尽管这种需要完全取决于个人收入水平，对每个人来说是不同的，但是它终究是由消费者进行选择，不是由社会配给。这种选择在有支付能力的限度内是自由的，包含着某种按需分配的因素。支付能力实际上是社会生产力发展水平的限制，随着社会生产力的发展这种限制会逐渐减弱，人们选择的自由会不断地扩大。第二，随着生产力的发展，商品经济会创造出按需分配的适当形式，正如由最初的师徒帮工发展成资本主义雇佣关系，形成资本主义的工资制度，又由资本主义的工资制度演变为社会主义按劳分配的工资制度一样，商品经济的充分发展会为按需分配创造出适当的形式。只要我们坚持用历史唯物主义观点看问题，那就不难发现商品经济对资本主义私有制的侵蚀在分配形式中表现得最明显。诸如义务教育、公费医疗、社会保障以及商品买卖过程的自选市场、自助餐厅、信用卡等等，都在不同程度上包含着新分配形式的萌芽。到社会主义社会，这些分配形式会摆脱资本主义私有制的局限而成为公有制的现成形式。

（三）商品经济的充分发展会导致用社会主义经营方式代替资本主义经营方式

经营方式和生产方式一样，归根结底决定于生产力的发展水平和生产社会化的程度，生产力水平和生产社会化的程度越高，经营方式就越文明。现代资本主义的经营方式比封建时代的经济方式文明是有目共睹的；社会主义经营方式要比资本主义文明也是无疑的。但是，文明的程度要受生产力和生产社会化程度，受商品经济发展水平的限制。第一，商品经济的充分发展会进一步提高生产社会化的程度，使生产在更大程度上成为社会生产，使生产经营成为社会职能，在更大程度上摆脱私人利益的局限而变为社会事业。第二，随着社会化程度的提高，市场范围不断扩大，面向全国甚至全世界的生产使分散的企业计划失灵，生产经营变成科学决策。为了保持经济的正常发展，社会的宏观调节就成为经济发展的客观要求，市场的盲目性趋向计划调节，由看得见的手代替看不见的手，政府经济政策导向成了现代商品经济发展不可缺少的内容。第三，商品是天生的平等主义者，它一出世就把一切特殊劳动化为社会平均必要劳动，按照社会平均必要劳动时间相交换，反对任何特权。在历史上，商品经济的发展推动人们用资产阶级民主代替封建专制，生产经营中由工头监工到泰罗制，进而发展为现代的工人参与和班组自治管理等，应该说经营方式在不断地趋向文明。同样的道理，随着商品经济的充分发展，必然会导致用社会主义民主代替资本主义民主，使劳动者成为企业的真正主人。现在，西方资产阶级把资本主义称作民主制度，把社会主义称作集权专制，在我国也有少数人相信这种看法，向往资产阶级民主。从本质上说，社会主义和集权专制是不相容的，集权专制要以私有制为基础，公有制不能实行集权专制。但是，广泛的民主是以生产力发展水平为前提的，有了高度

发展的生产力才能建立高度的文明，实现广泛的民主；在主要精
力用于争取生活必需品的条件下，民主总会受到限制。多数人为
生存而奋斗，陈腐现象难以完全消除。

总起来讲，商品经济是社会主义的历史前提，只有发展商品
经济才能发展社会主义。社会发展的决定力量是生产力，是客观
存在的经济规律，不是主观意向。马克思主义认为，由资本主义
到社会主义是人类社会发展的必然趋势，和自然规律一样不以人
们的意志为转移。商品经济的充分发展必然要把人类引向共产主
义，这是无疑的。至于是否一定要用暴力促进新社会的诞生，要
看阶级力量对比而定。但是，对社会经济发展过程不能使用暴
力，用人为的办法消灭商品经济只能引起社会倒退，离社会主义
和共产主义更远，而不是接近。共产主义采取什么经济形式，社
会生产力的发展会自然得到解决，正如自然经济和商品经济是社
会生产力发展的自然结果一样，未来社会的经济形式也会自然出
现，而且必然要从商品经济中演变出来。我们面临的任务是集中
全力发展社会主义商品经济，也只有这样才能巩固和发展社会主
义的生产关系。

三　市场经济是商品经济的现实表现

我们讲社会主义导源于商品经济，并且只有充分地发展商品
经济社会主义才能得到巩固和发展。如果把社会主义和商品经济
对立起来，用消灭商品经济的办法发展社会主义经济，只能把社
会主义引向失败，这已经为历史所证明，不难取得共识。

现在的问题是如何正确认识市场经济和商品经济的关系。有
些人把市场经济和商品经济相对立，承认商品经济而反对市场经
济，说认为商品经济就是市场经济的人是"资本主义自由化"，

这显然是站不住脚的。马克思主义靠真理战胜谬误，讲严密的逻辑性，从不借用政治口号掩饰理论上的弱点。检验真理的唯一标准是实践。目前，经济实践中的主要问题是市场问题，它制约着商品经济发展的全过程，无论是从微观经营还是宏观调节来说都是市场问题，以致政府和一些部门的重要领导人都在为市场呼唤。如邹家华同志讲："只有搜起市场这个龙头，才能舞动经济发展这条龙。"① 从1989年到现在，市场问题成了中国经济生活中最突出的问题，从报刊上连篇累牍地发表促进市场发育的文章，到现在下力清理"三角债"，搞活国营大中型企业，都是在解决市场问题。这说明市场是商品经济的生命线，要发展商品经济就必须开拓市场，促进市场的发展。实践就是这样提出问题，不管那些反对市场经济的人如何说市场经济要不得，而要在实践中脚踏实地发展社会主义商品经济的人们，必须采取有效措施促进市场的发展，为巩固社会主义办实事。

何谓市场？马克思讲："生产劳动的分工，使它们各自的产品互相变成商品，互相成为等价物，使它们互相成为市场。"② 列宁讲："市场这个概念和社会分工——即马克思所说的'任何商品生产的共同基础'——这个概念是完全分不开的。哪里有社会分工和商品生产，哪里就有市场。市场和社会劳动专业化的程度有不可分割的联系。""市场发展的限度决定于劳动专业化的限度。而这种专业化，按其性质来说，正像技术的发展一样没有止境。""市场不过是这种社会分工和商品生产的表现。"③ 从马克思和列宁的论述中可以看到，市场是社会分工和商品生产的产

---

① 邹家华：《要搜起市场这个龙头》，见1990年3月27日《经济参考报》。
② 《马克思恩格斯全集》第25卷，第718页。
③ 《列宁全集》第1版，第1卷，第83、84、91页。

物，也是社会分工和商品生产的现实表现。哪里有社会分工和商品生产，哪里就有市场。社会分工越细，劳动专业化程度越高，市场也就越发展。

弄清楚什么是市场，然后再研究市场经济和商品经济的内在联系就比较容易了。凡是读过马克思主义经济著作的人们都知道，在马克思主义的经济学中，市场从来就是一个经济问题，不是政治问题。把市场和经济割裂开，说市场和市场经济是两回事，再把市场经济和商品经济相对立，这不仅在逻辑上讲不通，而且在实践上也是有害的。从逻辑上讲，既然市场不过是社会分工和商品生产的表现，那么市场经济就是商品经济的表现。商品经济是内在规定，市场经济是表现形式。商品经济是理论抽象，市场经济是现实表现。没有表现形式的东西是无法存在的，人们也无法知道它是否存在。马克思研究商品经济是从原始公社之间的商品交换开始的。交换是人们看得见的活动，也是商品和市场的起点。如果没有这种交换活动，商品、市场和商品经济都无从谈起。我们说社会主义经济仍然是商品经济，就是因为我们要到市场上购买各种商品。如果没有市场或"市场"上没有商品，我们就无法接触商品经济，也不会知道什么是商品经济。马克思讲用于出卖的产品就是商品，不出卖就不是商品。通过买卖进行生产、分配和消费的经济就是商品经济，也是市场经济。市场经济不过是买卖行为在时间和空间上的统一。没有市场不会有商品，也不会有商品经济。人们对商品经济的感知和认识以及对商品经济是否发达的判断，总是要以市场规模、范围以及买卖关系的广度和深度为依据。市场规模越大，市场中的商品越多，就证明商品经济越发达。离开市场去研究商品经济会陷入冥冥思维之中，这种思维越多，离唯物主义确认的现实生活就越远。从实践上讲，市场经济作为商品经济的表现，可以与任何生产方式相适应，它不是区分社会主义和资本主义的标志。商品作为要出卖的产品进入市场，不带有任何生产方式和阶级痕迹。不管是谁生产的商品在市场中一律平等对待，这是商品的特性，也是商品经济的特性。商品进入市场只有竞争，没有阶级斗争，如果说商品所有者之间有阶级斗争，也只能通过竞争去进行，在商品买卖中只承认商品质量和价格，不承认阶级差别和社会性质。社会主义国家要发展商品经济，必须开拓国内和国际市场，特别是要扩大对外贸易，使我们的商品能更多地进到资本主义国家，占领外国市场。如果说市场经济是资本主义，我们不是也进入资本主义市场体系吗，这显然是不正确的。如果这样认识问题，那就不仅和我们的改革开放政策相矛盾，而且会使社会主义国家陷入自我孤立的境地，这对社会主义经济十分不利。

假如给学生讲课，作名词解释，区分一下市场、市场经济、市场调节的不同含义，也许是必要的。但是，当我们在确认社会主义经济是商品经济时，这种学究式的研究未必有什么实际意义。我们所说的市场，即作为商品经济表现形式的市场，是市场的总称，它包括市场的全部内容，包括市场的性质、市场的组织形式、市场体系、市场的功能作用及运行规则等等。就其内容来说与商品经济是相等的，哪里有商品经济，哪里就有市场经济。

把市场经济与商品经济相对立，认为市场经济是"资本主义自由化"的人们，自认为有一条重要的理由，这就是社会主义的商品经济是有计划的，市场经济是自发的，无计划的。这样，有计划和无计划就成了他们区分商品经济和市场经济的主要根据。一看便知，这是过去所说的计划经济和商品经济相对立的替代词。只是因为社会主义有计划的商品经济写进了中国共产党的决议，发展商品经济成了中国社会主义经济的既定方针，他们才把计划经济和商品经济的对立改为商品经济和市场经济的对立。这不是对商品经济有什么深刻的认识，而是因政治原因所作的修饰，在学术上是不严谨的。再加上西方的一些学者和政治人物蓄意扩大这种思维的混乱，把社会主义经济改革称作由计划经济到市场经济的过渡，这就加剧了一些人把计划和市场相对立的观念，使一些人把市场经济作为无政府或无计划的别名。

实际上，计划和市场不是同一层次的概念，也不存在互相排斥的对立关系。计划作为人类从事物质生产预想的目标，是和人类进行物质生产同时产生的，哪里开始进行人类的物质生产，哪里就开始产生计划性，即使是原始部落的围猎活动也会有地区选择和人员安排。恩格斯讲："何况能计划怎样劳动的头脑在社会发展的初期阶段（例如，在原始的家庭中），已经能不通过自己的手而是通过别人的手来执行它所计划好的劳动了。""人离开动物愈远，他们对自然界的作用就愈带有经过思考的、有计划的、向着一定的和事先知道的目标前进的特征。"[①] 以一家一户为单位的小农经济也会制定简单的生产计划，在仅有的土地上种植什么，谷薯麻麦豆各种多少都会有粗略的计划。这种计划不一定见诸文字，但对生产者的经营活动具有很大的指导作用是无疑的。随着商品经济的发展，出现了专门为市场生产的作坊和手工工场，进而发展成为现代的工商企业，计划逐渐成为生产经营的规范。马克思和恩格斯都讲资本主义经济是个别企业有计划和全社会生产的无政府状态，说资本主义企业的计划很周密。19世纪末叶，恩格斯指出："如果我们从股份公司进而来看那支配着和垄断着整个工业部门的托拉斯，那么，那里不仅私人生产停止了，而且无计划性也没有了。"[②] 这就是说资本主义生产也不是

---

① 《马克思恩格斯选集》第3卷，第515、516页。
② 《马克思恩格斯全集》第22卷，第270页。

完全无计划的。马克思和恩格斯讲的个别企业有计划和全社会的无政府状态，指的是资本主义社会没有国家统一的经济计划。这种情况现在已经发生变化，从本世纪 30 年代开始，资本主义国家也开始进行经济干预并进行某种程度的计划调节（即政策控制），和一百年以前的情况大不相同。有个美国人讲："现代工商企业在协调经济活动和分配资源方面已取代了亚当·斯密的所谓市场力量的无形的手。"① 他描写资本主义企业的生产和分配都是按照严格的计划进行的。还有个美国人编了一本《东西方的经济计划》，书中讲了人们对计划的各种看法，把东西方的计划作了比较，讲了资源分配计划，投入产出模型，法国的计划工作，日本的计划工作等等。其中有一段话很有意思。他说："如果我们要在这两种模型和理想化的共产主义与理想化的民主之间，寻求一致之点，我们对它们的叙述，就要修正那种把自由民主和理智等量齐观，而把共产主义与无理智的权力等量齐观的传统看法。因为我们将提出，被视为接近理想化的共产主义的这种模型，要比与理想化的自由民主相联系的那种模型，在实践中能更多地体现理智。"② 这就是说，现代资本主义市场经济并非无计划，只是不如社会主义社会的计划严密。1990 年 2 月 20 日《经济日报》驻东京的记者写了一篇报导，题目是《市场经济离不开计划》，讲了日本的经济计划和各个时期的计划重点，并在 60 年代的经济社会计划中提出"社会与经济的平衡发展。"在此之前，我们已经看到过日本企划厅编制的《国民收入倍增计划》

---

① 小艾尔弗里德·D. 钱德勒著：《看得见的手》，商务印书馆 1977 年版。

② 莫里斯·博恩斯坦编：《东西方的经济计划》，商务印书馆 1977 年版，第 37 页。

（1961—1970 年）①。在这本书的第 1 页有个附注，列举了日本从 1958 年到 1985 年分阶段的经济社会发展计划。从这本书中可以看到《国民收入倍增计划》的内容虽然不如我们制定的五年计划发展纲要那么具体，但终究是国家统一制定的发展计划，不能说是无计划。可见，那种把计划和市场对立起来的观点离当今世界的现实有多远。

我们讲计划和市场不是同一层次的问题，不仅是因为计划属于主观设想的目标，是第二性的，市场是客观存在的交换关系，是第一性的，更重要的是我们所说的计划不是小农经济的计划，也不是个别企业的经营计划，而是由国家制定的经济社会发展计划，属于宏观经济范围，而市场则主要属于微观经济。在商品经济中，宏观计划必须以微观经营为基础，国家制定的经济社会发展计划必须以市场为依据，从协调市场供求关系，保持市场稳定出发，为国民经济的协调发展创造条件。这种由国家统一制定的以协调供求关系为目的的发展计划，本身就是市场经济的产物，在前资本主义的自然经济中是不存在的。

在资本主义商品经济发展的初期，市场范围有限，生产和消费、供给和需求可以靠市场买卖的自发作用达到平衡。"因为各式各样的不平衡具有互相对立的性质，并且因为这些不平衡会彼此接连不断地发生，所以它们会由于它们的相反的方向，由它们互相之间的矛盾而互相平衡。"② 然而，随着商品经济的发展，生产社会化程度不断提高，市场范围不断扩大，市场的自发作用使资本主义商品经济严重失衡，遇到毁灭性危机。要使资本主义

---

① 日本经济企划厅编：《国民收入倍增计划》（1961—1970 年），商务印书馆 1980 年版。

② 《马克思恩格斯全集》第 23 卷，第 212 页。

制度继续存在下去，必须按照商品经济平衡的自然规律抑制市场的自发作用，进行政府干预，实行某种程度的计划调节。特别是从30年代提出宏观经济理论以后，资本主义国家对运用财政与货币手段对经济总量的控制日趋重视。他们也认识到："市场经济有容易混乱的一面，结果会造成浪费。计划如同提出一个目标，让大家都为此而努力。计划又是一个框架，它可以把企业和个人的经济活动纳入其中，亦使之相互配合。计划还可以传达信息，告诉分散的企业和个人今后应干什么。"①

在商品经济发展的历史中，计划调节是作为生产无政府状态的对立物被人们认识的。哪里产生严重的生产无政府状态，哪里就会产生计划调节的必要性。计划调节是商品二重性的内在要求，只是因为在市场发展的不同历史时期，矛盾的两个侧面表现程度不同，使人们的认识也有所不同。在企业生产规模较小，市场的自发作用还没有发展到危及资本主义生存的时候，人们乐于在市场的自发性中生活，听命于"看不见的手"，计划调节的重要性就不为人们所重视。到市场范围扩大到远远超越企业所能预料的境地以后，自发作用造成的混乱严重地破坏了资本主义经济的正常联系，破坏性经济危机危及资本主义生存条件时，对生产无政府状态进行某种程度的计划调节就成为矛盾的主要方面。因而计划调节就成为现代商品经济发展的主旋律。不管是以公有制为主导的社会主义商品经济，还是以私有制为主导的资本主义商品经济，都在不同程度上用计划调节市场，使企业生产经营适应社会需求。尽管社会主义的计划和资本主义的计划具有不同的性质和作用，计划的内容、形式及其对经济过程的影响根本不一样，但是资本主义国家也在进行某种计划调节是无可怀疑的事

---

① 阎海防：《市场经济离不开计划》，1990年2月20日《经济日报》。

实。江泽民同志指出："计划与市场，作为调节经济的手段，是建立在社会化大生产基础上商品经济发展所客观需要的。因此在一定范围内运用这些手段，不是区分社会主义经济和资本主义经济的标志。"①

　　商品经济中的计划，实际上就是要根据市场状况确定各种商品生产和销售的规模，协调市场关系，争取达到社会总需求和总供给的基本平衡。所以，计划始终要以市场为依据，离开市场一切计划都会落空。社会主义经济发展的实践证明，只有把计划放在市场基础上，把计划经济理解为有计划的商品经济或有计划的市场经济，计划才会有现实基础。而且也只有以市场为基础的计划才能对市场起调节作用，市场才能走向计划轨道。如果计划不是以市场为基础，而是用计划限制市场，那么这种计划就会对商品经济及其正常的市场秩序起扰乱作用，使商品经济受阻。同样，如果市场不要计划导向，完全自发运行，那就会产生无政府状态。这两种现象都会使生产和消费、供给和需求失衡，引起生产过剩或供给短缺的危机。中国共产党第十三次全国代表大会的文件中说："社会主义有计划商品经济的体制，应该是计划与市场内在统一的体制。"这句话比较正确地概括了计划与市场的关系，有助于改变把市场经济与计划经济对立的观念。

　　既然商品经济是有计划的，市场经济作为商品经济的现实表现自然也是有计划的。有计划的商品经济必然表现为市场的有计划。如果认为市场不可能有计划，那么有计划的商品经济就会变成空想而不能付诸实践。有计划的商品经济在实践中就是有计划地组织和指导市场，使所有市场主体都能按照市场需求进行生产。现在的生产结构之所以不合理，就是因为企业不是按照市场

---

　　①　江泽民：《在庆祝中国共产党七十周年大会上的讲话》。

需求进行生产。生产的不需要，没有销路，变成库存积压；需要的不生产，供给短缺。所谓生产结构合理化，就是要使企业按照市场需求进行生产，使生产结构与市场需求相适应，并随着市场需求的变化而变化。商品经济是为市场而生产的经济，企业要跟着市场走，市场需求旺盛，生产就可以迅速增加；市场滞销，生产就相应减少，这是商品经济的经营常识，无须赘述。

"市场是商品经济的生命线"，要发展社会主义商品经济，必须认真解决市场问题。

(一) 要进一步促进市场发育，健全市场体系

市场是商品经济发展的基础，有市场商品经济就能发展，没有市场商品经济就衰退。不开拓市场，不促进市场和市场体系的发育，要发展商品经济是不可能的。我们目前的市场和市场体系很不健全。主要表现在：第一，市场本身不健全，许多市场残缺不全，先天不足，后天失调，运行不规范。有些市场不是经济发展自然形成的，有很大的人为因素。如有的商品市场、劳务市场、金融市场（包括证券、股票、拆借等）、技术市场等是用行政手段组织的，交换行为不正常，经常随着行政命令的变化而伸缩，受非经济因素的影响。第二，市场之间不协调，没有形成协调运转的市场体系，金融市场与商品市场相矛盾，劳务市场与其他市场不协调。市场隔阂，再加上地区分割，造成流通不畅。第三，价格不能正确反映供求变化的市场信息。所有这些都会在不同程度上使市场供求失衡，产生某种程度的紊乱。

(二) 要认真研究计划和市场相结合的形式，实现计划与市场的内在统一

现在，有些人所说的"计划经济和市场调节相结合"的内

容，实际上还是把计划和市场对立起来。他们说的"计划经济"实际上就是不要市场的计划分配，而他们说的"市场调节"又是不要计划指导的"自由贸易"。这两种形式不仅在逻辑上难以协调，在实践中也无法统一。其表现是：强调计划时缩小市场范围，限制买卖，把企业管死；强调市场调节时放弃计划控制，造成市场混乱。所谓"一控就死，一放就乱"，就是这种体制的写照。

计划和市场的内在统一在实践中能否得到体现，在很大程度上取决于人们的主观认识和实际操作。第一是正确认识计划和市场的关系，这是能否达到正确结合的前提。计划是主观认识的产物，如何认识计划和市场的关系，就成为计划能否反映市场需求的关键。如果认为计划和市场是对立的，计划和市场的内在统一就会受到人为破坏。要使计划和市场达到内在的统一，首先要认识计划必须以市场为基础，使计划服从市场需要。根据市场需要制定计划，随着市场的变化调整计划。讲到需要，必须明确商品经济中的社会需要即市场需要，就是有支付能力的社会需求，不是人们主观设想的需要。主观设想的需要随个人欲望而变化，是无限的。尽管这种主观需要对推动社会生产的发展有积极作用，但不是编制经济计划的依据。计划只能以有支付能力的市场需求为依据。第二是实际操作，在制定计划的过程中，要按照市场需求的多样性分层设计，根据商品的性质、需要范围及其对国民经济发展的影响，分层编制计划。凡是全社会需要、影响国民经济发展全局的商品，要由中央统一计划，统一经营，统一价格；凡是地区和部门需要，对地区和部门经济发展有决定性作用的商品，由地区和部门编制计划，分地区和部门进行经营，由地区和部门确定统一价格；凡是市场需要而国家、地区和部门计划不能包括的商品，由企业根据市场需要制定计划，自主经营，价格由企业自定。计划和经营要统一，由谁计划就由谁经营。但是，所有计划和经营都要面向全社会，面向市场，彻底改变过去分割管理的弊端。中央计划和经营的商品不能只供给中央企业，要面向所有的消费者。同样，地区和部门计划经营的商品也要面向全国，不能只供应地区和部门的企业，要打破地区和部门分割，使不同层次的计划和经营互为市场。换句话说，每一层次的计划主体也都是市场主体，产品和价格都要以市场为转移。所谓有计划的商品经济，应该是分层计划互为市场的经济。国民经济是个不可分割的有机体，计划和市场必须有机地结合，不能用分层计划分割市场，形成条块分割。

四　正确认识社会主义商品经济的性质，明确社会主义经济改革的基本目标

社会主义经济改革的基本目标是什么？在过去十几年的经济改革中似乎又明确，又不明确。从总体上说，有两点是明确的：第一，社会主义经济改革是社会主义制度的自我完善过程，不是要改变社会主义生产方式，而是要根据社会生产力发展的客观要求，调整不适应社会生产力发展的生产关系和上层建筑，使社会主义生产关系更有效地促进社会生产力的发展；第二，改革的过程是用商品经济代替产品经济，建立适应商品经济发展的新体制。一句话，就是要按照发展商品经济的要求调整生产关系和上层建筑。但是，对社会主义经济改革的基本目标如何做出概括的表述并不明确，甚至还在摇摆不定。这说明人们对社会主义经济改革的内容还缺乏具体认识。有些同志认为，社会主义经济改革的基本目标是建立有计划商品经济体制，至于新体制的内容是什么并不明确；有些同志认为，社会主义经济改革的基本目标是建

立计划经济和市场调节相结合的运行机制；也有些同志把这两种提法结合起来作为社会主义经济改革的基本目标。从这几种提法中可以看到，共同的认识是发展商品经济。但是，对什么是社会主义商品经济，或者说社会主义商品经济的基本特征是什么？发展社会主义商品经济对社会主义生产关系需要进行哪些改革，仍然是若明若暗，因而改革过程就难免发生摇摆。从这几种提法中还可以看到，不少人仍然把有计划和无计划作为区分社会主义商品经济和资本主义商品经济的基本特征。把社会主义经济称作有计划的商品经济；把资本主义经济称作无计划的商品经济或市场经济。既然江泽民同志明确指出，计划与市场不是区分社会主义经济和资本主义经济的标志，那么有计划的商品经济就不能概括社会主义经济改革的基本目标。如果我们确认有计划的商品经济或计划经济和市场调节相结合是社会主义经济改革的基本目标，改革的精力就会集中在计划体制上，走过去收与放不断反复的老路，不能把主要精力放在改革具体生产关系上，包括改革公有制形式、分配结构和运行机制。要使人们对社会主义经济改革的基本目标有比较明确的认识，首先还是要认识社会主义商品经济的基本特征。

商品经济从它产生到现在，经过三个不同的历史阶段，这三个阶段反映了生产资料和劳动力相结合的三种不同方式。这就是以生产资料和劳动力个人所有相结合的简单商品经济；以生产资料归资本家私有和劳动力个人所有相结合的资本主义商品经济；以生产资料公有制和劳动力个人所有相结合的社会主义商品经济。马克思讲："不论生产的社会形式如何，劳动者和生产资料始终是生产的因素。但是，二者在彼此分离的情况下只在可能性上是生产因素。凡要进行生产，就必须使它们结合起来。实行这种结合的特殊方式和方法，使社会结构区分为各个不同的经济时期。"① 社会主义商品经济作为社会经济发展的一个历史时期，是由生产资料和劳动力相结合的特殊方式和方法决定的，生产资料公有制和劳动力个人所有相结合，决定了社会主义商品经济的性质，反映了社会主义商品经济的本质特征，它区别于历史上存在过的一切生产方式，也区别于将来的共产主义。社会主义经济改革就是要从社会主义商品经济性质出发，确认生产资料公有制和劳动力个人所有的性质，探索劳动力和生产资料相结合的有效形式。具体地讲，社会主义经济改革主要是解决以下三个方面的问题：

（一）改革公有制的形式，确认劳动力个人所有的性质，合理安排经济结构

1. 要改革社会主义公有制的形式，这是经济改革的首要问题

在过去十几年的经济改革中，我们打破了单一公有制的格局，承认私有制在一定程度上的合法性，引进资本主义企业（即资本主义私有制），形成多种所有制并存的经济结构。但是，公有制特别是全民所有制的形式并未得到解决，这是经济改革难以深化的重要原因。在改革以前的产品经济中，人们认为全民所有制也就是由代表全民利益的国家直接占有生产资料，直接经营企业，生产计划由国家下达，产品由国家统一分配，称作计划经济，实际上是退回到以实物为主的自然经济，不适应社会生产力发展的客观需要。管理僵化，效益低下，物资短缺，人民生活不便。这种由国家直接占有、直接经营的公有制形式，显然与商品经济发展的要求不适应，与生产资料公有制和劳动力个人所有的

---

① 《马克思恩格斯全集》第 24 卷，第 44 页。

性质相矛盾，不利于发挥人们生产经营的积极性。其主要弊病是：第一，国家直接占有生产资料并进行直接经营，会经常用国家职能代替所有者的职能，用行政命令代替经营责任，扼杀企业经营的主动性，造成经济效益下降；第二，国家直接经营企业，使企业变成国家机关的附属物，造成经营责任和经济利益相分离，收益归国家，财产无人负责，使公有财产形同无主；第三，在多种所有制并存的经济结构中，国家直接支配全民的生产资料会阻碍全民所有制经济的巩固和发展。其表现是庞大的国家机构会直接用全民所有制企业的利润来维持，整个国家机器像抽水机一样从全民所有制企业抽取养料，而为所有经济成分服务，甚至会用全民所有制企业的养料对其他经济成分实行优惠。一个明显的事实就是全民所有制企业的税收、财政和社会负担重于其他经济成分，这就不能不抑制全民所有制企业的发展。

　　全民所有制是社会主义经济的决定因素，它规定社会主义经济的性质和发展前途。改革全民所有制形式，不是要改变全民所有制的性质和在社会经济发展中的主导地位，更不是把全民所有制变为集体所有制或者私有制，而是要进一步体现全民所有制的性质，更好地发挥全民所有制的优越性，增强全民所有制对其他经济成分的吸引力。具体地讲，就是要把全民所有制和政府职能相区别，减少政府对全民所有制的限制，在政府机构以外成立代表全民所有制利益的产权机构，作为全民所有制的经营机构，直接归全国人民代表大会领导，向全民负责。使全民所有制企业和其他经济成分一样，在平等纳税的基础上，税后利润完全归全民所有制企业自己支配，用于全民所有制企业自身的积累和扩大再生产，不再由政府用于一般社会需要。一般社会需要应该由各种经济成分平等负担。在多种所有制并存的经济结构中，把全民所有制企业的税后利润用于一般社会需要，而其他经济成分的税后利润归各种经济成分自己支配是不切当的。

现在，有些人特别强调股份制。他们主张用股份形式把全民所有制的产权落实到个人，这实际上等于把全民财产分给个人，是不切当的。在多种所有制并存的经济结构中，股份制作为一种经营形式是客观存在。各种所有制形式合股经营不仅是合理的和合法的，也可能是有效的。问题在于，股份制是一种混合经济，不可能成为社会经济发展的主导形式，也不能决定社会经济的发展方向，它本身的发展趋势要随主导经济成分的性质而定。在公有制为主导的社会主义经济中，股份制这种混合所有制即具有公有的性质；在私有制为主导的资本主义经济中，股份制仍然是私有制的组成部分。因此，股份制不可能成为体现全民所有制的经营形式。

2. 确认社会主义阶段劳动力个人所有的性质

所谓确认，就是说社会主义阶段劳动力个人所有是不容否认的客观事实，只能实事求是地承认这种事实。现在有不少的人认为，全民所有制企业的劳动力是公有的，应该由国家统一调配。这种把劳动力分配和劳动力所有权混为一谈的认识，是改革用工制度的最大障碍。劳动力的分配在任何社会中都是一种社会职能，由生产组织者去进行，它只涉及劳动力的使用，不涉及劳动力的所有权。至于劳动者是自愿地还是被迫地服从这种分配，在分配以后是否愿意全部贡献自己的劳动力，这是另一个问题。劳动力是劳动者体力智力和精神作用的综合力，不能离开劳动者的体质和思想而存在。在社会生产力没有达到满足全体社会成员的各种需要时，劳动力始终是人们谋生的手段，不可能实行公有，也无法实行公有。这是因为：第一，劳动力和生产资料不同，不能没收，也无法没收。而且，马克思主义经典作家认为，对占有少量生产资料的劳动者尚且不能实行剥夺政策，只能通过示范和诱导他们放弃私有权，对于没有身外之物的劳动力就根本谈不上没收。劳动力既是人们谋生的手段，把谋生手段收归公有就意味着全社会吃"大锅饭"，社会就必须无条件地保证满足全体社会成员的一切需要，否则就会造成对社会生产和生活秩序的破坏。如果社会生产力还没有发展到能够满足全体社会成员一切需要的程度，那么社会就必须承认劳动力的个人所有权，让劳动者靠自己的劳动力谋生。社会只能在承认劳动力个人所有的基础上实行按劳分配，多劳多得，少劳少得，不劳动者不得食（社会救济除外）。劳动力强、劳动技能高的生活过得好一些；劳动力弱、劳动技能差的生活过得差一些。只有到共产主义社会，随着社会生产力的高度发展，劳动力不再成为人们谋生的手段，社会才能实行各尽所能按需分配原则，劳动力个人所有的性质才能自行消失。第二，劳动力个人所有是社会主义阶段制定经济政策的主要依据，也是社会主义经济改革能否成功的关键。不管人们是否承认，发展社会主义商品经济的焦点始终是如何找到生产资料公有制和劳动力个人所有相结合的有效形式，使劳动者在和生产资料公有制相结合的过程中发挥最大的积极性和主动性。有些人找错了焦点，他们从小私有者的观念出发，认为调动人们积极性和主动性的最好办法是恢复私有制，把企业的生产资料分给个人，人们就会关心企业经营效果，提高劳动的积极性和主动性，其实这是不可能的。他们没有看到，在劳动力还是人们谋生手段的条件下，劳动者最关心的是劳动收入。不管生产资料归谁所有，只要劳动报酬优厚，他就会贡献自己的劳动力。这就是为什么有些劳动者在资本主义企业比在全民所有制企业劳动热情高的原因。在高度社会化的商品经济中，生产资料归谁所有对靠劳动力谋生的人来说是间接的，即使他是个小私有者，有少量的生产资料，当他看到自己的经营收入还不及劳动收入时，他会自动放弃这种所有权而靠劳动力获得的收入。这是因为在商品经济中财产所有权也变成收益权，当财产收益不及劳动收益时，他会卖掉这种产权去谋取劳动收入。

生产资料公有与劳动力个人所有相结合，决定社会主义商品经济的性质，制约社会主义商品经济发展的全过程。社会主义经济改革的实质就是要探索这种结合的最佳形式，制定实现这种结合的有效政策。

3. 在改革全民所有制形式和确认劳动力个人所有的基础上，正确规定社会经济结构，确保社会主义全民所有制的主导地位，使社会经济沿着社会主义方向发展

马克思讲："在一切社会形式中都有一种一定的生产支配着其他一切生产的地位和影响，因而它的关系也支配着其他一切关系的地位和影响。这是一种普照的光，一切其他色彩都隐没在其中，使它们的特点变了样。这是一种特殊的以太，它决定着它里面显露出来的一切存在的比重。"① 在社会主义经济中，全民所有制是决定社会发展方向的经济成分，对整个社会经济发展具有主导作用。正是由于全民所有制的存在和发展，才使其他经济成分成为社会主义经济的辅助形式，而改变了原有的资本主义发展方向。但是，各种经济成分的比重必须保持合理的限度，不能无限制地发展。大体上说，全民所有制经济在国民生产总值中不能低于55%，私营经济和外资企业的国民总值不能超过25%，否则社会主义经济的发展趋势就会受到干扰。经济是基础，经济结构变化会引起阶级结构和政治结构的变化。合理的经济结构，保持全民所有制的主导地位，是防止社会主义经济变形的关键，也是防止和平演变的关键，这是社会主义经济改革中必须认真解决

---

① 《马克思恩格斯选集》第 2 卷，第 109 页。

的问题。

（二）调整分配关系，改革分配形式，建立适应商品经济发展的分配格局，塑造有效的激励机制

分配问题，包括分配形式和分配结构，构成马克思主义经济学的主要内容。每个读过马克思经济著作的人都知道，剩余价值和剩余价值率、利润率、平均利润率、商业利润、利息、地租、赋税以及剩余价值与必要价值的比例在马克思主义经济学的内容中占有多大分量。这是因为：第一，分配是所有制的实现过程，无论就形式和内容说都是如此。投资得到利润，土地得到地租，劳动者得到工资，国家凭借社会职能征税，等等。离开分配，所有制就成为难以实现的抽象概念。第二，分配是提高生产的手段和方法，生产经营的热情和劳动积极性，在一般情况下都来源于收入水平和分配是否合理。收入优厚，分配合理，生产经营和劳动的积极性就会提高。激励机制实际上就是合理的分配制度。第三，分配是造成社会矛盾的根源。"随着分配上的差别的出现，也出现了阶级差别。"[①] 分配不公和分配上的差别是引起社会矛盾、产生阶级和阶级斗争的直接原因。因此，调整分配格局，建立合理的分配制度和约束机制，构成社会主义经济改革的主要内容。

在社会经济发展中，所有制的变革是有限的，分配关系、分配形式和分配格局的变化却是经常的。资本主义社会在确立生产资料资本家私有制以后，就资本主义生产方式来说所有制的变革已经到头，但是资本主义的分配关系和分配形式在不断地进行调整，工资、利率、税收、物价、社会保险等等在不断地变化。其

---

① 《反杜林论》，人民出版社 1971 年版，第 145 页。

目的就是要通过分配的调整使资本主义生产关系适应生产力的变化，延长资本主义生产方式的寿命。社会主义生产方式以全民所有制为主导，在确立全民所有制的合理形式以后，就社会主义生产方式来说所有制的变革就算到头，改革的主要内容是随着社会生产力的发展经常调整分配关系和分配格局，促进全民所有制的巩固和发展。所以，社会主义经济改革就其内容来说主要是经常调整分配关系，促进全民所有制经济的巩固和发展。改革中必须坚持以下基本原则：

1. 坚持按劳分配为主，按资分配为辅的原则

这是保持社会主义分配格局的基本原则。所谓按劳分配为主，就是在社会分配格局中要使劳动收入成为人们生活的主要来源，在整个国民收入分配结构中工资收入占主要地位，比重最大。其他收入，包括利润、利息、租金（包括房租和其他租金）只能作为辅助形式，在国民收入分配中占有较小的比重。如果在国民收入分配结构中使按资分配失去控制，超过工资收入的比重，社会经济结构和阶级结构就会发生变化，公有制就会发生量变到质变。现在，我国的统计制度很不健全，特别是收入分配的统计不能反映改革以后的社会变化，不能为分析社会经济结构和阶级结构提供系统的数据。目前分配不公已经成为人们关注的重要问题，不仅影响人们生产劳动和正常经营的积极性，而且对社会稳定产生影响。这里有报纸上公布的几个调查材料。1990 年 7 月 24 日《经济日报》有一篇短文讲："据近年一项粗略测算，全国高收入者（主要是个体户、私营业主、涉外企业职工、企业承包人、名演员等）仅占全社会劳动者总数的 32％ 左右，但其收入却占整个城乡居民收入的 57％ 强！"①《经济参考报》1990 年 8

---

① 　王筱惠：《正视多层次消费群体》，1990 年 7 月 24 日《经济日报》。

月 15 日刊载一篇文章说，据国家统计局对 34945 户城镇居民 1988 年生活费收支情况抽样调查，"高收入组和最高收入两组占调查户数的 20%，调查人数的 17%，却占有全部结余的 76%。而这两组的人均消费已经比平均值高出 31.8% 和 68%。可见，人数不到五分之一的高收入家庭不仅在消费上达到最高水平，还占有结余购买力的四分之三以上"①。相反，占五分之二的低收入家庭只能满足基本需要而无结余。上海有关部门提出的材料显示，上海市收入最高的有 10 种人，最高年收入 40 多万元。② 这种收入差距有些是不合法的，有些是政策造成的，群众主要是对政策造成的分配不公不满。

2. 在按劳分配中要使收入水平真正体现劳动数量与质量，排除分配中的非劳动因素

这需要解决两方面的问题，其一是探索合理的分配形式，使收入的数量与劳动质和量相一致，减少非劳动因素。从道理上讲，计件工资最合理，在定额适当、质量标准明确的情况下，计件工资最能体现劳动的质和量。当然，有些产品的生产过程很难计件，需要寻找其他较为适合的形式。在按劳分配中，人们有意见的不是收入的差距，而是相同的劳动不能得到相同的收入，有些非劳动因素在起作用。所谓分配不公是指非劳动因素而言。如果劳动收入与劳动的质和量相一致，收入差距再大人们也无法计较。因为这种差距是由劳动者本身的素质引起的，别人无法攀比。要得高收入就必须提高自身素质，这对提高劳动生产率有积极作用；其二是在劳动收入中要强化工资收入的作用，减少其他

① 安东建：《收入分化对居民消费——储蓄的影响》，1990 年 8 月 15 日《经济参考报》。

② 见 1991 年 4 月 4 日《组织人事报》和 1991 年 5 月 26 日《经济参考报》。

收入对工人生活的影响。目前，职工收入结构很不合理，工资收入在职工个人收入中的比重在逐年下降，而工资以外的收入比重在不断提高，不利于贯彻按劳分配原则和激励职工的积极性。

3. 制定合理的社会保险制度

这是改革分配关系、改善分配形式和分配格局的重要内容，也是关系人口和劳动力再生产的基本措施，直接体现分配的社会性质。研究社会保险制度，不能只从财政是否困难出发。如果认为改革社会保险制度只是为了克服财政困难，减少财政支出，把社会保险支出设法转给个人负担，那就错了。社会主义国家决不能这样搞。社会保险是用于维持人口和劳动力简单再生产的费用，要由有劳动能力的全体社会成员共同承担。马克思在《哥达纲领批判》中讲得非常清楚，社会保险基金和补偿生产资料消耗及扩大再生产的追加投资一样，是一种社会扣除，要由社会统筹安排。过去，我们由国家财政和企业分别支付，造成负担和待遇的不一致，需要改革。但是，必须明确改革的原则：第一，社会保险是一种社会费用，原则上要由社会负担，不能完全由个人负担，否则就失去社会保险的意义，减弱人们对社会的信赖；第二，按照社会扣除的原则，规定统一的扣除标准从企业和个人收入中扣除，由社会统一分配；第三，社会主义国家的社会保险范围不能小于资本主义国家。

(三) 建立适应商品经济发展的运行机制

这是社会主义经济改革能否取得实际效果的关键。有的同志讲，建立计划经济与市场调节相结合的运行机制是经济改革的关键，有一定道理，但不够全面。适应商品经济发展的运行机制，不限于计划与市场的关系，它牵涉到政治、经济和行政管理的各方面，有一个方面受阻，运行机制就难以运转。当然，也不能把运行机制说得过于复杂，以至无法触动，只能望而生叹。概括地讲，运行机制与各种机构设置与职权划分有密切联系。在实际生活中，一切经济信息和经济流量的传递都是通过各种职能机构进行的，机构的层次、职权划分和传递效率直接决定运行机制的效能。所谓运行机制，通俗地讲无非是各种职能机构的联动作用。机构重叠，职权划分不清，互相掣肘，运行机制就会失灵。因此，建立适应商品经济发展的运行机制，必须解决以下几个问题：

1. 建立科学的决策体系

经济运行，不管是什么经济行为引起的经济流量，都要以经济决策为起点。决策机构的层次及其相互关系即决策体系，在运行机制中占有重要地位。商品经济的运行是快速多变的，要求决策体系具有快速反映能力。决策机构的层次要少，决策范围明确，决策权力集中，决策思想灵活，在市场竞争中能随机应变，灵活对策，不失有利时机。如果决策机构层次过多，互相牵扯，会拖延决策时间，延长决策过程，使经营活动丧失有利时机。科学的决策体系，除机构设置要简化外，机构之间的职权划分必须明确。一般地讲，上层决策机构主要是战略决策，注重战略部署，要保持决策思想的相对稳定，使每一战略阶段具有明确的战略目标，为基层决策提供可靠的战略依据。经营决策权要交给直接经营环节，由经营环节在不违反战略目标的前提下进行独立决策，避免失去有利时机。目前的决策体系从上到下很乱，国务院、计委、体改委、中央各部对同一问题可以做出不同的决策，政出多门，互相矛盾，构成真正的多头决策，这是运行机制不灵的主要原因之一。不论国家性质如何，政府决策必须简化，一种决策只能一个职能部门做出并为决策承担经济责任。多头决策必然造成经济运行的混乱。所以，统一决策机构，减少决策层次，明确划分决策机构的职权，就成了建立运行机制的起点。目前，经济运行不顺，机制受阻的主要原因是多头决策机构制定的互相矛盾的改革措施，搅乱了经济过程。如企业承包和税制改革相矛盾，税前还贷和控制投资规模相对立，财政包干和统一市场的形成相背离，创收政策和制止三乱互相打架，增强国营企业活力与挤压国营企业的财经物价政策相背而行，等等。在这些互相矛盾的决策中，经济运行机制就不可能是有效的。

2. 提高职能机构的传递效率

这是经济运行机制的关键部门。经济决策、经济信息的传递和经营活动的展开，都要通过各种职能机构进行传递，职能机构的传递效率如何，直接决定经济运行机制的状况。如银行、财政、邮电、运输、物价等职能部门间的联系，以及各个职能部门内部机构之间的传递速度，对整个运行机制都有决定作用。要提高运行机制的运转效率，在机构设置中必须坚持：第一，减少机构层次，简化传递环节，缩短传递时间。经济运行属于时间序列，时间越短，耗费就越少，经济效益就会越好。时间延滞会增大费用而减少效益，造成不必要的经济损失。第二，分工要明确，职责清楚，机构专一，避免机构之间职权交叉，尽量排除互相掣肘关系，使信息和经济流量传递不受外部干扰。分工不明，会产生权益矛盾，使运行受阻。

3. 协调各种体制的相互关系

经济运行机制是由各种职能机构包括经济的和行政的各种机构的互相作用形成的，其运行状态要受各种体制的相互关系的制约。各种体制能否协调运转，对整个经济运行机制的运行状态具有决定性影响。没有必要掩饰，在过去十几年的改革中，由于缺乏总体设计（不是部门改革措施的简单汇总）和指导思想的某些失误，各种体制不协调，甚至互相矛盾的现象是比较突出的。

商品经济是有序经济，它要求按照生产社会化的规则运行，反对地区和部门分割，反对权力阻塞，要求建立统一有效的运行机制，消除经济运行的混乱状态。

总之，社会主义经济改革的基本目标在于建立以生产资料公有制为主与劳动力个人所有相结合的商品经济。这种商品经济既区别于资本主义商品经济，也区别于未来的共产主义经济（那时劳动力个人所有的性质自然消失）。这种商品经济的基本特征是保持生产资料公有制的主导地位和维护劳动力个人所有权——实行按劳分配，充分显示公有制的优越性和个人劳动的积极性。

（原载《我的经济观》第 4 册，江苏人民出版社 1992 年版）

社会主义企业一定要有盈利

——清算"四人帮"破坏社会主义积累的滔天罪行

王张江姚"四人帮"出于篡党夺权、复辟资本主义的反革命需要，打着批判"利润挂帅"的幌子，故意混淆社会主义企业盈利同"利润挂帅"的界限，肆意践踏马克思主义积累原理，疯狂破坏社会主义积累，给社会主义革命和建设事业造成了极大危害。对"四人帮"所散布的反革命谬论，一定要彻底地进行揭露和批判，把被他们歪曲和篡改了的理论原则加以澄清，进而树立正确的社会主义积累观念，并在实际工作中，切实采取有效措施，厉行增产节约，扭亏增盈，尽可能为国家积累更多的资金，为实现中央提出的抓纲治国战略决策，今年初见成效、三年大见成效，尽快把我国建设成为伟大的社会主义现代化强国，做出有益的贡献。

一　社会主义企业盈利的必要性

社会主义企业盈利，是指企业按照国家统一规定的价格实现产品销售收入扣除产品成本后的余额，即企业税金和利润的总和。其中税金是按照国家规定的税率，随着产品销售的实现，直接解缴国库，它不受企业成本高低的影响。从产品销售收入中减除税金和成本后的余额，就是企业利润，它同成本水平的高低，有着直接的联系。企业税金和利润的本质是相同的，都是社会主义积累最重要的源泉。在商品制度、货币交换继续存在的条件下，企业盈利是物质生产领域的劳动者为社会创造的剩余产品的货币表现，是国家为保证社会共同需要集中剩余产品的一种形式。所以，要不要企业盈利，实际上就是要不要企业向社会提供剩余产品的问题。马克思主义认为剩余产品是社会继续发展的物质条件。恩格斯指出："劳动产品超出维持劳动的费用而形成的剩余，以及社会生产基金和后备基金从这种剩余中的形成和积累，过去和现在都是一切社会的，政治的和智力的继续发展的基础。"① 可见，企业盈利作为剩余产品的表现形式，对社会主义经济的存在和发展是非常必要的。

首先，企业盈利是维持社会简单再生产所必需的物质条件。社会再生产，不只包括物质资料和劳动力的再生产，同时也包括生产关系的再生产。从全社会来看，生产过程创造的物质资料，不仅要用于补偿生产过程消耗的生产资料和满足生产劳动者的需要，而且要用于维持非物质生产领域原有规模的需要。这是因为，生产关系不能离开上层建筑和其他社会条件而孤立地存在。这种维持现存社会制度所必需的再生产，是全社会的简单再生产。因此，从整个社会来看，只有使物质生产领域按照原有规模继续下去，才能使非生产领域按照原有规模继续下去。在社会主义阶段，非物质生产领域不仅包括着社会文化、教育、科学，医疗卫生事业等，而且包括着无产阶级专政的国家机器（军队、警

---

① 恩格斯：《反社林论》，人民出版社1970年版，第191页（以下马列著作不再注明版别）。

察、法院和国家政权机关等），这是社会主义经济存在的前提条件。毛主席说："以此作为条件，使中国有可能在工人阶级和共产党的领导之下稳步地由农业国进到工业国，由新民主主义社会进到社会主义社会和共产主义社会，消灭阶级和实现大同。"①无产阶级专政的国家政权是生产资料全民所有制的代表，没有无产阶级专政的国家政权，也就没有社会主义全民所有制，社会主义经济就不能存在和发展。但是，国家政权和文化、教育等部门一样，都属于非物质生产领域，而非物质生产领域的一切物质需要只能靠物质生产领域来提供。这就是说，即使在简单再生产的条件下，社会主义企业也必须有一定的盈利。如果没有盈利，非物质生产领域就不能维持，社会主义制度就无法继续存在下去。

　　其次，企业盈利是扩大再生产所需资金的主要来源。以生产资料公有制为基础的社会主义再生产的基本特征，不是简单再生产，而是高速度发展的扩大再生产。社会主义生产的直接目的是为了满足劳动人民不断增长的物质和文化需要。在发展生产的基础上逐步改善人民生活，是生产资料公有制的客观要求。高速度扩大再生产是全国劳动人民的根本利益所在，也是进一步改善人民生活的物质基础。为了加速发展我国的社会生产力，实现工业、农业、国防和科学技术的现代化，就需要大量的资金。资金的多少，直接影响生产发展的规模和速度。正如敬爱的周总理所说："国家建设的规模大小，主要决定于我们可能积累多少资金和如何分配资金。我们的资金积累较多，分配得当，社会扩大再生产的速度就会较快，国民经济各部门就能够按比例地发展。"由此可见，积累资金是扩大再生产的前提条件。资金从哪里来？我们社会主义国家，既不能靠借外债来解决建设资金，更不能像

————————

①　《毛泽东选集》第 4 卷，第 1365 页。

帝国主义国家那样用掠夺本国和别国劳动人民的办法来积累资金。唯一的办法是认真贯彻独立自主、自力更生、艰苦奋斗、勤俭建国的伟大方针，充分发挥社会主义经济制度的优越性，增加生产，厉行节约，从社会主义经济内部来解决资金积累问题。在我国现在的经济条件下，企业盈利是积累资金的主要来源，增加企业盈利是积累资金的主要途径。

第三，盈利是考核企业是否全面完成国家计划的一个重要方面，也是衡量企业生产经济效果的一个综合指标，社会主义经济是高度集中统一的计划经济，社会主义企业的生产经营活动必须服从国家的统一计划。国家计划是一个完整而不可分割的整体，它既包括产量、产值、品种和质量指标，也包括资金、成本和盈利指标。国家计划规定的各项指标，企业必须全面完成，既不能重价值、轻使用价值，片面地追求产值和盈利，不顾国家和人民的实际需要，不认真执行国家下达的产品品种和质量指标；也不能只管生产，不计成本，不问盈亏，对盈利或亏损采取一种无所谓的态度。否则，就可能出现这样的情况：产品是生产出来了，但由于消耗过大，成本很高，使国家不但得不到应有的资金积累，甚至还会由此而消耗原有的社会物质财富，削弱无产阶级专政的物质基础，同党的社会主义建设总路线的精神相违背。再从指标的组成看，由于企业盈利是产品销售收入减去销售成本后的余额，它受许多因素变动的影响。企业在一定期间以内实现多少销售收入，是以所销售的产品的数量、品种、质量为转移；而成本的高低，则取决于生产技术和经营管理水平以及勤俭节约方针的贯彻执行情况，等等。因此，盈利具有很大的综合性，是衡量企业生产经济效果的一个综合指标。正确运用盈利指标的综合反映作用，有助于促进企业遵循正当的途径来增加盈利。也就是有助于促进企业认真贯彻执行党的方针、政策，在全面完成产量、品种、质量计划的同时，坚持勤俭节约，精打细算，降低成本，增产增收，通过高产、优质、低耗，尽可能多为国家提供积累，以服务于社会主义的扩大再生产和国民经济的集体需要。

综上所述，可见："个别企业和个别生产部门的盈利，从发展我国生产的观点来看，是有巨大意义的。无论在计划建设或计划生产时，这都是应该注意到的。这是我国现今发展阶段上经济活动方面的起码知识。"① 万恶的"四人帮"是一伙反革命两面派，他们惯于打着"革命"的旗号，贩卖反革命的黑货。他们空喊办工业、办经济事业是"为了革命，为了人民"，而"不应当考虑利润"，别有用心地把革命和企业盈利对立起来，甚至把社会主义企业盈利同走资本主义道路等同起来，完全否定社会主义企业盈利的必要性。在他们的干扰、破坏下，不少企业盈利水平下降，亏损增加，有的甚至靠银行贷款发工资，减少了国家的资金积累，给国家的经济建设和人民生活造成很大的困难。事实证明："四人帮"空喊办工业、办经济事业是所谓"为革命，为人民"，只不过是一种烟幕，借以掩盖他们妄图枯竭社会主义建设的资金来源，搞光社会主义家业，搞垮社会主义存在和发展的经济基础的罪恶阴谋，用心极其险恶。因此，对他们散布的种种谬论，一定要彻底批判，把其"假革命的反革命"的本来面目暴露在光天化日之下。

二 社会主义企业盈利同资本主义企业利润的根本区别

社会主义企业盈利和资本主义企业利润是两个根本不同的经

① 斯大林：《苏联社会主义经济问题》，第44页。

济范畴，反映两种不同的生产关系，二者具有本质的区别，不容混淆。资本主义企业利润是资本家剥削工人的结果，是工人创造的剩余价值的转化形态。剩余价值本来是工人创造的，而被资本家无偿地占有了。列宁指出："工人用一部分工作时间作为维持他自己和他的家庭生活的开支（工资），另一部分工作时间工人是无报酬地劳动的，为资本家创造剩余价值，这也就是利润的来源，资本家阶级财富的来源。"① 可见，资本主义企业利润反映资本家对工人阶级的剥削，是一个包含着尖锐的阶级对抗的经济范畴。随着利润的增长，一方面，资本家阶级越来越富；另一方面，无产阶级越来越贫困。

与资本主义制度相反，在社会主义社会中，由于生产资料所有制变更了，劳动人民成了生产资料的主人，消灭了生产资料资本主义私有制造成的人剥削人的关系，从而也改变了企业盈利的性质。社会主义企业盈利是反映劳动人民内部关系的经济范畴，体现同一所有制内部的经济关系，是企业劳动者为满足社会共同需要创造的剩余产品，它为劳动人民的整体利益和长远利益服务。正如马克思所说："从一个处于私人地位的生产者身上扣除的一切，又会直接或间接地用来为处于社会成员地位的这个生产者谋福利。"② 社会主义企业增加盈利，就为进一步提高劳动人民物质和文化生活水平创造了条件，它和劳动人民的根本利益是一致的。由此可见，社会主义企业盈利和资本主义企业利润具有本质的区别。

第一，社会主义企业盈利是为社会主义生产目的服务的。在社会主义制度下，生产资料公有制决定了社会主义企业的生产目

---

① 《列宁选集》第 2 卷，第 444 页。
② 《马克思恩格斯选集》第 3 卷，第 10 页。

的是为了满足社会需要，盈利是满足社会需要的手段。为满足社会需要而取得盈利，这是社会主义企业盈利的出发点。与此相反，资本主义企业生产的直接目的是追求利润，而不是社会需要。马克思说："生产剩余价值或赚钱，是这个生产方式的绝对规律。"① 又说："资本和它的价值增殖，表现为生产的始点和终点，表现为生产的动机和目的。"② 资本家从事生产经营的目的不是为了满足社会需要，而是为了获取利润，发财致富。这是资本主义生产经营的基本特征。

第二，社会主义企业盈利服从于国民经济有计划按比例发展的需要。在社会主义社会中，个别企业的生产活动是整个社会生产的有机组成部分，企业盈利必须服从国民经济发展的全局利益。也就是企业必须从国民经济的全局利益出发，在搞好社会主义协作关系，为其他企业创造生产条件、提供方便的情况下，完成盈利计划。与此相反，资本主义的生产无政府状态，使各个资本家只从本企业的利益出发，什么产品利润大就生产什么产品，并且和其他企业进行激烈的竞争，尔虞我诈，互相排挤，甚至想方设法搞垮或吞并其他企业。

第三，社会主义企业把产品质量摆在第一位，使产品的价值从属于产品的使用价值。企业要在不断增加产品品种和不断改进产品质量的基础上，通过加强经济核算，合理地利用劳动力和生产资料，不断减少生产消耗，降低产品成本等办法来增加盈利。与此相反，资本主义企业生产并不是为了产品的使用价值，而是盲目地追求价值，使用价值只是资本家取得利润的必要条件，只要能得到利润，资本家是不考虑产品使用价值好坏的。他们为了

---

① 《马克思恩格斯全集》第 23 卷，第 679 页。
② 《资本论》第 3 卷，第 272 页。

追求利润，偷工减料，粗制滥造，以次充好，弄虚作假，投机倒把，买空卖空，囤积居奇等种种损人利己的事都干得出来。

第四，社会主义企业是在关心工人群众生活，保护劳动者的利益和健康，不断改善劳动条件的前提下，通过合理地、科学地组织生产过程，不断地进行技术革新和技术革命，提高劳动生产率的方法来增加盈利。与此相反，资本主义企业不管工人的死活，不管劳动条件的好坏，只要有利可图，资本家就要强迫工人拼命劳动，最大限度地榨取工人的血汗。

"四人帮"出于他们反革命的需要，故意抹杀社会主义企业盈利同资本主义企业利润的本质区别，只要谁说企业应该扭亏增盈，他们就说谁搞"利润挂帅"，并且把"利润挂帅"作为他们反革命的大棒，到处乱打，搞乱了人们的思想，搞乱了理论概念，给科学研究和实际工作造成了很大的困难。现在是澄清这种混乱的时候了。所谓"利润挂帅"，无非就是反对无产阶级政治挂帅，把资本主义惟利是图的经营原则搬到社会主义企业中来，把取得利润作为企业生产的直接目的，用利润来统帅企业全部生产经营活动，利大大干，利小小干，无利不干，不管国家和人民的需要，盲目地追求利润。所以，我们说"利润挂帅"是修正主义办企业路线的重要内容，它和社会主义革命和建设的根本要求是对立的，因而我们过去、现在和将来都要批"利润挂帅"，这是毫无疑义的。其实，只要我们划清了社会主义企业盈利和资本主义企业利润的界线，也就同时划清了"利润挂帅"和企业正当盈利的界线。也只有从这里着手，批"利润挂帅"，才能真正批到点子上。"四人帮"是一伙彻头彻尾的反革命修正主义分子，他们推行一条极右的反革命修正主义路线，目的就是要搞资本主义复辟，当然不可能真的批判"利润挂帅"。他们只是接过批判"利润挂帅"的口号，做反革命文章。他们从来不揭露"利润挂帅"的真实内容，只是随心所欲地乱扣"利润挂帅"的帽子，借以打击坚持毛主席革命路线的干部和群众，妄图通过破坏社会主义企业盈利，制造财政经济困难，进而瓦解社会主义经济，以便于他们乱中进行篡党夺权，复辟资本主义。用心何其毒也！

三　社会主义企业必须努力做好扭亏增盈工作

扭转亏损，增加盈利，这是企业当前一项重要的战斗任务。

搞好扭亏增盈工作的根本措施，是端正思想路线，加强党的领导，放手发动群众，建立和健全必要的规章制度。

首先，要狠抓揭批"四人帮"这个纲，端正思想路线。长期以来，"四人帮"出于反革命的政治需要，利用所控制的舆论工具，肆意践踏马克思主义积累原理，疯狂破坏社会主义积累，搞乱了人们的思想，造成了严重的混乱。因此，只有密切联系企业实际，深入揭批"四人帮"，把他们颠倒了的路线是非、思想是非和理论是非纠正过来，彻底粉碎他们强加在人们头上的精神枷锁，才能为理直气壮地切实采取有效措施解决扭亏增盈中的具体问题，奠定牢固的思想基础。

其次，企业盈亏是其生产经营活动的综合反映，而企业的生产经营活动又是一个有机联系的整体。因此，扭亏增盈必须切实加强党的一元化领导，组织和动员各方面的力量共同来搞，才能搞好。企业党委的主要负责人一定要把扭亏增盈工作当作贯彻落实华主席提出的抓纲治国战略决策的一项重要内容来抓，遵照毛主席关于"生产和节约并重"的教导，既抓生产，又抓财务，把全面完成包括资金、成本、盈利在内的八项经济技术指标作为党委抓经济工作的主要内容，坚决克服只抓生产，不抓财务，不问经济效果的错误倾向。而且一定要把扭亏增盈摆到党委的重要日程上，大抓、狠抓，抓紧、抓好、抓细，切实抓出成果来。只讲空话，不抓到实处，是不可能扭亏增盈的。这就要求企业的领导"必须努力学会做经济工作，"①　"不是'一般地'、不是'从空中'来领导企业，而是具体地切实地领导企业"。②　既精通政治，又精通业务，又红又专，"使自己成为精通政治工作和经济工作的专家"③。否则，以其昏昏，使人昭昭，肯定是行不通的。

　　再次，群众路线是我们党在一切工作中的根本路线，扭亏增盈同样必须充分发动和依靠广大群众。前面说过，产量的多少，质量的好坏，消耗的高低，成本的升降，对企业的盈亏关系极大。怎样才能实现高产、优质、低耗？实现高产、优质、低耗，力量在群众，基础是班组。是因为广大群众战斗在生产第一线，归根到底，增产节约的办法要靠他们来想，增产节约的潜力要靠他们来挖。离开了他们的辛勤劳动，势必一事无成。因此，企业的领导一定要把企业的盈亏情况和国家要求，原原本本向群众讲清楚，实行财务公开，经济民主，发动广大群众管家理财，大家动手揭矛盾，查原因，订措施，挖潜力，并把扭亏增盈的具体指标和要求，分别落实到每一个班组、每一个岗位，经常进行检查、评比，开展以比、学、赶、帮、超为中心内容的社会主义劳动竞赛，以促进扭亏增盈任务的完满实现。

　　最后，规章制度是人们进行活动的共同规范。为保证扭亏增盈工作卓有成效地进行，一定要结合整顿和加强企业管理，切实做好原始记录、计量、检验和定额管理等各项基础工作，建立、

---

① 《毛泽东选集》第4卷，第992页。
② 《斯大林全集》第13卷，第70页。
③ 《毛泽东选集》第5卷，第145页。

健全财产物资管理、成本管理、资金管理和经济核算等各项规章制度，彻底克服某些企业在"四人帮"的干扰破坏下，曾经出现的有章不循或无章可循的混乱状态。一个社会主义企业有成百上千以至上万的人集合在一起共同劳动，要求有高度的组织纪律性。只有建立健全合理的规章制度，才能引导人们按照党的方针、政策和科学上的自然规律协调一致地进行生产经营活动，并使阶级敌人和资本主义势力的任何破坏、捣乱无可乘之机。这是在生产经营中最经济有效地利用人力、物力、财力，提高生产经济效果的一个重要条件。否则，经济责任不清，生产打乱仗，党的方针、政策不能正确贯彻，扭亏增盈也无从谈起。

中央领导同志指出："从现在起至本世纪末，只有二十三年的时间。大大加快我国国民经济发展的步伐，是刻不容缓的了。"我们一定要在党中央的领导下，以只争朝夕的革命精神，采取坚决措施，扎扎实实做好扭亏增盈工作，迅速把"四人帮"干扰破坏造成的损失夺回来，把社会主义积累搞上去，为加快我国四个现代化的进程多作贡献！

（原载《中国经济问题》1977 年第 4 期）

论经济核算制的基本内容

在以往的经济学著作中，经常是这样描写经济核算制的内容：企业有独立的资金，可以和其他企业签订合同，在银行开立结算账户、从银行取得贷款、用自己的收入抵偿自己的支出并取得盈利等等。认为有了这样一些规定就叫做实行了经济核算制。三十年来，上述规定基本上没有变化，但是经济核算制却是时起时落，时有时无。这个事实本身就说明，把上述规定作为经济核算制的内容是不全面的。

经济核算制是生产资料公有制的经济管理制度，是用法律形式固定下来的经济核算关系。根据列宁对经济核算制的有关论述，它的基本内容可以概括为企业的独立经营权、企业及其职工的物质利益和企业的经济责任三个部分。其中企业的独立经营权是经济核算制的前提，物质利益是推动企业及其职工改善生产经营的经济动力，目的是使企业及其职工的物质利益和社会利益密切结合起来，为提高生产经营的经济效果承担经济责任，充分发挥企业及其职工的主人翁的自觉性和积极性。

一　独立经营权

实行经济核算制就是要使企业利用公有的生产资料进行独立经营，发挥广大劳动者生产经营的积极性，自觉地提高生产经营的经济效果。

企业的独立经营权包括三个方面，即与企业生产经营范围相适应的计划权、财权和物资支配权。没有这三种权力，企业不能进行独立经营，也不能叫做实行经济核算制。所谓计划权，就是企业在遵守国家计划规定的生产方向的前提下，有权根据本企业的生产能力、原材料供应和产品销售的具体情况，独立地编制本企业的生产计划，确定本企业的生产经营活动。只要企业不违反国家计划规定的生产方向，上级计划机关不能随便改变企业自己确定的生产计划，更不能在没有原材料保证的条件下给企业增加计划任务。如果上级计划机关经过综合平衡，根据社会需要认为有必要让企业增加产量，就要同企业进行协商，签订增产合同，保证企业增加生产的物质条件和产品销路。现在，企业不能实行经济核算制的一个重要原因，就是企业没有独立地制定生产计划的权力，只能被动地接受上级计划机关分配的生产任务。上级下达的计划任务经常改变，给企业实行经济核算制造成很大困难。例如，有一个重型机器厂，上级要该厂生产 20 台 C72-16 无砧座锻锤，企业按照 20 台计划任务投料，投产以后只生产 1 台就改变了生产计划，其余 19 台的铸钢件全部报废。有的地方在没有原材料保证的情况下，要卷烟厂生产高级香烟，增加产值，使企业用低质原材料制造高级产品，造成产品质量下降，形成产品积压。还有的上级机关给企业下达的产值计划，远远超过企业的生产能力和原材料供应数量，使企业为了完成产值计划无法考虑社会需要，大量生产消费者不需要的大件产品，不生产消费者迫切需要的小件产品。诸如此类的现象，都起了削弱经济核算制的作用。

所谓财权，首先是企业要有独立的资金来源，有权根据本企业生产经营的需要独立地支配固定资金和流动资金。国家除了按照资金有偿使用原则向企业收取资金利息以外，不再干预企业资金的使用过程。对于固定资金，企业有权按照生产现代化的要求合理地使用基本折旧费和进行固定资金的技术更新，独立地处理本企业不需要和不合用的固定资产，对于流动资金，企业可以在加速资金周转的基础上改变流动资金定额，处理自己不需要或者多余的原材料。其次，企业要有权支配一部分盈利，根据本企业的需要用于改进生产技术、增加职工个人收入和提高职工的集体福利。按照生产资料全民所有制的性质，企业创造的盈利应该在国家、企业、职工三者之间进行分配，这是体现生产资料所有权的一个重要方面。把企业的盈利全部交给国家或者全部留给企业都是不恰当的，它不符合生产资料公有制的性质，会阻碍生产力的发展。只有按照生产资料公有制的要求，在三者之间进行合理分配，才能保证企业和国家都有相应的资金来源，使企业有独立的财权。毛泽东同志说："这里还要谈一下工厂在统一领导下的独立性问题。把什么东西统统都集中在中央或省市，不给工厂一点权力，一点机动的余地，一点利益，恐怕不妥。"[1]但是，在现在的财政管理体制中，企业基本上没有独立的财权，收入和支出基本上都是由上级机关规定的，每一项新的支出都要向上级机关请示批准。例如：有一个橡胶厂计划 1979 年轮胎产量达到 80 万套，需要增设一条传送带，投资 2 万元，企业无权开支，要请示

---

[1] 《毛泽东选集》第 5 卷，第 273 页

主管局批准。该厂成型车间基本上是手工操作，主要靠体力，全车间 350 人，如果实行计件工资，可以减少 50 人，同时使产量提高 30%，可以降低成本，增加盈利。但是，要把计时工资改为计件工资，企业要向上级主管局、财政局、人民银行、劳动局、市工交办公室等行政管理机关请示批准，经过半年多时间的请示，劳动局不同意，人民银行不给支付，实行不了。还有二车间有一道工序，是节约用胶的关键环节，如果在这道工序上实行节约奖，每年最少可以为国家节约 60 万元，也因为劳动局不同意，不能实行。类似问题不是个别企业存在，它说明企业没有独立的财权，不能自主地采取经济措施提高生产经营的经济效果，也就不能实行经济核算制。

所谓物资支配权，就是企业在国家计划规定的范围内，有权根据本企业生产的需要独立地选购原材料和销售自己的产品，有权和有关单位直接签订供销合同，不受地区和上级机关的限制，这是保证企业实行经济核算制的必要条件。现在的物资管理体制，是按照行政系统建立的，不符合商品流通规律的要求。这种按照行政系统分配物资的管理体制，经常造成企业生产和供应互相脱节的现象。企业为了保证生产需要，经常要派出许多采购员，不惜代价，千方百计地采购原材料，无法讲求生产经营的经济效果。

过去，在社会主义政治经济学的理论著作中，有一种比较流行的观点，认为全民所有制只能由国家委派代表进行管理，国家是生产资料的所有者，不承认企业和职工也是生产资料的主人。给人们造成这样一种印象，全民所有制即国营企业，把全民所有制和国营画了等号。似乎公有制的范围越大，公有化程度越高，生产资料所有权越要集中在少数"代表"手中，经济管理也就越是不民主，这实际上已经背离了全民所有制的性质。这种观点不仅影响实际工作，导致否定企业的独立经营权，削弱经济核算制，而且为经济管理中的一长制（包括第一书记制）提供了理论根据，使少数人变成全民所有制的"代表"，很容易使公有制变成少数人私有制，"因为个人管理工业的必然后果就是私有制"①。南斯拉夫的经验和苏联的教训形成鲜明的对照。南斯拉夫在中央统一指导，国家统一立法的条件下，实行企业自治，使劳动人民成为生产资料的真正主人，苏联在集中计划控制下，从一长制变成少数人的官僚资产阶级所有制。这两种经济管理形式（即所有制的具体形式）是值得很好的研究的。按照马列主义经典作家的指示，全民所有制也就是生产资料归全社会所有，只有全体劳动人民才是生产资料的真正主人。因此，对于生产资料的使用和生产过程的管理，应该具有广泛的群众性和民主形式，而不是由上级行政机关委派少数"代表"去管理。既然是全民所有制，那么全民就是生产资料的主人，企业就应该由全民实行民主管理，每一个企业都应该有独立经营权。承认不承认企业的独立经营权，实际上与承认不承认劳动人民是生产资料的主人是一回事。真正承认劳动人民是生产资料的主人，就必须承认企业的独立经营权。

统一计划和企业的独立经营权，都是由生产资料全民所有制的性质决定的。没有统一计划，说不上独立经营权；没有企业的独立经营权，也谈不上统一计划的必要性，二者是辩证的统一。有的同志把统一计划和企业的独立经营权对立起来，认为统一计划和独立经营权是不能统一的，主张用统一计划限制企业的独立经营。同时，他们又把统一计划和集中管理混为一谈，认为统一计划就是集中管理，而集中管理又是"上级怎么说就怎么办"，

① 《马克思恩格斯选集》第 1 卷，第 217 页。

实际上就把统一计划变成盲目服从，既取消了统一计划，也取消企业的独立经营。混淆统一计划和集中管理的必然结果是，凡列入计划的都要集中管理，都要由上级或者某一领导人说了算。但是，全民所有制的生产过程是很复杂的，又不可能全部集中管理，这就又产生了所谓计划内和计划外的经济活动，实际上也就等于取消全社会的统一计划。社会主义计划经济，应该有全社会统一的计划，包括从中央到地方（县），从部门到企业的主要经济活动。所有企业单位都应该按照统一计划的要求，独立地完成自己承担的经济任务，充分发挥自己的主动性和创造性。对整个社会的经济活动只能实行统一计划，即规定统一的方向和制定统一的政策，不能实行过分的集中管理。否则，就会限制企业的独立经营，削弱经济核算制，阻碍生产力的发展。

二　物质利益

经济核算制的第二个内容，就是要使企业生产经营的经济效果和企业（作为生产集体）及其职工的物质利益直接联系起来，利用物质利益的作用提高人们改善经营管理的积极性，使企业及其职工从物质利益上关心生产经营的经济效果。经济核算制中的物质利益包括两个方面的内容：（1）企业的集体福利取决于企业生产经营的经济效果，生产经营的经济效果大，集体福利就应该高，经济效果小，集体福利就应该低。企业的集体福利包括职工宿舍，集体食堂，文化娱乐和体育设施，幼儿园、疗养院等等。所有这些集体福利事业都要用企业盈利分成来举办。盈利分成多的企业可以举办的多一些；盈利分成少的企业可以举办的少一些。这就是说，经营好坏在集体福利上会有很大差别；（2）企业职工的实际收入要和企业生产经营的经济效果联系起来，盈利多的企业，职工的实际收入可以高一些，盈利少或者没有盈利的企业，职工的实际收入就要低一些，不能经营好坏一个样。这样，物质利益就会成为推动企业及其职工改善生产经营的动力。

经济核算制把物质利益作为提高生产经营的经济效果的动力，完全符合历史唯物主义的基本原理。不论社会性质如何，物质利益总是人们进行生产劳动，从事经济建设，改善经营管理的直接动力。在人类社会中，没有离开物质利益的生产活动。我们进行的每一项经济事业，从根本上说来，都是为了提高人民的物质和文化生活水平，增加人民的物质利益，离开人民的物质利益，我们的生产和建设就失去意义。

"四人帮"为了破坏经济核算制，把物质利益和阶级斗争对立起来，说经济核算制要人们关心物质利益就是不要阶级斗争，"是用资产阶级世界观腐蚀工人"。实际上，他们是用历史唯心主义反对马克思主义。恩格斯指出："旧的、还没有被排除掉的唯心主义历史观不知道任何基于物质利益的阶级斗争，而且根本不知道任何物质利益，生产和一切经济关系，在他那里只是被当作'文化史'的从属因素顺便提到过。"① "四人帮"和马克思主义相反，不是用物质利益来解释阶级斗争，而是用阶级斗争否定物质利益，他们像杜林一样主张"一切经济现象都应该由政治原因来解释"，完全颠倒了物质利益和阶级斗争的关系。

马克思主义告诉我们，阶级斗争是经济关系的产物，是人们物质利益互相冲突的结果。"在这里，显而易见，这两个大阶级的起源和发展是由于纯粹的经济原因。而同样明显的是，土地占有制和资产阶级之间的斗争，正如资产阶级和无产阶级之间的斗争一样，首先是为了经济利益而进行的，政治权力不过是用来实

---

① 《马克思恩格斯全集》第19卷，第225页。

行经济利益的手段。"① 在旧中国，帝国主义、封建主义和官僚资本主义的残酷剥削，严重地损害了劳动人民的物质利益，使许多工人和农民陷于失业破产的境地，遭受饥寒贫困的折磨。人民为了取得生存的物质条件，奋起进行革命，推翻帝国主义和国民党反动派在中国的统治，从根本上解决自己的物质利益。中国共产党所以能够得到全国劳动人民的信赖和拥护，就在于我们党是为了人民的物质利益而斗争，使劳动人民在经济上摆脱剥削，在生活上有了保障。革命问题，归根结底就是要解放生产力，提高人们生产劳动的热情，解决人们的物质利益问题，资产阶级革命是这样，无产阶级社会主义革命也是这样。所不同的是资产阶级革命主要是为了资产阶级的物质利益，无产阶级革命则是为了无产阶级和广大劳动人民的物质利益。所以，物质利益不仅是引起革命的原因，也是进行革命的主要目的。无产阶级社会主义革命是要废除资产阶级生产资料私有制，建立社会主义生产资料公有制，使劳动人民变成生产资料的主人，这是无产阶级最大的物质利益。

经济核算制使企业及其职工的物质利益和企业生产经营的经济效果直接联系起来，利用物质利益的作用调动企业改善经营管理的积极性，提高职工的劳动热情，是符合社会主义生产发展的客观要求的。在社会主义历史阶段，劳动（包括体力劳动和脑力劳动）仍然是人们谋生的手段，甚至是唯一的谋生手段，人们的物质生活和精神生活，都要靠自己的劳动收入来维持，物质利益对人们劳动的积极性具有十分重要的作用。不了解这一点，或者轻视物质利益在经济管理中的作用，就不能认识社会主义经济发展的客观规律，也不可能促使企业自觉地改善经营管理。

---

① 《马克思恩格斯选集》第 4 卷，第 246 页。

经济核算制要使劳动人民的长远的物质利益和当前的物质利益，集体的物质利益和个人的物质利益密切结合起来，用当前的、个人的物质利益推动人们为长远的集体的物质利益而奋斗，这是社会主义经济的客观要求。在目前来讲，劳动人民的长远利益是加速实现四个现代化，为实现共产主义建立物质基础，当前的利益就是提高人民的物质和文化生活水平，其中包括工资、物价、居住条件和文化生活等等。集体利益就是国家，企业（包括公社）为代表的生产和公共事业的共同需要，个人利益主要是劳动者的实际收入。在社会主义社会中，劳动人民的长远利益和当前利益，集体利益和个人利益从根本上说是一致的，不存在对抗性的矛盾。人为地使它们绝对地对立起来，认为为了长远利益必须损害当前的利益，为了当前利益又必须损害长远利益的观点，是没有任何根据的。我们不能借口为了人民长远的物质利益而牺牲人民当前的物质利益，经常地让人民"勒紧裤带为共产主义而奋斗"，使人民的物质生活长期不能提高，这样，人民就不会相信我们是为了建设共产主义，也不可能调动人民群众生产劳动的积极性。严重地损害人民当前的物质利益，就会损害社会主义建设事业，使劳动人民离开社会主义道路。当然，也要反对为了当前的物质利益而损害劳动人民长远的物质利益的倾向。这种倾向就是只顾当前，不管未来，不进行积累和扩大再生产，使劳动人民的生活无法进一步提高，最终还是损害了劳动人民的物质利益。经济核算制使国家、企业，职工个人的物质利益正确地结合起来，使职工在增加个人物质利益的过程中对社会做出贡献，在增加社会财富的基础上不断地提高个人的物质文化生活，从而促使企业及其职工自觉地提高生产的经济效果。

物质利益作为经济核算制的内容，必须通过具体的经济形式才能实现。没有恰当的经济形式，物质利益就不能成为经济核算制的内容，也不能起到动力的作用。怎样的经济形式才能体现经济核算制的要求，使物质利益变成推动企业及其职工提高生产的经济效果的经济动力，还是一个需要在理论和实践上进行探讨的问题。当前所采用的一些经济形式与经济核算制的要求是不完全适应的。首先，从体现个人物质利益的经济形式工资来说，目前是存在不少缺点的。其中最主要的是职工的工资形式与工资水平和企业生产经营的经济效果没有直接联系，企业经营好坏对职工的工资收入没有影响，盈利和亏损企业的工资一样高，实际上是在"吃大锅饭"。同时，现在的工资形式，不能使工人直接感到他是企业的主人，自觉地关心企业的经营管理。

其次，从奖金来看，目前在理论和实践上，都没有把奖金作为提高经济效果，改善经营管理的经济杠杆，而是把它作为国家对工人的照顾，或者叫做"物质鼓励"，作为刺激职工完成生产任务的手段，实际上是一种变相的附加工资，成为一项财政支出。奖金本来应该用于奖励成绩优良的企业和职工，是按劳分配的补充形式，超额劳动的报酬。奖金的来源应该从超额劳动创造的价值中提取，不能减少财政收入。例如：超产奖要从超额完成的产品价值中提取，节约奖要从经过核实的实际节约额中提取，质量奖要从提高产品质量实际增加的盈利中提取，等等。得奖的实际效果必须核实，真正为国家增加了收入，增加收入多的应该多得奖；增加收入少的少奖；没有增加收入的不奖。现在的奖励办法是不符合经济核算制的要求的。第一，按照工资总额的比例规定提奖的数额，带有平均主义倾向，是"供给制"的残余，不能起到奖励先进的作用；第二，把奖励作为企业的固定支出，减少财政收入，不能提高生产的经济效果；第三，有贡献的该奖不能奖，不该奖的正常劳动发了奖，奖金变成90％以上的人的固定收入。这种奖励办法没有使物质利益成为提高经济效果的经济动力，不符合经济核算制的要求。

最后，从利润分成来看，三十年中几起几落，总是在单纯财政收支上打圈子，不能从实行经济核算制、提高生产经营的经济效果着眼，也就不能正确地解决企业和国家的物质利益关系，限制了企业增加盈利的积极性，不利于增加财政收入。

为了真正实行经济核算制，必须对实现物质利益的经济形式进行全面研究，在总结历史经验和吸收外国经验的基础上，制定切实可行的具体形式，使经济核算制的基本内容逐步完善起来，在实现四个现代化中发挥应有作用。

三　企业的经济责任

对生产经营的经济效果承担经济责任，这是经济核算制的中心内容，也是经济核算制的基本特征。列宁说："我想，各个托拉斯和企业建立在经济核算制基础上，正是为了要他们自己负责，而且是完全负责，使自己的企业不亏本。如果他们做不到这一点，我认为他们就应当受到审判，全体理事都应当受到长期剥夺自由（也许在相当时期后实行假释）和没收全部财产等等的惩罚。"[1]

企业是不是承担生产经营的经济责任，这是企业是否实行经济核算制的主要标志。不承担经济责任，盈利和亏损不影响企业及其职工的经济利益，经济核算制就会流于形式。所谓经济责任，就是要使企业及其职工的物质利益随着生产经营状况而改变，增加或者减少。所以，经济核算制中的经济责任是一种物质责任，主要包括以下几个方面：

---

① 《列宁全集》第35卷，第549页。

1. 实行经济核算制的企业要对它使用的各种资金承担经济责任，根据投资合同或贷款协议，① 按期偿付资金利息，到期归还贷款。如果企业不履行合同或协议规定的经济义务，就要受到有关经济法律的制裁，或者支付罚款，或者被收回投资和贷款。按照经济核算制的要求，企业的资金（包括固定资金和流动资金）都应该实行有偿使用原则，从银行取得贷款，不能采用无偿拨款办法。银行和企业在行政上没有隶属关系，在经济上是平等的。银行作为经济核算单位，根据国家给企业规定的生产方向和生产任务（经上级认可的生产计划）签订贷款合同，依照合同规定的条件向企业提供长期和短期贷款，保证企业生产正常进行。如果银行违反合同影响了企业的生产，企业要向银行索取罚款，或者依据有关经济法律由银行赔偿损失。在这种经济关系下，每一个实行经济核算制的企业，必须精打细算减少生产过程和流通过程所占用的资金，减少银行贷款。如果企业占用银行资金过多，就要增加利息支出，减少企业盈利，影响职工（包括厂长）的实际收入。但是，我们现在的资金管理制度是一种无偿的"供给制"，资金占用多少和企业的经济利益没有联系，企业不承担经济责任。不改变这种管理制度，不让企业承担资金使用的经济责任，也就不能真正实行经济核算制。

2. 实行经济核算制的企业，要对国家计划规定的生产任务（包括品种、数量和质量）承担经济责任，按期完成经济合同规定的协作任务，保证社会生产和流通过程顺利进行。在生产社会化条件下，每一个企业都是为整个社会提供产品，企业之间存在分工协作的密切联系，只有严格地按照社会需要进行生产，才能

---

① 我国现在还没有实行这种制度。按照资金有偿使用的原则，应该签订合同和协议，这有助于加强经济核算制。我们希望尽快实行这种办法。

保证全社会的生产和流通过程正常进行。如果企业违反计划和合同，影响其他企业的生产，给社会生产和流通过程造成混乱，就要由违反计划和合同的企业负责赔偿损失，进行等价补偿。但是，现在的经济合同不能起这种作用，因为它不具有法律效力，是徒有其名的形式。轻视合同作用的结果，给流通过程造成很大混乱，使企业的生产遇到很大困难，经济责任无从谈起，经济核算制无法实行。

3. 实行经济核算制的企业要对生产经营的经济效果承担经济责任，盈利还是亏损，这是企业生产经营的经济效果的最终表现。在正常的情况下，盈利说明企业对满足社会需要作了贡献，盈利越多贡献越大，企业的经济利益也应该随着增长；亏损说明企业没有完成对社会承担的经济义务；甚至使社会受到损失，企业的经济利益应该随着减少。企业在经济上相应地承担盈亏责任，就叫做自负盈亏。

社会主义企业应承担盈亏的经济责任，这是生产资料公有制性质决定的。在生产资料公有制中，各个企业的劳动者在经济上都是平等的，都只能靠自己的劳动来满足自己的生活需要，谁也不能靠占有别人的劳动来维持或改善自己的生活，也不能把由于自己经营不善造成的经济损失全部转嫁给别人，否则，那就和无偿占有别人的劳动一样，是不合理的。但是，我们在这里所说的企业要承担盈亏的经济责任，即自负盈亏，和生产资料私有制条件下各个所有者承担经济后果是不同的。在全民所有制中，自负盈亏并不是说盈利要全部归企业支配，亏损完全由企业负责，那是不应该也不可能的。因为在全民所有制中，国家、企业和职工都是生产资料的主人，自负盈亏当然要包括国家、企业、职工三个方面。盈利要在三个方面进行合理分配，亏损要按照实际责任由三者分别承担。企业自负盈亏，就是要使企业的盈利和亏损与企业职工（包括党委书记厂长）的实际收入直接联系起来，对企业的盈亏承担一部分物质责任。办法就是把企业职工的个人收入分为两部分：一部分是固定收入，根据职工的工作年限，技术熟练程度和劳动条件确定，记入企业的生产费用，不受企业盈亏的影响，在同行业同工种之间保持大体平衡；另一部分是活动收入，随着企业盈利或亏损情况而变动。企业盈利多，职工的活动收入多一些；企业的盈利少，职工的活动收入就少些；企业没有盈利或者发生亏损，职工就没有活动收入。这样，使盈利和亏损企业的职工在实际收入上有所区别，推动企业努力改善生产经营，提高生产经营的经济效果。

使企业职工的实际收入和企业的盈亏直接联系起来，这是使企业承担经济责任的最好形式。因为资金利息、合同罚款都会减少企业的盈利，降低职工的实际收入，这就可以推动企业改善经营管理。如果职工的实际收入和企业盈亏不发生直接联系，那么资金利息、合同罚款就不能通过盈亏影响职工的实际收入。在这种情况下，所谓承担经济责任就会变成没有实际意义的空话。不管资金利息、罚款多大，只是由企业摊入产品成本冲减盈利，减少财政收入而已。

使企业的盈亏和职工的实际收入联系起来，是完全符合生产资料公有制性质的。职工是全民所有制企业的主人，企业经营好坏，主人必须承担经济责任，这是无可非议的道理。不实行这个原则，不可能有真正的经济核算制，这是社会主义经济管理实践做出的结论。

总之，我们认为，把以上三个部分，即企业的独立经营权、物质利益和经济责任有机的结合起来，就构成列宁所说的经济核算制的基本内容。它是生产资料公有制的经济管理制度。按照这个制度的基本内容改革现行的管理体制，也就是用经济核算制代替单纯的行政管理体制，把整个经济管理体制建立在经济核算制基础上，应该成为改革经济管理体制的方向。

（与何振一、陈令淑合作，原载《中国经济问题》1979 年第 3 期）

重新学习马克思剩余劳动
理论的现实意义

——纪念马克思逝世一百周年

马克思逝世整整一百年了。在这一百年中，人类社会发生了天翻地覆的变化，马克思主义在实践中经受了全面的检验，证明它是颠扑不破的真理，具有无限的生命力。

马克思的经济学说作为马克思主义的主要内容，在这一百年中，同样经受了严峻的考验。经过这种考验，不仅"一切资本主义国家（无论老的或新的）的发展过程，都一年比一年明显地向愈来愈多的工人群众证明，马克思的这一学说是完全正确的"①，尤其是新出现在人类历史上的社会主义国家的经济建设实践，更雄辩地证明了马克思经济学说的真理性。

马克思的经济学说通过对资本主义经济制度的科学分析，揭示了人类社会发展的客观规律，包含着极其深刻的科学内容。无产阶级和革命人民只有在自己的实践中才能逐步认识和运用它，而且这种认识和运用的程度也是同千百万群众实践的深度和广度成正比的。在过去的一百年中，人们在推翻旧制度的革命实践中，对马克思经济学说中关于揭示资本主义生产关系的剥削实质

---

① 《列宁选集》第 2 卷，第 445 页。

这一部分是比较熟悉了；对马克思关于在社会主义社会要实行生产资料公有制、计划经济和按劳分配等科学预见，有了比较完整的理解，并在实践中有所发展。但是，在马克思的经济学说中，还有一些极为重要的思想尚待我们去深入学习、研究和运用，其中包括本文探讨的马克思的剩余劳动理论。如果说，我们过去是从反对资本主义剥削制度出发学习过马克思的剩余劳动理论，那么，现在则需要从社会主义经济建设的实际出发，重新加以学习。

现在，我们纪念马克思逝世一百周年，正是我国人民在中国共产党的领导下，为实现党的十二大提出的宏伟目标而努力奋斗的时候。实现宏伟目标，归根到底，是要在马克思主义指导下，从中国的实际出发。那么，马克思的剩余劳动理论在指导我们实现宏伟目标的实践中，具有什么理论和实践意义呢？这是需要我们从我国经济建设的历史和现状出发，着力探讨的一个问题。

一 社会主义社会存在剩余劳动的客观必然性

在人类历史上，剩余劳动最早出现在原始公社后期，距今已有数千年了。但是，把剩余劳动作为一个经济范畴最早给予科学说明的，则是马克思。所以，恩格斯说，剩余劳动是马克思发现的[①]。一百多年以前，马克思在他的经济学著作中，不仅揭示了劳动的一般社会意义，指出"劳动作为使用价值的创造者，作为有用劳动，是不以一切社会形式为转移的人类生存条件，是人和

---

① 《马克思恩格斯选集》第 3 卷，第 233 页。

自然之间的物质变换即人类生活得以实现的永恒的自然必然性"①，而且在此基础上又进一步说明，在任何社会生产中，"总是能够区分出劳动的两个部分，一个部分的产品直接由生产者及其家属用于个人的消费，另一部分即始终是剩余劳动的那个部分的产品，总是用来满足一般的社会需要"②。如果说生产劳动使人类最终从动物界分化出来，那么，剩余劳动则是人类社会不断前进的基础。正如恩格斯所说："人类社会脱离动物野蛮阶段以后的一切发展，都是从家庭劳动创造出的产品除了维持自身生活的需要尚有剩余的时候开始。都是从一部分劳动可以不再用于单纯消费资料的生产，而是用于生产资料的生产的时候开始的。劳动产品超出维持劳动的费用而形成的剩余，以及社会生产基金和后备基金从这种剩余中的形成和积累，过去和现在都是一切社会的、政治的和智力的继续发展的基础。"③纵观几千年的文明史，可以说，人类文明和社会进步的程度是同社会生产可能提供的剩余劳动、剩余产品的多少直接联系在一起的。

这样，人们会很自然地想到，在推翻了资本主义剥削制度以后，剩余劳动这一范畴在社会主义社会中是否依然存在？根据马克思的剩余劳动理论，回答应该是肯定的。社会主义革命只限于消灭主要生产资料私有制，从而消灭阶级和阶级剥削，而并不消灭必要劳动和剩余劳动的经济差别。相反地，随着科学技术的发展及其在生产过程中的应用，随着社会劳动生产率的迅速提高，剩余劳动的绝对量则会不断地增长。只有这样，才能逐步缩短劳动时间，减少工作日，使人们从繁重的体力劳动中解放出来，有

---

① 《资本论》第 1 卷，第 56 页。
② 《资本论》第 3 卷，第 992 页。
③ 《马克思恩格斯选集》第 3 卷，第 233 页。

更多的自由时间来从事其他活动。但是，从我国目前的生产力水平来看，我们离马克思所说的自由王国还有很长的距离。我们现在的任务是提高劳动生产率，增加剩余劳动的相对量，为向自由王国的过渡创造物质条件。这就是我们要着重学习马克思剩余劳动理论的要义。然而，从社会主义制度建立以来的几十年的历史来看，社会主义依然存在剩余劳动这一经济范畴并未被普遍接受，有不少人还持有异议。

马克思主义告诉我们，剩余劳动这个范畴也存在特殊与一般的区别。奴隶社会的剩余劳动、封建社会的剩余产品、资本主义社会的剩余价值，都是剩余劳动的特殊形式，体现了剩余劳动在各个不同历史阶段的特殊性。剩余劳动除了在各个剥削阶级社会的特殊形式以外，还有在生产资料公有制条件下的特殊形式，如原始公社后期的剩余劳动，社会主义社会的剩余劳动（现象形态为剩余产品价值）。

为了说明一般剩余劳动始终存在这一历史实际，马克思也曾具体地谈到了公有制条件下的剩余劳动。他首先追述了原始公社的剩余劳动，指出："必须有一定量的劳动，一方面用于公共储备，可以说是为了保险，另一方面，用于支付共同体本身的费用，即用于战争、祭祀等"。① 又说："公社的继续存在，便是那作为自给自足的农民的全体公社成员的再生产，他们的剩余时间正是属于公社，属于战争事业等等。对自己劳动的所有，是由对劳动条件的所有即对一块耕地的所有来做媒介的，而对劳动条件的所有则是由公社的存在而得到保障的，公社又是由公社成员的服兵役等等的形式的剩余劳动而得到保障的。"② 这些，都说明

---

① 《马克思恩格斯全集》第46卷（上），第474页。
② 同上书，第477页。

剩余劳动在原始公社的经济作用及其与阶级社会的剩余劳动具有不同的性质。

关于消灭了资本主义制度的社会的剩余劳动，马克思指出："如果我们把工资归结为它的一般基础，也就是说，归结为工人本人劳动产品中加入工人个人消费的部分；如果我们把这个部分从资本主义的限制下解放出来，把它扩大到一方面为社会现有的生产力（也就是工人的劳动作为现实的社会劳动所具有的社会生产力）所许可，另一方面为个性的充分发展所必要的消费的范围；如果我们再把剩余劳动和剩余产品，缩小到社会现有生产条件下一方面为了形成保险基金和准备金，另一方面为了按社会需求所决定的程度来不断扩大再生产所必要的限度；最后，如果我们把那些有劳动能力的人必须为社会上还不能劳动或已经不能劳动的成员而不断进行的劳动，包括到 1. 必要劳动和 2. 剩余劳动中去，也就是说，如果我们把工资和剩余价值，必要劳动和剩余劳动的独特的资本主义性质去掉，那么，剩下的就不再是这几种形式，而只是它们的为一切社会生产方式所共有的基础。"① 在这里，马克思以对比的方式指出了社会主义制度下仍然存在剩余劳动这一范畴的必然性。

从理论上说，剩余劳动作为人类物质文明和精神文明的物质基础，在资本主义灭亡以后的社会主义制度下也必然存在，这是没有疑问的了。但是，从实践上看，能否证明社会主义制度下存在剩余劳动的必然性呢？我们的回答也是肯定的。

首先，社会主义社会的生产力还没有达到充分满足人们一切需要的程度，直接的生产劳动仍然是创造物质财富的源泉，劳动力还是构成生产过程的物质要素，而不仅仅是生产过程的监督

---

① 《资本论》第 3 卷，第 990 页。

者，人们还不能摆脱繁重的体力劳动。在连续不断的生产过程中，社会对活劳动消耗的补偿，是依据"各尽所能，按劳分配"的原则进行的。只有补偿了活劳动消耗以后的剩余，才能用于社会的共同需要。这就决定了人们为社会共同需要的劳动，只能采取剩余劳动的形式。

其次，在社会主义社会中，社会的共同需要和满足这种需要的程度，不是取决于总的劳动时间，而是取决于总劳动时间中剩余劳动的比例。如果社会总劳动时间只够补偿生产过程中消耗的物化劳动和活劳动而无剩余，那么，除个人消费以外的一切社会需要都无法实现，积累和扩大再生产都会落空。因此，无论就全社会还是个别企业来说，仅仅生产出社会所需要的产品是远远不够的，而只有生产出社会需要的产品（使用价值），并为社会提供了剩余劳动，创造了剩余产品，才能实现社会主义的生产目的，为满足全社会的物质和文化需要做出贡献，为实现宏伟目标创造条件。

几十年的实践反复证明，在我们的经济工作中，否定剩余劳动的客观存在，轻视剩余劳动的作用，必然导致不讲经济核算，不讲经济效果，给社会主义事业造成很大的浪费。直到现在，这种思想并未完全扭转，盲目生产、重复建设、浪费能源和原材料的现象仍然十分严重，有许多企业正在发生亏损，依靠别人的剩余劳动来维持。所有这些，都是同轻视剩余劳动的思想分不开的。

二 社会主义剩余劳动的用途和性质

社会主义是人类社会发展的一个历史阶段，必然受人类社会发展的一般规律所制约。要认识社会主义剩余劳动的用途和性质，就需要首先了解一下社会主义以前的剩余劳动的用途。撇开原始公社后期的剩余劳动不说，仅就奴隶社会、封建社会和资本主义社会而论，其剩余劳动的用途大体上可以分为三类：

1. 维持剥削阶级寄生性的消费，这是主要的。马克思说："凡是社会上一部分人享有生产资料垄断权的地方，劳动者，无论是自由的或不自由的，都必须在维持自身生活所必需的劳动时间以外，追加超额的劳动时间来为生产资料的所有者生产生活资料。"① 这就告诉我们，一切剥削阶级只有依靠占有直接生产者的剩余劳动，才能生存。

2. 用于维持一般社会需要，其中包括发展科学文化和实现社会的共同职能。恩格斯说："当实际劳动的人口要为自己的必要劳动花费很多时间，以致没有多余的时间来从事社会的公共事务，例如劳动管理、国家事务、法律事务、艺术、科学等等的时候，必然有一个脱离实际劳动的特殊阶级来从事这些事务。"②

3. "为了对偶然事故提供保险，为了保证必要的、同需要的发展以及人口的增长相适应的累进的扩大再生产（从资本主义观点来说叫做积累），就需要一定量的剩余劳动。"③ 同时，还要为社会上还不能劳动或已经不能劳动的成员提供剩余劳动。

在消灭了资本主义制度，建立了生产资料公有制以后，用于供剥削阶级寄生性消费的剩余劳动会随着消失，是不言而喻的。正如马克思所说："除了为那些由于年龄关系还不能参加生产或者已不能参加生产的人而从事的剩余劳动以外，一切为养活不劳动的人而从事的劳动都会消失。"④ 至于用于发展文化、教育、科学、艺术和维持一般社会职能的剩余劳动，在社会主义阶段还

① 《资本论》第1卷，第263页。
② 《马克思恩格斯选集》第3卷，第221页。
③ 《资本论》第3卷，第925页。
④ 同上书，第958页。

不可避免地要继续存在，这是全体社会成员的共同需要。但是，这种需要只能通过一部分人来体现，还不能成为大多数或全体社会成员的一般活动，因为社会生产力还没有达到这样高的水平，大多数人还不能摆脱体力劳动的束缚。正如恩格斯所说，"只有通过人工业所达到的生产力的大大提高，才有可能把劳动无例外地分配于一切社会成员，从而把每个人的劳动时间大大缩短，使一切人都有足够的自由时间来参加社会的理论和实际的公共事务。"① 我们要为这个目标而奋斗，但是现在离这个目标还相差甚远。马克思说过："事实上，自由王国只是在由必需和外在目的规定要做的劳动终止的地方才开始；因而按照事物的本性来说，它存在于真正物质生产领域的彼岸。像野蛮人为了满足自己的需要，为了维持和再生产自己的生命，必须与自然进行斗争一样，文明人也必须这样做；而且在一切社会形态中，在一切可能的生产方式中，他都必须这样做。这个自然必然性的王国会随着人的发展而扩大，因为需要会扩大；但是，满足这种需要的生产力同时也会扩大。这个领域内的自由只能是：社会化的人，联合起来的生产者，将合理地调节他们和自然之间的物质变换，把它置于他们的共同控制之下，而不让它作为盲目的力量来统治自己，靠消耗最小的力量，在最无愧于和最适合于他们的人类本性的条件下来进行这种物质变换。"② 我们正处在这种情况下，按照自己的理想，通过自己的劳动创造未来，但是目前还不能达到物质生产领域的彼岸，还必须为上述社会共同需要提供剩余劳动。这种剩余劳动，目前仍然是一切社会文化、政治、智力发展的基础。没有这种剩余劳动，就不能建立社会主义的物质文明和

---

① 《马克思恩格斯选集》第 3 卷，第 221 页。
② 《资本论》第 3 卷，第 926—927 页。

精神文明。

上述剩余劳动的第三种用途，即马克思所说的"用来扩大生产的追加部分"，"用来应付不幸事故、自然灾害等的后备基金或保险基金"，"和生产没有关系的一般管理费用"，"为丧失劳动能力的人等等设立的基金"①，所有这些，都会始终存在。

总之，社会主义所改变的是剩余劳动的社会性质和它的实际用途，决不能消灭剩余劳动本身。

现在需要说明一下"剩余劳动"这一概念能否在社会主义制度下继续使用。如果按照斯大林的说法，剩余劳动是表述阶级剥削的特定概念，社会主义社会就不能使用这个概念。他说："现在来讲'必要'劳动和'剩余'劳动，也是令人非常奇怪的：仿佛在我国条件下，交给社会去扩大生产、发展教育和保健事业以及组织国防等等的工人劳动，对于现在掌握政权的工人阶级来说，并不是像用来满足工人及其家庭的个人需要的劳动那样必要的。"② 斯大林的这句话，有些绝对化了。他没有全面地论述马克思的剩余劳动理论，也没有分析剩余劳动的真正含义，就做出上述结论，是不大科学的。列宁就不这么看。他在批评布哈林否定无产阶级实行统治的条件下剩余产品的意义时，明确指出："在这种条件下，剩余产品不归私有者阶级，而归全体劳动者，而且只归他们。"③ 并不认为归全体劳动者就不能再叫"剩余"。所谓剩余劳动，在任何社会中，都是指劳动者个人（包括家庭）消费以外的部分，这部分劳动对于一定历史条件下的社会也都是必要的。但是，对每一个劳动者个人来说，它终究是补偿活劳动

---

① 《马克思恩格斯选集》第 3 卷，第 9—10 页。
② 《苏联社会主义经济问题》，人民出版社 1980 年单行本，第 13—14 页。
③ 《资本论》第 3 卷，第 925 页。

消耗以后的剩余部分，是劳动者为社会提供的劳动，其数量只能是维持他本人及家属消费以后的剩余。所以，我们所说的社会主义的剩余劳动，只是就生产劳动者个人对社会（国家和集体）的关系所作的划分。把这种体现个人与社会的关系的劳动，叫做社会主义的剩余劳动①，这是完全符合马克思剩余劳动的原理的。

有剩余劳动，自然就要有剩余劳动的表现形式，这是逻辑的必然。我们认为，与奴隶社会的剩余劳动，封建社会的剩余产品、资本主义社会的剩余价值相对应，社会主义社会则是剩余产品价值。为什么这样说呢？马克思指出："只要进行剩余劳动，就能创造剩余产品。"② 但我们还不能直接用"剩余产品"来表现剩余劳动，这是因为：第一，社会主义现阶段的劳动还不是严格意义上的直接社会劳动，社会产品还必须采取商品形式，各生产企业（更不用说个人）的劳动还只是个别劳动，它有一个向社会劳动转化的问题，即产品的实现问题。如果它生产的产品不符合社会需要，从而不能实现，也就谈不上为社会提供剩余劳动了；第二，在产品的实物（使用价值）形态上，无法划分必要劳动和剩余劳动的界限，因而也不能使剩余劳动得到表现。只有在价值形态上，才能分割为必要劳动和剩余劳动两部分。所以，社会主义劳动者为社会提供的剩余劳动，必然要采取剩余产品价值的形式。

这里需要说明的是，剩余产品价值与剩余价值，具有本质的区别。尽管马克思讲过剩余产品价值即剩余价值的话，但是，他始终把剩余价值作为资本主义的特有概念来使用。他指出，在资本主义社会，"剩余价值完全没有必要用剩余产品来表示"③。但

---

① 《资本论》第 3 卷，第 958 页。
② 《马克思恩格斯选集》第 3 卷，第 221 页。
③ 《马克思恩格斯全集》第 47 卷，第 216 页。

是，在社会主义制度下，则是另外一种情况，剩余价值必须表现为剩余产品，脱离剩余产品的价值是社会主义所不需要的。所以，我们用剩余产品价值来衡量社会主义剩余劳动。它包含着以下三个意思：第一，社会主义的生产目的，不是追求抽象的价值，而是要满足社会需要，只有符合社会需要的剩余产品，才是满足社会需要的手段；第二，剩余产品只有用价值来计量，才能与必要产品相区分，才能用于社会的共同需要；第三，社会需要的多样性，决定了社会不能直接分配剩余产品的使用价值，只能通过剩余产品价值进行集中和分配。因此，剩余产品价值与剩余价值，具有本质区别，不可相互混淆。

三　学习马克思剩余劳动理论的现实意义

在纪念马克思逝世一百周年的时候，我们提出要重新学习马克思的剩余劳动理论，它的现实意义至少有以下几点。

第一，有利于培养共产主义劳动态度，增强为社会提供剩余劳动的自觉性。

我们知道，在社会主义阶段，由于生产力水平和人们的思想水平所限，劳动基本上还是谋生的手段，没有成为生活的第一需要。人们进行生产劳动的直接动机，在很大程度上是为了提高自己的物质和文化生活，为了自己的物质利益。至于为社会提供的剩余劳动，则是在为个人需要进行劳动的过程中实现的。提高人们为社会提供剩余劳动的积极性，还需要利用个人物质利益的作用。十一届三中全会以来，中央通过各项经济政策，使劳动者的物质利益直接同社会利益挂起钩来，提高了人们生产劳动的积极性，增加了劳动者个人的收入，同时也增加了归社会支配的剩余劳动。但是，我们应该看到，物质利益的作用毕竟是有限的。要进一步调动每个劳动者提供剩余劳动的积极性，还必须对他们进行共产主义劳动态度的教育，树立为社会多作贡献的主人翁思想。这种思想包括自觉地提高劳动技能和劳动效率，在正常的劳动时间以外进行无报酬的劳动等等。所谓共产主义思想教育，无论对脑力劳动者还是体力劳动者来说，都是要自觉地为社会作贡献，为人民造福，也就是要进行无酬劳动、无偿服务。当前，由于十年动乱的影响，在少数人身上"向钱看"的意识颇为严重，"为奖金而劳动"，按酬付劳，斤斤计较个人得失。这就不能不影响到社会主义事业的发展。因此，我们一定要全面地学习和宣传马克思的剩余劳动理论，使人民群众真正认识到剩余劳动是社会进步的基础，是实现宏伟目标的需要，直接关系到自身的当前利益和长远利益，从而自觉地树立为全社会多作贡献——多提供剩余劳动的思想。同时，还要通过对马克思剩余劳动理论的学习和宣传，使一部分人在提高认识的基础上，自觉地克服按酬付劳、斤斤计较个人得失等错误思想。只有这样，才能充分发挥社会主义制度的优越性，大幅度地提高劳动生产率，加快社会主义建设事业的发展。

第二，有利于提高全社会的经济效益。

党的第十二次全国代表大会提出，要把全部经济工作转移到以提高经济效益为基础的轨道上来。由于受"左"倾错误的干扰，在经济工作中，只讲高速度，不讲按比例，不讲经济效果，甚至反对盈利，否定剩余劳动理论对社会主义经济的指导作用。其实，在存在商品生产和商品交换、实行按劳分配、企业实行独立经营的条件下，最实际、最具体、最有意义的经济效益就是盈利，就是由剩余劳动创造的剩余产品价值。因此，评价经济效益的好差，主要是看有无剩余产品以及剩余产品价值的多少。剩余产品价值的多少无疑包含着劳动生产率问题。马克思说："劳动生产率的提高只不过表明，……较少的必要劳动生产出较多的剩余劳动。"① 同时，用剩余产品价值的多少反映劳动生产率水平，还可以把实现问题包含在内，比直接用劳动生产率和产品使用价值评价经济效益更全面些。

第三，有利于组织财政收入，解决财政困难，更好地满足社会公共需要。

在社会主义制度下，生产资料公有制决定了归社会支配的剩余产品要由国家财政机关进行集中和分配，这是社会主义经济与资本主义经济的一个具有本质意义的区别。在现阶段，国家财政机关具有生产资料所有者代表的身份，其重要职能之一，就是支配剩余产品，从而也监督必要产品的分配过程。财政机关有权向一切从事经济活动的独立核算单位和个人以利润或税收的形式征集剩余产品价值，这些单位和个人有义务按照国家规定进行缴纳。这几年财政困难，财政收入占国民收入的比例不断下降，除了受经济调整的影响外，还有一个重要的原因，就是归社会支配的剩余产品价值被个别单位和个人非法占有了。例如，某些单位和个人挤占利润、偷税漏税，以及财政机关本身的工作跟不上，对不少集体和个体经营者，很少征税，有的甚至不征税，这种状况必须改变。财政机关坚持做到把应当归社会支配的剩余产品价值全部收上来，这对解决当前财政困难，保证国家重点建设，会起很大的作用。

（与李茂生合作，原载《学习与思考》1983 年第 2 期）

---

① 《马克思恩格斯全集》第 46 卷，第 364 页。

马克思的剩余劳动理论在社会主义经济中的实际意义

发现剩余劳动，创立剩余价值学说是马克思的伟大历史功绩。恩格斯说："这个问题的解决是马克思著作的划时代的功绩。它使社会主义者早先像资产阶级经济学者一样在深沉的黑暗中探索的经济领域，得到了明亮的阳光的照耀。科学的社会主义就是从此开始，以此为中心发展起来的。"[1] 列宁也指出，剩余价值学说是马克思经济理论的基石。但马克思主义经济理论和科学社会主义的这一伟大原理，在过去的几十年中，却没有受到社会主义政治经济学的应有重视，从而在某种程度上陷入主观主义，使社会主义经济理论和经济实践受到某些不应有的损失。在纪念马克思逝世一百周年的时候，认真地学习这个问题，对保证经济建设更好地沿着科学社会主义的道路前进很有意义。

---

① 恩格斯：《反杜林论》，人民出版社 1970 年版（下同），第 201 页。

一 剩余劳动和剩余产品社会形式的发展标志着人类解放的历史进程

在人类社会发展的历史过程中，剩余劳动和剩余产品的表现形式和占有关系，标志着人类彻底解放的历史进程。恩格斯指出："人类社会脱离动物野蛮阶段以后的一切发展，都是从家庭劳动创造出的产品除了维持自身生活的需要尚有剩余的时候开始的，都是从一部分劳动可以不再用于单纯消费资料的生产，而是用于生产资料的生产的时候开始的。劳动产品超出维持劳动的费用而形成的剩余，以及社会生产基金和后备基金从这种剩余中的形成和积累，过去和现在都是一切社会的、政治的和智力的继续发展的基础。"① 在剩余产品产生以前，人们完全靠自然条件提供的食物来生存；在剩余产品产生以后，人们开始饲养牲畜、种植农作物，依靠自己的劳动生产自己需要的生活资料，使自然条件为自己服务，在某种程度上成为自然界的主人，从而使人类彻底脱离了动物野蛮状态。

随着剩余产品的产生，也逐渐形成了私有财产、阶级和阶级剥削，剩余产品成为产生阶级和阶级剥削的物质条件。因为"没有一定程度的劳动生产率，工人就没有这种可供支配的时间，而没有这种剩余时间，就不可能有剩余劳动，从而不可能有资本家，而且也不可能有奴隶主，不可能有封建贵族，一句话，不可能有大私有者阶级。"②

同时，剩余产品又是消灭阶级和阶级剥削的物质条件。这是

---

① 恩格斯：《反杜林论》第 191 页。
② 马克思：《资本论》第 1 卷，人民出版社 1975 年版（下同），第 559 页。

因为"社会分裂为剥削阶级和被剥削阶级、统治阶级和被压迫阶级，是以前生产不大发展的必然结果。当社会总劳动所提供的产品除了满足社会全体成员最起码的生活需要以外只有少量剩余，因而劳动还占去社会大多数成员的全部或几乎全部时间的时候，这个社会就必然划分为阶级。"① 只有社会生产力得到充分发展，社会产品达到极大丰富，某一特殊的社会阶级对剩余产品的占有成为多余的时候，阶级才能消灭。

剩余劳动、剩余产品在生产资料私有制条件下，成为私有财产积累的源泉。但即使在私有制中，它也是推动人类社会走向文明的物质基础。因此，恩格斯说："只有奴隶制才使农业和工业之间的更大规模的分工成为可能，从而为古代文化的繁荣，即为希腊文化创造了条件。没有奴隶制，就没有希腊国家，就没有希腊的艺术和科学；没有奴隶制，就没有罗马帝国。没有希腊文化和罗马帝国所奠定的基础，也就没有现代的欧洲。"② 我国现在的文化遗产，是封建帝王用劳动人民创造的剩余产品积累起来的。对于资本主义，马克思指出："资本的文明面之一是，它榨取剩余劳动的方式和条件，同以前的奴隶制、农奴制等形式相比，都更有利于生产力发展，有利于社会关系的发展，有利于更高级的新形态的各种要素的创造。"③

我国已经消灭了主要生产资料的私有制，消灭了阶级剥削。剩余劳动和剩余产品已经变成劳动人民的共同财富，成为建设社会主义高度文明的物质基础。剩余产品由私有财产变为社会的共同财富，标志着人类社会进入一个更高级更文明的历史阶段，即

① 《马克思恩格斯全集》第19卷，第243页。
② 恩格斯：《反杜林论》，第178页。
③ 马克思：《资本论》第3卷，第925—926页。

社会主义阶段。在这个阶段上，剩余产品不是劳动的异化，而是劳动人民走向彻底解放的条件。总而言之，它已经成为劳动人民的内在需要。因此，我们要建设高度文明的社会主义社会，就必须重视剩余劳动和剩余产品的历史作用，提高劳动生产率，增加剩余产品，而不是消灭剩余产品，这样才能为公有制的存在和发展创造坚实的物质基础。

　　目前，由于生产力水平的限制，生产劳动和用于社会共同需要的剩余劳动，需要付出艰苦的努力，还不是一种享乐。但这是走向彻底解放的必经之路，也是每一个有劳动能力的劳动者为子孙后代应尽的义务。只有社会生产力得到充分发展，人们用现代技术装备了整个生产过程，"劳动表现为不再像以前那样被包括在生产过程中，相反地，表现为人以生产过程的监督者和调节者的身份同生产过程本身发生关系"，"工人不再是生产过程的主要当事者，而是站在生产过程的旁边"，"直接形式的劳动不再是财富的巨大源泉，劳动时间就不再是，而且必然不再是财富的尺度"，"群众的剩余劳动不再是发展一般财富的条件，同样，少数人的非劳动不再是发展人类头脑的一般能力的条件"。到那时剩余劳动就脱离了劳动的形式，不再是剩余劳动，而变成人们从事其他活动——个人全面发展的自由时间①。而剩余劳动变为自由时间，就标志着人类社会进入更高级的历史阶段，即共产主义社会。

---

　　① 《马克思恩格斯全集》第46卷（下），第218页。

二　剩余劳动和剩余产品是社会主义再生产过程的客观存在和反映经济效果的主要标志

马克思指出："一般剩余劳动，作为超过一定的需要量的劳动，必须始终存在。"① 在社会主义制度下，剩余劳动和剩余产品，作为人类社会发展的客观需要，是始终存在的。这种需要包括：（1）形成新的生产资料，保证社会扩大再生产的需要。就是马克思指出的："劳动者除了要用劳动来获得直接生活资料以外，还要用劳动来生产生产资料的状况始终会存在。"② （2）社会保险的需要。即 "为了对偶然事故提供保险，为了保证必要的、同需要的发展以及人口的增长相适应的累进的扩大再生产，就需要有一定量的剩余劳动。"③ （3）保证社会共同职能的需要，其中包括科学文化事业与社会管理机构的需要。

但是，有些同志认为剩余劳动和剩余产品是劳动异化的表现，社会主义消灭了劳动异化的条件，也就消灭了剩余劳动和剩余产品。我们认为这种认识不符合历史唯物主义的观点。所谓劳动异化，是指劳动者创造的财富被剥削者无偿地占有，并成为统治和支配劳动者自身的异己力量。它是生产资料私有制造成的，即 "在于巨大的物的权力不归工人所有，而归人格化的生产条件即资本所有，这种物的权力把社会劳动本身当作自身的一个要素而置于同自己相对立的地位"④。而剩余劳动和剩余产品则是社

---

①　马克思：《资本论》第3卷，第925页。

②　同上书，第961页。

③　同上书，第925页。

④　《马克思恩格斯全集》第46卷（下），第360页。

会再生产过程中补偿生产消耗后的产物，它是社会生产力发展的必然结果，不能简单地在两者之间画等号。剩余劳动和劳动异化是两个不同的经济概念，它们之间并没有直接的因果取代关系。历史上剩余劳动的出现早于劳动异化，而社会主义生产资料公有制，又会在保留剩余劳动和剩余产品的同时，消除劳动异化现象。在社会主义社会中，剩余劳动和剩余产品是劳动者富裕程度的延伸和扩展，不是劳动的异化，劳动者不是为别人创造财富，而是为增加自己的财富创造条件。

剩余劳动和剩余产品作为社会主义再生产过程的客观存在是由三个条件决定的：（1）社会再生产过程周而复始的连续性，要求不断地补偿生产过程的物质消耗，而为社会的劳动只能用剩余产品的形式来表现；（2）在实行"各尽所能、按劳分配"原则的条件下，为社会的劳动只能采取剩余劳动和剩余产品的形式。这是因为，各尽所能是为社会进行劳动，按劳分配是补偿生产过程的劳动力消耗，满足社会需要的部分只能是补偿生产消耗以后的剩余；（3）社会的有效需要和满足这种需要的程度，不取决于可能提供的剩余劳动时间（这在现阶段是无法确定的），而是取决于剩余劳动形成的剩余产品，而且只有剩余产品才能表明剩余劳动的有效程度（即有效劳动），才能用于社会的共同需要。这些条件说明了剩余劳动和剩余产品存在的客观性，否认社会主义再生产过程存在剩余劳动和剩余产品，是脱离实际的。

剩余劳动和剩余产品既然表现为补偿生产消耗的剩余，必然要成为衡量经济效果的主要标志。所谓经济效果，总的来说是投入和产出的比较关系，是生产消耗和所得的比较关系。消耗小而所得大称作经济效果好，反之是经济效果不好。在生产消耗不能直接用时间计量而只能用物质消耗（包括物耗定额和工资定额）计量的情况下，所耗与所得的差额只能是补偿生产消耗以后的剩余产品及其现象形态——盈利。这是真正具有实际意义的经济效果。

有的同志提出，如果说衡量社会主义生产经营经济效果的主要标志是剩余产品，人们就会忘记社会主义的生产目的是为了满足人们的需要，就有可能压低必要产品而增加剩余产品，或者单纯地追求剩余产品，这种认识是过于简单化的：（1）在社会主义制度下，增加剩余产品和满足人们的需要并不矛盾。剩余产品不仅是满足社会共同需要的手段，也是增加必要产品的条件；（2）在现代社会中，即使是在资本主义社会，企图通过减少必要产品的办法增加剩余产品也是行不通的。今天的资本家为了获得最大的利润，不是采取直接压低工人工资的办法，而是更多地采取物质刺激的手段。社会主义的剩余产品，则是直接和间接地满足人民物质文化生活的需要，没有必要也不可能用压低必要产品的办法增加剩余产品；（3）社会主义经济中必要产品和剩余产品的运动规律是同向运动。只是为了扩大再生产和进一步提高人民生活创造条件，剩余产品的增长才要快于必要产品的增长。

三 剩余劳动和剩余产品是积累和扩大再生产的唯一源泉；提高劳动生产率，增加剩余产品是解决当前经济问题的根本途径

经济发展的关键是不断地进行扩大再生产，而要扩大再生产就需要有积累，剩余劳动和剩余产品则是积累和扩大再生产的唯一源泉。马克思说：积累，"按其实际内容来说，就是规模扩大的再生产过程，而不论这种扩大是从外延方面表现为在旧工厂之

外添设新工厂，还是从内涵方面表现为扩充原有的生产规模"[①]。没有积累，任何方式的扩大再生产都不能实现。我们当前的主要问题是劳动生产率太低，剩余产品太少，财政收支不平衡，资金积累有困难，待业青年不能就业。解决这些问题的根本途径是提高劳动生产率，增加剩余产品。

财政收支实际上是剩余产品价值的分配过程，只有提高劳动生产率，增加剩余产品，才能为增加财政收入实现财政收支平衡创造条件。在劳动生产率较低，又要适当提高人民生活（增加必要产品比重）的情况下，财政收入不可能有很大的增长，实现财政收支平衡的唯一办法是压缩财政支出。但是，压缩支出必然要限制各项事业的发展，特别是要限制扩大再生产（生产性基本建设）的规模和速度，这和我们加速实现四个现代化的进程是矛盾的。从经济发展的观点来看，压缩财政支出特别是压缩经济建设投资是一种不得已的措施，不能长时期采用。但是，社会主义国家不可能用别的办法去达到财政收支平衡，例如用实行通货膨胀或降低实际工资（即降低必要产品比重）的办法来增加财政收入。这样做会在实践中背离社会主义生产目的，影响人民建设社会主义的积极性，影响政治上的安定团结，不利于社会主义经济的发展。唯一正确的办法是采取有效措施（包括体制改革和提高管理水平）充分调动人民群众建设社会主义的积极性，培育共产主义劳动态度，利用先进的科学技术，大幅度地提高劳动生产率，增加剩余产品，从而使财政收入随剩余产品的增长而不断增加。

就业问题实际上是个积累问题。劳动生产率低，剩余产品少，积累有困难，扩大再生产受到限制，新增加的劳动力就没有

---

① 马克思：《资本论》第 2 卷，第 356 页。

就业的物质条件。马克思说："活劳动不可能从无中创造出任何东西，所以它必须找到它的客观条件。现在，这种剩余劳动以物化的形式表现为剩余产品。"① 而这种剩余产品作为活劳动就业的条件又分为两种形式，即进行生产劳动的物质条件——劳动工具和原材料；劳动就业的生活条件——生活资料。所有这些条件，都要靠剩余产品形成的积累基金提供。劳动生产率低，可以用于积累的剩余产品很少，就业就发生困难。

有的同志认为，我国人口多，劳动力过剩，首先的问题是安排就业，多吸收劳动力，不是提高劳动生产率。而且似乎提高劳动生产率与安排就业有矛盾。就某一个企业或某一时间来看，出现这种现象是可能的。但是，从全社会和经济发展过程来看，由于提高劳动生产率增加了剩余产品，社会就有可能形成更多的积累，扩大生产规模，就可以为更多的人创造就业条件。

我们要彻底解决当前的问题，要建设高度文明的社会主义社会，就必须提高劳动生产率，增加剩余产品。"最文明的民族也同最不发达的未开化民族一样，必须先保证自己有食物，然后才能去照顾其他事情；财富的增长和文明的进步，通常都与生产食品所需要的劳动和费用的减少成相等的比例。"② 无论是物质文明还是精神文明，从古至今都依靠剩余产品的积累，高度的文明以高度的劳动生产率为基础。不提高劳动生产率，不重视增加剩余产品，每个人生产的产品只够维持自己及其家用的生活需要，过着由手到口的生活，除了自己消费所余无几，那就不可能解决资金积累和当前的主要经济问题。

---

① 《马克思恩格斯全集》第 46 卷（上），第 446 页。
② 《马克思恩格斯全集》第 9 卷，第 347 页。

四 必要劳动与剩余劳动、必要产品与剩余产品的客观界限是党和国家制定经济政策，进行综合平衡的主要依据之一

首先，必要劳动与剩余劳动、必要产品与剩余产品以及剩余产品的分配比例是党和国家制定经济政策的主要依据之一。所谓经济政策，无非是国家和政党制定的指导和影响该国经济的准则和措施。任何一个国家的经济政策都是维护统治阶级利益的。我们是共产党领导的社会主义国家，党和国家制定的各项经济政策当然要成为保证实现工人阶级和全体劳动人民经济利益的重要手段。这些经济利益包括眼前利益和长远利益、局部利益和全局利益。因此，如何正确处理国家、集体和个人之间的经济利益关系就成为经济政策的重要内容。任何一项经济政策，都要以能否调动人们生产劳动和经营管理的积极性作为衡量其正确与否的重要标志。"中国一切政党的政策及其实践在中国人民中所表现的作用的好坏，大小，归根到底，看它对于中国人民的生产力的发展是否有帮助及其帮助之大小，看它是束缚生产力的，还是解放生产力的。"①

多年来的实践证明，党和国家必须正确认识和掌握客观规律，使经济政策的制定符合客观规律的要求；并且要随着生产力的发展和生产关系的变化，及时调整已经过时的政策，才能更好地促进社会主义经济的发展。而反映社会主义特征的基本经济规律和有计划按比例发展规律，都与必要劳动和剩余劳动的客观数量界限有着密切的联系。按照社会主义基本经济规律的要求，只

---

① 《毛泽东选集》第3卷，第980页。

有遵循一定时期中必要劳动与剩余劳动的比例，才能满足全社会的需要：不仅是直接生产过程中劳动者的需要，而且要有必要的积累去进行高度技术基础上的扩大再生产；不仅是维持现有消费水平，而且要满足日益增长的消费需要；不仅是生活消费的需要，而且要实现物质和文化的全面发展，建设高度文明的社会主义社会。至于有计划按比例发展的规律，更离不开必要劳动与剩余劳动的客观比例。可以说，这个比例是一切经济比例关系的基础。因此，我们在遵循客观经济规律制定经济政策，合理安排国家、集体和个人之间的经济利益关系时，必须始终牢牢把握必要劳动与剩余劳动、必要产品与剩余产品之间的客观数量界限。

党和国家的各项经济政策，其中包括劳动就业政策、工资福利政策、财政金融政策和物价政策等，都要以必要劳动与剩余劳动，必要产品与剩余产品以及剩余产品的分配比例为主要依据，做到保证全局需要，照顾集体利益，在生产发展的基础上相应地提高人民的生活水平，这样，才能保证各方面的经济利益协调一致，成为推动生产发展的动力。

其次，必要劳动与剩余劳动、必要产品与剩余产品以及剩余产品的客观数量界限是国民经济进行综合平衡的主要依据。国民经济的综合平衡包括消费与积累、社会再生产两大部类之间以及农业、轻工业与重工业等部门之间的平衡，总的来说都要以必要劳动与剩余劳动的比例为基础。从生产的结果来看，必要劳动和剩余劳动形成国民收入，它是全社会消费和积累的总限量。其中由必要劳动形成的必要产品构成社会消费基金的主要部分，剩余产品是积累的唯一源泉，必要产品与剩余产品的比例是确定积累与消费的基础。从全社会来看，必要劳动创造的必要产品形成社会的消费资料，剩余劳动创造的剩余产品形成社会的生产资料，社会再生产过程中两大部类的平衡体现着必要劳动和剩余劳动的比例。"和一个工人的劳动分为必要劳动和剩余劳动一样，工人阶级的全部劳动也可以这样划分：为工人阶级生产全部生活资料（包括为此所需的生产资料）的那部分，完成整个社会的必要劳动；工人阶级所有其余部分所完成的劳动，可以看作剩余劳动。但是，必要劳动决不是只包括农业劳动，而且也包括生产其他一切必然进入工人平均消费的产品的劳动。并且，从社会的观点来看，一些人只从事必要劳动，因为其他的人只从事剩余劳动，反之亦然。这只是他们之间的分工。农业工人和工业工人之间的分工一般来说也是这样。"① 从各个部门之间的关系看，农业与轻工业一般地来说属于必要劳动，主要生产生活资料；重工业体现着剩余劳动，生产生产资料。部门之间的比例关系也要以必要劳动和剩余劳动为基础。

除了国民经济中的比例关系以外，还有经济发展和人口增长的比例关系，也要以剩余劳动和剩余产品的增长速度为依据。因为新增人口的生活水平取决于生产增长中可能提供的剩余产品量。如果人口的增长超过剩余产品的增长速度，不仅会吃掉社会积累，妨碍生产的发展，而且会降低人民原有的生活水平。

（与陈令淑合作，原载《经济研究》1983年第3期）

---

① 马克思：《资本论》第3卷，第713页。

要尽快纠正流通领域的政策性失误

　　流通是商品经济发展的标志，流通状况反映了商品经济发展的面貌，社会主义经济改革的进程基本上取决于人们对流通领域的认识和驾驭能力。在过去 10 年的经济改革中流通领域的变化非常显著，搞活了经济，繁荣了市场，改善了人民生活，促进了生产发展，这是谁也无法否定的事实。实践证明，只有改革开放才能促进经济发展，改变我国经济落后的面貌。党的十三届四中全会指出："改革开放是强国之路，必须坚定不移、一如既往地贯彻执行，绝不能回到闭关锁国的老路上去。"当然，不能否认在赵紫阳同志怂恿资产阶级自由化的影响下，流通领域也存在某种程度的自由化倾向。按照历史唯物主义的逻辑，政治是经济的集中表现，政治思想领域的自由化应该反映经济自由化的要求。如果没有任何经济原因，政治思想领域的自由化很难独立存在和传播，但是，经济领域的自由化倾向都表现在哪些方面，程度有多大，需要严肃认真地研究，不能熟视无睹，也不能草木皆兵，要实事求是地进行科学分析。对这个问题作者还不能做出完全正确的判断，留待以后继续探讨，现在只能说 10 年经济改革在流通领域有严重的政策性失误。失误会助长资产阶级自由化，甚至会为自由化倾向开路，但是失误本身还不能划入自由化范围。失误是在方向基本正确的前提下决策不当产生相反的效果，不能达到预期目标；自由化倾向是把改革引向资本主义道路，是方向路线问题，两者具有不同的性质。至于决策失误和资产阶级自由化思想有无内在联系，只能存而不论。本文只就 10 年经济改革在流通领域的政策性失误讲点不很成熟的认识。

一 对同一产品实行双重分配和双轨价格造成流通领域人为的混乱

由产品经济到商品经济的转变，从流通领域来看，就是由国家计划分配到市场选购的转变，供应方式和价格是首要问题。由于商品经济无法摆脱供求调节价格和价格调节供求规则的制约，供应方式和价格必须保持一致。如果国家只管产品分配，不管产品价格，在供过于求的情况下，哪里的价格低企业就会到哪里购买，相反在供不应求的情况下，哪里的价格高，企业就会把产品销往哪里，产品的计划分配就会落空。因此，产品的计划分配和产品定价是不能分离的。如果采取市场选购方式，商品价格自然要随行就市，不能由国家统一定价。因为在市场选购中商品价格就会因时间、地点和经销方式（如批发和零售）不同而不同，如季节差价、产地和销地差价、批发和零售差价等等，每一种价格又会由于实际成本和供求关系的变化而经常波动。在通常情况下，供大于求时，价格下降；求大于供时，价格上涨。在由产品经济到商品经济转变的过程中缩小产品的计划分配范围和扩大市场选购的范围，要根据供求状况逐步推行。对那些供大于求或基本上能够满足需要的商品，逐步由计划分配改为市场选购，同时也由国家定价改为市场价；对那些供不应求和必须由国家计划分配的产品，一律由国家统一定价，不允许随行就市，或者说不能进行市场选购。计划调节和市场调节的基本区别在于：计划调节是用分配份额（供应指标）代替价格的作用；市场调节是用价格代替分配份额。为了保持正常的流通秩序，在由产品经济到商品经济转变的过程中，对任何一种商品只能采取一种供应方式（即计划分配或市场选购）和一种定价规则（国家定价或市场价），不能采用双重分配和双轨价格。凡是由国家定价的产品不能由市场自由定价，由市场定价的产品要取消国家定价，发挥市场的调节作用，否则会造成人为的混乱。在过去 10 年的经济改革中，我们有些同志想用价格抑制计划需求，对同一产品实行两种定价规则，即计划价和市场价，对计划分配的部分实行低价，对市场选购的部分实行高价，即所谓的双轨制，这就从根本上破坏了计划分配和市场选购的原则，不可避免地造成流通领域的混乱，引起严重的投机行为，使一些人有可能利用各种方式把计划分配的低价产品转到市场上卖高价，甚至把产品分配权和计划指标作为商品卖高价。实践证明双轨价格为流通领域的投机和"官倒"创造了条件，助长了资产阶级自由化的发展。纠正办法是尽快取消双轨价格，根据各种产品的供求情况推进价格改革，对各种产品分别实行计划分配或市场选购，相应采取一种定价原则。

二　用增加货币发行的办法扩大投资，支撑经济高速增长，铸成严重的通货膨胀

商品生产以商品流通为前提，商品流通以货币流通为前提，货币流通状况反映流通领域的总体面貌。10 年经济改革特别是从 1984 年到 1988 年的 5 年中，赵紫阳同志背离我国经济建设的基本实践，忘记了基本国情，置综合平衡不顾，模仿西方国家所

谓经济"起飞"的经验，实行通货膨胀政策，用扩大财政赤字、增加货币发行的办法扩大投资规模，造成社会总需求和总供给的严重失衡。从 1978 年到 1988 年，以可比价格计算，国民收入增长 1.42 倍，社会总产值增长 1.9 倍，财政收入增长 1.1 倍，全民所有制固定资产投资增长 3.03 倍，流通中的货币量增长 9.06 倍。其中 1984 年以后的情况尤为突出。与 1983 年相比，到 1988 年国民收入增长 70.5%，社会总产值增长 94.9%，财政收入增长 1 倍，全民所有制固定资产投资增长 1.33 倍，流通中的货币量增长 3.03 倍。1978 年流通中的货币量为 212 亿元，1983 年为 529.8 亿元，1988 年达到 2134.03 亿元，平均每年增加 320.85 亿元，铸成严重的通货膨胀，使整个经济改革受阻，严重损害了社会主义制度的形象。

从理论上讲，通货膨胀是资产阶级剥削劳动人民的政策，共产党人一般不应该采用。何况现代资产阶级政府为了缓和阶级矛盾，保持社会稳定，也先后放弃通货膨胀政策，采取遏制通货膨胀，稳定发展的方针，即争取"无通货膨胀的健康成长"。列宁讲过："滥发纸币是一种最坏的强迫性公债，它使工人和贫民的生活状况急剧恶化，它是财政混乱的祸根"。又说："滥发纸币就是鼓励投机，让资本家靠投机而大发横财，并且给急需扩大的生产造成莫大困难，因为原料、机器等等的价格日益昂贵，不停地飞涨。"[①] 当然也是造成社会动乱的原因。马克思主义经典作家都认为通货膨胀不利于经济发展，不利于劳动人民。就是现代资产阶级经济学者对通货膨胀也产生了厌恶的看法。他们说："通货膨胀之所以令人讨厌，是因为它将不稳定性和不公平性引入经

①《列宁选集》第 3 卷，第 158—159 页。

济机制中。"① "恶性通货膨胀使勤奋和节俭变成懒散和投机。在这种情况下，正常的经济活动无法进行。"② "对想摧毁资本主义制度的革命者而言，使价格机制陷于瘫痪的恶性通货膨胀或通货收缩是比任何东西都要好的事情。"③ 同样，对反对社会主义制度和败坏共产党形象的人来说，没有比搞通货膨胀更有效的手段。因为通货膨胀损害劳动者的利益，引起人们对现行政策的普遍怀疑，使居民在思想情绪上成为动乱的支持者。不要忘记，没有经济利益作基础，政治思想领域的自由化就会失去依托。纠正的办法是改革投资体制，解散各种投资公司，把建设银行改为投资银行，建立投资对积累的依存关系，同时把货币发行权收归全国人民代表大会，用法律形式规定每年货币发行限额。

三　全民经商的"创收"政策腐蚀了干部思想，败坏了社会风尚

如果说双轨价格已经引起经济学界不少人的重视，通货膨胀为全国人民所关注，全民经商的"创收"政策却使不少的人得利，很少有人看到它的危害性。实际上，当前社会上出现的腐败现象和"官倒"与个别领导同志倡导、推行的全民经商的"创收"政策有直接联系。如此猖獗的腐败现象，在很大程度上是由此造成的。

1. 全民经商的"创收"政策严重腐蚀了干部思想，败坏了党风政风。经济活动和政治活动是两种不同的社会职能，应该各

---

① 《美国财政理论与实践》，中国财政经济出版社1987年版，第433页。
② 德格别尔格等：《宏观经济学》，中国社会科学出版社1982年版，第351页。
③ 萨缪尔森：《经济学》上册，商务印书馆1981年版，第61页。

司其职，各负其责，不能相互串用。按照社会分工原则，军队的职能是保卫国家安全；政府的职能是协调社会矛盾，调节各阶层的利益，保持社会安定；司法公安机关的职能是执行国家法律，维持社会秩序。为了使各种职能机构和担负社会职务的人忠于职守、廉洁奉公，养成公正无私的优良品质，军政司法人员都要与生产经营脱离直接联系，不能插手于经济事务，这些机构所需要的一切费用都要由财政供给，绝对不能自己去"创收"，否则就会滋生严重的腐败现象。如果让军政司法人员依靠自己的社会职能去谋取收入。那就必然使他们背弃社会职能而走上贪污受贿的腐败道路，把执行社会职能变为谋取收入的手段：军队"创收"，武装走私，政府机关"创收"，以权谋私，司法机关"创收"，贪赃枉法。严重败坏党风政风，使一些意志薄弱的党政官员由社会公仆变成人民的罪人。在这种政策的腐蚀下，任何廉政措施都无济于事。

2. 全民经商的"创收"政策毁坏了教育基础。高等学校把最好的教师派出去"创收"，办班讲学，实际上是贩卖文凭即"文倒"。教师丢掉教学和科研，为"创收"疲于奔命。但是在物价不断上涨的情况下，不"创收"生活难以维持。现在是教师"创收"，学生"创收"，高尚的教育事业变成谋取收入的商品市场，严重污染了教育的灵魂，使学生变成只顾眼前收入，不顾民族和国家前途的市侩。严重的是到目前为止，还有许多人认为"创收"是解决教育经费不足的"新路子"，没有看到它的危害性。

3. 全民经商的"创收"政策破坏了正常的分配程序，给深化经济改革造成难以克服的障碍。我们某些领导同志以资产阶级庸俗经济学为依据，以为所有的收入都是新创造的价值，可以增加国民收入，不知道非物质生产领域的收入是通过国民收入再分配形成的，要非物质生产机构在正常的分配秩序之外去"创收"，只能引起不正常的再分配，搞乱正常的分配秩序，加剧分配不公的弊病。"创收"使许多人的货币收入超过现行工资标准的几倍，如一般大学教师月工资100多元，一年"创收"的收入约1500—3000元；商店售货员和工人一般月工资100元左右，从"创收"中得到的收入每月约200—300元。由于"创收"的门路多少不同，单位之间差距很大，一旦取消"创收"政策，人们的货币收入会大幅度下降，给深化改革造成难以克服的障碍。如果不改变这种遗害无穷的"创收"政策，财政困难很难克服，消费膨胀难以遏制，廉政建设也会落空。"创收"是一种不正常的再分配，最终不是增加财政支出就是冲减财政收入，各种各样的"创收"办法都伸向企业，扩大了支出，降低了效益，大量财源通过各种"创收"机构（即各种各样的公司）流入私人腰包。

4."创收"政策的最大危害是搞乱流通，加速物价上涨。为了"创收"，所有机关、企业、学校和社会组织都拥进流通领域，纷纷成立各种公司，从事倒买倒卖活动。据有关部门统计，全国有各种公司46万个，它们利用职权和各种关系倒卖紧缺物资，从中渔利。整个流通领域被各种"创收"公司所操纵，企业受气，居民受害，什么"分肥"、回扣、手续费、好处费、联系费、管理费、服务费等等无奇不有，勒索、行贿变成交易中的常例，人人谋私，处处"创收"，所有部门都卷进"创收"的漩涡。可以毫不夸张地说，"创收"政策淹没了整个流通领域。治理整顿应该坚决取消全民经商的"创收"政策，加速工资改革，实行真正的职务、技术（级差）、工龄相结合的结构工资制，贯彻按劳分配。

四　财政承包封闭了财政职能，造成严重的财政困难

在商品经济中，财政分配基本上是在流通过程实现的，财政与流通有非常密切的联系。一方面，财政收入只有在商品出卖以后才能形成；另一方面，财政分配对流通领域的供求关系有直接影响。但是，近年来我国财政职能被严重削弱，财政收支陷入困境。原因是在片面强调搞活企业、放权让利的同时，实行财政承包，对财政分配采取封闭政策，割断财政分配与经济增长的内在联系，使财政收支在通货膨胀中蒙受三重损失：(1)财政承包的收入递增率普遍低于物价上涨幅度，使财政收入扣除物价因素以后呈负增长；(2)在物价逐月上涨过程中，财政支出不断上涨，财政收入不断贬值，收支差价使财政入不敷出；(3)税前还贷使财政收入大量流失。财政赤字与年俱增，使近几年的财政形势更趋严峻（如下表）。

中国近几年的财政状况（1987—1989年）　单位：亿元

	1987年	1988年	1989年预算
经常性财政收入	2199.35	2358.41	2580.8
当年财政总支出	2448.49	2706.57	2930.8
财政赤字	-249.14	-348.16	-350
其中：国外借款	106.48	138.61	165
国内债务	63.07	131.00	111
财政发行	79.59	78.55	74

1987年财政赤字占财政总支出10.2%，1988年上升到12.9%，1989年预算赤字350亿元，占当年财政总支出11.9%，

实际可能高于 1988 年。问题在于财政困境是在经济过热、国民收入高速增长过程中出现的。1988 年国民生产总值按可比价格计算，比上年增长 11.2%，国民收入比上年增长 11.4%。按当年价格计算，国民生产总值比上年增长 22%，国民收入比上年增长 23%。在国民经济高速增长的同时财政陷入困境，除了说明宏观决策失误以外，很难作别的解释。财政决策失误给经济改革和经济发展造成很大困难。纠正办法是：分解预算外收入，实行统一的分级财政，分级统一分配渠道，分级集中财源，加强财政的宏观调控。

五 税前还贷和银行承包铸成超前分配和货币发行的严重失控

税前还贷实质上是一种超前分配政策。税前还贷在理论上犯了合成推理的错误，把适用于个别企业的办法作为全局性政策，使所有企业都搞税前还贷，实际上是靠尚未创造出来的利润进行投资，搞跨空分配和超前积累，等于预支未来的财政拨款，造成"寅吃卯粮"的恶果。靠尚未创造出来的利润增加投资，如同画饼充饥，实际上是用增加货币发行的办法扩大基建规模，成为投资膨胀的重要原因之一。据有关部门统计，1988 年税前还贷款余额达 1400 亿元，以平均 5 年期计算，本息相加每年要还贷 400 亿元，超过每年财政收入增长额。如果我们将 1988 年的国民收入扣除物价因素，即 11533 亿元/118.5（当年物价指数）= 9732.5 亿元，也就是说，按 1987 年价格计算，1988 年的国民收入比 1987 年实际只增加 371.5 亿元（9732.5 – 9361），还不够税前还贷，当然还贷是以当年价格计算的。按当年价格计算，1988 年国民收入比 1987 年增加 2172 亿元（11533 – 9361），按可比价格计算，约增加 1008.5 亿元，归还贷款不成问题。但是，实际上靠不住。这里有两个问题：（1）货币不能当饭吃，不能作衣穿，更不能当建筑材料构成投资实体，投资要有实实在在的物资作保证，用现价计算的国民收入包括通货膨胀的成分，这些成分不代表真实的物资，不构成投资要素。按可比价格计算的国民收入增加额应该反映实物量的增加，实际上也不尽然。（2）分配是一种经济运行过程，即不间断地生产，不间断地分配。当年创造的国民收入在经济运行中都有既定用途，不可能在既定的分配机制之外再有多余的一块用于税前还贷，对当年国民收入来说，税前还贷是一种跨空分配。

税前还贷和银行信贷吃货币发行"大锅饭"的传统机制相结合，加上银行承包，铸成通货膨胀的加速器，使货币发行失去一切控制，如决堤的洪水泛滥成灾。如果我们在治理整顿过程中，不能尽快取消税前还贷并改革银行承包形式，要抑制通货膨胀是困难的。纠正办法是：尽快取消税前还贷政策，按照税利分流原则实行税后承包和税后还贷，同时改变银行信贷吃货币发行"大锅饭"的体制，改变银行的承包形式。

以上几方面的失误是造成流通领域混乱的政策根源，治理整顿流通秩序，首先要纠正这种政策性失误。采取有效措施，矫正流通领域的政策性失误，对克服政治思想领域的资产阶级自由化倾向会起釜底抽薪的作用。

（原载《财贸经济》1989 年第 11 期）

在宏观经济决策中试行"三权分立"
互相制约体制

经济体制是宏观经济控制机制和微观经营决策机制的有机结合，两者互相依存、互相制约、互为前提。宏观控制机制是微观搞活的前提和运行轨道；微观搞活是宏观控制机制的目标和效果体现。只有宏观控制没有微观经济搞活，不给企业必要的自主权，企业经营就会失去生机与活力，整个经济就会处于低效和僵化状态；只有微观搞活没有宏观控制，企业自主经营会产生盲目性，整个经济会陷于无政府状态。《中共中央关于制定国民经济和社会发展第七个五年计划的建议》指出，建立具有中国特色的新型的社会主义经济体制，要抓好互相联系的三个方面，即增强企业特别是全民所有制大中型企业的活力；完善市场体系；国家对企业的管理由直接控制为主转向间接控制为主。增强企业活力是经济体制改革的中心环节，而企业能否搞活的关键是国家对企业的管理能否由直接控制为主转向间接控制为主。不改变控制形式，企业仍然处在国家各级行政机关直接控制之下，要使企业具有活力是不可能的。企业活力不完全取决于留利多少，更重要的是企业是否真正具有自主经营的权力，没有自主经营权，即使把全部利润留给企业，企业也活不了，相反会造成资金分散和更大的浪费。增强企业活力的要害是真正实现政企分离，使国家对企业的管理由直接控制为主转向间接控制为主。

间接控制是以建立宏观控制经济机制为前提的，在没有建立起间接控制的宏观经济机制以前，放松直接控制会使经济过程产生混乱现象。间接控制和直接控制的区别是，直接控制依靠隶属关系和行政命令，间接控制依靠经济关系的制约作用和经济杠杆，直接控制强制企业按照上级规定的指标和定额进行经营，间接控制是给企业造成一种自由决策的经济条件，使企业从自身利益出发，自动做出符合社会利益的经营决策；直接控制使企业经营处于被动地位，脱离市场需求，机械地执行计划，间接控制使企业根据市场需求进行灵活经营；直接控制使企业对国家产生依赖性，对经营效果不负责任，间接控制使企业利益和经营效果直接联系起来，承担企业经营好坏的一切责任。总之，间接控制是用经济机制制约企业的行为。要建立宏观控制经济机制，必须下决心改革宏观经济体制的集权制，实行宏观经济决策的分权制，用经济关系的制约作用代替"领导指示"，用法治代替人治，这是经济体制改革成败的关键。

一　在宏观经济决策中建立互相制约 的经济机制

旧体制的宏观经济决策是高度集权制，宏观经济控制是靠领导指示和行政命令进行的，国民经济各部门的主要任务是贯彻领导指示和分解国家计委根据领导指示制定的计划指标。银行货币发行和信贷、财政收支、国家计划机关不是根据各自所在的经济领域的经济规律协调经济关系，而是把同一指示或命令强行贯彻到各个经济领域，使宏观经济运行随着领导指示的变化扭曲和变动，要松全松，要紧全紧，一旦领导放松、权力下放宏观经济就产生混乱现象，然后再由领导发指示、下命令加以控制，上下一起收缩。这种用领导指示代替经济关系制约作用、用人治代替法治的宏观经济决策，是旧体制的致命弱点。不下决心改革宏观经济决策的集权制，克服宏观经济控制的随意性，建立不以个人意志为转移的经济机制，要使国家对企业的管理由直接控制为主转向间接控制为主，增强企业的活力而又不产生无政府状态是很困难的。

宏观经济控制首先要控制宏观，只要宏观经济本身受到控制，微观经济自然会受到宏观经济的制约。如果宏观经济没有自控能力，宏观经济决策被随意性所左右，用无自控能力的宏观经济去制约微观经济，结果必然是宏观经济随着微观经济的膨胀而膨胀，只有在宏观经济管理中建立一种互相制约的经济关系，使宏观经济决策受到经济关系的制约，自觉地尊重客观经济规律，特别是尊重按比例发展规律和价值规律，才能使宏观经济决策具有自控机能。宏观经济决策的自控机能不是由宏观经济决策人的素质产生的，而是从经济关系的制约作用中产生的，要使宏观经济决策具有自控机能，对微观经济运行起导向和制约作用，必须在宏观经济决策中实行分权体制，建立互相制约的经济关系，质言之，要使中央银行、财政和计划机关"实行三权分立"互相制约体制或者称作宏观经济决策三重结构体制。其内容是：

1. 要使中央银行（专业银行除外）直属国家权力机关，提高中央银行在宏观经济决策中的地位，使中央银行成为独立的宏观经济决策机构。这样做的好处是：第一，充分发挥中央银行运用货币政策调节宏观经济的职能。在商品经济中，中央银行的职能是根据经济发展的需要调节货币流通和商品流通的关系，稳定币值和稳定物价，为社会再生产的顺利实现创造条件，不是单纯为政府筹集建设资金。中央银行直属国家权力机关可以摆脱不必要的行政干预，顺利执行职能，为保证社会经济生活的稳定和经济平衡发展创造良好环境；第二，中央银行直属国家权力机关，与财政和国家计划机关分属不同的系统，使中央银行的货币政策摆脱国家计划机关的局限，有助于限制过热的经济发展计划；第三，使中央银行的货币发行直接处在国家权力机关和人民的监督之下，为货币发行承担一切经济和法律责任，建立货币发行的责任制。

2. 财政是政府活动的经济基础和实现宏观经济控制的主要手段，政府对社会经济生活施加的各种影响都和灵活运用财政手段有关。财政是政府的职能部门，政府的宏观经济决策要把财政收支摆在首位，加强宏观经济的财政控制。由于商品生产一般是从货币投资开始，在形成生产能力以前，首先要把货币资金投入市场购买原材料和生活资料，形成有支付能力的社会需求，由需求拉动生产，无需求，生产就会萎缩。投资是剩余产品（或称社会纯收入）用于积累的结果，财政工作为剩余产品的分配形式对投资规模具有直接控制能力，是宏观经济发展的主要制约因素。把财政控制摆在政府宏观经济决策的首位，同财政规模制约经济发展速度，可以使国家对企业的管理由直接控制为主转向间接控制为主。

3. 国家计划机关应成为党中央的咨询和顾问机构，不直接指挥企业。要逐步减少指令性计划，扩大指导性计划，让企业根据指导性计划的导向进行选择。因为如果政府把财政作为宏观控制的主要手段，企业的发展能力和发展方向很难超越财政分配（包括税收和预算控制）设定的限度。在各种经济条件的制约下，企业离开指导性计划的导向很难生存。

总之，宏观经济决策中的互相制约体制就是要使中央银行、财政、国家计划机关分属于人民代表大会（权力机关）、国务院（政府）和党中央三个系统，在某种意义上说也可以称作"三权分立"，形成互相制约关系，建立新型的宏观经济控制机制。

二 要使财政和银行互相制约

旧经济体制是按照集权原则把财政、信贷与货币发行捆在一起"吃大锅饭"，财政和银行"穿连裆裤"，无论是财政挤银行还是银行挖财政，最终都用货币发行来填补。近几年，由于微观经济搞活，宏观控制经济机制未能相应建立起来，财政、信贷吃货币发行"大锅饭"的现象更为严重。财政中的大锅饭没有缩小，银行信贷的大锅饭扩展到个体户（有些万元户是用银行贷款制造的），固定资产投资规模过度膨胀、消费基金增长过猛、物价上涨难以阻止，都与财政赤字和通货膨胀分不开，实质上是用发票子的办法搞投资。产生这种现象的主要原因是财政和银行在同一系统中互相膨胀，财政赤字由银行自动透支，信贷资金不足自动发行货币，没有任何互相制约作用。消除这种积弊的办法之一是使财政与银行分属两个系统，形成互相制约关系。

首先，中央银行要用货币政策制约财政收支。财政分配是借助货币进行的，财政收支是造成有支付能力的社会需求和影响货币流通的一个重要因素。要稳定货币流通，中央银行必须利用代理财政金库和货币政策制约财政收支，防止财政赤字造成过多的货币发行，控制手段是：（1）要使货币发行与财政收支彻底分离，严格按照先收后支的原则处理财政收支，没有收入或收入不足停止一切财政支出。（2）预算执行过程发生的财政赤字银行不予透支，财政需要（亏空）向中央银行申请贷款，要收取高利，对财政存款银行也要支付利息。（3）赤字预算需要向中央银行申

请贷款时要经全国人民代表大会（或常务委员会）批准，收取高
利。

其次，财政要对中央银行货币发行进行制约，防止中央银行
货币发行过多造成信用膨胀和通货膨胀，引起国民收入超分配和
物价上涨，给社会再生产造成困难。控制手段是：第一，征收货
币发行或超额发行税，银行的货币发行应该根据经济增长的实际
需要制定年度发行限额，经全国人民代表大会批准作为法律，超
过限额的发行征收 80％—90％的超额发行税，在特殊情况下
（市场货币流通量过多）也可以征收全额发行税，用财政手段减
少市场货币流通量；第二，对银行用虚拟贷款造成的信用膨胀征
收信贷营业税或所得税，迫使银行收缩信贷规模。所有这些，都
可以有效地制止通货膨胀。

银行和财政进行互相制约的前提是银行和财政要具有充分的
宏观经济决策的自主权和相对独立性，有自己的统计、信息系
统，不受其他系统的干扰。没有宏观经济决策的自主权和独立
性，按一种指示行事，要确立互相制约关系，建立宏观控制经济
机制是不可能的。

三 财政、银行和国家计划机关要互相制约

有计划的商品经济需要有指导经济和社会发展的计划中心，
协调经济和社会发展的比例关系，规划生产力布局与中长期经济
社会发展目标。计划中心应该对政府决策起顾问和咨询作用，对
经济和社会发展起导向协调和指导作用，传递信息、指明方向和
提供对策，不能直接指挥企业的经营活动。因为第一，计划是主
观的产物，不仅受计划人员的素质、技能和个人利害的影响，而
且受许多随机因素的影响，在对外开放经济中还受国际市场的影

响，要使企业一成不变地执行统一的计划指标，那就难免使企业经营脱离市场需求变化，使社会经济产生僵化现象。第二，计划的对象，无论是生产力布局还是中长期规划一般都与使用价值有关，而使用价值是千变万化的，科学技术越发展使用价值的更新换代就越迅速，不可能按照预定的计划进行。在有计划的商品经济中，使用价值是微观经济活动的内容，微观搞活就是要把使用价值的花色品种、质量标准、技术性能和更新换代等等完全放开，由企业根据市场需要灵活经营，在品种、质量、用途、装潢和价格等方面展开竞争，优胜劣汰，推动技术进步。宏观控制只能用价值杠杆进行，如果把使用价值作为指令性计划进行宏观控制，势必要把微观经济搞死，阻碍技术进步。这不是说计划不重要，而是说计划是为人们提出奋斗目标、方向和对策，不是行政命令。计划不仅是国家权力机关和政府进行宏观经济决策、发布行政命令、进行宏观经济控制的重要依据，也是财政、银行宏观经济决策的主要参数，对财政、银行的宏观经济决策具有制约作用。但是，必须彻底改变过去把银行、财政作为国家计委的附属物，只能按国家计委的盘子安排财政收支和银行信贷与货币发行的做法，财政、银行都要独立进行宏观经济决策，确保自身平衡，为宏观经济的正常运行创造条件，并对自己的决策承担一切责任。对超过财政、银行承受能力的一切计划不提供资金，不承担任何责任。过去那种三位一体的所谓计划只能把经济搞死或者造成经济增长的过热现象（超高速度），不能成为宏观控制经济机制。只有在宏观经济决策中实行银行、财政、国家计划机关"三权分立"互相制约体制，使银行、财政、国家计划机关的宏观经济决策相对"独立化"才能形成互相制约关系，建立宏观控制经济机制。这样做的好处是：（1）使宏观经济决策处于经济关系制约之中，减少宏观经济决策的随意因素，保证经济的稳定发展，避免人为的起落；（2）把价值控制放在宏观经济控制的首位，有助于控制社会总需求，坚持社会总需求和总供给的基本平衡；（3）用经济机制代替行政命令（包括领导指示），有助于搞活微观经济，使宏观控制与微观搞活成为一个有机体——经济机制的自动运转。

在宏观经济决策中实行"三权分立"体制的目的是建立具有自控能力的宏观经济机制。分权才能形成制约，具有自控能力，这是实现政企分离、增强企业活力的前提。不用具有自控能力的经济机制代替宏观经济管理中的行政命令，要使国家对企业的管理由直接控制为主转向间接控制为主是不可能的。因为一个环节上的行政命令必然要引起下一环节上的行政命令，否则命令就不能得到贯彻。只要旧行政命令管理经济，间接控制为主就很难实现。而要放弃行政命令就必须建立具有自控能力的宏观经济机制，不然就会产生无政府状态。

（原载《经济体制改革》1986 年第 1 期）

社会主义初级阶段的经济特征

中国共产党第十三次全国代表大会的政治报告，指出了我国还处在社会主义初级阶段，并且科学地阐述了社会主义初级阶段的基本涵义。正确认识社会主义初级阶段的经济特征，对于深入理解党在社会主义初级阶段的基本路线，建立良好的社会秩序、稳定发展经济和加速深化经济改革都有重要意义。经过几年的改革，社会主义初级阶段的经济特征已经具有较为清晰的眉目，可以概括为以下几点：

一 以公有制为主体多种所有制形式 并存的经济结构

由各种所有制形式形成的经济结构，反映着一个社会的生产力发展水平和社会性质。社会主义初级阶段的生产力水平和社会性质要求建立多种所有制并存的经济结构，这是社会主义初级阶段的基本经济特征之一。所有制首先表现为人们对生产要素的占有、支配和使用形式。它根源于生产力发展水平和生产社会化程度。一种新的所有制形式是随着生产力的发展而产生的。在生产力还没有达到足以用新的所有制形式代替旧的所有制形式以前，旧的所有制形式不会退出历史舞台。纵观人类社会发展的历史，除原始共同体以外，从奴隶社会、封建社会、资本主义社会到社会主义社会，就所有制的性质而言，都是由国家所有、集体所有和个人所有三种形式构成的。就现有生产力发展水平和生产社会化程度来说，社会主义社会不可能是单一的公有制。多种所有制形式并存的经济结构，是由生产力发展水平和生产社会化程度决定的客观存在，只是在不同的社会制度中，占主导地位的所有制不同而已。资本主义社会占主导地位的是私有制。社会主义社会占主导地位的是公有制。占主导地位的所有制对其他所有制形式具有制约作用，使不同社会的经济结构具有本质区别。

以公有制为主体多种所有制并存的经济结构，是不断发展的运动过程，各种所有制形式按照生存竞争规律，互相竞争，互相渗透，优胜劣汰，哪一种所有制形式经济效益最佳，最能激发人们的积极性，哪一种所有制形式就会得到发展。在互相竞争和互相渗透中，各种所有制形式都会采取有利于自身发展的多种经营形式，使经营过程变得更复杂、更生动。

保持多种所有制形式并存的经济结构的稳定性，是建立良好的社会经济秩序、稳定经济发展和加速深化经济改革的前提。脱离现有生产力水平和生产社会化程度，人为地改变所有制形式，追求公有或私有的单一化，都会引起社会经济生活的不安定。从建国到现在，我国的所有制形式处在不断变革之中。现在的问题是，要在正确认识社会主义初级阶段的经济特征的基础上，加深对社会主义初级阶段的社会性质的理解，在深化城市经济改革中，稳定多种形式并存的经济结构，使各种所有制形式各得其所，协调发展，不要人为地强行推行某一种所有制形式而急于消除另一种所有制形式。

二　以等价补偿形式为中介进行生产
要素的社会组合

生产关系的核心是，用适当的形式使各种生产要素有效地组合为现实的社会生产力。过去人们以为，所有制不需要借助任何中介就可以直接使各种生产要素组合为现实的社会生产力。在这种简单化思想指导下，把对各种生产要素的无偿分配作为社会组合的基本形式，抹杀了各种生产要素的人格化以及与此相联系的物质利益。

在以分工为基础的社会生产中，生产要素归不同的所有者占有。要使处于分离状态的生产要素组合为现实的社会生产力，不借助体现占有者物质利益的中介环节，很难达到有效的社会组合，在劳动还是谋生手段的条件下，只有采取等价补偿形式，才能使各种生产要素有效地组合为现实的社会生产力，即占有物质要素的人要吸收劳动力要素，必须补偿劳动力的价值；拥有劳动力的人要利用物质要素，也必须补偿物质要素的价值。换句话说，就是要借助商品买卖实现社会组合。商品买卖是历史上形成的等价补偿形式，适用于各种生产方式，与生产资料所有制的性质没有直接联系。在生产力还没有达到使人们不依靠对生产要素的支配权而取得生活资料以前，无论公有制还是私有制，都必须借助商品买卖形式实现生产要素有效的社会组合。这就决定了社会主义经济仍然是商品经济，各种生产要素要采取商品买卖形式，也要存在买卖各种生产要素的市场。

经济改革的关键不是放弃公有制，用企业所有制代替以国家为代表的全民所有制，求助于私有制的积极作用，而是要在保持全民所有制的前提下，使各种生产要素商品化，用商品买卖形式实现生产要素有效的社会组合，充分发挥公有制的优越性。只有这样，才能建设具有中国特色的社会主义。

三 兼顾个人利益和社会集体利益的分配机制

我们要建立一种以公有制为主体，多种所有制形式并存的经济结构，这就决定了社会主义经济必须建立个人利益与社会集体利益均衡的分配机制。在以社会分工为基础的社会生产中，每个社会成员都有自己特殊的经济利益。在各种经济交往中，人们都要以个人或单位所得利益的多少衡量与别人的经济联系是否合算，比较投入与产出、所得与所失的数量关系，比较劳动与收入的数量关系。直言之，以最少的劳动消耗取得最多的收入，成为支配人们经济活动的一般规律。

但是，在以公有制为主体的社会主义经济中，个人利益要受社会利益的制约，个人利益和社会集体利益要互相兼顾。经济改革成败的关键在于建立个人利益和社会集体利益协调的分配机制，使人们在为个人利益奋斗的同时，为社会做出最大贡献把个人利益与社会集体利益融为一体。过分强调个人利益而忽视社会集体利益，或者过分强调社会利益而忽视个人利益是行不通的。特别是在公有制经济中，兼顾个人利益和社会集体利益的分配机制，是激发职工积极性的动力源泉，不是财产所有权所能代替的。赵紫阳同志在十三大的报告中指出，我们要实行多种分配形式和正确的分配政策，使分配更加合理，更好地调动各方面的积极性。深化城市经济改革，首先要在利益分配机制上下功夫，使个人利益和社会集体利益和谐发展，这是生产社会化的客观要求，也是社会主义经济有别于资本主义经济的特征之一。

四　以市场机制为基础的计划调节

我们说商品经济是以分工为基础的生产要素的社会组合形式，也就是说商品经济不是由生产资料所有制性质决定的，市场和计划调节都是商品经济的内在要求。商品经济是为市场而生产的，市场需求就是社会需要。要发展社会主义有计划的商品经济，计划就不能离开市场，要以市场需求为基础，市场也不能离开计划调节，否则会使企业盲目生产，陷入无政府状态。社会主义计划的商品经济要求建立计划与市场内在统一的经济体制，逐步形成国家调节市场、市场引导企业的运行机制。随着生产社会化的发展，市场范围扩大，计划的范围也随之扩大，由个别企业扩展到全社会，协调市场需求和各企业的商品可供量就成了计划调节的主要内容。所以，计划调节不是强加于市场之上的商品经济的外在因素，而是商品经济发展的内在要求。同时，社会需求和供给的矛盾也迫使企业服从社会计划调节。

市场和计划调节是矛盾的统一，不是无法协调的对立物。经济改革的目标，不是用市场取代计划调节，也不是用计划调节去限制市场，而是要把市场和计划统一起来，改革旧的计划机制，放手开放市场，建立新的计划调节观念。如果把计划调节仍然理解为国家的物资配给制，那就不可避免地要把计划调节与市场对立起来，用计划调节去限制市场，以为计划调节意味着配给制的扩大和市场范围的缩小；相反，如果把计划调节理解为供求的协调和对市场的引导，那么计划调节和市场就不会产生矛盾。这是观念问题，也是计划机制问题。

五　实行以发展本国经济为宗旨
　的开放政策

商品经济是开放经济，不受国界和社会制度的局限，在商品经济时代，任何国家都不能脱离世界市场，使本国经济在封闭状态中得到很快的发展，闭关锁国只能使本国经济长期处于落后状态。而要发展本国的商品经济，就要实行开放政策，使本国经济进入世界市场。对社会主义国家来说，实行开放政策就是要按照发展商品经济的要求打破社会制度的局限，广泛参与世界各国的商品货币交往，在世界市场上进行商品买卖，和不同社会制度的国家展开竞争。从发展本国经济来说，实行开放政策的作用是：

1. 通过商品买卖吸收外国的先进技术，加速本国生产力的发展，提高本国的生产水平。

2. 吸收外国资源用以加速本国经济的发展。其中包括两个方面：一是吸收外国商人的投资，争取外国金融机构的贷款和在外国资金市场上发行债券；二是通过进出口贸易实现资源转换，把本国多余或不需要的资源转换为本国急需或短缺的资源。

3. 通过各种经济交往，提高本国企业的经营管理水平。

4. 在与资本主义经济竞争中，吸收资本主义经济的长处，克服社会主义经济的缺陷，完善社会主义的经济机制，提高社会主义经济的竞争力，增强社会主义经济战胜资本主义经济的机能。

上述几点是在几年经济改革中形成的对社会主义初期经济特征的初步认识，把这些特征综合起来就构成具有中国特色的社会主义经济。经济改革的深化要巩固和发展这些特征，根据这些特征塑造新的经济运行机制，不是要改变这些特征。改变社会主义初级阶段的经济特征，就会扭曲社会主义初级阶段的经济发展方向，重复过去的失误，使我国的经济体制改革半途而废。

（原载 1987 年 11 月 7 日《光明日报》）

财政理论与
制度建设

关于财政本质的探讨

——论剩余产品是财政关系形成和发展的决定因素

一　财政关系是随着剩余产品的产生逐渐形成的

在人类社会发展的历史过程中，财政关系是怎样产生的？许多财政学者认为，国家权力是财政关系产生和发展的决定因素，没有国家就没有财政，财政的本质是"国家为实现其职能的需要，依据其权力参与社会产品的分配所形成的财政分配关系"。我们认为，这种观点不符合人类社会发展的历史实际，违反了历史唯物主义的基本原理。财政既然是分配关系，那它就是社会生产关系的一个组成部分。它和整个社会生产关系一样，是由生产力的发展水平决定的。离开生产力的发展水平，从国家权力中引出财政关系，这在逻辑上是本末倒置。纵观人类社会发展的历史过程，财政关系不是随着国家的产生而产生的。在国家产生以前，财政关系早已产生了。不是国家权力创造了财政关系，而是财政关系为国家的产生和发展创造了经济条件。

在历史上，财政关系是在社会生产力不断发展的过程中，随着剩余产品的产生逐渐形成的，是社会再生产的客观需要，它经历了漫长的历史过程。根据摩尔根在《古代社会》一书中的叙述，剩余产品是在野蛮社会的中期出现的。那时人类已经使用弓箭和陶器，社会生产力有了相当程度的发展，人们获取生活资料的能力有了很大提高，除了维持生活需要之外产生了剩余产品。产生了剩余产品以后，人类逐渐脱离动物界，开始用自己的劳动创造生活资料，不再完全被动地依赖大自然的恩赐。恩格斯指出："人类社会脱离动物野蛮阶段以后的一切发展，都是从家庭劳动创造出的产品除了维持自身生活的需要尚有剩余的时候开始的，都是从一部分劳动可以不再用于单纯消费资料的生产，而是用于生产资料生产的时候开始的。劳动产品超过维持劳动的费用而形成的剩余，以及社会生产基金和后备基金从这种剩余中形成和积累，过去和现在都是一切社会的政治的和智力的继续发展的基础。"① 马克思也说："这种剩余产品是除劳动阶级外的一切阶级存在的物质基础，是社会整个上层建筑存在的物质基础。"②

剩余产品的产生使氏族社会的再生产过程发生了巨大的变化，形成了新的社会需要。这种需要包括：

1. 随着剩余产品的产生，畜牧业和农业开始发展起来，逐渐形成扩大生产的需要。开始时，人们只是把剩余的个别活野畜饲养起来，作为保存剩余产品的一种形式，以备今后食用。慢慢地由个别饲养变成多头饲养，最后发展为畜牧业。和畜牧业的发展过程一样，农业生产也是随着剩余产品的产生而开始发展起来的。没有一定数量的剩余产品，不可能储存农业生产所需要的种子和其他生产资料。实际情况就是这样：起初，畜牧业和农业是

---

① 恩格斯：《反杜林论》，人民出版社 1970 年版，第 191 页。

② 《马克思恩格斯全集》第 47 卷，人民出版社 1979 年版，第 216 页。

由剩余产品引起的；后来，畜牧业和农业的发展又引起对剩余产品的需要。不仅扩大畜牧业和农业需要有剩余产品的积蓄，而且管理畜牧业和农业的活动也要靠剩余产品来维持。这种随着剩余产品的产生逐渐形成的扩大生产的社会需要，在进一步发展的过程中，又由生产力发展的结果变成社会再生产的一种客观需要。

2. 随着剩余产品的产生，氏族公社内部产生了氏族成员向酋长、头人和假想的鬼神贡献礼物和祭品的现象。开始，这种礼物和祭品完全是自愿的，用以表示他们对氏族领袖和鬼神的尊敬，不具有任何强制性质，既不是氏族成员的义务，也不是经常现象。但是，这种现象却为氏族酋长和主持祭祀的人提供了一种条件，使他们有可能利用自己的地位和原始的宗教观念聚集一部分剩余产品，用于自身的需要，并且从此有可能逐渐脱离生产劳动而专职从事某种社会职务，走上依靠剩余产品生活的道路。这种现象产生于原始公社后期，摩尔根说是野蛮社会的中级阶段之末。但是，在氏族公社中，少数人脱离生产劳动专职从事某种社会职务和单纯依靠剩余产品生活与阶级剥削不同，这是社会生产力发展引起的一种社会分工。恩格斯指出："问题从分工的观点来看是最容易理解的。社会产生着它所不能缺少的某些共同职能。被指定去执行这种职能的人，就形成社会内部分工的一个新部门"。[①] 执行这种共同职能的人和后来的国家组织不同，它不是阶级压迫的组织。"部落联盟是他们的政府制度所达到的最高水平……这种组织体系的结果形成了一种氏族社会，它与政治社会或国家有区别，这两种社会的区别是很大的，而且是根本性的。""我们发现，凡在氏族制度流行而政治社会尚未建立的地方，一切民族均处在氏族社会中，无一超越此范围者。国家是不

---

① 《马克思恩格斯选集》第 4 卷，人民出版社 1972 年版，第 482 页。

存在的。"① 但是，在氏族公社内部需要有某种社会组织执行共同职能，摩尔根把这种组织叫做氏族社会的"政府"，说"政府观念的发展始于蒙昧阶段之氏族组织"。其实这不是什么政府，而是一种原始共同体的社会组织，在这种组织中执行共同职能的人也需要消费一部分剩余产品。随着社会生产力的发展，执行这种共同职能的人离开生产过程越来越远，逐渐形成依靠剩余产品生活的特殊阶层，这是剩余产品引起的又一种社会需要。

3. 随着剩余产品的产生，氏族成员的生产劳动逐渐分成两部分，一部分是维持个人生活的劳动，另一部分是为氏族公社的共同需要进行劳动。与这种劳动划分相适应，土地也分为个人耕种的土地和氏族公有的土地。"土地的所有权依旧为部落所共有；但是一部分土地已被划分开来作为维持政府之用，另一部分用来支持宗教的用途，而更重要的一部分，人们借以为生的那一部分则由几个氏族或由居住于同一村落的公众集体所瓜分。当时并未出现个人对土地或房屋拥有主权、可以任意出卖或出让给他所愿意的任何人的情况，这样的情况在当时也不可能出现。"② 只有在生产力发展到一定水平，即氏族成员的劳动除了维持自己的生活以外还有剩余的时候，土地才有可能分为个人所有和公有两部分，而耕种公有土地的劳动实质上是氏族成员向氏族公社提供的剩余劳动。尽管这种剩余劳动的形式后来成为强迫奴隶劳动的起点，但是在氏族公社还不具有这种性质。在氏族公社内部，氏族成员为耕种公有土地进行的劳动，是氏族成员为氏族的共同需要提供的剩余劳动，不具有强迫性质。这是剩余产品出现以后引起的第三种社会需要。

---

① 摩尔根：《古代社会》上册，商务印书馆 1977 年版，第 65、66 页。

② 摩尔根：《古代社会》下册，商务印书馆 1977 年版，第 541 页。

4. 随着剩余产品的产生，在氏族成员中逐渐产生了个人私有物品，即私有财产的萌芽。尽管在氏族成员的头脑中私有观念非常淡薄，可以归个人所有的物品也很少，但是，有些可以归个人占有的物品如随身带的弓箭、衣物和生活用具等，逐渐变成个人财产，并且还产生了财产继承问题，因为"剩余的物品足以引起继承的问题"①。随着个人私有物的产生，慢慢形成保护私有财物及其继承权的社会需要。

上述四方面的需要，是在剩余产品产生以后逐渐形成的。这是随着剩余产品而产生并且只能依靠剩余产品来满足的社会需要。这些需要的内容和形式构成财政关系的雏形，以后财政关系的发展都是从此开始的，如礼物和祭品就是捐税的起源。把这些需要综合起来，就形成我们所说的财政关系的一般经济内容。当然，在氏族社会，这种关系还处于始发阶段，正在形成过程中，不过毕竟已经产生了。在这里，最重要的不是这种关系的形式完善到什么程度，而是产生这种关系的原因。特别重要的是，要提示产生这种社会共同需要的条件和满足这种需要的手段，分析形成这种需要的经济内容（物质关系），这是能不能按照历史唯物主义的观点正确认识财政本质的关键。

在经济学中，所谓社会共同需要不是人们的主观愿望和心理倾向，而是具有确定的物质内容的经济过程。不管这种社会需要是如何产生的，是由剩余产品引起，还是由别的原因引起，归根到底，都要由剩余产品来实现，因而都要受到剩余产品的制约。离开产生这种需要的物质条件和满足需要的手段，不分析形成这种社会需要的经济内容（物质关系），只是强调社会共同需要，那就会滑向唯意志论的道路，即"需要决定一切"。在实践上使

① 摩尔根：《古代社会》下册，商务印书馆1977年版，第535页。

财政分配超越可能允许的范围，给社会再生产过程造成困难，这正是上述财政理论给社会实践造成的不良后果。因此，当我们探讨财政关系产生和发展的历史过程时，必须注意生产力的发展水平，即着重提示产生这种社会需要的物质条件和满足这种需要的手段，不能离开生产力的发展水平抽象地谈论社会共同需要。马克思说："在文化初期，已经取得的劳动生产力很低，但是需要也很低，需要是同满足需要的手段一同发展的，并且是依靠这些手段发展的。"① 马克思又说："'社会需要'，也就是说，调节需求原则的东西，本质上是由不同阶级的互相关系和他们各自大的经济地位决定的，因而也就是，第一是由全部剩余价值和工资的比率决定的，第二是由剩余价值所分成的不同部分（利润、利息、地租、赋税等等）的比率决定的。"② "资本的伟大的历史方面就是创造这种剩余劳动，即从单纯使用价值的观点，从单纯生存的观点来看的多余劳动，而一旦到了那样的时候，即一方面，需要发展到这种程度，以致超过必要劳动的剩余劳动本身成了从个人需要本身产生的普遍需要。"③ 随着剩余产品的产生形成新的社会需要，而新的社会需要又要求有更多的剩余产品。需要依靠手段来发展，手段依靠需要来提高，这是社会生产发展的辩证逻辑。不过，马克思在上文中所说的资本主义的社会需要，不完全是我们所说的社会共同需要，其中包括由工资和利润形成的工人和资本家的个人需要，当然也包括由剩余价值形成的社会共同需要。这个事实说明，在资本主义社会，除了个人需要以外，社会共同需要同样是由剩余价值形成并依靠剩余价值来满足的。

---

① 《马克思恩格斯全集》第 23 卷，人民出版社 1972 年版，第 559 页。
② 《马克思恩格斯全集》第 25 卷，人民出版社 1974 年版，第 203 页。
③ 《马克思恩格斯全集》第 46 卷（上），人民出版社 1979 年版，第 287 页。

"在任何社会生产（例如，自然形成的印度公社，或秘鲁人的较多是人为发展的共产主义）中，总是能够区分劳动的两个部分，一部分的产品直接由生产者及其家属用于个人的消费，另一部分即始终是剩余劳动的那个部分的产品，总是用来满足一般的社会需要，而不问这种剩余产品怎样分配，也不问谁执行这种社会需要的代表的职能；在这里我们撇开用于生产消费的部分不说。"①

剩余产品从它产生的时候就具有满足社会共同需要的职能；第一，它要为社会人口的发展服务，用于新增人口的需要；第二，剩余产品要为社会的发展服务，用于发展文化、艺术、宗教与保护社会成员的安全等等的需要；第三，最重要的是剩余产品具有积累的职能，要用于扩大再生产的需要，形成社会积累。剩余产品的这种社会职能必须会形成一种新的经济关系，即财政关系，并要求有实现这种关系的社会职能部门和执行这种职能的人，这是社会再生产过程的客观需要。财政关系和财政机构适应着这种客观需要慢慢地形成和发展起来，这就是财政关系产生的历史过程。

总起来说，我们认为财政关系是随着剩余产品的产生逐渐形成的；由剩余产品形成的社会共同需要是财政关系的经济实质；为满足社会共同需要分配剩余产品是财政过程或财政工作的基本内容。所以，财政关系是社会生产力发展的客观需要，不是由国家权力决定的。

---

① 《马克思恩格斯全集》第 25 卷，人民出版社 1974 年版，第 992 页。

二 财政关系随着剩余产品的增长不断地发展

随着科学技术的进步，社会生产力不断发展，劳动生产率不断提高，剩余产品的绝对和相对数量不断增长，财政关系就随着剩余产品的增长不断地发展，财政活动的范围和规模也不断地扩大。如果我们把财政关系在不同社会制度下所体现的阶级性质暂存而不论，那就可以看到，否认哪一个阶级占据统治地位，它们总是要按照社会再生产的客观要求充当社会共同需要的代表，把一部分剩余产品用于当时社会的共同需要，财政关系也就随着从一种社会制度过渡到另一种社会制度，得到不断的延续和发展。

在原始公社即氏族社会的中后期，随着社会生产力的不断发展，社会生产范围不断扩大，人们由原始的渔猎生活逐步发展到稳定的农业和畜牧业生产，剩余产品不断增长，公社内部的共同需要也在不断地发展，逐渐形成财政关系的萌芽。例如祭祀神鬼的原始宗教活动，公社内部进行共同生产的指挥和管理活动，公社之间的战争等等，使公社成员的劳动产品不只是用于维持公社成员自身的生活需要，而且要用作祭祀的贡品，鼓励首领、头人和英雄人物的礼品以及战争经费等需要。同时，在氏族公社内部也产生了氏族成员向酋长、头人敬献礼品的现象。一开始，这种礼品是完全自愿的，时断时续的，既不经常也不普遍。随着社会生产力的发展，这种原来具有偶发性质的礼物和祭品逐渐变成经常的缴纳，成为头人和酋长的一种经常收入。在国家产生之后，这种礼物和祭品逐渐变成固定的捐税。据有的人考察，在尼日利亚的怒贝王国，臣民向头人缴纳税金，在乡村仍然叫做礼品①，在首都附近才叫做税。《汉书》中说："有赋有税，税谓公田什一及工商衡虞之入也。赋共车马甲兵士徒之役，充实府库赐予之用。税给郊社宗庙百神之祀，天子奉养百官禄食庶事之费。"②可见，税是由祭祀鬼神和奉养百官的经费而来；赋是由战争经费而来。这都是由氏族社会的礼物和祭品发展而来的。

财政关系从它的萌芽阶段发展成一个相对独立（具有特殊职能）的经济领域，形成社会再生产过程的一个职能部门，经过了漫长的历史发展过程。它的发展不是孤立和独立的，是和整个社会经济制度的变革同步而行的。它的发展过程不仅决定于生产力的发展水平，也受社会经济制度的制约。事实上，直到奴隶社会，财政关系和一般的分配过程并没有完全分开。奴隶制国家的主要收入来源是直接占有奴隶的剩余劳动，利用财政关系占有的剩余产品非常有限，而且财政关系和奴隶主直接占有奴隶剩余劳动的过程是混合在一起的，不存在明确的界限。至于小奴隶主向大奴隶主（即奴隶主国家）缴纳的贡品礼物，在奴隶主国家的收入中也不占主要地位。这是因为在奴隶社会，奴隶的劳动生产率很低，提供的剩余产品有限，社会的共同需要不可能有很大发展。奴隶创造的剩余产品，主要是用来供奴隶主及其家庭成员的生活需要，不是用于社会的共同需要，财政关系不可能得到很大的发展。同时，对奴隶主来说，在他所管辖的范围内，一切东西都归他所有，所谓"溥天之下，莫非王土，率土之滨，莫非王臣"，"朕即国家"，"朕富有天下"。对奴隶制国家来说，没有必要规定社会共同需要和他自身消费的界限。这种情况，在封建社会的初期还存在过一个很长时期。据历史记载，我国是从秦

①　参见曼德尔：《论马克思主义经济学》上册，第30页。
②　《汉书》第4册（卷二十四上，食货志第四上），中华书局版，第1120页。

朝开始把国家财政收入与地主的地租分开的。在秦朝以前，国家的税收和地主的地租、贡物是分不开的。至于皇帝的宫廷费用和国家的一般开支，到汉朝才开始逐渐分开。《汉书》中说："上于是约法省禁，轻田租，什伍而税一，量吏禄，度官用，以赋于民。而山川园池市肆租税之人，自天子以至封君汤沐邑，皆各为私养，不领于天子之经费。"[1] 看样子是把各级政府的费用和国家的一般开支加以区分，并在某种程度上实行的是分级管理。从皇帝到封君都首先用自己所有的山川园池和市肆租税收入来解决自己的经费，即"私奉养"，不作为国家的经常费用。这种区分是财政关系得到进一步发展的重要标志，它使财政关系逐渐从一般分配过程独立出来，也使国家的一般费用和维持各级官吏的生活费用逐渐有所区别。这种变化是以社会生产力的发展和剩余产品的增长为基础的。在直接以实物形式占有剩余产品的封建社会中，如果不是剩余产品增长到一定程度，要区别维持各级封建主的生活费用和国家一般费用是困难的。总的来讲，封建社会的财政关系从属于封建的土地所有制，是为封建主的利益服务的。财政支出主要用于养活封建官吏和战争开支，用于真正社会共同需要的部分（如兴修水利、交通和发展文化事业等）是很少的。

在资本主义社会，生产资料虽然归各个资本家所有，但是，就每一个国家的土地、财产和人口来讲，资产阶级国家仍然具有最高所有者的资格，充当社会共同需要的代表，占有和支配一部分剩余价值。资本主义打破了封建生产关系的束缚，在商品生产的基础上进行自由竞争，利用先进的科学技术推动了生产力的发展，建立了社会化的大生产，使劳动生产率达到空前未有的高

---

[1] 《汉书》第4册（卷二十四上，食货志第四上），中华书局版，第1127页。

度，提高了剩余产品的比重，从而扩大了社会的共同需要，使财政关系在整个国民经济中发挥了前所未有的调节作用，成为资产阶级经济学者所谓宏观经济主要组成部分。特别是到 20 世纪 30 年代以后，财政关系已经成为资产阶级政府妄图用来摆脱经济危机，推动资本主义经济发展的主要武器。例如新凯恩斯主义的主要代表人物萨缪尔森说："现代政府的一个重要作用在于控制难于收拾的通货膨胀，避免长期失业和经济停滞。使用的主要武器有二：货币政策和财政政策。""政府的财政政策——改变公共支出和税收，以便造成盈余或赤字，而不是平衡的预算——对失业、生产总量、货币收入和实际收入、价格水平都具有深厚的影响。""由于现代政府的巨大规模，没有财政政策就等于宣布死亡。"可见，财政关系在资本主义经济中具有极其广泛的职能。现代资产阶级财政理论主张要运用财政关系"创造新的购买力"，即用低价出售公债、向银行抵押借款、发行纸币、货币贬值等等办法使政府取得收入，并通过增加财政支出，扩大社会需求，促进经济繁荣。用这种办法来缓和资本主义的经济危机，使资本主义摆脱经济衰退的困境。但是，这就像给快死的人注射吗啡一样，暂时的镇痛作用并不能真正解决问题。

不管资产阶级经济学者的财政理论如何缺乏科学依据，财政关系在资本主义社会有了充分发展是一个客观事实。这是因为：第一，在资本主义社会，劳动生产率有了很大的提高，从而提高了剩余产品在社会产品中的比重。以美国为例，由于剩余价值在新创造的价值中的比重逐年提高，为美国财政关系的扩大提供了物质基础，使其有可能不断提高税收在国民收入中的比重。例如，1929 年税收占国民收入的 11％，1950 年占 21％，1970 年占 29％，到 1976 年占 32％。第二，随着生产社会化的发展，资产阶级国家承担的社会职能也在扩大，社会的共同需要在不断增加。现代资产阶级国家的财政支出不仅要供给政府和国防经费，而且还要举办不可缺少的社会福利、科学文化事业和经济投资，这必然要扩大资本主义财政关系。第三，资本主义财政关系脱离了剩余产品的实物形式，直接分配剩余价值，便于发挥财政关系的调节作用，使资产阶级国家有可能把财政关系作为干预国民经济的主要手段，从而进一步推动了财政关系的发展，使资本主义财政关系的范围和作用远远超过封建社会。

三　社会主义财政关系存在和发展的客观基础是剩余产品

剩余产品是一般经济范畴，它是由生产过程的连续性产生的。只要社会生产是在连续不断地进行，就需要不断地补偿生产过程消耗的生产资料和劳动力。新创造的产品（即和新创造的价值相等的那部分产品），就要不断地分为补偿劳动力消耗的必要产品和可以用于一般社会需要的剩余产品。至于剩余产品的分配，则是由生产资料所有制的性质决定的。生产资料所有制的性质不同，剩余产品的分配也就具有完全不同的社会性质。在以生产资料私有制为基础的社会中，作为剩余产品分配过程的财政关系，具有一定程度的剥削性质。而在以生产资料公有制为基础的社会主义社会中，剩余产品真正变成社会的共同财富，作为剩余产品分配过程的财政关系也没有任何剥削性质。

在20世纪30年代以前，马克思主义经济学家中的大多数人认为，财政是阶级剥削的产物，是剥削阶级对劳动人民进行超经济剥削的手段。在消灭了生产资料私有制和阶级剥削以后，以生产资料公有制为基础的社会主义社会，全部产品归国家所有，由代表整个社会需要的国家机关进行统一分配，财政关系就会失去存在的客观必要性，国家财政也就随之消失了。但是，社会主义经济发展的历史实践否定了这种缺乏科学根据的观点，证明财政关系不仅有存在的客观必要性，而且得到进一步的发展，它的职能范围超过了以往任何社会制度。

社会主义再生产，是以生产资料公有制为基础的社会化再生产，它不仅要再生产满足人民各种需要的物质资料，而且要再生产社会主义的生产关系和全部上层建筑。因此，按照各个生产单位和社会共同需要分配剩余产品，就成为社会主义再生产过程的客观要求。这种客观要求是由以下几方面决定的。

1．实现社会积累的需要。在以生产资料私有制为基础的资本主义社会，社会积累主要是由各个资本家进行的，表现为私人资本的积累。资本主义财政关系在资本积累中只起辅助作用，不起主要作用。社会主义生产资料公有制则决定了积累是由社会来实现的，财政关系成为实现积累的主要渠道。剩余产品是积累的唯一来源，在分配剩余产品的过程中保证形成必要的积累基金，这是社会主义财政关系的重要职能之一。积累是一个非常复杂的经济过程，不是规定一个分配比例就能实现的。从创造剩余产品的生产过程到形成积累基金，要经过一系列的分配和再分配环节，受许多因素的影响，其中财政关系具有决定作用。每年新创造的剩余产品价值有多大的份额实际形成积累基金，不仅取决于财政在分配剩余产品价值过程中用于生产和非生产建设投资份额的大小，而且还取决于在实际经营中对投资的有效使用程度。在实际生活中，由于不善于经营，使许多用于积累的投资在经营过程中浪费掉，不能真正形成积累基金的事例是很多的。所以，社会主义积累不仅取决于财政对当年新创造的剩余产品价值的分配过程，也取决于财政关系对剩余产品使用过程的有效监督。

2．管理社会经济的需要。在社会主义社会中，以生产资料公有制为基础的国民经济是一个有机的整体，用于光远同志的话来说是一部经济机器。在这部机器中有许多担负社会职能的经济结构，如各种经济委员会和职能部等等，它们是按照生产发展的需要建立起来的社会生产过程的计划、决策和指挥机构。没有这些职能机构执行社会再生产过程的共同职能，社会主义再生产就不能顺利进行，甚至无法进行。这种计划、决策和指挥生产的职能机构，是任何社会化的生产都不可缺少的，所以，管理社会经济的所需的费用也是社会生产发展的共同需要。

3. 发展文化、教育和科学事业的需要。一切文化、教育和科学事业的发展，都是以剩余产品为基础的；没有剩余产品不可能有文化、教育和科学事业的发展。而发展文化、教育和科学事业是人类不断提高生产技能，推动社会迅速发展的重要条件。现代社会主义是以先进的科学技术为基础进行现代化生产的，科学技术及其在生产过程中的运用已经成为推动生产力发展的决定因素。没有用先进的科学技术装备起来的现代化生产，就不可能建成现代社会主义。当前世界上不同社会制度之间在经济上的竞赛，主要表现为掌握先进科学技术的竞赛。谁能最好地掌握先进的科学技术，谁就可以最快地提高劳动生产率，在经济上处于优势。但是，要用现代科学技术提高劳动生产率，必须具备几个条件：一是要用现代化科学技术装备生产过程；二是要培养出能够熟练地操纵现代科学技术设备进行生产的工人队伍；三是要有掌握现代科学技术的管理人才。缺少其中任何一条，也不能形成现代生产力。而要创造这几个条件，就需要用大量的投资发展文化、教育和科学事业，造成新的生产力的要素。所以，用于发展文化、教育和科学事业的费用和社会生产力的发展有直接联系，而不是一般的非生产费用，它会在未来的经济发展中得到补偿。在实现四个现代化的过程中，保证文化、教育和科学事业所必须的投资是社会生产力发展的客观要求，是全体人民的共同需要。这种费用是要由物质生产领域创造的剩余产品价值来提供，并通过财政关系来保证的。

4. 维持社会的正常秩序和保卫国家安全的需要。在霸权主义存在的条件下，这种需要具有保卫国家和民族独立的重要意义。在阶级社会中，维持社会的正常秩序和保卫国家安全，首先是防止敌对阶级的反抗、破坏和复辟活动，防止外敌侵略，因而人们经常把执行这种职能产生的需要称作阶级斗争的需要。但是，维持社会的政党秩序并不只是限于保护统治阶级的特殊利益，它对于每一个社会成员来说都是需要的。破坏社会秩序的行为如斗殴、盗窃、侵犯人权和公共财产等等，不仅存在于敌对阶级分子之中，统治阶级内部的成员同样也会发生。从社会生活的观点来看，维持社会的政党秩序是从全体社会成员的需要出发的，不限于一个阶级的需要，它本身不只是具有阶级斗争的性质，也包含着社会共同需要的内容。至于防止外敌侵略，保卫国家安全，这是任何一个代表国家的阶级都必须执行的职能，只要国家存在，它就不会消失。因此，在社会主义社会中，上述需要虽然包含着阶级斗争的内容，但对社会主义社会的全体成员来讲，也是进行生产和生活的共同需要，是保证社会再生产顺利进行和人民正常生活的必要条件。

总之，上述各种需要是社会主义再生产过程的共同需要，都要靠剩余产品来满足。把这些用剩余产品来满足的共同需要综合起来，就构成社会主义财政关系的经济内容。这些需要和在直接生产过程中由必要产品价值形成的个人需要不同，它是由剩余产品形成的。剩余产品既是引起这些需要的条件，也是满足这些需要的手段。没有剩余产品，这些需要就没有存在的条件，社会主义财政关系也就失去存在和发展的客观基础。可见，社会主义财政关系是社会分配剩余产品价值的经济过程，它是社会再生产过程的客观需要，是社会主义经济不可缺少的组成部分。社会主义公有制为社会主义财政关系的发展创造了广阔的天地，使社会主义财政关系的范围和职能远远超过了资本主义财政关系。

四 对若干质疑的问答

1. 如何正确认识财政与国家政权的关系？我认为，财政关系是物质生产关系的组成部分，不是上层建筑，而是国家政权存在的经济基础。财政和国家政权的关系，是经济基础和上层建筑的关系。

第一，马列主义认为，一切权力都是以经济为基础的，权力在任何时候也不能超越经济条件。"权力永远不能超出社会的经济结构以及由经济结构所制约的社会的文化发展。"① 马克思在这里说的经济结构就是指经济基础，而不是别的意思。恩格斯说："第一，一切政治权力起先总是以某种经济的、社会的职能为基础的，随着社会成员由于原始公社的瓦解而变为私人生产者，因而和社会公共职能的执行者更加疏远，这种权力加强了。第二，在政治权力对社会独立起来并且从公仆变为主人以后，它可以朝两个方向起作用。或者按照合乎规律的经济发展的精神和方向去起作用，在这种情况下，它和经济发展之间就没有任何冲突，经济发展就加速了。或者违反经济发展而起作用，在这种情况下，除去少数例外，它照例总是在经济发展的压力下陷于崩溃。"② 这些原理，已经为一切国家，包括我们自己的历史所证

① 《马克思恩格斯选集》第 3 卷，人民出版社 1972 年版，第 12 页。
② 同上书，第 222 页。

实。社会主义国家的权力之所以显得比较突出，那是因为它直接占有生产资料和剩余产品造成的。没有经济基础的权力是不可能实现的。"在一无所有的地方，皇帝也会丧失他的权力"[①]。

第二，财政是国家政权存在的经济基础，对国家政权的存亡具有决定作用。财政关系是社会支配剩余产品的形式，是整个上层建筑存在的经济条件。国家政权如果没有财政关系为它创造经济条件，提供活动经费，它不仅不能实现它的各种专政职能，而且本身也无法存在，军队、警察、法院都会因为失去存在的经济条件而自行解体。因此，一切阶级的国家政权和政府都要依靠财政关系为它的存在和行使权力提供物质条件。财政状况越好，物质条件越充分，国家的作用就越"显赫"。财政困难会限制国家政权的职能范围，严重的财政危机会导致一个政府或政权的垮台。马克思说："赋税是政府机器的经济基础，而不是其他任何东西。"[②]毛泽东同志也讲过："国家预算是一个重大问题，里面反映着整个国家的政策，因为它规定政府活动的范围和方向。"[③]马列主义经典作家都认为财政是国家政权存在的经济基础，财政关系决定国家政权的活动范围，而不是相反。在这个问题上，恩格斯还尖锐地批判过杜林。杜林正是从"显赫的国家的政治行为是历史上决定性的东西这种观念"出发，认为政治和国家权力具有决定作用，而"捐税在国家中只是'第二等的作用'"。[④]

我们是历史唯物主义者，当然不会同意杜林的政治决定经济的观点。我们认为，在社会发展的过程中，经济关系（即物质关

---

① 《马克思恩格斯全集》第23卷，人民出版社1972年版，第217页。

② 《马克思恩格斯全集》第3卷，人民出版社1960年版，第22页。

③ 毛泽东：《在中央人民政府委员会第四次会议上的讲话》，1949年12月2日。

④ 恩格斯：《反杜林论》，人民出版社1970年版，第158页。

系）具有决定作用，财政关系决定国家政权的活动范围。这是我们对财政和国家政权的关系的基本看法。

2. 财政关系和阶级斗争。在阶级社会中，生产资料归不同的阶级所占有，而占有生产资料的阶级在经济上总是要剥削失去生产资料的阶级，这是社会经济发展的历史规律。分配关系包括财政关系在内不过是生产资料所有制的表现形式，分配过程是按照人们在生产过程的阶级地位进行的。"随着分配上的差别的出现，也出现了阶级差别"。① 社会分为享有特权的和被损害的、剥削的和被剥削的、统治的和被统治的阶级。最初由统一民族的各个公社自然形成的集团，只是为了维持共同利益抵御外敌而发展成的国家，现在就具有用暴力来维持统治阶级的生活条件以反对被统治阶级的目的。这就是说，生产资料所有制和分配关系引起阶级斗争，而不是阶级斗争创造了新的分配关系。阶级斗争是从生产关系中产生出来的，人们的不同的经济利益是产生阶级斗争的根源。财政关系作为剩余产品的分配过程，在任何时候都是由生产资料所有制体系决定的，它和生产资料所有制形成一样，本身就包含着阶级斗争。但是，正如我们不能从阶级斗争中引出生产资料所有制形式一样，也不能从阶级斗争中引出财政关系。相反地，应该用经济关系去说明阶级斗争产生的原因。带有剥削性质的财政关系本身，就是引起阶级斗争的原因之一。例如在阶级社会中人民抗捐抗税的斗争就是由那种带有剥削性质的财政关系造成的。

3. 关于财政分配的范围。有的同志提出，财政收入不仅包括税收和利润，还包括基本折旧、变价、罚没收入和工资所得税等，怎么能说财政关系是剩余产品价值的分配过程呢？这不是人

---

① 恩格斯：《反杜林论》，人民出版社1970年版，第145页。

为地缩小财政关系的范围、束缚财政管理的手脚吗？这是单纯地从现象上看问题。我们说财政关系是剩余产品价值的分配过程，是就这个过程的本质关系而言，不是指那些由本质关系派生出来的非本质关系。像财政收入中的罚没收入和财产、废旧物资的变价收入，就是从分配剩余产品价值过程中派生出来的非本质的关系。至于基本折旧和工资所得税，则仍然属于剩余产品价值的范围。固定资产是已经积累起来的剩余产品，基本折旧不过是已经成为积累基金的过去创造的剩余产品价值的再回收，它本身仍然属于剩余产品价值的分配和再分配过程。同时，按照社会再生产的客观要求，基本折旧必须用于补偿固定资产的损耗，不能用于别的用途，否则就需要用当年新创造的剩余产品价值去补偿这种损耗。从表面上看，工资所得税似乎是对必要产品价值的再分配，不属于剩余产品价值的分配过程。实际上，所谓必要产品价值，在现代社会中不是简单地维持劳动者个人及其家属的生命所必须的价值，而是维持社会生产需要的劳动力再生产所必须的价值。这种价值是随着科学技术的发展而不断变化的。同时，维持劳动力再生产的必要产品价值和每个工人实际上得到的工资收入，在数量上并不是相等的。但是，就整个工人队伍来讲，他们所得到的总是维持劳动力再生产所必须的必要产品价值，否则社会再生产就不能继续进行。而且，即使在资本主义制度下，随着社会生产力的不断发展，工人的工资收入也不能只限于维持劳动力再生产的必要产品价值，工人创造的剩余价值也会有一部分或多或少地分配到工人手中。马克思指出："在工人自己所生产的日益增加的并且越来越多地转化为追加资本的剩余产品中，会有较大的份额以支付手段的形式流回到工人手中，使他们能够扩大自己的享受范围，有较多的衣服、家具等消费基金，并且积蓄一小笔货币准备金。但是，吃穿好一些，待遇高一些，特有财产多一些，不会消除奴隶的从属关系和对他们的剥削，同样，也不会消除雇佣工人的从属关系和对他们的剥削。"① 工人或多或少得到的一部分剩余价值，是资产阶级国家征收个人工资所得税的经济基础，也是规定税收起征点的依据。这是资产阶级国家的一种经济把戏，把通过工资形式支付给某一部分工人的剩余价值，又通过财政关系收回去，工人仍然只能得到维持劳动力再生产的必要产品价值。这反映了资产阶级财政关系的剥削性质。

　　财政关系作为剩余产品价值的分配过程，是以既定的生产资料所有制体系为前提的。它本身并不要求改变生产资料所有制形式，而是在既定的所有制体系范围内分配剩余产品，实现它的社会职能。在正常的情况下，财政关系一般只限于当年新创造的剩余产品价值的分配过程，不侵蚀用于维持劳动力再生产的必要产品价值和生产基金（即已经积累起来的剩余产品）。只有在特殊情况下，例如在一种新的经济制度产生的过程中，财政关系可能被兴起的革命阶级作为侵蚀旧的财产所有权的辅助手段，用来逐步削弱旧的所有制体系。但这不是财政关系本身固有的作用，而是在一定时期内借助财政关系实行某种政策，不反映财政关系的本质。以剩余产品为基础的财政关系，是保证社会共同需要和促进生产发展的经济杠杆，不能作为改变生产资料所有权的主要手段，这是财政关系发展的一般规律。如果违反这个规律，使某种特定的财政关系经常侵蚀必要产品价值和生产基金，那会导致这种社会经济制度的瓦解和整个财政关系的垮台。所以在历史上，财政关系总是依存于社会需要的剩余产品，离开这个基础就不能存在和发展。这是我们正确地认识财政关系运动规律的关键。

　　4. 财政关系的一般和特殊。应该把财政关系一般和特殊的

----

① 《马克思恩格斯全集》第23卷，人民出版社1972年版，第677—678页。

财政关系相区别，既要看到社会生产力发展的客观要求产生财政关系的一般性，也要看到各个社会形式下财政关系的特殊性（即阶段差别）。财政关系随着社会生产力发展的客观需要产生以后，已经存在于几个社会形态所特有的现象中。而各个社会形态下的财政关系不可能没有任何的共同性，即除了不同阶级内容以外再也没有任何别的东西可言。财政关系发展的历史过程已经证明，它在不同的社会制度中除了不同的阶级内容以外，还具有某种共同的一般的经济内容，因此，才使它随着社会生产力的发展而经历了各种不同的社会制度。这是财政关系在各个社会形态下的共同性，而执行这种职能的阶级也就充当了社会共同需要的代表。但是，在阶级社会中，充当社会共同需要的代表的统治阶级，总是把维护本阶级的特殊利益摆在首位，使财政关系具有阶级的性质，这就是财政关系的特殊性。因此，财政关系在各种社会形态下又具有特殊的表现形式和经济内容。我们不能把奴隶社会、封建社会、资本主义社会和社会主义社会的财政关系混为一谈，完全相提并论，而应该分别进行研究。但是，无论哪一个社会的财政关系，又都是以共同需要的形式出现，并在不同程度上为社会共同需要服务的。所以，我们既不能用财政关系在不同社会制度下的阶级性来抹煞它在各个社会形态下都具有的共同性，也不能用财政关系所具有的共同性，来代替不同社会制度下的财政关系的特殊性即阶级性。只有正确地认识财政关系的这种共同性和特殊性，才能全面揭示财政关系发展的规律性，阐明财政关系在国民经济中的地位和作用。

（原载《学习与思考》1982 年第 2 期）

关于财政学的几个问题

一　财政学的研究对象

　　财政学是一门经济科学，它的研究对象是客观存在的财政关系，即社会为满足共同需要而对剩余产品的分配过程。它不是上层建筑，也不是经济基础和上层建筑的混合体。当然，财政学在研究客观存在的财政关系的过程中，不仅要涉及财政政策和财政制度，还要提及某些财政政策和财政制度产生的客观基础及其是否适应社会经济发展的客观需要。人们为什么要制定这样的而不是那样的财政政策，这种政策对社会生产力的发展起了什么作用，这不能用人们的主观意识来说明，也不能用财政政策本身来说明，只有以生产力发展的情况和客观存在的财政关系为依据才能给予科学的解释。财政政策的作用在于调整财政关系，通过各个生产者的经济利益影响生产力的发展。在一般情况下，凡是能够协调剩余产品的分配过程，充分调动集体和个人生产经营积极性的财政政策就是正确的政策，就能体现社会主义财政关系的客观要求，促进社会生产力的发展；相反，则会阻碍生产力的发展。

　　财政关系作为客观存在的剩余产品的分配过程，是社会再生产的一个不可缺少的组成部分，不管人们是否意识到，它也要按照社会再生产的客观需要不断地进行分配；没有剩余产品的分配过程，社会再生产就不能进行。但是，在这个客观过程中，剩余产品在各个经济主体之间的分配比例和分配形式却是可以改变的。财政学把剩余产品的分配过程作为研究对象，就是要揭示剩余产品分配的客观规律性和剩余产品的分配过程在社会再生产中的地位和作用，探索剩余产品的分配比例和分配形式如何才能促进社会生产力的发展，有利于国民经济的综合平衡，从而提高社会再生产的经济效益。

　　有的同志认为财政活动不能离开财政政策，所有的财政活动都是在一定的财政政策的指导下进行的。这当然是正确的。但是，因此认为财政政策也应该成为财政学的研究对象，使财政学既研究客观存在的财政关系，又研究财政政策，是值得研究的。

　　财政关系和财政政策虽然都影响人们的财政活动，但是二者具有不同的性质。混淆这两种的区别，把客观存在的财政关系和财政政策混合起来作为财政学的研究对象，会给科学研究和实际工作造成困难。

　　首先，财政关系是客观经济过程；财政政策是人们在认为客观过程的基础上制定的行为规范，它对人们的财政活动具有约束力，但不能约束客观过程。人们可以通过政策影响（促进、干扰或破坏）客观经济过程的发展，但客观过程并不按照政策的规定去运行，相反，政策却不能违反客观经济过程发展的需要，否则会造成对经济过程的干扰或破坏。如果我们把这两个性质不同的主题混合起来作为财政学的研究对象，不仅会使我们的财政学变得杂乱无章，而且会混淆主观与客观过程的区别。

其次，财政关系作为客观存在的经济过程处在不断的发展变化之中，人们的认识必须随着客观过程的变化而不断地变化、不断地探索、不断地认识、不断地提高。只要财政过程继续存在，人们对这个过程的探索和认识就不能停顿或中断；财政政策作为行为规范却要求相对的稳定性，在客观过程没有发生显著的重大变化之前，政策是不能轻易更动的。政策多变、朝令夕改，会给社会经济生活造成混乱。客观过程的不断变化和财政政策的相对稳定性，都是社会再生产的需要。不能用政策的相对稳定性限制科学探索，也不能因为要不断地进行探索来否定财政政策的相对稳定性，必须分别进行研究。

再次，客观过程的运动和发展是绝对的，人们对客观过程的认识是无限的，就不断发展的客观过程来说，人们认识的正确与错误都是相对的。由于人们所处的地位和条件不同，在探索过程中会产生不同的观点，这就需要按照百家争鸣的方针进行讨论，求大同存小异，逐步取得共同的认识。但是，财政政策则要求高度的集中统一，在同一时期内只能执行一种财政政策，不能有几种财政政策，而且在执行财政政策的过程中不许有不同的主张，否则实际工作就会陷入无政府状态。所以不能用百家争鸣反对政策的集中统一，也不能用政策的高度集中统一反对百家争鸣，混淆这两个不同的问题，既不利于科学研究，也不利于实际工作。

研究财政政策也是一个很重要的问题，应该予以足够的重视。必要时可以在财政科学领域再增设一个新学科，叫做财政制度与财政政策，像财政管理学、国家预算、税收等专业一样，组织力量进行专门研究。财政学是一门具有原理性质的专门经济学，不能把财政政策作为财政学的研究对象。

二 财政关系与国家

在人类社会发展的历史过程中，是财政关系为国家的产生（由氏族部落组织到国家的转变）和发展提供了物质条件，还是国家创造了财政关系，这是社会主义财政学的另一个重要问题。"国家分配论"认为，"财政是由于国家的产生而产生的，没有国家就没有财政"，这就是说国家创立了财政关系。那么，国家是怎样产生的，又是怎样创立了财政关系？他们没有讲，我们不好妄加评论，只能就财政关系与国家的关系来谈谈我们的看法。

在人类历史上，国家的产生并不是突然事变，它是由氏族公社的部落组织逐渐发展和转化而来的。马克思恩格斯及其以前的历史学家对这个过程进行过详细的考察和探索，分配了在怎样的物质条件下氏族公社的部落组织由共同的社会组织变成阶级压迫的工具、使某些社会职务变成少数人的特权、社会公仆变成统治社会的主宰。在这里有必要引证一些马克思恩格斯的论述："由一定家庭的成员担任氏族公职的习惯，已经变为这些家庭担任公职的无可争辩的权利；这些因拥有财富而本来就有势力的家庭，已经开始在自己的氏族之外联合成一种独特的特殊阶段；而刚刚萌芽的国家，也就使这种霸占行为神圣化。"[①] "但在这时，国家已经不知不觉地发展起来了。最初在城市和乡村间，然后在各种城市劳动部门间实行的分工所造成的新集团，创立了新的机关以保护自己的利益；各种官职都设置起来了。"[②] "在社会发展某个很早的阶段，产生了这样的一种需要：把每天重复着的生产、分

① 《马克思恩格斯选集》第 4 卷，人民出版社 1975 年版，第 106 页。
② 同上书，第 110 页。

配和交换产品的行为用一个共同规则概括起来，设法使个人服从生产和交换的一般条件。这个规则首先表现为习惯，后来便成了法律。随着法律的产生，就必然产生出以维护法律为职责的机关——公共权力，即国家。"①

根据马克思恩格斯的分析，国家的产生过程也就是氏族部落组织到国家机构的转变过程，经历了很长的历史时期。在这个过程中，财政关系与国家的联系主要表现在两个方面：

首先，财政关系是国家产生和存在的经济基础，是氏族部落组织到国家转化的物质条件，也是国家存在和进一步发展的物质条件。如果没有财政关系为氏族部落组织提供剩余产品，氏族部落组织不可能独立存在并实现其社会职能，也不可能有氏族部落组织到国家的转化过程。在这个过程中，不是国家创立财政关系，而是财政关系为国家的产生和发展创立了经济条件。在国家形成以前，氏族成员把一部分剩余产品作为礼物、贡品和祭品交给氏族部落的"领导人"完全是自发的，不具有强制的性质，后来，这种自发的贡献逐渐成为某些社会职能机构的经常收入，使它们有可能脱离直接生产过程而独立地发挥职能，渐渐地固定化为一种社会职能机构，形成国家机构的萌芽。如果没有一定的财政关系作基础，这种萌芽是不可能存在和发展的。"国家分配论"强调国家权力的强制作用，而轻视经济条件的决定作用。其实，在国家形成的初期，强制作用是非常微弱的，甚至是很难执行的。马克思指出："国家是不能没有警察的，不过国家还很年轻，还未享有充分的道义上的威望，足以使那种必然要被旧氏族成员视为卑贱的行业受到尊敬。"②"在国家产生的初期，想借助国家

---

① 《马克思恩格斯选集》第2卷，人民出版社1975年版，第538—539页。
② 《马克思恩格斯选集》第4卷，人民出版社1975年版，第115页。

权力的强制作用创造一种新的分配关系的设想，不符合历史实际。实际上，在国家产生的初期，分配过程仍然延续着氏族社会的分配形式，利用公共权力得到的物品仍然只限于贡品、祭品、礼物等等，强制服役是在国家政权强化之后，在人类进入奴隶制度以后逐渐开始的，这个过程也是随着生产力的发展，随着剩余产品的增加而发展起来的。在历史上，国家的形成和发展总是以一定的财政关系为基础的；没有财政关系创立必要的经济条件，国家不能存在和发展。马克思指出："赋税是政府机器的经济基础，而不是其他任何东西。"①

从中世纪到资本主义，一切国家的政府机构都要生存于一定的财政关系中。没有财政基础，任何政府也不能发挥作用。"在中世纪社会中，赋税是新生的资产阶级社会和占统治地位的封建国家之间的唯一联系。由于这一联系，国家不得不对资产阶级社会做出让步，估计到它的成长，适应它的需要。在现代国家中，这种同意纳税的权利和拒绝纳税的权利已经成为资产阶级社会对管理其公共事务的委员会，即政府的一种监督。"② 在中世纪，封建贵族的国家要靠资产阶级缴纳的税款生活，在政治上不得不向资产阶级让步，并适应资产阶级的需要；在资本主义社会中，纳税权又成了资产阶级对政府的一种监督。"现代国家由于捐税逐渐被私有者所操纵，并由于借国债而完全为他们所控制"。③国家政权完全处于占有剩余产品的资产阶级控制之下，依赖于剩余产品的再分配而生存，国家权力的强制作用在经济力量（在这里主要是财政关系）面前显得如此软弱。不是国家用自己的权力

① 《马克思恩格斯选集》第 3 卷，人民出版社 1975 年版，第 22 页。
② 《马克思恩格斯全集》第 6 卷，人民出版社 1972 年版，第 303 页。
③ 《马克思恩格斯选集》第 1 卷，人民出版社 1975 年版，第 69 页。

强迫私有者，而是占有剩余产品的私有者强迫国家服从自己的需要，财政关系成了资产阶级控制政府活动的权力。在英国，1832年因拒绝纳税导致威灵顿内阁的垮台；在法国，七月王朝因财政困难不得不依赖上层资产阶级。近代世界，因财政困难使政府垮台或者不得不依赖外国也是屡见不鲜的。这就说明，财政是国家存在的经济基础，而不是由国家权力决定财政关系。

其次，在国家存在的条件下，国家是财政关系的担当者，即财政主体。国家作为阶级压迫的工具，它是以执行某种社会职能为基础的。把阶级的利益和社会的共同需要联系起来，利用社会共同需要的形式实现本阶级的特殊利益，使阶级专政的国家具有社会代表的身份，这是它能够缓和阶级冲突的重要条件。无论是哪一个阶级的国家，它总是要充当社会共同需要的代表，成为当时财政关系的担当者，即财政关系的主体，从而以社会共同需要的名义支配一部分剩余产品，用于阶级和社会的需要。在这里，国家之所以能够充当社会的正式代表，成为财政关系的担当者，不是因为国家具有强制权力（暴力），而是因为它适应社会再生产的需要。首先，在阶级社会中，国家是维持社会再生产的外部条件。资产阶级国家是维护资本主义生产方式的外部条件使之不受工人和个别资本家的侵犯而建立的组织；社会主义国家也具有维护社会主义生产方式的外部条件不受个别资本家的侵犯而建立的组织；社会主义国家也具有维护社会主义生产方式的外部条件不受个别成员侵犯的职能。其次，任何阶级的国家，除了临近灭亡的阶级以外，都要执行某种社会职能，谋求社会的信任，以便保持它的政治统治。如果一个阶级的国家完全违反社会再生产的需要，丢弃社会职能，那就会阻碍社会生产力的发展，被代表社会需要的阶级所推翻，不能再继续充当社会需要的代表，不能再成为财政关系的主体，即财政关系的历史担当者。

财政与国家的关系是一种历史联系，在国家产生以后它必然要与国家发生联系，在国家消亡以后，这种联系就会终止。到那时财政关系作为社会再生产的共同需要可能还会存在，财政关系的主体也会相应地变为某种社会组织，而不再是国家。

三 财政一般与特殊财政关系

"国家分配论"还认为，"绝不存在一种与人类社会共存亡的永恒的分配关系，财政关系也不例外。"分配关系是生产资料所有制的表现形式，是生产要素的背面。"分配就其决定的特点而言，总是某一社会的生产关系和交换关系以及这个社会的历史前提的必然结果，而且，只要我们知道了这些关系和前提，我们就可以确定地推断这个社会占支配地位的分配方式。"[①] 这正是我们研究财政关系时要强调的一个侧面。在任何时候，我们都要把分配关系特别是剩余产品的分配关系（财政关系）作为生产资料所有制的表现形式和生产力的发展水平联系起来进行研究。如果说每一种生产资料所有制形式都有与它相适应的分配关系；在不同的生产资料所有制之间没有共同的分配关系，这当然是正确的。但是，如果以此来否定一般的分配（包括财政关系），否定分配一般和财政一般的客观存在，否定人类社会发展的历史连续性，那就不正确了。

马克思指出，"无论在不同社会阶段上分配如何不同，总是可以像在生产中那样提出一些共同的规定来，可以把一切历史差别混合和融化在一般人类规律之中。"[②] 马克思还说："在任何社

---

① 《反杜林论》，人民出版社 1970 年版，第 151 页。

② 《马克思恩格斯选集》第 2 卷，人民出版社 1972 年版，第 90 页。

会生产……中，总是能够区分出劳动的两个部分，一个部分的产品直接由生产者及其家属用于个人的消费，另一个部分即始终是剩余劳动的那个部分的产品，总是用来满足一般的社会需要，而不问这种剩余产品怎样分配，也不问谁执行这种社会需要的代表的职能"①。可见，马克思既肯定生产一般，也肯定分配一般。他特别强调"必须考虑到，新的生产力和生产关系不是从无中发展起来的，也不是从空中，又不是从自己产生自己的那种观念的母胎中发展起来的，而是在现有的生产发展过程内部和流传下来的、传统的所有制关系内部，并且与它们相对立而发展起来的。"②这是历史唯物主义对人类历史的基本看法。

不管什么生产方式，有生产就要有分配；有生产资料所有制的形式就要有与它相适应的分配关系。分配本身就是舍掉社会差别的一般规定，这是人类社会的共同性，难道可以否认这种从古至今都存在的一般分配吗？如果没有共同性我们把这种一般分配和分配关系称作什么呢？否定了这种人类社会的共同性，等于否定了历史的连续性，社会主义也就无从谈起。

财政一般和特殊的财政关系是对立的统一，特殊以一般为基础，一般存在于特殊之中。不承认一般，也等于否定特殊。只有承认一般与特殊的矛盾的统一，才能研究财政史，才能研究社会主义财政与资本主义财政的区别。财政一般是各个社会形态下的具体形式及其社会性质，使各种社会制度下的财政关系相区别。不管各种社会制度下财政关系的具体形式及其社会性质，使各种社会制度下的财政关系相区别。不管各种社会制度下的财政关系如何不同，如果我们不问是谁（哪一个阶级的组织）充当这种关

---

① 《马克思恩格斯全集》第 25 卷，人民出版社 1974 年版，第 992 页。
② 《马克思恩格斯全集》第 46 卷（上），人民出版社 1979 年版，第 235 页。

系的承担者，那么财政关系终归是属于剩余产品的分配过程，这就是财政一般。相反地，如果我们要弄清楚谁是这种财政关系的承担者，就会立即发现各种社会制度下的财政关系有质的区别，即特殊的社会性质。财政学既要研究一种财政关系向另一种财政关系过渡的规律性，引为借鉴，又要着重研究某种财政关系（如社会主义财政关系）发展的规律性，借以指导人们的社会实践。我们不能用财政一般代替特殊的财政关系，这会脱离实际，因为就每一个社会制度来说，不存在一般的财政关系，所有的财政关系都是特殊的，财政一般只能寓于特殊的财政关系中，不能独立存在。但是，也不能用特殊的财政关系否定财政一般，走向非历史唯物主义的道路。

（原载《财贸经济》1983 年第 3 期）

建立有中国特色的社会主义财政新模式

经过 10 多年的经济改革，旧的财政模式基本上被打破，新的财政模式尚未真正建立起来，改革过程创造的新部件和原有模式中的旧部件不能协调运转，整个财政体系呈现混乱状态。其主要表现是财权分散，财源流失，预算内财政收入在国民收入分配中的比重逐年下降，财政赤字逐年增加，财政支出在很大程度上要靠非正常的财政收入和债务去弥补。造成这种现象的主要原因是由于财政体制改革没有明确的总体目标，对建立有中国特色的社会主义财政新模式缺乏具体设想，各项改革措施互相矛盾甚至互相抵消。

要建立有中国特色的社会主义财政新模式，首先要弄清什么是财政模式及财政模式的构成，然后才能确定如何建立有中国特色的社会主义财政模式。所谓财政模式，概括地讲就是财政目标、财政收支的组织与管理、职权划分和财政机构的总称。它由四个部分构成：（1）财政的目标；（2）财政收入形式和支出构成；（3）财政管理程序和职权划分；（4）财政的机构设置及其相互关系。

一 财政的目标

财政目标是构成财政模式的基础或灵魂，它要体现经济和社会发展战略，反映财政与国民经济运行的内在联系，表现财政的社会性质，建设有中国特色的社会主义财政模式，自然要体现中国社会主义的特色，这是不言自明的。具体讲，有中国特色的社会主义财政模式的目标，除了为维持无产阶级专政的上层建筑提供经费以外，在经济上至少有以下几方面：

1. 财政要促进以公有制为主导多种所有制形式并存的经济结构的协调发展。过去，我们认为社会主义只能以公有制为基础，在私有制基础上不能建设社会主义。现在看来，后半句无疑是正确的，对前半句却需要有新的认识。作为生产方式，社会主义只能以公有制为基础，私有制不能构成社会主义生产方式是无可置疑的。但是，作为社会制度，社会主义却可以建立在以公有制为主导多种所有制并存的基础上。打破了以单一公有制为基础的社会主义观念，这是中国共产党对社会主义理论的重大发展，也是中国社会主义的基本特色。这个特色决定了中国社会主义财政模式的目标首先要促进以公有制为主导多种所有制并存的经济结构的协调发展。所谓以公有制为主导，就是说公有制要在整个经济结构中占主导地位，在国民经济发展中占优势，由它决定社会经济的发展方向，其他所有制形式只能作为公有制的补充，处于辅助地位。财政分配要在实践中维护公有制特别是全民所有制的主导地位，减轻全民所有制企业的负担，改善国营企业经营的外部环境，增强其活力与竞争力，为全民所有制企业提高经济效益创造条件。特别重要的是要在深化改革中改变对国营企业的歧视和限制政策，扭转国营不如集体、集体不如私营、中国人不如外国人的错误印象。这是显示社会主义优越性的基础，也是社会主义财政模式的核心。

2．财政模式要适应商品经济发展的需要，促进国内统一市场的形成。商品经济是社会经济发展不可逾越的历史阶段。不论生产方式如何，都要经历商品经济发展的历史过程。与生产方式相适应的财政关系，也要适应商品经济发展的客观需要，采取商品经济的形式，服从商品经济发展的一般规律。这就决定了商品经济中的财政模式，首先要适应市场发育的要求，促进国内统一市场的形成，打破地区限制，为发展商品经济创造条件。市场是商品经济的灵魂，发展商品经济首先要开拓市场。离开市场，商品经济就失去存在的条件。商品与市场的依存关系，要求财政模式必须与市场发育和发展相适应，为开拓市场服务。而且，在商品经济中财政也只有在促进市场发展的过程中开辟财源。换句话说，财政收支也要受市场变化的影响。其次，为了促进商品经济的协调发展，提高社会经济效益，财政要为平等竞争创造条件，保护合法经营，调节收益水平，限制部门与行业垄断。简而言之，市场与竞争是决定商品经济发展的两个主要因素，商品经济中的财政模式必须适应市场与竞争的要求，才能有效地促进商品经济的发展。

3．财政模式要具有保证社会共同需要，协调供求关系，调节产业结构，贯彻公平分配，缓和两极分化的宏观调节功能。这是因为决定商品经济的市场并不是完美无缺的运行机制，不是像有些人说的那样，有了市场就能解决一切问题。第一，市场只能适应单个消费者的需要，为消费者提供广泛的自由。但是，不能保证社会共同需要。而在现代社会生活中不保证社会共同需要，社会就无法存在和发展。西方经济学把社会经济分为两部分，即"公共产品"和"私人产品"或称"公经济"和"私经济"，在公共产品或公经济中市场失灵，只有依靠财政分配才能使社会需要得以实现。第二，市场行为决定于个人意志，个人的选择和偏好对市场运行起主导作用，这使市场具有很大盲目性。如果听任这种盲目性自由发展，社会经济就会产生严重的无政府状态。因此，在以市场为依托的商品经济中，必须强化财政的宏观调节功能，才能保持社会经济的稳定发展。

财政目标是财政模式的核心，其他部分都要为实现目标服务，并且根据财政目标的变化进行相应的调整。

二 新财政模式的收入形式和支出结构

一般地讲，现代财政收入的基本形式可以归纳为四种，即税收、国营经济上缴利润、规费和由这三种形式派生的罚没收入。从总体上看，所有财政模式的收入都是由这四个部分构成的，它反映了现代财政收入的一般规律，也可以称作规范收入。但是，在不同的财政模式中这种规范收入形式会具有不同的地位和作用，并且呈现出各种不同的排列组合。例如，在统收统支的财政模式中，可能采取税利合一的形式，上缴利润会占主要地位，税收和规费的地位会下降。相反，在分级财政模式中，税收会占有主要地位，上缴利润会减少。在多种多样的模式中，不仅基本的收入形式会呈现不同的排列组合，而且收入形式本身有时候也会被扭曲变形。特别值得注意的是，在不同的财政模式中，除了规范性的收入形式以外，还会产生一些非规范的收入形式，这种非规范的收入形式，不仅会挤占规范收入，减少规范收入的数量，而且会扰乱规范收入的秩序。为了保证财政模式的正常运行，保持财政收入规范化是十分重要的。

与收入形式相对应的是支出结构，即财政支出的基本构成。

这是所说的支出构成是就财政支出的经济性质所说的，不是指预算科目或具体支出项目。从财政支出构成来看，财政模式基本上可以分为生产型、消费型和混合型三种类型。就每一种类型的功能来说，都要以社会分配格局为转移分为完备型和残缺型两种。我们要建立的应该是生产型的完备的模式。

但是，从我国目前的实际情况看，现行的财政模式不伦不类，收入形式和支出结构都呈现一种混乱状态。收入形式失去正常秩序，税收形同虚设；规费被分解，变成全社会的乱收费；上缴利润与税收合在一起变成企业的承包收入；执法过程的罚没收入变成单位以权谋私的手段，大量财源流失，企业的负担空前加重，混乱的财政收入在某种程度上已经变成阻碍经济发展的因素。从支出构成来看，目前的财政支出已经不能完全保证社会共同需要，在总体上入不敷出，在项目间顾此失彼，每一个支出项目都是残缺不全的。建立新的财政模式，必须整顿分配秩序，用规范收入代替非规范收入。首先，要简化税种，健全税制，在区分国家和所有者职能的基础上实行税利分流，把国家税收和税后利润的分配分开，按照国家征税、税后利润归所有者和经营者的原则处理国家和国营企业的分配关系。税归税，利归利，理顺国家和国营企业的分配过程。其次，要统一规范收入，一切与国家职能有关的规费，包括政府行政管理和执法过程的收入都要纳入国家财政，不得作为单位收入。最后，凡是执法中的罚没收入，都属于国家职能收入，要全部交给国家财政，任何单位都不能提成或留用，这是保持廉洁奉公的前提。与收入规范化相对应，凡属上层建筑机构的经费要全部列入预算，实行全额供应，保证国家社会职能的正常行使，彻底废止上层建筑机构自谋生计的创收政策，这是统一财源的前提。

三　新财政模式的管理程序和职权划分

管理程序和职权划分是同一个问题的两个侧面，管理程序体现以职权划分为基础的纵横关系，其中主要是上下级之间及行政和立法机构的关系；职权划分则要以正确处理纵横关系为前提。在实际工作中，人们经常把管理程序和职权划分称作财政体制。实际上，财政体制不只是包括管理程序和职权划分，还包括机构设置。但是，机构设置不仅与财政分配的管理程序和职权划分有关，而且与国家行政管理体制有关，具有特殊性，本文把它作为财政模式的一部分进行单独研究。由于财政模式和财政体制就其内容来说基本相同，研究财政模式不宜同时使用财政体制的概念。新财政模式的管理程序和职权划分，主要包括以下三个方面：

1．用分税制代替收入分成制，这是建立新财政模式的前提。分税制和收入分成是两种不同的财政模式。分税制以正确划分中央和地方事权为基础相应地划分税种，分别建立中央税和地方税，中央税归中央，地方税归地方。中央税由中央立法，地方税由地方立法，使中央和地方在法律规定范围内行使财权，实现财权与事权的统一，消除中央和地方的矛盾。而收入分成则以统收统支为基础，由中央核定支出基数，根据支出基数确定分成比例，地方财政收入多少取决于收入总额和分成比率。在支出基数既定的情况下，收入总额越大分成比率就越小；在分成比率已定的情况下，收入总额越大收入也就越多。所以在收入分成的模式中，扩大支出基数和提高分成比率就成为矛盾的焦点。这种矛盾是造成地区之间分配不公、中央和地方互相挤占和收入不实的主要原因。因此，新财政模式要创造条件用分税制代替收入分成制。实行分税制的条件是在深化税制改革的基础上，建立地方税体系，使地方有足够的财源。初步设想是关税、增值税、产品税归中央；企业所得税分设中央和地方两种；其他税种原则上列入地方税系列，但不同地区其税种可以有所不同。

2. 建立统一的分级财政，分解预算外收入，统一财源，集中财权。真正的分级财政具有这样几个特点：（1）在统一的财政体系中，各级财政具有相对的独立性，上下级的财政往来表现为预算收支，中央对地方的财政补贴要作为中央预算支出，地方接受中央补贴要作为地方预算收入；（2）各级财政都要分别编制独立预算，中央预算、地方预算和国家总预算要分别成文，单独立法；（3）各级财政预算要包括本级的全部财政收支，不分预算内和预算外要全部归入同级财政，统一财源，统一控制，否则就不能称分级财政。所以，分级财政也称分级统一的财政。新财政模式只能分级统一，不能实行统收统支，也不能实行部门分割，一切部门的财政收支都要归入同级预算，这是实行有计划商品经济的前提。目前经济生活中出现的许多问题，包括财政困难和国营企业活力不足，在很大程度上是由分配过程的无政府状态造成的。

3. 实行复式预算控制。复式预算也可以称作经费预算和基金预算，就是要把非生产性经费和生产性投资分开。这两种费用在社会再生产中具有不同的性质和作用，需要分别控制。经常性费用，要用经常性收入即税收去支付，不能有赤字；生产性投资要用各种基金去支付，来源可以多种多样，基本要求是体现经济效益，保持供求平衡。对我们来说，这并不是什么新问题，早在50年代我们就编制过国家预算和综合财务计划。只是那时把综合财务计划作为对企业实行统收统支的手段，管得过细，统得过死，使企业失去活力。在过去10多年的经济改革中又走向另一极端，把反对计划控制作为改革的主要目标，综合财务计划被完全废弃。现在要实行复式预算控制，建立基金预算，当然不是恢复过去的综合财务计划，而是要把企业、部门的投资纳入基金预算，进行资金平衡，为国民经济的协调发展创造条件。

以上三个方面综合起来就构成新财政模式的管理程序和职权划分，这是新财政模式的主要内容。

四　新财政模式的机构设置

财政机构是财政模式的传导系统，财政决策、财政信息和财政收支都要通过财政机构去传递，也可以说财政机构是财政关系运行的载体，一切财政活动都要通过财政机构去进行。财政机构设置不当，就会削弱财政职能，使整个财政运行受阻。研究机构设置是建立新财政模式的一个至关重要的问题，也是深化财政改革的关键。多年来，财政改革受阻，财政机制不灵，在很大程度上与现行财政机构特别是中央财政机构设置不合理有直接关系。新财政模式的机构设置必须符合以下原则。

1. 明确规定职能范围。财政机构是财政职能的体现，称作职能机构，必须适应财政职能的客观要求，不能乱设机构或因人设事，否则就会造成一种职能多种机构，增加财政系统的内部矛盾。就财政分配的全过程来看，财政机构的设置应该包括这样几个部分：(1) 决策系统；(2) 收入系统；(3) 支出系统；(4) 信息反馈系统；(5) 执法监督系统；(6) 内部事务管理系统。这六个部分构成财政运行的全过程，每一个系统都有明确的职能。如果用财政职能的客观要求衡量一下，我们就会发现现有财政机构的设置存在严重弊端，机构重叠，职责不清，互相掣肘的现象相当严重。这是深化财政改革中应着重解决的问题。

2．精简和效率。这是财政机构设置必须坚持的重要原则。所谓精简，首先要减少机构层次，使每一个职能机构都能直接体现财政职能，减少中间层次和传递环节，缩短业务传递过程。其次是机构要单纯，每一种职能只有一个机构去体现，实行职能集中，坚决消除同一职能的双重或多种机构并存。所谓效率就是要使所有的职能机构都能进行直接操作，简化操作程序，使决策和执行都进行直接操作过程，减少不必要的指挥环节和虚设职务，提高工作效能。

3．坚持集中决策。这是财政机构设置中的一个重要问题，也是建立新财政模式的关键环节。财政运行过程是从财政决策开始的，决策正确与否会影响财政运行的全过程。正确的财政决策会使整个财政运行进入良性循环；决策失误会使整个财政运行陷入困境。正确的财政决策不仅取决于决策者的个人素质也取决于决策过程是否科学，而科学的决策必须有集中统一的决策机构作保证。首先是决策权要集中，但不是集中于个人，而是集中在一个统一的决策机构，避免多头决策造成矛盾；其次，决策机构要掌握全面信息，对每一个决定要从各方面进行集中论证。集中决策要求信息、科研和决策一体化，就是说信息和科研都要为决策服务，决策要以信息处理和科研为依据。目前，财政决策中的一个重要问题就是决策分散，长官的随意性和决策的业务局限，使财政决策经常失误。例如，许多政策性决策由业务主管人员提出会有很大的局限性，他们以自己的业务范围为依据提出政策主张，很少考虑对整个经济运行会产生什么影响。例如有些政策从预算收支过程看是必要的，但从社会主义经济发展方向看却背离战略目标。这种现象在中央和地方财政决策中都存在，这是建立新财政模式必须着重考虑的问题。

综上所述，具有中国特色的社会主义财政模式，应该是以公有制为主导，适应商品经济发展的客观需要，具有调节功能，使中央和地方都有相应财力，能促进国民经济持续、稳定、协调发展的模式。

（原载《湖北财税》1991 年第 6 期）

略论财政关系层次结构

　　财政关系属于客观经济过程，财政理论是人们认识客观过程形成的理财思想的系统表达。思想要反映客观实际，理论要体现财政关系运动的客观过程。党的十二届三中全会《关于经济体制改革的决定》指出，社会主义经济是有计划的商品经济，不是自然经济或产品经济。随着商品经济的发展，社会经济关系结构会发生深刻变化，人们的观念会由单纯注重实物逐渐转向注重价值，以自然经济或产品经济为基础的理财思想将失去存在的基础，而以商品经济为基础的理财思想将会随之发展，财政理论将由以产品分配为核心的供给型的理财思想，转向以计较经济效益为核心的经营型的理财思想。为使新理财思想具有科学的理论体系，需要按照系统论原则研究财政关系层次结构。

　　财政关系层次结构是由财政关系的特殊性质决定的。这种特殊性质不仅使财政分配与国民收入一般分配过程相区别，而且使财政关系从本质到现象、从物质生产领域到上层建筑领域、从生产到再生产的运动形成具有不同职能和不同经济主体的层次结构。因此，要分析财政关系层次结构，必须首先认识财政关系的特殊性质。许多人说财政分配是社会产品（C＋V＋M）和国民收入（V＋M）分配的一部分，以此说明财政关系的性质。其实这种说法只能说明财政关系是社会经济关系的一部分，不能说明财政关系的特殊性质，也不能使人们看到财政分配与国民收入分配一般有什么区别，不能揭示财政关系的层次结构及其内在联系。因而也不能使财政学具有严密的科学体系。最近几年，财政理论研究有很大发展，理论联系实际的过程加强了，许多同志都很重视当前实际问题的研究，并且写了不少有学术价值的论文和专著，丰富了社会主义财政学的内容，可以说这是建国以来财政理论研究的最好时期。但是，从学术水平来看，财政学还没有形成严密的理论体系，内容仍显庞杂，结构比较松散。究其根源，在于不能认识财政关系的特殊性，也不能把财政分配作为一个系统研究财政关系的层次结构，使财政关系融化于一般分配过程。实际上，财政关系与一般分配关系有很大区别：

首先，分配的内容不同。一般分配通常是指国民收入分配过程，包括 V 和 M 两部分。在这种分配关系中，不仅要研究 V 和 M 的分配方式和社会性质，还要研究 V 和 M 的分配形式以及各种形式的经济作用。马克思说："纯收入不决定于总产品价值，而决定于总产品价值超过预付资本价值的余额，或者说，决定于与总产品相比的剩余产品量。"[①] 如果总产品价值不足以补偿生产过程消耗的价值，或者总产品价值与生产过程消耗的价值相等，财政就会失去分配对象，财政关系的实现就会受到阻碍。所以，补偿生产消耗以后的余额对财政关系的形成和发展始终具有决定作用。

其次，分配的依据不同。一般分配是以劳动力和生产资料结合的方式为依据，把分配作为所有制（或所有权）的体现形式，

---

① 《马克思恩格斯全集》第 26 卷（Ⅱ），人民出版社 1979 年版，第 625 页。

着重研究 V 和 M 采取的社会形式及其性质。如果劳动力和生产资料的结合方式是被迫的、强制的，劳动者就处于依附或从属地位，M 就具有剥削性质；相反，如果劳动力和生产资料的结合是自然或自愿的，劳动者就处于平等地位，M 就会成为社会成员的共同财富。财政分配不研究劳动力和生产资料的结合方式，而是把它作为既定前提，以社会再生产的连续性为依据，把 C+V 作为社会再生产的补偿过程，着重研究 M 和 C+V 的数量关系。这种关系是确立财政分配的主要依据。

最后，分配范围和研究的侧重面不同。一般分配包括国民收入分配的全过程，财政分配也包含在内，但是在一般分配关系中要侧重研究直接生产过程企业与职工的分配关系，把企业与国家的分配关系摆在第二位。因为在国民收入分配中，如何调动劳动者个人的积极性具有决定作用，企业与职工的分配关系成了主要问题；财政关系只限于剩余产品的分配过程，它要侧重研究国家与企业的分配关系，着重调动企业经营的积极性，把企业与职工的分配关系摆在第二位。因为在剩余产品分配中，社会共同需要占主要地位，企业与职工对剩余产品的支配处于从属地位。

上述区别说明，财政关系与一般分配关系具有不同的性质，存在矛盾的特殊性。只有正确认识财政关系这种特殊性，才能正确把握财政学的研究对象，把财政关系作为一个系统来研究其层次结构，建立科学的理论体系。

财政关系第一层次是物质生产领域的财政关系，即国家与企业对剩余产品的初次分配，这是财政关系的始点，在财政关系层次结构中占有重要地位。只有对发生在物质生产领域的财政关系给予充分重视，并从这个层次入手分析财政关系的运动过程，才能正确揭示财政关系运动的规律性及其在社会再生产中的地位和作用。在财政关系第一层次中，国家作为企业的所有者参与剩余产品的分配，剩余产品的绝大部分要成为国家收入；企业作为相对独立的经营者，其地位和作用都次于国家，从剩余产品分配中得到的收入理所当然要少于国家；职工个人作为企业集体的成员应得到的剩余产品已经包含在企业收入中。人们通常所说的"国家得大头，企业得中头，个人得小头"就是指财政关系第一层次所说的，而且只限于剩余产品的分配。而对社会总产品和国民收入分配来说，国家都不能得大头，这也是财政分配与一般分配的重要区别。

财政关系第二层次是发生在上层建筑领域的财政关系，它与第一层次具有许多不同特点。在财政关系第一层次中，M 分为国家收入与企业收入两部分。企业收入部分形成企业财政的物质内容；国家收入部分形成国家财政的物质内容，它使财政关系由物质生产领域过渡到上层建筑领域，使剩余产品的分配与社会职能相结合，使物质产品的再生产与上层建筑关系的再生产相结合，使财政关系成为整个社会再生产（包括物质产品的再生产、生产关系的再生产和上层建筑关系的再生产，下同）的组成部分。生产和分配都是不能中断的运动过程，财政关系由物质生产领域过渡到上层建筑领域并没有结束自己的运动，剩余产品也不会停留在国家手中，它要继续分割，把国家收入的剩余产品再分配为国家、集体与个人的收入。不过，财政关系第二层次无论就其参与分配的主体和职能来说都与第一层次不同：

首先，随着经济过程的推移，在财政关系第二层次中国家不再以企业的所有者身份而是作为社会职能机构、作为社会总代表参与剩余产品的分配。社会再生产过程形成许多社会职能，其中有生产职能和非生产职能，"因为再生产过程本身包含非生产职能"。① 每一种社会职能都代表一种社会需要并由一种社会机构来执行，而执行这种职能的机构又形成新的参与剩余产品分配的集体和个人。如果说在第一层次中出现的是物质生产领域的企业和生产劳动者，直接创造物质财富，那么在第二层次中出现的就包含着非物质生产领域的各种社会机构和非生产劳动者，它们与第一层次中的集体与个人具有不同的性质与职能，分配过程也不相同。

其次，财政关系第一层次属于剩余产品初次分配，是全部财政关系的始点；财政关系第二层次属于剩余产品再分配，它要把国家在剩余产品初次分配中得到的收入按照社会再生产的需要分为积累基金和消费基金，并在生产领域与非生产领域、集体消费与个人消费之间进行再分配，为社会再生产创造物质条件，提供再生产费用。

第三，财政关系第一层次使我们看到生产对财政分配的决定作用。财政分配无论就其分配对象（M）还是分配形式来说都是由生产决定的，劳动生产率是财政关系发展的决定因素。可供分配的剩余产品少，财政分配范围就会缩小。这种可供分配的剩余产品"是社会整个上层建筑存在的物质基础"。② 在那里，上层建筑机构的权力处于从属地位，因为"在一无所有的地方，皇帝也会丧失他的权力"。③ 但是，在财政关系第二层次中上层建筑机构的职能显得比较突出，这种现象使一些人误认为在财政分配中权力具有决定作用。

总之，财政关系第二层次是把物质生产领域与非物质生产领

① 《马克思恩格斯全集》第24卷，人民出版社1974年版，第149页。
② 《马克思恩格斯全集》第47卷，人民出版社1980年版，第216页。
③ 《马克思恩格斯全集》第23卷，人民出版社1972年版，第217页。

域、把经济基础与上层建筑联系起来的分配过程，也是财政关系由始点到终点的过渡过程，在财政关系运动中起枢纽作用，占有非常重要的地位。

财政关系第三层次是由生产转入再生产过程的财政关系。国家收入的剩余产品经过第二层次的再分配形成满足社会需要的各种基金，它们借助上层建筑机构的职能，有的转入非生产领域的消费过程，成为各种社会职能再生产的费用；有的转入物质生产领域，成为扩大再生产的投资。由于财政关系第三层次主要表现为企业机关的财政活动，有些同志就认为这种财政活动不属于财政关系的范围，那就不正确了。

财政关系是一个比较广泛的领域，其运动过程呈现出不同的层次结构，已如上述。与这种层次结构相适应，财政学中又分为不同的子学科，如国家财政、税收、国家预算等。每一个子学科则是将财政关系的某一层次或者侧面作为相对独立的研究对象，并形成财政学中的一个专业。不过，每一个子学科只能反映财政关系的一个局部，不能概括财政关系的全貌，因而不能用某一子学科的研究对象来限定财政关系的范围。社会再生产过程的财政关系是一个整体，一个有内在联系的系统，从生产到再生产周而复始不断循环运转。如果把财政关系第三层次排除在财政关系系统之外，就会使财政关系的运行中断，使财政关系终止于上层建筑领域，不能回到再生产过程，这就切断了财政关系由第二层次向第一层次转化的可能，削弱财政在社会再生产中的地位和作用。财政关系第三层次既是财政关系运行的终点，又是财政关系重新运行的起点，是财政关系中不可缺少的环节。

财政关系与财政管理是具有不同性质的问题，不能互相代替。企业作为相对独立的商品生产者，自主经营、自负盈亏会引起分配形式的变化（如利改税），但是不能改变财政关系第三层次的客观性质。既然财政关系有自己的层次结构，财政管理也会有层次结构。例如与实现社会职能有关的财政活动属于国有财政管理范围，需要明确划分管理职权。但是，管理层次不能割断财政关系的内在联系，也不能阻滞财政关系从一个层次到另一个层次的转化，否则会使统一的再生产过程受到人为的阻隔。

研究财政关系层次结构，不仅具有理论意义，而且具有重要的实践意义。现实的经济过程是生产关系与生产力、上层建筑与经济基础、主观因素与客观因素相互作用的复合体，财政关系不可能离开社会生产力发展水平、上层建筑的反作用和人们的主观能动性而自在地运行。研究财政关系层次结构可以使我们把财政关系作为一个系统，正确考虑生产力、生产关系和其他因素对财政关系的制约作用，帮助我们更好地理顺财政关系，为进一步改革财政管理体制和建立科学的财政学理论体系奠定基础。

（原载《财贸经济》1985 年第 6 期）

财政状况关系社会主义经济改革前途

治理整顿能否收到预期效果，深化改革能否顺利进行，在很大程度上取决于国家财政状况好坏。社会主义国家经济改革的经验告诉我们，严重的财政困难和恶性通货膨胀是引起社会不稳定，导致经济改革失败的重要原因。我国经济改革受阻基本上也是由于财政困难和通货膨胀引起的。党的十三届五中全会确定的治理整顿的主要目标，就是要逐步降低通货膨胀率、逐步消除财政赤字、努力争取财政收支平衡、缓解总需求和总供给的矛盾、调整产业结构，为国民经济持续、稳定、协调发展创造条件。

近几年的财政状况与社会主义经济改革的目标非常不协调。从 1979 年到 1989 年的 11 年间，财政每年都有赤字，1985 年以后财政赤字逐年扩大，到 1989 年预算赤字达到 350 亿元，除用内债和外债弥补以外，还有 74 亿元货币的财政发行。预算赤字占财政总支出的 11.9%。巨额财政赤字与银行信贷缺口同步而行，内债实际上也成为扩大货币发行的因素。例如，1988 年银行信贷资金来源比上年增加 885.5 亿元，银行信贷资金运用比上年增加 1565.1 亿元，流动资金贷款比上年增加 1246.5 亿元，存在信贷缺口 392.63 亿元的情况下，还增加固定资产投资贷款

272.48亿元。信贷缺口加上财政赤字使1988年的货币发行比上年增加46.72％，酿成1988年的严重通货膨胀。这是从1984年起实行赤字财政和通货膨胀政策造成的恶果，现在我们要为这种错误政策付出沉重的代价。值得注意的是，东欧一些社会主义国家的经济改革，都是因财政困难和恶性通货膨胀而走向失败的。所以，我们必须采取果断措施消除财政赤字和通货膨胀，不能犹豫，不能存有任何幻想。在1987年，当社会上有些人鼓吹"通货膨胀有益论"时，我们就讲通货膨胀会断送社会主义经济改革的前途。对于想搞垮社会主义制度的人来说，恶性通货膨胀比其他任何办法都有效，因为它会搞乱人们的经济生活，摧毁社会经济秩序，使企业的正常经营遇到无法克服的困难，引起社会各阶层的普遍不满，使居民对政府产生普遍的不信任，最后导致社会主义经济改革的失败。所以，克服严重的财政困难和消除通货膨胀是关系社会主义经济改革前途的大事，不能等闲视之。这就需要正确判断造成当前财政困难的主要原因并采取正确的治理措施。

一　分配政策混乱是造成分配不公和产生财政困难的主要原因

对当前的财政困难人们已经发表了不少的文章，从不同角度分析产生财政困难的原因并提出克服困难的对策，但又都使人感到不能解决问题。有些文章看起来很全面，分析得面面俱到，实际上无关紧要，对当前财政困难的特殊性和造成财政困难，找不到主要矛盾和矛盾的主要方面，只能就事论事，头痛医头，脚痛医脚，甚至还会做出头痛医脚的处置。从方法论上说，财政是经济的组成部分，财政状况与经济发展有密切联系，当前的财政困难是过去几年经济运行的结果，也就是经济过热、比例失调、产业结构不合理、经济效益不好等各种矛盾的集中表现，只有在经济形势全面好转以后，财政困难才能克服。这种分析在任何时候都不能说不对。但是，任何全面分析只能作为把握主要矛盾的起点，不能变成问题难以解决的替代词。我认为造成当前财政困难的主要原因是由分配政策的混乱造成的，具体表现在以下几方面：

1. 财政分配政策不统一。目前这种预算内和预算外的双轨分配，使预算内的收入通过各种渠道转为预算外收入，造成了预算内收入在国民收入分配中的比重不断下降，预算外收入的比重不断上升。1989 年的预算外收入估计为 2450 亿元左右，相当于当年预算内经常性财政收入的 95％，实际上有可能超过预算内经常性财政收入。每年的国民收入是有限的，预算外收入增长过快，预算内收入自然就要减少，这是必然的。如果把预算内和预算外的收入加在一起，1988 年由财政体系支配的收入占当年国民生产总值的 35.7％，就人均国民生产总值（当年价格）只有 1271 元的水平来说，比重不能算低。问题是财源被分散了，预算内收入比重过小。

2. 承包制封闭了财政职能，割断了财政收入与经济增长的内在联系，使每年新增加的国民收入大部分留归企业和个人，造成在经济过热、物价上涨的条件下财政收入反而下降的奇特现象。承包经营责任制作为企业的经营形式与股份制、租赁制和独资经营形式一样，无可非议。问题在于企业经营采取包税形式，就势必搞乱分配过程，引起难以协调的矛盾。即搞活企业困住国家财政，或搞活财政困死企业。近几年是企业有了活力而财政产生严重困难，现在必须防止为解决财政困难反过来又把企业搞死。

3. 税收政策不统一，税收负担不公平，给税收征管造成困难，为减税免税和大面积偷税漏税创造了条件，使大量财政收入流失。其表现是：（1）各种经济成分的税收负担不公平。国营大中型企业所得税的名义税率为 70%，集体企业为 55%，私营企业为 35%，中外合资企业为 33%，外国企业为 30%，形成不利于社会主义经济成分的政策倾斜。（2）企业之间的负担不公平。除大企业税负重于小企业以外，同类型企业由于承包办法不同，税收负担水平相差很大。（3）地区负担不公平。除同类型企业在不同地区税收负担水平相关很大以外，还有地区的差别政策，如同样的税利分流试点，厦门规定所得税率为 15%，重庆为 35%。政策上的不统一是造成分配不公和经济秩序混乱的主要原因。

4. 横向经济联合中各种各样减税免税的优惠待遇，为企业之间通过利润转移侵占财政收入和扩大个人分配比例提供了条件。近几年似乎形成一种不成文的惯例，每出现一种新名堂都要求给予减税或免税。新名堂层出不穷，减税免税的要求越来越多，财政收入自然就会不断流失。

5. 工资和个人收入政策混乱使大量的财政收入通过各种合法和非法形式变为集体或个人收入。其中包括：（1）国家规定的工资标准过低，不能保证大多数职工正常的生活需要，迫使企业单位为职工谋求工资以外的收入。据统计，全国企业单位的工资与奖金的比例 1985 年为 85∶15，1988 年为 30∶70。黑龙江省职工收入中非工资性收入 1987 年为 12.5%，1988 年达到 42.5%。物价上涨幅度越大，为维持职工生活的非工资收入所占的比重就越大，部门及行业之间分配不公的现象就越突出，职工情绪就越不顺，而为了缓和分配不公平的矛盾，财政收入流失也就越大。（2）有许多企业、机关人浮于事，正式职工不干活而雇用大量临时工，增加经费开支。据调查上海雇用外地劳动力每年支付的劳务费为 7 亿元，临时工的月平均工资 300 元。这笔费用不包括在企业单位的工资总额中，而作为其他费用进入成本，冲减了财政收入。(3) 许多企业机关在自负盈亏的名义下开办服务公司发展第三产业，以各种名义把企业的收入或机关的经费转为集体和个人收入。前者减少财政收入，后者增加财政支出。(4) 第二职业的收入，包括离退休人员返聘，科技人员兼职，演艺界人士"走穴"等。所有这些收入都属于国民收入再分配，它们不是冲减财政收入，就是增加财政支出。

6. 双轨价格造成财政收入流失。有人测算，1988 年由于双轨价格流失的收入在 1000 亿元以上。我认为这种测算是有根据的。例如，1988 年成型钢材 4698 万吨，计划价格每吨为 650—700 元，市场议价每吨为 1200—1400 元，按每吨价差 500 元计算，一年就是 230 亿元；煤 9.47 亿吨，以每吨价差 30 元计算，一年就是 280 亿元，两项合计有 500 多亿元，再加上其他生产资料和消费资料的价差，收入流失 1000 亿元以上不是无根据的。这不是说全部钢材和煤都变成议价商品，也不是讨论如何计算双轨价格流失的收入数量，而是说在实行双轨价格政策的条件下，人们会用各种形式把生产资料的计划价变为议价，以高价销售，获取更大的利益。这在供不应求的条件下是很容易办到的。即使在名义上按计划价格供货，进货单位也必须以其他形式给"好处费"，实际上等于变相提价。这就是说，对同一商品实行双轨价格政策必然为投机倒把、以权谋私创造条件，使大量收入流进"官倒"和"私倒"者的口袋，把公有财产变为私有财产，使国家财政收入蒙受损失。1989 年 8 月 16 日《人民日报》有一篇报导，讲郑州炼油厂是个有 200 多名职工的全民企业，国家每年分配给这个厂计划内原料皂蜡 400 吨并下达生产计划。近年来，原料供应日益紧张，厂领导人发现用皂蜡生产计划产品不如直接倒卖原料赚钱。在 1987 年和 1988 年两年中，该厂每吨 340 元购进计划供应皂蜡 785 吨，以每吨 1000 元至 2500 元转手卖给地方物资部门和乡镇企业，获利 107.9 万元。"厂内听不到机器响声，车间看不见工人劳动，产值利润却在上升"。这种把以计划价供给的原材料转手以市场价出卖获取暴利的现象，并不是个别的。目前流通领域的几十万个公司基本上都是靠双轨价格发财的。从全社会来看，双轨价格是对国民收入的一种再分配，一些企业的价差收入会转为另一些企业的价差支出。一方面，它作为购货单位的涨价支出进入成本，冲减了利润，减少了财政收入；另一方面，它作为供货单位的额外收入即超额利润转为企业的利润留成和个人收入，财政无法分享。这里需要附带说明什么叫双轨价格。在商品经济中，由于生产与消费相分离、生产条件差异、生产季节性、运输距离、运输方式、经营形式等等差别，每一种商品都会有几种价格，如出厂价、批发价、零售价、协议价等等。这种由于生产、运输、经营费用不同而按同一定价原则确定的不同价格，是合理的，不能称双轨价格。所谓双轨价格是指对同一商品采用两种定价原则或称两种政策，即同时实行国家定价（低价）和市场自由价（高价），为市场投机提供条件。正确的价格政策应该是：由国家定价的商品不允许有市场价；由市场定价的商品不能有国家定价。至于哪些商品实行国家定价，哪些商品实行市场价，要根据国家的经济情况和经济发展的需要而定。但是，对同一种商品只能实行一种政策，采取一种定价原则，不能实行双轨价，因为双轨价格必然造成价格扭曲，使价格成为不合理的再分配手段而搞乱流通，并使财政收入流失。

由于分配政策混乱，使一大部分不应进入成本的收入通过形形色色的再分配渗入成本，降低了经济效益，冲减了财政收入。特别是在全民经商的"创收政策"鼓动下，各行各业为增加收入改善生活而广泛地开辟"创收"门路，使大量的财政收入以各种形式转为集体和个人收入，如同发动群众挖国库。据有的同志估计，"官倒"、"私倒"和形形色色的创收使每年流失的收入在2000亿元以上，这是造成财政收入下降，产生财政困难的主要原因。我们曾经说过，近几年的财政困难不是由于经济衰退引起的，而是由于分配政策混乱造成的。有些人不同意这种看法，他们认为当前财政困难的主要原因是经济效益不理想和调整时期压低经济增长速度造成的。这种看法不完全符合实际。经济效益不好会影响财政收入是无疑的。问题在于：第一，经济效益不好的主要原因是什么？我认为主要是由于分配政策混乱造成的。如：分配不公影响了企业与个人的积极性；各种各样的再分配借助费用和价格机制提高了生产成本；全民经商的"创收政策"扭曲了企业及个人的经营方向，使产品质量下降，经济效益降低。第二，近几年的财政困难是在经济高速增长、经济过热的情况下产生的，很难用经济效益不好和速度低来说明。第三，如果不调整混乱的分配政策，即使经济效益能大幅度提高，新增国民收入的大部分也会落到集体和个人手中，财政收入不会显著的增加。相反，如果不改变原有分配格局，随着经济热度上升，财政困难还会加重。要克服当前的财政困难，必须抓住造成财政困难的主要矛盾，利用治理整顿的大好时机，调整分配政策，统一财源，建立良好的分配秩序，为国民经济持续、稳定、协调发展创造条件。

二　改变财政双轨分配体制分级统一财源是克服财政困难的可行选择

现在从上到下都主张提高财政收入在国民收入分配中的比

重，提高中央财政收入在全国财政收入中的比重，认识趋于一致。问题是如何提高。有些人主张增加新税种，提高营业税税率，全面开征个人所得税，提高企业承包基数等等。从增加财政收入的角度来看，这些措施不能说不对，搞得好可能增加几百亿元收入，比较现实。但是，从当前的经济形势和分配格局来看，这些打补丁堵窟窿的措施不能从根本上改变当前的财政状况，很难使财政走出困境，搞不好还会乱上加乱。第一，现在企业特别是大中型国营企业的财政负担已经偏重，用增加税负的办法很难再从企业挤出多少收入。税收负担有客观经济限度，不是税种越多税率越高收入就越多，过重的税负会阻碍经济发展，减少收入。第二，当前企业面临结构调整的困难，提高承包基数的余地不大，即使勉强做出决定要提高，在企业经营困难的条件下也很难兑现。第三，提高营业税率要引起物价上涨。营业税率和物价不是 1 加 1 的关系，而是乘数和加速率的关系。据估计，目前在我国，提高营业税率 2%，零售物价会上涨 4% 以上。鉴于东欧各国的历史教训，要高度警惕通货膨胀断送社会主义经济改革的前途。第四，在通货膨胀使一部分人实际收入下降的情况下，降低个人所得税的起征点，扩大个人所得税的征税面，是不明智的选择，时机不好。即使不考虑政治影响，只从财政收入出发，也要考虑税收成本。用一块钱的费用去收一块钱的税是否合算，需要认真考虑。总而言之，如果不改变现行的分配格局，即使把全部国民收入都由财政分配，财政困难也不会减轻。这就是说，要克服当前的财政困难，必须进行根本性的治理整顿，企图在保持既得利益的前提下使财政走出困境是不现实的。财政状况关系社会主义经济改革的前途，是个极其重要的战略问题，不能为了眼前小利而忘记社会主义大局。在利益分配中抹稀泥搞调和不是长久之计。

　　调整分配政策是个全局性问题，关系各方面的既得利益，不是短时间能够办到的，也不是财政部门本身能完成的，需要进行理论和政策准备。就财政部门本身来说，除了采取一些非规范的临时性措施以外，在治理整顿期间要下决心消除财政分配双轨体制，分级统一财源，逐步建立统一的财政分配系统是一种可行的战略选择。其中包括：

　　1. 加速国营企业所得税的改革，降低所得税率，取消留利调节税，把税前承包改为税后承包，打破财政收入的封闭状态，恢复财政收入与经济增长固有的内在联系，使财政收入与经济效益同消同长，强化税收的作用。把税收和所有者的财产收益分开，使国家税收不再受承包经营的侵蚀。这是治理整顿的重要内容，也是深化改革的方向，希望有关部门的领导充分重视。

　　2. 采取果断措施把税前还贷改为税后还贷，取消以税还贷的各种规定。税前还贷对企业来说是用未来的税收进行投资，等于预支财政拨款，使财政收入直接转为企业投资；对银行来说是用增加纸币发行的办法扩大固定资产投资，本利双收，无任何风险。这是造成国民收入超分配和投资膨胀的重要原因。就个别企业来说，在信用经济比较发达的商品经济中，根据科学预测借钱投资，用未来的利润进行偿还是可行的。如果善于经营，在偿还本息以后尚有盈余，可以形成财产积累，不失为生财之道。但是，如果全国所有企业都用未来的利润进行投资，那就变成无中生有，实际上是用增发纸币的办法扩大投资规模，实行通货膨胀政策。同时会把新增加的国民收入提前用掉，使财政陷入困境。在这个问题上，我赞成许毅同志在1989年9月提出的主张，立即终止税前还贷政策，以前的贷款暂时挂起来，不废不还，从长计议，妥善处理，以后的贷款一律用企业留利归还，消除以税还贷对财政收入的侵蚀，对抑制通货膨胀会起重要作用。

3．分解预算外收入。把应该归企业支配的各项收入全部划归企业，列入企业财务收支计划，加强对企业的计划控制；把应该归财政的收入分别纳入各级预算，取消预算内和预算外的划分，分级统一财源，建立统一的财政分配体制，提高财政的宏观控制能力。所谓分级统一财源就是要统一收入和支出渠道，但不是回到统收统支，而是分级统一。根据粗略估算，把预算外收入加以分解，会有近千亿元收入由预算外转到预算内。这不仅会增加预算内收入，加强财政分配的统一性，建立良好的财政秩序，而且会进一步增强企业的活力。

4．调整财政支出结构，把应该由企业承担的支出，如技术改造和新产品试制费用以及某些专项基金全部转归企业，由企业用税后利润支付，相应地减少财政负担。

以上这些治理调整措施是财政部门自身可以办到的，只要能够很好地协调财政系统内部的权益矛盾并作好舆论宣传工作，在调整期间采取上述措施阻力不会很大。完成这些调整措施，财政状况会发生重大变化，财政收入占国民收入的比重和中央财政收入占全部财政收入的比重都会有显著提高，宏观调控能力会大大加强。

在上述措施中，分解预算外收入是关键问题，需要多说几句。预算外收入原是统收统支的副产品，应该与统收统支体制共存亡，在改革统收统支体制的同时，应该取消预算外收入。现实经济生活中，常常是习惯成自然，即使是一些陋俗，也会因习惯而被保存下来。对有计划的商品经济来说，预算内和预算外的划分不能说是适应商品经济发展的好习惯，它已经成为经济改革的要害，不分解预算外收入无法统一财源和建立统一的分级财政体制。不能设想在保留预算内和预算外双轨分配，而且预算外收入在不断扩大，并很快超过预算内收入的条件下，还能够实行分级财政。这是绝对不可能的。但是，统一的分级财政是财政体制改革的发展目标，分解预算外收入，分级统一财源是有计划商品经济发展的客观要求，需要排除各种阻力，坚决进行调整。

1. 预算内和预算外双轨分配，严重损害财政分配的统一性，分散了财源，违背了有计划商品经济发展的要求。有计划的商品经济，要求有统一的国内市场和有效的宏观调节手段，能自觉地协调供求矛盾，保持合理的产业结构，促进国民经济的协调发展。但是，预算内和预算外的双轨分配使大量财源流向预算外，破坏了财政分配的统一性，强化了地方和单位的利益，为经济割据、市场封锁创造了条件，阻碍商品经济的顺利发展和统一市场的形成，也是造成投资分散、产业结构不合理的根源。财政秩序乃至经济秩序的混乱，与财政分配的双轨体制不无关系。没有预算外收入的支撑，许多不合理现象就难以存在。

2. 预算外收入是建立统一的分级财政的主要障碍。在财政管理体制中，分级是以统一财源为前提的。统一是分级的基础，分级是统一的体现。没有统一的财源，不可能实行有效的分级财政；而不实行真正的分级财政，也无法分解预算外收入。预算外收入是相对于统收统支而言的，分级财政不能再有预算外收入。或者说是在保留预算外收入的条件下，无法实行分级财政，预算内财政收入的比重也不可能提高，财政困难还会加重，中央财政只能用非规范的办法谋求临时收入（如预算调节基金之类），财政秩序会更加混乱，在这种情况下，要实行分级财政是很困难的。

3. 预算外收入扭曲了财政分配过程。财政分配是一种宏观经济现象，以实现社会经济职能、协调宏观经济运行为依据，参与国民收入中剩余产品的分配和再分配，保证社会的共同需要和实现社会积累职能，促进国民经济协调发展。而预算外收入把社会职能化为单位利益，改变了财政分配的导向作用，扭曲了财政分配的经济职能。第一，预算外收入把由财政直接支配的一部分资金转为银行信贷，改变了社会投资渠道，缩小了财政职能范围。近几年所谓"大银行小财政"的说法，以及封闭财政、依靠银行推动经济起飞的决策，在很大程度上是以存在大量预算外收入为依据的。分解预算外收入，分级统一财源，可以改变被扭曲的分配过程，改变财政和银行信贷的关系，改善投资结构。这对整顿经济秩序和进行廉政建设也有重要作用。第二，预算外收入的存在使各级政府失去统一调动财源实行统筹兼顾的能力，在宏观控制中软弱无力，这是造成近几年经济失调的重要原因。

总起来讲，财政的双轨分配体制如同双轨价格一样是经济稳定协调发展的消极因素，对建立持续、稳定、协调发展的经济秩序不利，必须加以改革。治理整顿意味着要对现有分配格局进行必要的调整，保持其中合理的部分和改革其中不合理的部分，才能使改革更加完善。一切不变，对原有的分配格局不作任何调整，就谈不上治理整顿。现在需要强调政策的连续性和稳定性，多变对经济发展不利。我国经济发展的最大弊端是不稳定，大起大落、忽冷忽热、新口号和新花样层出不穷。政策多变，是造成经济波动的根本原因。现在必须强调稳定，树立持续、稳定、协调发展的观念。但是，稳定是以不断消除不合理和不稳定因素为前提的，掩耳盗铃，掩饰矛盾，对不合理和不稳定的因素视而不见，或者对一些不合理因素及陋习不敢触动，要保持稳定局面也是很困难的。须知社会秩序混乱和经济不稳定是由过去几年一系列错误决策特别是分配政策混乱造成的，不纠正政策上的失误很难达到真正稳定。如果说过去的政策都是正确的，那就无法解释为什么要进行治理整顿。不能否认当前的财政困难既是过去几年经济过热、政策失误的结果，也是造成经济过热和政策失误的原因，它和整个经济决策有直接联系。东欧社会主义国家经济改革的教训告诉我们，严重的财政困难和通货膨胀是改革失败的重要原因，我们必须高度警惕。通过治理整顿摆脱财政困境是社会主义经济改革免遭失败的重要保证。财政理论宣传要向人民说明克服财政困难和社会主义经济改革的关系，动员全党和全国人民支持财政的治理整顿，共同克服困难，争取财政状况根本好转，稳定财政收支，保证社会主义经济改革的胜利。

（原载《财贸经济》1990 年第 3 期）

解决财政体制中集权与分权的正确原则

——学习《邓小平文选》的体会

集权与分权的问题，是财政管理体制中长期以来没有得到很好解决的一个问题。最近几年由于扩大地方和企业财权，又产生了资金分散的现象，这对进一步改革财政体制有直接的影响。学习《邓小平文选》，可以帮助我们正确解决财政体制中集权与分权的矛盾，加快体制改革的进程。

一 实事求是地分析财政体制中集权 与分权的矛盾

实事求是，一切从实际出发，具体问题具体分析，这是《邓小平文选》的根本出发点，也是十一届三中全会确立的思想路线。要正确解决财政体制中集权与分权的矛盾，首先要从实现四个现代化所面临的实际情况出发。邓小平同志指出，要使中国实现四个现代化，至少有两个重要特点是必须看到的：一个是底子薄；一个是人口多，耕地少。底子薄，积累建设资金有困难，财力不足，这就要适当集中资金进行重点建设，不能分散财力，拉长战线，全面开花；人口多，消费大，除了给资金积累带来一定困难以外，需要充分利用人力资源，调动人们建设社会主义的积极性，发挥地方与企业的主动精神，艰苦创业，少花钱，多办事。这就需要正确解决财政体制中集权与分权的关系，使局部利益与整体利益很好地结合起来。

在财政体制中，集权与集中资金的意思大致是相同的。集中资金进行重点建设，是实现四个现代化、提高经济效果、保证国民经济平衡发展的战略措施，也是建设具有中国特色的社会主义经济的客观需要。集中资金包括两个方面，即收入的适当集中和支出的适当集中。收入的适当集中，就是要把财政收入的绝大部分集中在国家预算中；支出的适当集中，就是要把有限的财力用在发展国民经济最急需的地方，保证重点建设项目的资金需要。但是，集中的限度必须适当，不是集中的越多越好。在集中资金的同时，还必须照顾地方、企业和职工个人利益，调动地方、企业和职工发展生产、增加收入的积极性。过去，由于"左"倾思想的干扰，我们始终没有处理好集权与分权关系。所谓"一统就死，一放就乱"，实际上就是在集权与分权的矛盾中徘徊，跳不出这个怪圈。最近几年，由于我们对十一届三中全会的思想路线理解得不深，思想不解放，不能实事求是地分析改革旧财政体制的弊病，使前几年财政体制的改革偏重于强调扩大地方和企业的财权，对如何集中资金保证重点建设注意不够，加剧了资金分散的现象，使重点建设项目的资金需要得不到应有的保证，而中央财政还连年发生赤字。为了保证重点建设项目的资金需要，中央又采取征收能源交通重点建设基金的措施，以求减少预算外资金，控制地方与企业的基本建设规模，实际上还是没有处理好集权与分权的关系。

邓小平同志指出："实事求是地说明情况，认真地去分析造成这种情况的历史的和现实的原因，才能够正确制订我们的战略规划。"① 体制改革是一项重要的战略措施，必须实事求是地分析形成原有体制弊病的历史的和现实的原因，找到问题的症结，才能进行切实的改革。

实事求是地讲，改革以前的财政体制既有集中过多的弊病，也存在资金分散的问题，实际上是一种统收统支与资金分散并存的局面。集中过多，表现在应该下放给地方和企业的财权没有下放，保留了统收统支的集权形式，束缚了地方和企业的自主权；资金分散，表现在统收统支以外，却存在不少预算外收入。而且这两个方面是互相矛盾，互相助长，各以对方为存在的理由，即由于分散而强调集中；由于集中而要求扩大预算外收入。同时，随着企业事业单位的下放，中央预算在国家预算收支中所占的比重不断下降。这种资金分散的现象被统收统支的集权形式所掩盖，使人们只看到财政体制中统收统支的一面，忽视了统收统支以外的资金分散现象。一旦出现"分灶吃饭"的体制，资金分散的问题便很快显露出来，因而在扩大地方和企业财权的同时，中央财政又采取另外的办法集中资金，走的是迂回的道路。

从学习《邓小平文选》中可以体会到，财政体制既不能过分集中，也不能过于分散，高度集中与过于分散都不适合中国现在的国情。高度集中会削弱地方与企业的自主权，束缚地方与企业的积极性，会把经济搞死，降低经济效率；过于分散会造成经济发展的盲目性，导致财力分散、重复建设，影响国民经济的平衡发展。从过去几十年的实践来看，中国只能按照大计划、小自由的原则，实行集权为主、分权为辅的财政体制，使集权与分权适当结合起来。集权以保证有计划的经济建设，分权以照顾地方与企业的局部利益，发挥地方与企业的积极性。

---

① 《邓小平文选（1975—1982）》，人民出版社 1983 年版，第 87—88 页。

二　只有坚持改革，才能正确解决财政体制中集权与分权的关系

党的十一届三中全会以后，批判了"左"倾错误，在贯彻调整、改革、整顿、提高的方针中，对财政体制进行了一系列改革，方向是正确的，路子是对头的，也收到一定成效。我们不能苛求一次改革就能达到完美无缺的地步。一种体制的优劣，只能在实践中去检验，通过实践逐步变革使之趋于完善。现在，需要在学习《邓小平文选》的基础上，总结经验，统一认识，提高思想，实事求是地分析现行财政体制的弊病，从实际出发，继续进行改革，该集中的集中，该下放的继续下放。如果因为出现资金分散现象就认为过去扩大地方和企业财权的改革错了，要走回头路，那就不正确了。体制改革是进行现代化建设和坚持社会主义道路的必要保证之一。"不实行改革，我们的现代化事业和社会主义事业就会被葬送。"① 从正确处理财政体制中集权与分权的关系来看，至少在以下几个方面需要做进一步的改革。

1. 要在保持企业自主权的基础上，适当集中资金。保持企业的自主权是搞活经济的必要条件，适当集中资金是进行重点建设的前提。处理好这二者的关系，是进一步改革财政管理体制的关键所在。长期以来，在改革财政体制时，一般对中央与地方的关系比较重视，对于保持企业的自主权则重视不够，或者根本没有重视。正如邓小平同志所说："应该让地方和企业、生产队有更多的经营管理的自主权。"② 在统收统支的财政体制中，企业

---

① 《邓小平文选（1975—1982）》，人民出版社1983年版，第140页。
② 同上书，第135页。

的财权很小，也不能自主，束缚了企业生产经营的积极性。但是，从过去进行改革的情况来看，要保持企业的自主权，首先需要确定企业自主权的范围和经济内容，范围和内容不确定，企业的自主权难以保持。按照集权与分权相结合的原则，全民所有制企业的自主权一般应该限于在原有资金范围的再生产。在原有资金范围内要给企业充分的自主权，基本折旧基金和流动资金节约额要全部留归企业支配，由企业用于固定资产的更新改造和内涵的扩大再生产，上级机关和财政部门除了规定必要的规章制度以外，不要进行过多的行政干预，以便充分发挥企业的主动性和积极性。在原有资金价值量范围以外的扩大再生产，要由国家集中管理，不属于企业自主权的范围。企业的盈利（即剩余产品或纯收入的表现形式），除了给企业留有必要的福利基金、奖励基金和新产品、新技术的开发基金以外，基本上应该全部上交财政，使企业不再具有外延扩大再生产（扩大资金积累）的条件。如果需要企业扩大生产规模（指外延的扩大）则由国家投资进行扩建。这样划分企业与国家的财权，有助于在保持企业自主权的基础上集中资金，又可以有效地控制基本建设规模，保证国民经济的平衡发展。

　　财政体制与企业管理体制具有不同的特点，要根据各种体制的特点确定体制改革的原则，不能"一刀切"。在企业管理体制中，企业作为相对独立的商品生产单位，应该按照计划调节与市场调节相结合的原则，使企业具有较大的经营管理的自主权，使企业的生产更好地适应社会需要，提高企业的开发能力，避免产品几十年一贯制。但是，在财政体制中，全民所有制企业创造的剩余产品的绝大部分必须归国家集中支配，企业不能有支配剩余产品的自主权。至于企业留利多少，要由国家财政收入的状况来决定。且不说剩余产品的支配权是生产资料所有制在经济上的体现，企业具有支配剩余产品的自主权会引起所有制性质的变化，最现实的问题是，它将削弱国家对企业的经济控制，使企业有了自由发展的条件，将助长企业发展的盲目性。

2．要在明确划分中央与地方职权范围的基础上，规定地方财政支出的范围，统一中央与地方财政收入的来源，使地方拥有充分的自主权。邓小平同志说："我国有这么多省、市、自治区，一个中等的省相当于欧洲的一个大国，有必要在统一认识、统一政策、统一计划、统一指挥、统一行动之下，在经济计划和财政、外贸等方面给予更多的自主权。"[①] 这样可以更好地发挥地方发展经济、增加财政收入的积极性。现在的主要矛盾是资金分散，影响重点建设。资金分散不仅表现在中央预算收支占国家预算收支的比重下降，也表现在地方财政的预算外收支超过预算内的收支。要改变这种不正常现象，使中央财政收支在国家预算中占主要地位，使全部财政支出纳入统一计划，在"五统一"的前提下扩大地方的自主权，必须明确规定地方经济建设自主权的范围。只有在明确规定地方自主权范围的基础上，才能正确地划分中央与地方的财政收支，改革预算内和预算外收支的划分，整顿财源，使中央与地方的利益一致起来。

3．在统一计划指导下，建立分级财政，实行分级的统一预算制度。财政体制中的集权与分权是以保证国民经济的平衡发展为前提的，分权是在大计划范围内的小自由。建立分级财政，就是要按照职权范围实行分级的统一预算管理，不是不要统一计划。地方财政的自主权，是以地方的统一预算为基础的。所谓分级的统一预算，就是要使地方行使自主权，发挥一级财政的作用。没有分级的统一预算，各单位各行其是，收支

---

① 《邓小平文选（1975—1982）》，人民出版社 1983 年版，第 135 页。

都在预算以外,既不可能有真正的分级财政,也不可能保持地方的自主权,只能形成各自为战的分散状态。我们所说的分级统一预算,就是各单位都要编制财政收支计划,使所有的收入和支出(包括预算内和预算外)全部纳入计划,省(市)、县、区的各级财政按照以收抵支、差额上缴或差额补助的办法进行汇总,编制各级的总预算,进行综合平衡,对同级各单位的全部财政收支进行统一管理,统筹地方财政收支,真正发挥一级财政的作用。

建立分级财政,实行分级统一预算制度,是一种比较大的改革措施,"这要继续摆脱一切老的和新的框框的束缚"。① 解放思想,统一认识,统一政策,才能实行。认识不统一,摆不脱原有的框框,要实行分级统一预算是不可能的。统一政策,就要在统一认识的基础上,禁止各种社会摊派和提留,打破预算内和预算外的界限,分级统一财政收支,充分发挥地方的自主权,加强计划性, "从而确实保证国家利益、集体利益和个人利益的统一。"②

三 处理财政体制中集权与分权的关系必须坚持的几条原则

从学习《邓小平文选》中我们体会到,处理财政体制中集权与分权的关系必须坚持以下几条原则:

1. 要摆正国家、集体与职工个人利益的位置。邓小平同志指出:"在社会主义制度之下,个人利益要服从集体利益,局部

---

① 《邓小平文选(1975—1982)》,人民出版社 1983 年版,第 315 页。
② 同上书,第 127 页。

利益要服从整体利益，暂时利益要服从长远利益"，① 财政体制改革涉及每一个单位和个人的利益，会遇到各种复杂的情况和问题，还会遇到一定障碍，改革中也会产生某些失误，这些都是难免的。在处理这种关系时，必须恰当地考虑各方面的经济利益，坚持正确的原则：首先，要坚持局部利益服从整体利益的原则。邓小平同志指出，在把经济搞活，发挥地方、企业、职工的积极性的同时，"要防止盲目性，特别要防止只顾本位利益、个人利益而损害国家利益、人民利益的破坏性的自发倾向。在这方面，要规定比较详细的法令，以防止对自主权的曲解和滥用。"② 在社会主义制度下，扩大地方和企业的自主权是为了加速国民经济的发展，更好地保证整体利益，同时也只有在服从整体利益的前提下，局部利益才能得到保障。财政体制中的分权是为了照顾地方和企业的局部利益，调动地方和企业的积极性，更好地发挥社会主义制度的优越性，不是助长地方和企业的自发性。其次，要坚持个人利益服从集体利益、人民利益的原则。邓小平同志指出，"每个人都应该有他一定的物质利益，"③ 又说"当家作主的劳动人民，不能不给国家创造更多的利润，增加国家的财政收入，来用之于其他方面，用之于扩大再生产，用之于基本建设，进一步加快我们发展经济的速度。"④ 只有坚持局部服从整体、个人服从集体与国家的原则，才能正确处理集权与分权的关系。

2. 要在发展生产的基础上改善人民生活。财政体制与人民生活有直接联系，财政收支的安排决定个人收入的多少和消费水平的高低，决定基层单位留利水平及职工的福利。邓小平同志指

① 《邓小平文选（1975—1982）》，人民出版社 1983 年版，第 161 页。
② 同上书，第 322 页。
③ 同上书，第 297 页。
④ 同上书，第 223 页。

出，"我们只能在发展生产的基础上逐步改善生活。发展生产，而不改善生活，是不对的；同样，不发展生产，要改善生活，也是不对的，而且是不可能的。"① 当前的一个突出问题，就是在劳动生产率没有提高或者很少提高的条件下，大幅度地增加了个人收入，特别是奖金增加过多，因而改变了国民收入的结构（必要产品与剩余产品的比重）和分配比例，使剩余产品在国民收入中的比重降低；在国民收入分配中，国家支配的部分相对减少，企业和个人支配的部分相对上升。例如，从 1978—1982 年，在可分配的国民收入中，国家支配的部分由 39.7%下降到 27%，企业支配的部分由 10.6%上升到 13.6%，个人支配的部分由 49.7%上升到 59.4%。这就是说，在国民收入分配中，归个人支配的部分增长过快，超过劳动生产率的提高。因此，在同一时期内，国民收入增加 31237 亿元，增长 41%，财政收入则减少 37 亿元，减少 3.3%，这就不符合邓小平同志所说的在发展生产的基础上改善人民生活的原则。按照经济发展的客观需要，只有使工资和奖金的增长低于劳动生产率的增长，使财政收入增长快于国民收入的增长，才能增加盈利，保证社会扩大再生产的需要，加速科学和教育事业的发展，才能体现在发展生产的基础上，改善生活的原则。

　　3. 有利于宏观控制和综合平衡。邓小平同志指出，"现代化建设的任务是多方面的，各个方面需要综合平衡，不能单打一。"② 财政体制如何安排，对各种比例关系有直接影响，诸如支出的划分、收入的分配、中央与地方预算收支的比例、企业留利以及收入形式的选择，都涉及资金使用的综合平衡问题。解决

---

　　① 《邓小平文选（1975—1982）》，人民出版社 1983 年版，第 222 页。
　　② 同上书，第 214 页。

财政体制中集权与分权的问题，必须从加强宏观控制出发，有利于资金使用的综合平衡，保证国民经济按比例协调发展。因为无论是发展农业、轻工业和重工业，还是发展科学、教育和实现国防现代化，都需要有必要的资金作保证。在建设资金非常有限的情况下，必须分别轻重缓急，集中资金保证重点建设，并且要使重点与一般保持恰当的比例。"没有按比例发展就不可能有稳定的、确实可靠的高速度。"① 在财政支出中，哪些项目由中央负责，哪些项目分散给地方和企业；财政收入有多少留给地方和企业，有多少集中在中央，每一部分的用途如何，都应该有统一的计划，不能各自为政。

按照上述三条原则来处理财政体制中集权与分权的关系，可以使局部利益服从整体利益，保证在国家统一计划指导下，发挥地方和企业的积极性。当然，集权与分权的关系，不可能通过一次改革一劳永逸地解决。只要存在局部利益与整体利益的区别，就会产生集权与分权的矛盾，而且这种矛盾在各个历史时期也会有不同的表现形式，矛盾的主要方面也会发生变化。但是，处理集权与分权的基本原则是不会变的，关键是通过体制改革适时地调整这种关系。

（原载《财贸经济》1984 年第 3 期）

---

① 《邓小平文选（1975—1982）》，人民出版社 1983 年版，第 147 页。

财力分散的症结和集中资金的原则

一 财力分散的症结及其解决办法

造成当前财力分散的原因是多方面的，但主要症结我们认为是以下两条：

1. 国家财政预算内收入比重下降过快、过大，而预算外收入比重则增加过多、过快。

从数量来看，1981 年的预算外收入已达 620 多亿元，比 1953 年增长了 66 倍，平均年递增 14％，大大超过了国民收入和预算内收入的增长速度；从结构来看，财政部门管理的预算外资金的比重，1953 年为 15.7％，1981 年下降到 6.9％，而企业及主管部门管理的各种专项资金的比重，则由 1953 年的 61％上升到 1981 年的 79％；从预算外资金相当于国家预算内收入的比重来看，1953 年为 4％，1981 年为 61.7％，1982 年的预算外收入比 1978 年增长了 87.3％，而预算内收入反而下降了 3.3％。

诚然，预算内收入的比重，并不是越高越好，这已为我国多年来财政管理体制存在的过于集中、统得过死的弊端所证明。但是，每年创造的国民收入只有那么多，预算外的收入增长过快，势必影响预算内的收入。如果到了连国家重点建设所需要的资金都难以保证，国家财政连年出现赤字，那就值得考虑了。这几年出现的财力分散现象，关键不在于企业扩权和财政分级管理本身，而是在国民收入增长的幅度并不很大，社会经济效益差的状况并未得到根本改善的情况下，预算外收入增加的步子迈得大了一些，再加上计划管理和资金使用导向上的问题，致使资金分散和国家财力不足的矛盾显得十分突出。1979—1982 年的 4 年间，我国新增加的国民收入，按当年价格计算为 1200 亿元，其中企业得到 240 亿元，占新增国民收入的 20%，而国家财政所得不但没有增加，反而减少了 70 亿元。另一方面，工商企业的留利却在经济效益不佳的情况下，增加的幅度过大。1982 年民用工业企业按可比口径计算，实现利润只比上年增加 5 亿元，而企业留利却增加了将近 12 亿元。商业企业实现利润比上年减少 18%，而留利却仍保持了上年的水平。

2．在预算内收入中，中央财政收入的比重下降过大，地方财政的比重上升过快。

从最近 5 年的情况来看，中央财政预算收支占整个国家财政收支的比重（国外借款除外），分别是：1978 年收入占 14.7%、支出占 46.9%，1979 年收入占 17%、支出占 50.8%，1980 年收入占 19.3%、支出占 53.7%，1981 年收入占 22.7%、支出占 50.8%，1982 年收入占 20.4%、支出占 48.1%。而在 1957 年，中央预算收入占整个国家预算收入的比重为 73.3%，支出占 71.8%；1965 年，中央预算收入占 33%，支出占 62.2%。

当然，中央财政收入占整个国家预算收入的比重，也不是越高越好。问题的关键是要适度，收支要成比例，要与国民经济发展的需要，尤其是要与由中央财政来解决的国家重点建设的资金需要、与实现宏观经济计划的资金保证相适应，否则就会因财力过于分散而造成一方面是盲目建设、重复建设、基建战线过长，另一方面是重点建设难保，经济发展的全局难活的被动局面。

鉴于上述分析，当前和今后一个时期解决我国财力和资金分散的办法主要有两条：一是适当压缩预算外收入，增加预算内收入。预算外资金也是财政性资金的组成部分。提高预算内收入的比重，既不是对近几年财政体制改革和对企业扩权的否定，又不是额外地扩大或超越国家财政的收入范围，而是在改革中、前进中的一种分配比例的正常调整。主要办法是归并预算外收入的项目，控制以至取消各种社会摊派；适当压低企业的利润留成比例，使企业留利的增长幅度与企业实现利润的增长幅度相适应，保证国家财政收入随着国民收入的增长而相应地增长，使每年新增国民收入的 50％左右变成财政收入。特别是要把企业的留利与企业素质的改善、经营成果的大小、经济效益的高低，有机地联系起来，避免出现上述那种留利大于利润增长水平和增"留"不增"利"现象的发生。二是适当调整中央财政收支与地方财政收支的范围及其比例关系，增加中央的预算收入。办法主要有二：首先是鉴于前几年财政收入下放与支出下放不同步，中央财政减收不减支或减收少于减支的情况，适当下放财政支出，实现二者的统一；其次是通过划分税种的办法，适当提高中央预算收入的比重，保证中央预算收入随着生产发展和财源的增加而按比例地增长。

二　集中资金的原则

为了正确处理各方面的关系，充分调动地方、部门和企业增加财源、提高经济效益的积极性，必须正确确定集中资金的原则，防止产生来自"左"的和右的两个方面的错误。特别要注意避免那种单纯在财政收入上做文章，关起门来算账的老一套做法。在集中资金的过程中，要坚持这样两条原则：

1. 集中资金不能损害地方、部门和企业的自主权，影响地方和企业发展生产、改善经营管理和提高经济效益的积极性。这里的关键是要划清收支范围，明确规定自主权的界限，该放的权必须放，该收的权必须收。一般地说，在资金（或价值）简单再生产的范围内，一定要坚持大胆放权的原则，给企业充分的自主权。折旧基金应创造条件、区别情况（如对新、老企业）全部或大部分留给企业，以利于更新改造和技术进步；由于改善经营管理、加快产品更新换代步伐和实现技术进步所增加的经济效益，应使企业和部门多得到一些经济上的实惠，避免资金集中上的一刀切做法。而对于防止盲目建设、重复建设，严格控制基本建设投资规模所必要的基建权，则必须适当地集中和上收，在资金来源上要严加控制，不能开口子。据有关部门统计，1953—1980年期间完成的 6000 亿元基本建设投资中，浪费多花的和已形成的固定资产在生产上不能发挥应有的效益的投资，竟占总投资的四分之一左右。这是今后应该记取的一个历史教训。

2. 集中资金的目的应该是保证重点建设的资金需要，并有效地控制积累与消费的比例关系，保持适当的积累率。特别是要防止在集中资金的过程中，造成积累率的回升和逆转。多年实践证明，积累率保持在 25%—28% 左右为宜。1979—1980 年，我国的积累率仍超过 30%，主要是全民所有制固定资产投资没有及时地压下来；1981 年，中央下决心压缩基本建设投资，积累率下降为 28.5%，但到了 1982 年，由于资金分散，固定资产投资规模失控，积累率又回升到了 29%，如果不是流动资金积累规模有所缩小，则积累率将突破 30%。今年上半年，全民所有

制固定资产投资总额累计完成 288 亿元，比去年同期增长约
15％。如果不采取切实有效的措施，全民所有制固定资产投资又
有可能突破 900 亿元，积累率又将可能继续回升，高积累的现象
又可能卷土重来。因此，集中资金必须坚持和稳住合理的积累
率。既要防止资金分散情况下的基建总规模失控，又要注意资金
适当集中条件下的基建总规模的恶性膨胀。

（与刘溶沧合作，原载《中国社会科学院要报》1983 年第 65 期）

关于系统深化财政体制改革的建议

回顾过去几年财政体制改革的过程，给人们形成一种矛盾的印象：一方面，财政体制改革基本上走在城市经济改革的前列，对搞活企业、实行开放政策起了促进作用，效果比较显著；另一方面，财政体制改革又经常处于修补、堵漏和不得不改的被动地位，给人们一种财政部门比较保守的印象。产生这种矛盾现象的原因是：第一，整个经济体制改革要在不改变社会主义公有制性质的前提下改革利益分配机制，财政体制首当其冲，许多改革措施超过财政的承受能力，由于财力限制无法进行。第二，传统的理财思想落后于改革的要求，使一些必须而又可能改革的方面未能进行改革。要求过高和思想认识的局限，形成积极改革但又跟不上形势的矛盾。改变这种现象的办法是，转变传统的理财思想，加速财政体制改革的进程，把守摊和包下来的理财思想转变为开拓经营的理财思想，把管理权力转变为经营能力，放弃维持既得利益和保证企业生存的旧观念，建立自负盈亏、优胜劣汰的新观念，把财政经营转上商品经济的轨道。

一　加速税制改革的步伐

税制改革在建立宏观经济调节机制中占有重要地位，是财政体制改革的重要组成部分。而在普遍推行承包经营责任制中，有不少人对过去几年的税制改革特别是利改税提出非议，认为利改税是一种失误，现在应该用"税改利"代替过去的"利改税"，普遍实行承包经营。这种议论已经给税制改革造成很大压力，使税制改革感到很被动，这和过去几年税制改革不彻底，进展缓慢有很大关系。现在，除了在理论上批驳否定税制改革的错误观点以外，必须加速税制改革的步伐。

1. 完善流转税系列。在社会主义有计划的商品经济中，流转税是主体税种系统，在国民经济调节机制中占有重要地位，它的作用是：（1）促进各种资源特别是自然资源的合理利用，保证自然资源的合理开采和有效使用；（2）调节生产方向，促使企业生产有利于国民经济均衡发展和人民生活必需的产品，限制不利于国民经济均衡发展和人民生活不需要的产品；（3）调节消费水平，限制不合理的高消费；（4）促进技术进步和生产专业化协作，促进生产社会化；（5）创造平等的竞争条件，促进企业改善经营等。现行流转税系列不健全，税种设置不成系列，税率不合理，不完善，不规范，有些税的作用互相矛盾，不利于促进生产专业化协作和技术进步，需要按照系列化、完善化、规范化的要求对现行税种税率进行改革。办法是在逐步扩大增值税的同时，调整产品税的税率，完善资源税，使流转税的各个税种互相衔接，从资源开采到产品销售形成完整系列。

2. 改革所有税系列。现行所得税系列存在很多弊病，需要进行较大改革。首先，要简化税种，用统一的企业所得税代替按不同经济成分征收所得税的规定，适应多种经济成分共同发展的需要。按不同经济成分征收所得税不利于各种经济成分进行平等竞争，特别是不利于保护民族经济的发展。在多种经济成分并存的条件下，企业所有税应该一视同仁，不能为了吸收外资而使社会主义国营企业处于不利地位；其次，要降低大中型国营企业所得税税率，减轻大中型国营企业的税收负担，增强国营大中型企业的活力和竞争力；再次，按照国家征税，税后利润归企业的原则，尽快取消调节税，稳定国家和企业的分配关系。如果认为调节税现在还不能取消，要结合承包经营把调节税改为上缴利润，名副其实。

3. 按照税利分离原则，把税收和企业利润分配分开。税收和企业利润是两个不同的范畴，代表不同的经济主体，体现不同的经济利益，具有不同的经济作用，不能互相代替。税收以国家为主体,体现国家利益；利润以企业为主体，体现企业利益。在社会主义经济中，国家具有双重身份：一重是国家作为经济上的存在，要向企业征收，用于履行社会职能，满足社会共同所需要；另一重是国家作为全民所有制企业的所有者，要参与企业利润的分配。这是两种不同的经济职能，体现两种不同的经济关系，不能合二为一。征税是国家既定职能，要规范化；至于国家作为企业所有者如何参与企业利润的分配，可以因企业而异。上交利润、分红、承包、租赁等都可以参与企业利润分配过程。

我们设想，国家征税，税后利润归企业，可以将税制改革和企业管理体制改革彻底分开，排除企业体制改革对税制改革的干扰，有助于加速税制改革的步伐。假设把大中型国营企业所有税率由55％降低到40％—35％，企业的负担水平大体上与美国和日本企业相近，不能再说没有活力。至于税后利润是否全部由企业支配，这是财政部、国家经委和企业的关系，与税制改革无关，税制规范化可以顺利进行。在这种情况下，财政体制如何改革另外研究，不要和税制改革捆在一起。

二 进一步改革国家与企业和中央与 地方的管理体制

（一）改革国家财政与企业的管理体制，促使企业走自负盈亏的道路

经济体制改革的核心是使企业成为独立或相对独立的商品生产者和经营者，具有自我改造、自我发展、自我积累的能力，成为自主经营、自负盈亏的经济实体，按照优胜劣汰原则展开竞争，发挥市场机制的调节作用。财政体制要适应这种要求，改变过去保证企业生存的理财思想，改革国家财政和企业的关系，完善财政制约机制，促使企业走自负盈亏的道路。

1. 要随着企业自我改造、自我发展、自我积累能力的增强，相应调整财政收支结构，把应该由企业负担的支出全部转给企业，例如新产品试制费，挖潜、革新、改造、更新和扩建投资等要完全由企业自己负担，企业生产经营需要的一切资金都要靠税后利润来提供，财政不再给企业提供任何经营性的资金。同时，现在由企业负担的一些社会费用，如公共设施、社会服务及一些不可缺少的社会摊派要纳入财政支出，统一社会财政收支，减轻企业的社会负担，为企业自负盈亏创造条件。

2. 要把税前还贷尽快改为税后还贷。按照自主经营、自负盈亏的原则，企业要负担自己经营的一切投资和费用，贷款要由企业自己负担，用税后利润归还，不能由财政负担。税前还贷是用未来的利润进行投资，具有财政垫支性质，最后靠减少财政收

入归还贷款。它使银行不承担贷款失误的损失，使企业靠吃国家财政的大锅饭过日子。这是鼓励企业无限制地贷款，造成投资膨胀的重要原因之一。尽快改税前还贷为税后还贷，对控制投资规模，促进国经济稳定发展会起重要作用。

3. 要创造条件逐步取消对企业的亏损补贴。企业作为独立或相对独立的商品生产者和经营者，要靠自己的财源自主经营，自负盈亏，在市场竞争中求生存，财政不能再对企业的经营承担经济责任。企业因经营不善发生亏损而又无力弥补，可以根据破产法申请破产。财政对破产企业要进行财产冻结，对企业现有财产要作价处理，收回原有投资。对无法收回的投资要随破产企业一起注销，承担破产损失。对一些由于经济和技术原因发生亏损而又必须生产的产品，用价格补贴形式列作财政拨款，不作为亏损补贴，这样做有利于企业走自负盈亏的道路。

把上述几项改革联系起来看，降低所有税率和取消调节税，可能使财政收入减少 200 多亿元，而调整财政收支，改变税前还贷和取消亏损补贴，减少支出和增加收入几项合计可能也有 200 多亿元，两方面可以互相抵消，但对财政体制改革来说则会发生质的变化，建立起新的财政运行机制。

(二) 改革中央和地方财政管理体制，逐步实行分级财政

我们这样一个幅员辽阔、经济发展不平衡的国家，对财政收支实行集中管理会产生许多消极作用，使社会经济发展失去活力，不利于商品经济的发展，需要创造条件实行分级财政。这些条件是：

1. 要随着政治体制和经济体制改革的深化，明确划分中央和各级地方政府的职权特别是经济职权范围。多年来，我们在财政体制改革中发生反复的原因，主要是由于中央和地方政府的职

权特别是经济职权范围不明确造成的。中央和地方在经济建设中没有明确分工，中央搞的事地方也在搞，互相拉扯，打乱仗，重复投资，重复建设，分散财力，在很大程度上影响全国和地方经济的协调发展，经常在财力集中与分散的矛盾中摇摆，时而放权以增加地方财力，时而收权以集中资金，根本问题在于职权范围不明确。但是，划分各级政府的职权范围属于政治体制改革的内容，比较复杂。一方面，由于我国幅员辽阔、人口众多、经济较落后、各地区发展不平衡，不发挥地方发展经济的积极性，一切由中央集中管理很难办好；另一方面，我们是一个具有封建文化传统的国家，地方权力过大容易产生地方割据，不听中央指挥，这在历史上有过多次教训。因此，分级又要防止造成地方割据；集权又不能过分集中，限制地方的积极性，这是一个不易解决好的矛盾，需要随着政治体制和经济体制改革的深化逐步解决。这是实行分级财政的前提。

2. 实行分税制。分级财政以分税制为条件；不实行分税制，地方没有独立财源，分级财政难以实现。目前实行的"分灶吃饭"体制还不能叫分级财政，因为"分灶吃饭"的收入和支出都是由中央确定的，中央根据地方历年财政支出基数确定给地方的收入分成比例。1980 年叫做"划分收支，分级包干"，1983 年改为"总额包干，比例包干"，1985 年改为"划分税种，核定收支，分级包干"。总之是在统一收入来源中根据核定的支出划分收入分成比例，地方没有独立的收入来源。分税制不是把现有税种分为中央税和地方税，而是要设立中央和地方两套税制。中央税由中央立法，地方税由地方立法。当然有些税如关税、产品税等只能由中央征，地方不能征；有些税如交易税、屠宰税、房地产税只能由地方征，中央不征；有些税如所得税中央和地方就统一税源分别征收。在分税制条件下，中央财政收入和地方财政收入不会互相干扰，地方减税免税不会影响中央财政收入，中央和地方不发生互相挤占现象。

3．建立分级预算。分级财政以分级预算为特征。所谓分级预算，就是各级预算都具有独立性，只反映本级财政收支规模，各级预算都要自求平衡。如果下级预算发生赤字，或向银行或向上级财政借款，都要定期归还。在分级预算中，上级财政对下级财政的预算补贴要列作预算支出，下级财政接受上级财政的预算补贴要作为预算收入，不采取收入坐支或上解留成形式。

在分级财政中，国家预算有两种形式，一种是规定各级政府收支规模的分级预算，由各级立法机构批准作为法律执行；另一种是由中央财政部门汇总的各级预算收支的总预算，也即国家的综合财政计划，反映全社会财政收支总量和平衡关系，作为国家进行宏观控制的依据。由于现行财政体制还没有打破财政收支的大锅饭，两种预算合二为一，相反地却把财政收入划分为所谓预算内和预算外两部分。预算内和预算外是财政收支吃大锅饭实行平调的产物，打破财政收支的大锅饭，实行分级财政，预算内和预算外的区分会自行消失，各级预算会包括本级预算的全部收入。企业作为一级独立预算单位，自然也会包括归企业自己支配的全部收入。所以，分级预算在总体上又是一种统一的预算，有利于加强国民经济的宏观控制和计划调节。

三　改革财政和银行的关系

财政赤字、银行信用膨胀使固定资产投资规模不断扩大，造成货币发行过多，物价上涨。1985 年全社会固定资产投资为 2543 亿元，比上年增长 38.2%，其中全民所有制单位固定资产投资为 1681 亿元，比上年增长 41.9%，致使货币发行比上年增

长 24.7%。1986 年全社会固定资产投资 2967 亿元，比上年增长
16.7%，其中全民所有制单位固定资产投资为 1938 亿元，比上
年增长 15.3%，货币发行比上年增长 23.3%。换句话说，如果
没有过多的货币发行，财政赤字、信用膨胀很难实现，固定资产
投资也无力膨胀。现在的问题是，财政和银行都在扩大投资规模
或为扩大投资规模的决策千方百计提供资金，这说明我们的财政
和银行体制存在严重弊病。

财政和银行历来有吃大锅饭的传统和互相挤占的习惯。从一
口大锅中取饭吃，谁拿得多谁的日子好过，自然要互相挤占。而
从挤占中得到的好处，又推动财政和银行努力扩张自己的权力范
围，不能自我约束，致使宏观经济失去自控技能。宏观经济决策
不能受到财政和银行的制约，经常处于任意膨胀的失控状态。现
在人们开始注意企业的内部机制，而没有看到宏观经济机制是最
薄弱的环节，或者看到了不敢说，一味顺从领导意图。须知固定
资产投资规模失控、消费基金膨胀的根子不在企业，而是宏观经
济决策失控造成的。没有宏观经济具有自控技能，使宏观经济决
策按客观规律办事，必须彻底改革财政和银行的关系。

1. 要改革财政和中央银行的关系，消除财政挤银行和银行
挖财政的弊端，在财政和中央银行之间建立互相制约机制。首
先，中央银行要对财政收支进行制约，严格按照先收后支原则制
约财政收支，无收入或收入不足停止一切支付。财政赤字要按信
贷程序向银行申请短期贷款或发行国债弥补，中央银行要取消对
财政透支。财政向银行贷款要收取利息，利率不能低于短期债
券；其次，财政要对中央银行的货币发行进行制约，开征货币发
行税。对中央银行根据经济发展的正常需要增发的货币实行免税
或轻税政策，对超过经济发展正常需要增发的货币实行超额累进
税，税率可高达 90% 以上，以便有效地制止通货膨胀。同时，

要把增发货币的收入作为中央银行对国家负债，避免使货币发行与中央银行自身的利益发生联系，产生消极作用。对中央银行的职工要实行高薪无奖政策，因为中央银行的奖金与任何经济指标相联系都会对稳定货币流通产生消极作用。评价中央银行工作的唯一标准是货币流通的稳定程度。

2．改革财政与银行信贷的关系。在商品经济中，货币流通在很大程度上为信用流通所代替，资金变为商品，财政收支要与成为商品的资金买卖发生直接联系，国家信用成为财政收支的重要组成部分。国家信用和银行信用本质上都属于资金买卖行为，都和居民储蓄及企业暂时闲置的货币资金发生联系。国家信用是用债券或借款形式筹集资金，向购买债券或承诺借款的银行（包括个人）支付利息；银行信用是借贷的中分人，具有借款人和贷款人的双重身份。它以借款人身份向贷款人支付利息（存款利息）；以贷款人身份向借款人收取利息（贷款利息）。但是，无论国家信用还是银行信贷都要受社会资金总流量的限制，在社会资金总流量既定的条件下，国家信用和银行信贷具有此消彼长的关系，国家信用扩大银行信贷要相应缩小，反之亦然。不是像有些人说的那样，社会资金无限量，银行具有创造资金的无限能力，可以无中生有。只要在宏观投资决策中割断银行信贷与货币发行的直接联系，中央银行不再把钞票印刷机作为银行信贷的资金来源，银行创造资金的神话也就烟消云散，银行信贷会马上感到社会资金流量的有限性，国家信用和银行信贷此消彼长的矛盾就会呈现在人们面前。为了保持国民经济协调发展的态势，必须协调国家信用和银行信贷的规模。银行信贷要考虑国家信用的需要，国家信用要纳入银入信贷计划进行协调，防止信用膨胀。

3．要建立财政银行。鉴于财政和银行具有吃大锅饭的传统，两个部门的干部对财政和银行各自的经济职能又缺乏正确认识，对本身应该管的事不管或无能为力，对不应该管的事却经常超越范围，造成两个部门矛盾。所谓大财政小银行或大银行小财政的争论就是这种矛盾在人们意识中的反映。可以考虑把财政金库和中央银行分开，成立财政银行，专管财政资金调拨和国家信用，彻底打破财政收支与货币发行的大锅饭，使中央银行成为真正的发行银行，排除财政收支对货币发行的干扰，划清财政赤字与通货膨胀的界限，明确财政和中央银行的经济责任，使中央银行对货币发行承担法律责任，使财政部门对国家财政收支负责。同时，为使中央银行避开各级政策机构的干扰，正确执行货币发行职能，可以使中央银行脱离政府机构直属全国人民代表大会，作为独立于政府机构以外的宏观调节机构，摆脱财政收支与投资决策的影响。

财政银行的职能是：（1）从事财政资金调拨，管理财政周转金；（2）管理国家信用，其中包括内债和外债的发行及还本付息；（3）发放和管理财政贷款，对财政贷款项目进行跟踪控制；（4）协调国家信用与银行信贷的关系。

在成立财政银行的同时，还要完善"拨改贷"制度；实行双轨预算（即经费预算和投资预算）。这两个问题在我以前的建议和文章中讲过，因篇幅关系，不再赘述。

（原载《财贸经济资料》1987年第11期）

宏观经济的财政控制问题

在宏观经济决策中把财力作为主要制约因素，用财政分配制约投资需求和经济增长幅度，使经济增长率不超过财力可能承受的限度，就是我们所说的宏观经济的财政控制。习惯的说法是经济决定财政，财政影响经济，我们说用财政制约经济，这种在习惯上看来颠倒的关系，在实际生活中却反映了商品经济发展的客观规律。近几年固定资产投资规模过大、消费基金增长过猛、货币发行过多，在很大程度上与放松宏观经济的财政控制有关。加强宏观经济的财政控制，对于消除经济生活中的不稳定因素和贯彻"七五"计划的基本指导原则来说是非常重要的。

一 财政在宏观经济控制中的地位

商品经济进行宏观控制的主要手段是财政和货币政策。财政在宏观经济控制中的地位是由以下经济条件决定的。

1. 社会主义商品经济是以公有制为主的商品经济。公有制要求消灭剥削阶级、避免两极分化、走共同富裕的道路，这是社会主义商品经济与资本主义商品经济的根本区别。因此，社会主义分配过程始终要坚持按劳分配原则，限制按资分配的范围，使国民收入分配随着社会生产力的发展逐步达到均衡、合理。分配不均衡是产生阶级的经济根源。这不是说分配上的任何差别都会产生阶级，而是说分配上的差别过大会形成阶级差别。剩余产品归私人占有是产生分配不均衡和两极分化的经济条件。要使商品经济适应社会主义生产方式的要求，有效地促进社会生产力的发展而不产生两极分化，必须加强宏观经济的财政控制，利用财政分配的调剂，使劳动人民创造的剩余产品成为促进社会生产力、增加公共财富的手段，而不变为私人财产积累。这是以公有制为主的商品经济的本质要求，也是财政进行宏观经济控制的核心。没有这种控制很难保证商品经济不会自动地滑向资本主义。从控制商品经济发展趋向来说，没有别的手段可以代替财政在宏观经济控制中的地位。

2. 社会主义商品经济是有计划的商品经济，不是盲目发展的商品经济。计划的实质是自觉地保持社会总需求和总供给的基本平衡。平衡是经济发展的普遍规律，经济发展就是争取平衡的过程，不平衡就会产生经济危机。有计划的商品经济与无政府状态的商品经济的根本区别，在于有计划的商品经济是通过社会意识自觉地保持平衡；无政府状态是自发地通过各种破坏因素达到平衡。在调节社会需求中，财政分配占有重要地位。因为"调节需求原则的东西，本质上是由不同阶级的互相关系和它们各自的经济地位决定的，因而也就是，第一是由全部剩余价值和工资的比率决定的，第二是由剩余价值所分成的不同部分（利润、利息、地租、赋税等等）的比率决定的。"[①] 在以公有制为主的社会主义商品经济中，无论是剩余产品与工资的比率还是剩余产品

---

① 《马克思恩格斯全集》第25卷，人民出版社1974年版，第203页。

分为利润、税收的比率都由财政分配来调节。财政分配既能控制税收和企业留利的比率，也能控制企业与职工的分配过程，这就使财政成为控制社会总需求和实现国家计划的重要经济杠杆。

3. 有计划的商品经济要求改变企业与国家的相互关系，实现政企分离，使企业成为相对独立的商品生产者和经营者，自主经营、自负盈亏，根据市场需求灵活经营，并具有自我改造和自我发展的能力。增强企业活力是经济体制改革的中心，市场体系和间接控制是增强企业活力的条件。如果不改变控制形式，企业仍然处在国家机关直接控制之下，要增强企业的活力是很困难的。

由直接控制为主转向间接控制为主要以建立经济控制机制为前提，在不具备间接控制的经济机制时放松直接控制会造成经济过程的紊乱。在实行政企分离、减少行政控制的条件下，加强宏观经济的财政控制就成为有计划商品经济发展的必要条件。

二 财政进行宏观经济控制的环节

财政属于分配过程，它对宏观经济的控制是从分配过程产生的，这就决定了财政控制的基本环节：

1. 要控制社会再生产的补偿过程。我们知道，社会再生产的补偿不属于财政分配范围，但是由于产品价值是由转移价值和新创造的价值两部分构成，在新创造的产品价值中物质生产领域职工的劳动报酬采取补偿形式记入产品成本，这就使再生产的补偿过程与国民收入分配发生直接联系。产品价值中的 C＋V 构成补偿过程的产品成本，与财政分配的剩余产品价值 M 形成互为消长的关系。在产品价格不变的情况下，产品成本升高，财政能够分配的剩余产品价值就会相应减少。如果财政分配放松对补偿过程的控制，就难以防止部分剩余产品价值采取补偿的形式转化为集体或个人收入，使财政收入减少。因此，控制再生产的补偿过程是保证财政收入的关键环节。

财政对补偿过程的控制，除了运用法律手段规定成本开支范围和工资水平以外，还要利用分配形式进行经济制约。实行经济制约的主要手段是根据经济效益规定企业留利比率，对成本低、效益高的企业适当提高留利比率，反之则降低留利比率。在实行自主经营、自负盈亏的条件下，经济制约比法律手段可能收到更好的效果。但是，现在财政对补偿过程的控制很薄弱，既无严格法律规定，也无有效的经济制约机制，这是"七五"时期财政体制中需要认真解决的一个问题。

2. 控制固定资产投资规模。固定资产投资基本上属于扩大再生产的范围，是协调经济发展的关键环节。投资决定产出，投资规模决定经济增长速度。在商品经济中，经济增长总是从增加投资开始，而投资是用货币进行的。在没有形成生产能力以前，首先要投放货币资金购买原材料和生活资料，形成有支付能力的社会需求，并通过需求刺激生产的发展，即所谓"需求拉动"。但是，"需求拉动"是有限的，其限度就是社会上现有和可能生产出来供积累用的生产资料和生活资料。超过这个界限，货币投资就失去拉动的效力，会造成物价上涨和比例关系失调。所以，财政对宏观经济的控制必须抓住固定资产投资这个重要环节。

财政对固定资产投资规模的控制是通过财政收入和财政支出两个渠道进行的。在财政收入中，要正确规定国家财政收入和企业留利的比率，确定国家和企业分配剩余产品的份额，限制企业自行投资的资金来源。近两年固定资产投资规模过大的原因之一是预算外投资失控。控制预算外收入成为控制固定资产投资来源的重要方面。

在财政支出中，财政对固定资产投资规模的控制，要从正确安排财政支出结构入手。首先要保证必不可少的消费性财政支出，然后量力安排基本建设投资，防止因投资规模过大造成财政赤字。这不是说财政要放松对消费基金的控制，而是说消费基金的膨胀在很大程度上和固定资产投资规模过大造成的盲目发展有直接关系，控制固定资产投资规模，消费基金的膨胀也会受到限制。

3. 控制货币发行。在商品经济中，社会财富是用货币计算的，国民收入分配是用货币进行的。要保证社会产品和国民收入合理分配并有效地控制固定资产投资规模，必须严格控制货币发行。纸币是流通中的价值符号，本身没有使用价值和价值。纸币发行过多会造成国民收入超分配，即用纸币分配的国民收入超过实际创造的国民收入的实物量。这种超分配可能产生两种结果，或者在价格自由涨落条件下造成货币贬值、物价上涨；或者在物价管制条件下造成需求过大，使社会再生产的比例失调。货币发行过多经常是和固定资产投资规模过大联系在一起的，凡是固定资产投资规模过大的年份，也都是货币发行过多的年份。1984年在社会总产值比上年增长 13.8%、国民收入比上年增长13.9%的条件下，固定资产投资比上年增长 25.1%，在很大程度上是由于纸币发行比上年增长 49.5%造成的。只有控制货币发行，才会使固定资产投资规模受到限制。

控制货币发行的主要责任在银行，但是不能忽视财政对货币发行的控制作用。首先，坚持财政收支平衡，避免财政发行，是控制货币发行的重要环节。其次，财政要利用经济手段控制银行的货币发行，对银行每年增发的货币要征收货币发行税或超额发行税，使银行超限额的货币发行转归财政。在银行搞信用膨胀的情况下，征收特种所得税，可以有效地控制货币发行，防止通货膨胀。

为了控制货币发行，在财政和银行之间要建立互相制约的经济机制，即银行运用货币手段控制财政赤字，财政运用经济手段控制货币发行和信用膨胀。这才能使宏观经济具有自控能力，也利于使国家对企业的管理由直接控制为主转向间接控制为主的轨道。

三　健全宏观经济的财政控制机制

健全财政控制机制是增强宏观经济自控机能的关键。目前，由于经济体制不协调和财政体制本身的弊病，财政控制机制运转不灵，宏观经济失去自控机能。要增强宏观经济的自控机能，必须完善和强化财政体系对宏观经济的制约作用。

（一）健全税制，强化税收机制的控制机能

税收是财政收入的基本形式，对宏观经济和微观经济都有制约作用。目前，我国的税收对宏观经济之所以不能发挥有效制约作用，不能成为经济发展的"内在稳定器"，主要是由于我们的税制没有摆脱供给制的影响，弹性过大，是一种软性税制。主要表现是：第一，税收是按照所有企业都能存在的原则设置的。有盈利的企业纳税，盈利越多纳税越多；无盈利的企业不纳税；亏损企业减税免税直至进行行政补贴。技术先进、经营好的企业税负偏重；技术落后、经营差的企业享受减税免税和财政补贴，起了保护落后、限制先进的作用。第二，没有法制观念，减税免税权力过度分散。从中央到地方（到县）的各级政府都有减税免税权力，甚至一个税务专管员也可以给纳税人减税，税收也变成个人权力，成了维护局部利益、损害整体利益甚至以权谋私、拉关

系、送人情的手段。第三，税种设计不合理，税收负担不均衡，各种税的作用互相矛盾。产品税、增值税从促进技术进步、鼓励专业化协作出发，抵消价格不合理的因素；所有税又从组织财政收入、维护既得利益出发；调节税是利多多缴，利少少缴，无利不缴，把其他税种的调节作用全部抵消。在总税负上是外资轻于内资、集体轻于全民、小厂轻于大厂。这种互相矛盾的现象削弱了税收的调节作用，限制了税收的控制机能。健全税制就是要克服上述弊病，强化税收机制的制约作用。具体改进措施是：

1．对企业实行硬性税制。不论企业技术水平和经营好坏一律平等照章纳税，贯彻优胜劣汰原则，使技术先进、经营好的企业具有自我发展能力；使技术落后、经营差的企业逐渐淘汰，从而促进技术进步，提高经营水平，限制盲目发展，有利于现代化建设。

2．要使税收的调节作用和价格的调节作用相协调。价格的调节作用是按质论价、协调供求关系。优质优价、劣质低价，对供不应求的产品提价，对供过于求的产品降价，这是利用价格促进技术进步和企业改善经营的方法。在一般情况下，税收要与价格保持同向运动，不能对降价的产品减税和对提价的产品提高税率（特殊情况例外）。

3．要使税收的调节作用和价格的调节作用相协调。价格的调节作用是按质论价、协调供求关系。优质优价、劣质低价，对供不应求的产品提价，对供过于求的产品降价，这是利用价格促进技术进步和企业改善经营的方法。在一般情况下，税收要与价格保持同向运动，不能对降价的产品减税和对提价的产品提高税率（特殊情况例外）。

4．税种税率的设计要互相配合，同向作用，避免互相矛盾。就现行税制而言，除完善产品税征收制度以外，要改进所得税，取消调节税，对同类企业实行相同税率，需要特殊照顾的企业采用免税办法。

5.明确划分中央税和地方税，减少共享税。中央税由中央立法，收入全归中央，成立国税局，实行垂直领导；地方税由地方立法报中央备案，收入全归地方。实践证明，共享税实际上成为地方通过减税免税挤占中央收入的手段，分税要尽量减少以至取消共享税。对分税以后收入不能弥补支出的地方采取定额补贴办法。

(二) 建立真正的分级财政体制

现行"分灶吃饭"体制，不是真正的分级财政。分级财政的特征是：(1) 每一级都有独立的收入来源，不是在统一收入中互相分成，互相挤占，而是"包收到户，独立经营"；(2) 各级财政都有独立财权，因地制宜，自己规定开支标准和开支范围；(3) 各级财政自求平衡，自负盈亏，地方预算和中央预算没有直接联系。

分级财政体制的国家预算由三个层次构成，即中央预算、地方预算、国家总预算。中央预算是中央一级财政收支计划，地方预算是地方各级的财政收支计划；国家总预算是中央预算和地方预算的汇总，也是国家的综合财政计划。这个计划只起平衡作用，执行计划是按照中央预算和地方预算分别进行的。

在分级财政体制中，除了中央预算和地方预算以外，还要编制具有独立性和专门用途的特种基金预算，如国家信用基金（包括国内外的借款）收支预算、专用基金（包括更新改造技术措施基金等）收支预算，这些专用基金预算要由有关部门汇总作为各级预算的附件提交各级权力机关审阅，并纳入各级综合财政计划，由银行或国家信用机构监督执行，以反映各级财政收支总规模和平衡情况，对宏观经济起制约作用。

(三) 改革财政补贴制度

现在各种财政补贴在国民收入分配中占相当比重，补贴渠道和办法比较混乱。所有补贴就其产出的根源来说大多与价格有关，有的是因价格不合理造成的，有的是因生产技术造成的。随着价格改革和技术进步，有些补贴会逐渐减少以至消失。但是，作为一种经济杠杆，财政补贴是不能完全取消的，因为经济发展是在不断争取平衡的过程中实现的，财政补贴是保持社会总需求和总供给基本平衡的经济杠杆之一，无论社会主义国家还是资本主义国家都要加以利用。但是，现在我们的财政补贴与年俱增，效果不佳，许多专项补贴不能用于补贴的用途，需求转移，财政负担加重，被补贴者未得到实惠。我认为，除了随着价格改革可以逐步取消的补贴以外，凡是不能取消的财政补贴一律转作财政支出，摆在明处，对个人补贴作为个人收入，对企业单位的补贴作为财政拨款，不再采取减收抵支的办法。全收全支，可以真实地反映国民收入分配过程，提高财政宏观控制效能。

总之，健全宏观经济的财政控制机制是加强宏观控制的关键环节，也是增强企业活力的条件，应该成为"七五"时期财政体制改革的目标。

（原载《财贸经济》1986 年第 5 期）

对财政赤字要有正确认识

现在有不少的人，包括中国人和外国人，都说"在经济起飞时期财政赤字是难免的"，害怕财政赤字就不能发展经济。对这种说法要进行分析。财政赤字是否可怕，首先要弄清赤字的内容是什么。否则，会张冠李戴，是非颠倒，难免做出错误的决策。

一　要区分两种财政赤字

保持财政收支平衡是财政管理的一项基本原则，世界各国无一例外。只是由于我们的计算方法和西方国家不同，赤字的含义不同，由此产生了对待财政平衡的不同方针。1953 年以前，我们采用西方国家通用的计算方法，这就是：经常收入－当年支出＝结余或赤字，然后根据平衡的结果采取相应对策。如果出现赤字就要采取弥补对策，或者用增产节约的办法，在预算执行中增加收入，减少支出，使收支达到平衡；或者发行公债，用债务收入弥补赤字，这也是世界各国通用的办法。1953 年以后，为了加快建设速度，扩大投资规模，又想保持表面平衡，与资本主义国家的赤字财政相区别，"显示社会主义计划经济的优越性"，采用苏联财政平衡的计算方法，这就是：经常收入＋债务收入－当年支出＝结余或赤字。苏联这种方法进行平衡，每年都要留一部分结余，由此引出所谓"当年收支平衡、略有结余"的方针。这种结余实际上是待分配的债务收入，不是真正的财政结余。如果用西方国家的方法进行计算，即用经常收入－当年支出，那么苏联实行的也是赤字财政。所谓结余不外是债务收入－赤字＝结余，与西方各国并无区别。

我们采用苏联的计算方法几十年，已成习惯。如果在严格执行"当年收支平衡、略有结余"的方针下，用这种方法进行平衡亦无不可。现在情况发生变化，许多中国人和外国人都说我们坚持"当年收支平衡、略有结余"的方针"不正确"，在经济起飞时期不要害怕财政赤字。然而他们说的财政赤字和我们说的财政赤字内容不同。他们说的财政赤字是指：经常收入－当年支出＝赤字。对这种赤字我们没有害怕过，"六五"时期的财政实践就是最好的证明。

"六五"时期国家财政收支情况表　　　　单位：亿元

年　度	经常收入 A	当年支出 B	财政赤字 C	债务收入 D	平衡差额 E
1981	1016.38	1114.97	－ 98.59	73.08	－ 25.51
1982	1040.11	1153.31	－ 113.20	83.86	－ 29.34
1983	1169.58	1292.45	－ 122.87	79.41	－ 43.46
1984	1388.50	1515.00	－ 126.50	76.50	－ 50.00
1985	1776.55	1844.78	－ 68.23	89.85	＋ 21.62
合计	6.391.12	6.920.51	－ 529.39	402.70	－ 126.69

用相同的方法进行计算，近几年我国财政赤字占国民总产值的比重已经达到美国的水平，请看下表（单位：%）：

年　度	美　国	中　国
1979	1.2	5.3
1980	2.3	4.0
1981	2.0	2.2
1982	3.6	2.3
1983	5.9	2.2
合　计	15.0	16.0

上列数字表明，对通常所说的 C 型赤字，我们并不害怕。我们反对（或叫害怕）的不是经常收入－当年支出的 C 型财政赤字，而是超财政赤字的 E 型赤字。这种赤字不仅我们"害怕"，世界各国都"害怕"。在西方国家，如果出现这种赤字国会就要进行辩论，或者增加税收、减少支出，或者提高国债发行限额，总要采取相应的对策。值得深思的是，日本在 1979 年提出重建平衡财政，并在 1980 年迈出重要一步，现在继续贯彻重建平衡财政方针；美国提出从 1986 年开始压缩财政赤字，到 1991年消灭预算赤字，实现预算平衡。我们近几年的财政赤字占国民总产值的比重已经达到美国的水平，有些人却仍然要我们不要"害怕"财政赤字，道理何在？需要认真思考一下。

二　用相同方法计算，西方国家实行的也是"当年收支平衡、略有结余"的方针

由于我们采用的计算方法不同，把债务收入与经常收入算在一起，即用：经常收入＋债务收入－当年支出的公式来确定财政是否平衡，并把"当年收支平衡、略有结余"作为保持财政平衡的方针，使人们误认为这是一种害怕财政赤字的表现，国内还有

人说这是小农经济思想的反映。其实只要略加分析就会看到，用这个公式进行计算，财政收支永远是平衡的，不应该产生财政赤字的概念。因为如果把银行透支也算作债务收入，那么当年支出与经常收入加债务收入就会构成一个恒等式，即当年支出＝经常收入＋债务收入。只有在我们国家才会出现用债务收入弥补以后的赤字，而西方国家却是坚持"当年收支平衡、略有结余"的方针。例如美国联邦政府的财政收支就是这样（见下表，单位：亿美元）：

年度	经常收入	＋	债务收入	＝	总收入	－	当年支出	结余
1979	4659		558		5217		4936	281
1980	5171		832		6003		5767	236
1981	5993		896		6889		6572	317
1982	6178		1431		7609		7284	325
1983	6006		2349		8355		7960	395

　　美国用债务收入弥补财政赤字以后，总要留一部分待分配收入，也就是我们所说的结余。其他国家，如英国、西德、日本也是这样。这就是说，如果按照我们的计算方法进行平衡，世界各主要资本主义国家执行的都是"当年收支平衡、略有结余"的方针。和西方国家相比，我们的问题不是出在害怕财政赤字上，而是出在没有认真坚持"当年收支平衡、略有结余"的方针上。如果要学西方国家的理财思想，那就应该采用相同的计算方法，用相同的口径进行比较。西方国家把经常收入和债务收入分开，用债务收入弥补财政赤字，这是可行的；而我们把债务收入和经常收入算在一起，然后再打赤字预算，靠增发纸币弥补财政赤字，是不可行的。这种赤字除了造成恶性通货膨胀，破坏国民经济的平衡发展以外，不会有别的结果，没有一个主要资本主义国家会

采取这种政策。

三 现行财政平衡计算方法的弊端

现行财政平衡的计算方法，即经常收入＋债务收入－支出的方法，是一种掩饰矛盾、搞虚假平衡的方法，具有严重弊端。

1. 把债务收入与经常收入算在一起，为扩大投资规模、进行国民收入超分配、使社会总需求过度膨胀创造了条件。财政的经常收入属于当年新创造的剩余产品价值的分配和再分配，反映生产经营的实际效益，无论是用于消费还是用于积累，都是对当年收入的使用，不会造成超越当年供给能力的社会需求；债务收入对国家财政来说具有预支性质，是对未来财政收入的提前使用，要靠未来的收入偿还。从全社会来看，债务收入只是改变现有收入的使用权，把个人或单位的一部分收入转给国家使用，不改变社会收入总量，也不会造成超越当年供给能力的社会总需求。差别在于债务收入将来要还本付息，不是真正的财政收入。如果使用效果不好，会造成负担转移，形成债务累积，产生严重的财政危机。就连美国这样经济实力雄厚的国家，长期实行赤字政策的结果也不免陷入借新债还旧债的恶性循环。现在美国每年增加的财政收入不够支付当年的国债利息。例如，1984 年财政收入增长 695 亿美元，利息支出为 1495 亿美元；1985 年财政收入增长 750 亿美元，利息支出为 1647 亿美元。到 1986 年，美国国债高达 20000 亿美元，利息支出达 2000 亿美元，这就迫使美国政府不得不压缩财政赤字。

国家信用是商品经济的重要组成部分，利用国债动员社会闲散资金促进经济的发展是必要的。问题在于我们混淆了债务收入和经常收入的区别，歪曲了债务收入的性质，扩大了财政收入的范围，并且在债务收入以外打赤字预算，这就必然要造成国民收入超分配，使社会总需求过度膨胀，近几年投资规模失控，需求过大，物价上涨，与我们的财政平衡的计算方法有很大关系。

2. 混淆债务收入与经常收入的区别，势必掩饰收入不足和支出过大的矛盾，提供不真实的财政信息，使财政决策失误。现在有些领导人之所以受到"不要害怕财政赤字"舆论的影响，做出不要害怕赤字的决策，原因在于我们的财政平衡的计算方法不能为最高决策人提供真实的财政信息，使最高决策人了解我们的财政赤字有多大，相反地，反映的却是"收支平衡、略有结余"的信息，说明我们的财政收支状况良好，这就不能不使财政决策失误。例如，1985 年经常收入为 1776 亿元，支出为 1844 亿元，有赤字 68 亿元，债务收入 89 亿元，弥补当年财政赤字以后，还有待分配债务收入 21 亿元。按照西方国家的计算方法这仍然是赤字财政，虽然赤字数额不大。按照我们的计算方法这是"收支平衡、略有结余"，并且由此得出财政经济状况根本好转的结论。再例如，1986 年国家预算中经常收入为 2026 亿元，支出 2141 亿元，收支相抵有赤字 115 亿元，需要发行国库券 60 亿元和国外借款 55 亿元弥补财政赤字。这说明我们的财政仍然是入不敷出，不能满足经济发展的需要，存在很大赤字，不能说财政收支已经达到平衡。利用国家信用发行国库券和取得国外借款，是筹集建设资金的有效形式，必须充分利用。问题是不能用债务收入掩饰财政收支本身的不平衡，这是性质不同的两个问题，不能互相混淆。财政收入反映生产经营的实际经济效益；债务收入反映对社会资金的利用情况，二者具有不同的经济作用。混淆债务收入和经常收入的区别，就会使人们对实际经济效益和财政收支状况做出错误的判断，造成决策失误。

3. 混淆债务收入与经常收入的区别，会造成财政收入充裕的假象，不利于动员人民增产节约、同心协力提高经济效益的积极性，相反地会助长扩大投资和改善生活条件的思想情绪，增加财政支出的压力。一方面，大力宣传财政经济状况已经根本好转，财政略有结余；另一方面，由于财政入不敷出，必须压缩支出，增加的工资不能如期兑现，加之物价上涨快于工资的增长，宣传和实际形成明显的矛盾，影响了人民的思想情绪。应当看到，在纸币流通的条件下，财政赤字除了增加税负、增加国债以外，只有用增发纸币的办法去弥补。而纸币的过量发行必然要引起通货膨胀、货币贬值、物价上涨，使人民得到的不是实惠而是实害，挫伤人们的积极性。有些同志把纸币的过量发行叫做国民收入超分配，实际上无论从理论还是实践上说，要使分配真正超过现有的国民收入是不可能的，不能无中生有。所谓超分配，实际上是用货币贬值的办法进行再分配，降低居民的实际消费，增加生产投资，经典作家把这称作无形税收，不利于调动人们生产经营的积极性。

社会主义现代化建设是全民的事业，财政收支关系每一个人的切身利益。人们的文化程度越高，对经济过程的知识越完善，对财政收支状况就越关心。我们必须把财政收支的真实情况告诉人员，才能动员人民共同努力。那种为了证明成绩伟大而掩饰矛盾、粉饰太平的封建的愚民思想早已过时了，商品经济是以现实利益为转移的，商品质量要在市场上进行比较，必须名副其实；名不副实就会失信于民。商品经济中的财政收支也必须名副其实，经常收入和债务收入必须分清，赤字和结余都要真实地反映，使人民了解财政收支的真实情况。财政收支是与金钱打交道，来不得半点虚假，在金钱问题上绝不能搞政治宣传。

4．把债务收入和经常收入混在一起，无法进行国际比较和正确吸收外国的理财经验，有的外国人要我们不要害怕财政赤字，并不都是出于为了扩大他们国家的商品出口、占领中国市场的意图，也有希望中国加快发展速度的意思。不要害怕赤字无非是说不要害怕借债，要敢于利用国家信用形式等筹集资金。在商品经济中，利用国家信用筹集资金，扩大投资能力，只要能保证投资的经济效益，无疑会加速经济的发展，即使在财政收支平衡的情况下也需要这样做，实际上我们已经这样做了。相反地，如果把我们的计算方法和财政收支的真实情况告诉外国友人，我们相信凡是具有良好意图和科学态度的友人都会赞成"当年收支平衡、略有结余"的方针是正确的，因为这种方针不过是西方赤字财政的另一种说法，世界主要资本主义国家都是按照这种方针办事的，只是因为计算方法不同，说法不同，实际内容却是相同的。

我们要发展商品经济，实行开放政策，又要吸收西方国家发展商品经济的经验和管理方法，应该采取相同的计算方法来研究财政平衡，以便进行比较，取得统一认识。不应该继续采用习惯的做法，在用词上制造区别。老老实实承认我们也在实行赤字财政，可能使"当年收支平衡、略有结余"的方针得到顺利的贯彻。

四　对财政赤字的作用要进行具体分析

在不同的经济条件下，财政赤字会起不同的作用，不能笼统地说不要害怕财政赤字或财政赤字可怕，要从当时的经济情况出发进行具体分析。简略地说至少有以下几种情况：

1. 全社会出现生产过剩，有支付能力的需求相对不足，生产资料和生活资料都是供过于求，商品销售困难，市场萧条，生产萎缩。在这种情况下，财政赤字可以扩大购买力，增加有支付能力的社会需求，缓和生产过剩的矛盾，在一定限度内给经济发展注入活力，起到推动经济发展的作用。

2.全社会出现供不应求，有支付能力的社会需求超过现有供给能力，生产资料和生活资料短缺，购买困难。在这种情况下，财政赤字会加剧供求矛盾，使社会需求过度膨胀。如果这种现象发生在价格自由涨落的条件下就会引起市场价格的普遍上涨；如果发生在价格被管制的条件下就会造成供给全面紧张，购买困难，停工待料，生产周期延长，经济效益下降，走后门、拉关系、以物易物、黑市买卖也会随着产生。

3.社会总需求和总供给基本平衡，但供求结构不协调。其中又有两种情况，一种是生产资料过剩，投资不足，而生活资料短缺，个人消费购买力过高。在这种情况下，用财政赤字扩大和平投资，使过剩的生产资料（库存待销产品）得到利用，增加消费品生产，提高生活资料供给能力，同时通过财政赤字压低实际购买力，实现供求结构的平衡，会收到良好效果，这是我们在1980年和1981年遇到的实际情况；另一种情况是投资过大，生产资料短缺和生活资料相对过剩，消费购买力不足。在这种情况下，只能在保持财政平衡的前提下调整财政支出结构，减少生产投资和适当扩大消费支出，使供求结构达到协调，财政赤字只会加剧供求不平衡，有害无益。

4.社会总需求和总供给及供求结构都不平衡，这会形成错综复杂的供求矛盾，财政赤字在各种错综复杂的供求矛盾中会起不同作用。总的来说，不外是上述三种情况的不同组合。

我们的实际情况经常是固定资产投资规模过大，社会总需求过高，长期供给不足，称作"短缺经济"，财政赤字犹如火上浇油，除了加剧供给不足的危机、引起通货膨胀以外，不会有别的结果。在短缺经济中实行赤字财政如同给落水的人身上压石头，能起什么作用是显而易见的。

以上是从社会总需求和总供给的平衡过程看财政赤字的作用。从国民收入分配过程来看，由于弥补财政赤字的方法不同，对国民经济的影响也不同。如果用增加税收的办法弥补财政赤字，那就会相应降低企业的积累和居民的消费能力，引起生产结构和消费结构的变化；如果用借债的方法弥补财政赤字，作用与增加税收相类似，区别在于借债要影响将来的分配结构；如果是用增发纸币的办法弥补财政赤字，最终要造成国民收入再分配，降低居民的实际消费水平，挫伤人民建设社会主义的积极性。

我们认为，社会主义有计划的商品经济，应该自觉地经常地保持社会总需要和总供给的基本平衡，促进国民经济协调发展，不能实行赤字政策。为了加速经济发展，合理利用国家信用动员社会闲散资金，增强投资能力是必要的，但财政收入要力求平衡，特别是要避免用增发纸币的办法弥补财政赤字。只有这样，才能保持国民经济的平衡发展，使人民生活安定，为经济改革的顺利进行创造经济和社会条件。

（原载《财政研究简报》1986 年 11 月 17 日第 14 期）

利用国债促进经济发展

在社会主义有计划的商品经济中，如何利用国债促进经济发展，是一个重要的理论问题和实际问题。本文想从改革现行国债管理制度出发，提些不很成熟的看法。

一 国债与财政赤字具有不同的性质

国债，简单的是由国家发起并由国家承担偿还义务的一种信用形式，也称国家信用或公共信用。国家信用制度（国债制度）的广泛发展是近代商品经济充分发展以后的事情。

国家信用与银行信用一样，都是商品经济的产物。随着商品经济的发展，国家信用也会相应地发展。过去，由于人们否定商品经济，对与商品经济相联系的各种信用形式的必要性及其作用也持否定态度。除了银行短期信用以外，商业信用被禁止，国家信用被排除在社会主义制度之外，把既无外债又无内债作为社会主义制度的优越性。近几年有些人又走向另一极端，认为借债越多越好。其实，把既无内债又无外债作为社会主义制度的优越性是一种历史局限性；借债越多越好同样是某一历史时期的产物，也是一种历史局限性。国债是一种信用形式，它以还本付息为前提，举债与还债（包括付息）要以国家的承受能力为依据。一个国家承受国债的能力有多大，取决于国家的经济实力，也取决于利用国债的实际经济效益，即能否利用国债促进经济的有效增长。

由于现代资本主义国家经常把国债作为弥补财政赤字的手段，致使一些人误认为国债与财政赤字具有相同的性质。这是混淆了国债与财政赤字两个不同的经济范畴。财政赤字是正常（或经常）财政收入减去当年财政支出的差额。弥补财政赤字的办法有：增加税收（提高税率或开征新税）、向银行贷款（包括透支）、增发纸币（财政发行）、利用国家信用借债（发行公债、国库券等）、向外国借债等。财政赤字和弥补财政赤字的办法是两个不同的概念。国债（即国家信用）可以用于弥补财政赤字，也可以用于其他方面。在没有财政赤字的情况下，国家同样可以利用国家信用吸收社会资金，加速国民经济的发展。在社会主义现代化建设中，既要避免财政赤字，也要适当利用国债吸收社会资金，促进经济发展。

二　要发挥国债的积极作用

国债的作用具有两重性，即具有积极作用和消极作用两个方面。从我国经济建设实践来看，国债的积极作用是：

1. 国债是用国家信用吸收社会资金弥补建设资金不足的有效形式。在50年代，我们曾经发行过几十亿元经济建设公债，克服了建设资金不足的困难。在"六五"时期，我们又发行了二百多亿元的国库券，弥补了财政赤字，积累了建设资金。在银行信用与国家信用并存的情况下，国债虽然能抵消一部分银行存款，但国家信用与银行信用有所不同：首先，国家信用具有法定偿还期，比银行信用具有更为可靠的稳定性，在法定偿还期内国家可以稳定地占有一部分收入，为长期建设项目筹措资金；其次，国家信用的发行量、偿还期是由国家规定的，国家作为债务人处于主动地位，不受债权人的控制（外债除外）。而银行信用的存款量、偿还期限是由债权人决定的，银行处于被动地位；再次，国家信用可以吸收银行信用不能吸收的一部分资金，满足人们向国家投资、分散保存货币的需要。

2. 国债可以协调积累与消费的比例关系，调节需求结构。在基金增长过快的情况下，发行适量国债可以压缩一部分消费基金，回笼货币，压缩有支付能力的社会需求。这对稳定币值和保持社会总需求与总供给的基本平衡具有重要作用。

3. 国债有助于控制固定资产投资规模、调节投资结构、保证重点建设的资金的需要。近些年固定资产投资规模膨胀，非重点建设项目过多，资金分散。这主要表现为固定资产投资中预算外资金和银行贷款增长过快。究其根源，除银行票子发行过多以外，企业资金来源失控是重要原因之一。发行国债可以把企业（包括集体组织）、个人甚至银行的一部分资金集中在国家手中，压缩企业投资和银行放款的能力。同时，用国债吸收的资金可以用于国民经济急需的项目，调节不合理的投资结构，保证重点建设的资金需要。

国债的积极作用是客观的，运用得当可以成为宏观控制的手段，促进经济有效增长。相反，如果运用不当，国债会发生消极作用：国债以还本付息为前提，如果运用国债的经济效果不好，还本付息会加重财政负担，最终要导致难以克服的财政危机；国债是提前使用未来的收入，如果国债运用的经济效果不好，会给以后经济发展造成困难，甚至还会引起经济衰退或对外国的依赖

（指外债负担过重）；国债既是消费未来的产品，就有可能造成负担转移，给后代造成严重债务负担；最后，国债超过一定限度，如每年新增国民收入全部变为利息支出，还会引起分配结构和经济结构的变化，导致经济关系的质变。

三　要把国债与一般财政收支分开

要发挥国债的积极作用，避免因国债使用不当可能产生的消极作用，需要根据国债的性质采取与一般财政收支不同的管理形式，把国债的使用和管理与一般财政收支分开，作为特种基金建立专门预算，设立专职机构进行管理。初步想法是：随着税制的完善，在取消调节税之后，原来的工商财务机构可进行适当调整，增设国家信用司，对国债收支（包括内债和外债）实行统一管理，编制国债收支预算作为国家预算的附件，进行分别管理。其优点是：

1. 把国债与一般财政收支分开，有利于保持财政收支与社会总需求和总供给的基本平衡。财政收支属于当年新创造的国民收入分配过程，在正常情况下收支规模应该限于当年新创造的剩余产品。国债虽然也起再分配的作用（对现有收入而言），但要用将来的收入进行偿还。对当年可使用的国民收入来说，在其他条件不变的情况下，财政超支会引起国民收入超分配，使社会总需求与总供给产生不平衡。国债是对现有收入的再分配，只改变收入的用途和结构，不改变当年收支总规模。对一般财政收入来说，首先应该安排维持费用，然后才能进行投资。对国债收入来说，首先要用于容易见效的投资，避免用于维持性支出。这样做，既有利于保持财政收支与社会总需求和总供给的基本平衡，又可避免对国债的无效使用。如果把国债收入与一般财政收支混在一起，就会造成虚假的财政平衡，对保持社会总需求与总供给的平衡不利。

2. 把国债与一般财政收支分开，建立特种基金预算，有利于把国债发行与建设项目直接联系起来。明确了哪些项目属于国家信用投资，并把国债偿还义务落实到建设单位，再确定具体负责人，明确经济责任，规定经济目标，保证用新建项目投产以后的盈利还本付息。如果这个建设项目经济效果很差，到期可以用新建项目的资产来抵偿，不至于造成严重财政负担和对以后经济发展的拖累。这样做，既可以使决策机构和建设单位有明确的债务观念，认真研究新建项目的可行性，为建成以后的经济效果承担经济责任（偿还国债），也可以控制基建投资对预算平衡的冲击，缩小社会集资的能力，有助于控制投资规模，提高投资的经济效果。

3. 有利于发挥国债的调节作用。在有计划的商品经济中，特别是在资金分散、投资结构层次较多的情况下，国债可以成为调节投资规模和投资结构的有效手段，在宏观控制中起重要作用。把国债与一般财政收支混在一起，使国债变成单纯弥补财政赤字的手段，就限制了国债的调节作用。

（原载 1985 年 12 月 14 日《光明日报》）

重新认识国家信用的性质、
作用及国债的承受力

随着商品经济的发展，国家信用的规模在不断地扩大，人们对国家信用的性质、作用及国债承受力认识的反差也越来越大。有些认识由于受传统观念的局限，直接影响治理、整顿和深化改革的进程，需要重新认识。本文想谈些不成熟的看法，供研究参考。

一　国家信用是信用经济的组成部分

国家信用作为信用经济的一部分是商品经济发展的自然现象，也是财政关系适应商品经济发展的需要向信用领域延伸的必然趋势。随着商品经济的发展，金属货币让位于纸币，货币流通被信用流通所代替，信用已经成为商品经济的主要组成部分，无论在国际间还是在一个国家内，商品经济的运行在很大程度上要以信用为媒介。现代商品经济没有信用媒介是寸步难行，甚至难以存在。财政作为商品经济运行的组成部分自然会随着商品经济的发展延伸到信用领域，成为信用经济的组成部分，形成财政收支的信用关系。这就要求我们重新认识国家信用的性质，把国家信用作为信用经济来研究，而不能把国家信用单纯作为弥补财政赤字的手段来研究。换句话说，国家信用是要按照信用原则来研究财政收支，把一部分财政收支纳入信用轨道，进行信用经营，不是按照财政收支原则来研究国家信用。把信用纳入传统的财政收支轨道，这是一个非常重要的新角度，也是必须确立的新观念，它关系到国民经济运行、管理和经营效果，也是深化财政体制改革必须解决的一个新问题。为了重新认识国家信用的性质，需要利用比较方法解决以下两个问题。

（一）要分清国家信用和财政平衡的区别

重新认识现代商品经济中国家信用的性质，道德要打破传统财政学的局限，使国家信用超越财政赤字的范围，把国家信用和财政平衡分开，在保持经常性财政收支平衡的条件下分析国家信用的性质。

1. 国家信用收入是政府的债务收入，与经常性财政收入具有不同的性质，需要分开研究。经常性财政收入属于当年国民收入的分配，直接影响国家、集体和个人的分配比例，改变利益结构。同时，经常性财政收入主要来自税收，它作为公民承担的社会主义和自己参与集体消费的需要，无须直接偿还；国家信用收入是借用已经分配过的国民收入，只影响现时实际和积累的关系，不改变国家、集体和个人的分配过的国民收入，只影响现时实际消费和积累的关系，不改为国家、集体和个人的分配比例，将来要还本付息，不改变利益结构。对国家财政来说，债务收入是提前使用未来的财富，尽管这种使用会创造更多的新财富，但是不能把这两种性质不同的收入混在一起使用，否则会扭曲国民收入分配过程。

2. 信用平衡和财政平衡反映不同的经济过程。财政收支是对国民经济各部门当年新创造的按剩余产品价值的分配，收入反映剩余产品的生产，支出反映剩余产品的使用。在剩余产品量已定的情况下，支出大于收入意味着对剩余产品的超分配，会破坏国民收入的分配格局，引起不正常的再分配，造成分配、消费与生产的不平衡；国家以信用形式借用居民或企业的收入，只改变国民收入使用结构，不改变国民收入分配格局和国民收入总量，不会引起超分配。只要掌握适度，使用有效，可以加速国民经济发展，不影响分配、消费与生产的平衡过程。把信用平衡和财政平衡分开，使财政分配按照支出＝收入的原则经常保持平衡，使国家信用按照债权＝债务的原则进行经营，有助于国民经济的均衡发展。

3．把国家信用和财政平衡分开，便于发挥财政和国家信用的制衡作用。现在有些人崇尚西方"补偿性理财思想"，主张用某些年份的财政盈余补偿另一些年份的财政赤字，实现所谓"周期平衡"。但几十年来没有一个国家的实践能证明这种理论是对的。经济运行属于时间序列，不能逆转，当年的超债赤字必然要通过当年的物价去吸收，使社会供求在新的物价水平上平衡，否则经济过程就会中断，即使将来有大量的财政盈余也不可能矫正已经过去的经济运行过程，这和人们只能向前，不能回到以前的环境中生活一样，用将来的盈余补偿现在的赤字只能是一种不切实际的幻想。"补偿性理财思想"的失误，除了不了解经济运行过程不能逆转的性质以外，还受传统观念的束缚，混淆了国家信用和财政平衡的区别，把国家信用看做是单纯补财政赤字的手段，没有看到在发达的商品经济中国家信用已经成为信用经济的组成部分，并且丢弃了财政平衡的制衡作用，也使国家信用丧失制衡能力，由此陷入财政危机，成为影响国民经济均衡发展的消极因素，加剧了经济危机。

4．把国家信用和财政平衡分开，有助于财政和银行信贷的综合平衡。经过十年的改革，财政和银行是一家的观念有所变化，但是财政和银行信贷共吃货币发行"大锅饭"的格局没有改变。财政出现赤字向银行透支，银行信贷资金缺口用增发货币弥补，造成这种运行机制的原因之一就是混淆了国家信用和财政平衡的区别，把经常性财政收入和债务收入混在一起，搞乱了经济运行过程，把经常性支出＝经常性收入和债权＝债务的平衡关系，变成支出＝经常性收入＋债务收入＋货币发行（透支）这样一个无限扩张的过程，从根本上破坏了财政和银行信贷的平衡机制。把国家信用和银行信用都按照债权＝债务的原则进行经营，可以为财政和银行信贷综合平衡创造条件。

（二）国家信用和银行信用的区别

1．生成原因不同。银行信用是由商品买卖过程货币保管和汇兑的必要性引起的，在保管和汇兑中利用货币收付余额发放贷款，形成银行信用。随着银行信用的扩大，产生了信用货币——各种支付凭证，并在此基础上广泛吸收居民存款作为扩大贷款的资金来源，以至发展为现代商品经济运行的主要媒介；国家信用是由于政府财政资金来源不足引起的，目的是借用居民储蓄弥补财政支出。以后，随着商品经济的发展和政府经济职能的扩大，国家信用早已超越财政收支的界限，成为国家调节市场需求、弥补社会投资缺口、扩大就业机会、促进国民经济均衡发展的经济杠杆，成为银行信用之外的一种信用形式了。

2．信用形式和信用主体不同。银行信用是一种间接信用，信用主体以银行为中介发生间接联系。银行集债权人和债务人于一身，对存款人银行承担债务，对贷款人银行拥有债权，信用主体都和银行发生关系，银行充当债权与债务的中介人，构成三点一线的信用关系；国家信用是一种直接信用，政府直接向居民借款，信用主体发生直接联系，购买债券的公民为债权人，发行债券的政府为债务人，由这种信用关系产生的经济效果与债务人的利益有密切联系。

3. 经营形式不同。银行信用属于商业性经营，它把货币作为买卖的商品，从中赚取买进和卖出的差价（利息差）。利息是买卖货币的价格，目的是占有存款与贷款的利息差——取得银行利润。商品经济的正常秩序是：中央银行掌握货币发行权，属于国家管理机构，不能直接经营信贷业务，不能与一般工商企业发生信用关系，它的基本职能是调节市场货币流通量，稳定币值，为国民经济的均衡发展创造稳定的货币环境；商业银行（即各种专业银行）是金融企业，经营银行信用，从事货币买卖，按照债权＝债务的原则融通资金。国家信用的经营目标是促进国民经济均衡发展，协调供求关系，弥补财政和企业投资缺口，创造就业机会，不以盈利为目的。国家信用吸收的资金主要是投向社会效益大而盈利比较低的建设项目，有些还要进行贴息贷款。

当然，国家信用和银行信用都是信用经济的组成部分，二者有密切联系。从资金来源上说，国家信用和银行信用都要占用居民和企业的储蓄，在社会信用资源已定的情况下，国家信用和银行信用必须进行综合平衡，国家信用扩大，银行信用要相应地紧缩。其平衡过程是：社会信用资源＝银行信用＋国家信用＋企业公司债券＋资金市场拆借经常占用额。从国家信用的发行过程来说，公债或其他债券的发行一般都要委托银行发售或由商业银行包销，这就使国家信用和银行信用发生直接联系，银行用存款购买公债自然要缩小直接贷款的规模。各种信用业务的数量制约关系是由货币流通与资金周转的统一性引起的。

总而言之，国家信用作为信用经济的组成部分，与财政平衡和银行信用具有不同的性质，需要作为信用经济的特殊分支进行专门研究。

二　国家信用是经济发展的制衡机制

1. 国家信用是协调社会资金周转的机制。在商品经济中，协调社会资金周转，并通过资金周转协调市场供求结构，促使商品与货币趋向平衡，是保证国民经济均衡发展的前提。社会资金供求，无论在总量、结构还是时间、空间的分布上都不可能单靠市场机制与银行信用达到完全协调的地步。为了保持国民经济的均衡发展，政府需要运用税收和信用手段进行干预。国家信用可以在不改变资金所有权条件下，利用居民储蓄增加生产投资，弥补财政和投资缺口，协调资金周转，干预经济发展。在信用经济比较发达的西方国家，不仅财政支出在很大程度上依存于国家信用，而且国民经济在很大程度上变成信用经济。例如，美国1986 年联邦政府的债务余额相当于国民总产值的 57.4％，1987年为 61.6％。日本政府长期债务余额占国民总产值的比重 1985年是 47.9％，1986 年为 50％。如果加上私人债务余额，信用经济的比重会更大。随着国家信用的发展，国债占国民总产值的比重在不断提高，人们对国债认识的分歧也在扩大。有些人认为国债是财富积累的一种形式，只要国债的增长率不超过经济增长率，国债增长就会起财富积累的作用；另一些人认为国债是国家的财政负担，国债增加意味着财政负担加重，对国民经济发展不利。我认为，在正常情况下，我们的国债一般都用于生产投资，能够起到财富积累的作用。例如，我们 1950 年发行的胜利折实公债和 1954 年到 1958 年发行的经济建设公债就起过这样的作用，用国家信用调节资金周转的作用在于影响社会信用规模和资金投向，造成适度积累，有助于协调资金供求矛盾。

2. 国家信用可以作为协调消费和积累、调节产业结构的手段。政府用国家信用吸收一部分居民储蓄和企业的资金。用于重点建设项目或公用设施的投资，不仅可以弥补重点建设投资的缺口，促进国民经济协调发展，而且有助于改善供求结构：（1）国家信用可以把一部分消费基金转作积累，扩大投资，抑制生活消费，这在目前消费需求过大而资金来源不足的情况下，不失为一种调节和积累的一种手段，可以在一定程度上缓和矛盾；（2）利用国家信用把企业的一部分资金转入重点建设项目投资，减少企业在非重点建设项目的投资能力，有助于改善产业结构。在运用信用手段调节消费和投资结构方面，国家信用比其他信用更有效。银行信用、信托投资和租赁信用等，虽然可以通过贷与不贷、承办与承租与否影响投资方向，从而影响产业结构，但是不能改变企业自有资金的用途，国家信用都可以把企业的资金作别的用途。

3. 国家信用可以作为政府调节资金市场和货币流通的手段。国家信用发行的各种债券由政府承担还本付息的义务，政府作为债务人是以国民经济作担保的，税收是还本付息的最终保证，实际上是由全国纳税人承担还债义务。任何阶级的政府只要它不被别的阶级所推翻，决不会在自己掌握政权时赖债。因此，国债是最可靠的信用，不必担心债务人破产。在信用经济比较发达的国家，公债是可靠的金融工具。金融机构把持有公债作为信用保证，居民把公债吸收现金和居民储蓄调节货币流通。特别是在我国目前利用机关、企业向居民派购国库券的形式下，公债成为挤压现金流通量的重要手段。即使在居民自愿认购条件下，通过银行出售公债也可以起吸收现金流通量的作用。现金是基础货币，减少现金流通量可以利用货币乘数的作用压缩银行信贷规模，遏制通货膨胀。

国家信用是财政收支和银行信用的接壤部，既是信用经济的组成部分，也是财政经济的组成部分。现代财政早已打破无偿收支的局限，与信用经济连在一起了，特别是国际财政主要以信用为基础。信用收支已经成为财政经济的重要内容。财政收支与银行信贷的平衡过程主要是通过国家信用实现的。

三　把研究国债的承受力改为研究国家信用发展的经济的空间

如果把国家信用等同于财政赤字，国家信用就会被作为单纯的债务负担。但是，如果把国家信用作为信用经济来研究，国家信用就不只是引起债务，同时也产生债权，具有调节经济运行的功用。这样，我们就可以把国债的承受力变作经济过程，作为国家信用发展的经济空间来研究，如同研究其他经济问题一样，使国家信用具有客观的量度。

1. 国家信用弹性量度。国内外的学者有一个共同的看法，就是国债增长率不超过经济增长率，即国债增长率/经济增长率≤1，国债的增长就不会影响经济的发展。这种看法，如果是在其他条件不变的情况下，用来说明国家信用的发展要与经济发展相适应，国家信用与经济增长保持同步状态，颇有道理。但是，如果用这种看法说明国家信用发展的量度则有很多缺陷：（1）把弹性系数的最大限度规定为 1，是假设以前的国家信用已经达到最大限度或者说原有的债务占国民生产总值的比率是最优的，超过这个限度就会影响国民经济的均衡发展。相反，如果以前国家信用的发展没有达到极限或者说债务负担率很低，弹性系数就可以大于或小于 1，不会在一切情况下都≤1；（2）从调节宏观经济运行的实际需要看，国家信用要适度控制；在经济增长过低时，国家信用要适当扩大投资；（3）从发达国家的实践看，使国家信用与经济增长同步的实例少见，不是低于经济增长就是快于经济增长，最突出的是美国近几年的情况；（4）这种看法的出发点是把国家信用作为单纯补偿财政赤字的手段和债务负担，忽视了国家信用的经济功能。我认为，研究弹性量度的意义在于把握国家信用与经济增长的适应度，保持经济发展的动态平衡，没有固定不变的系数。

2．社会资金限量。国家信用和银行信用一样要受社会资金数量的限制，在研究国家信用发展的经济空间时，必须对国家信用、银行信用和社会资金限量进行综合平衡，在综合平衡的前提下确定国家信用的发行限量。无论是发达国家还是不发达国家，在一定时间内社会资金的流量总是有限的，国家信用和银行信用的总和不能超过社会储蓄，超过社会储蓄就会导致货币过量发行，引起通货膨胀。在这里，国家信用和银行信用的后果是相同的。在高度发达的商品经济中，国家信用和银行信用并存的必要性，是由协调社会资金运行的客观需要决定的。实践证明，由于商品经济运行中资金结构的复杂性，单靠银行信用不能缓和经济的周期波动，国家信用的介入可以更好地协调储蓄和投资的关系，促进国民经济的均衡发展。国家信用的制衡作用主要表现在国家信用、银行信用和社会储蓄的协调中。我们把国家信用作为信用经济的一部分，并且确定经常性财政收支要经常保持盈余作为国家信用的资金来源，或者说经常性财政支出中有一部投资要用国家信用形式投放。这样，我们就可以重新确定国家信用和银行信用的平衡关系。用简明的公式表示：

国家信用＋银行信用＝居民储蓄＋企业储蓄＋财政储蓄

如果把居民储蓄＋企业储蓄＋财政储蓄作为社会信用资源，

那么国家信用就等于社会信用资源——银行信用。只有保持这种平衡关系，社会资金运行才能保持动态平衡。近几年的问题是，在"财政赤字无害论"和"通货膨胀起飞论"的影响下，幻想用"无中生有"的办法推动经济高速增长，搞垮空信贷，出现了国家信用＋银行信用＞社会信用资源的结局，造成严重的通货膨胀。

3. 经常性预算支出的承受力。我们主张把经常性预算支出和国家信用收支分开，使经常性预算支出经常保持平衡，使国家信用按照债权＝债务或支出＝收入的原则进行经营，为什么在国家信用发展的经济空间中又要研究预算支出的承受力呢？在逻辑上是否有矛盾？没有。如同银行信用必须以基础货币为依托一样，国家信用也要以财政为依托。国家信用和银行信用相区别的基本特征，是国家信用从宏观经济运行出发，不以盈利为目的，进行超利率的经济调节，主要是用于微利或无利建设项目的投资。国家信用中有两部分要形成预算支出：一是贴自贷款的利息支出，一是微利项目投资的经济收益在债务到期时无力偿还本金，这两部分支出要构成经常性预算收支中的债务支出，由此产生经常性预算支出对国家信用的限制。债务支出在国家预算支出中占多大比重为宜，没有确定的比例，主要是看经常性预算支出的承受力。如果经常性预算收入在弥补经常性支出以后有较多盈余，承受力就大，反之则小。用简单的公式表示：债务承受力＝经常性收入－经常性支出。西方经济学者认为：经济运行是没有终点的，国家信用会随经济发展不断扩大，发新债还旧债是一个不断运行的经济过程，还债不会成为财政负担，真正构成预算支出的只是每年必须支付的利息。因此，研究预算支出的承受力，首先要确定债务支出的内容。如果像美国那样只把利息支出列入预算，那么预算支出可以承受的国家信用规模就会很大；如果把还本付息都列入预算支出，那么预算支出可以承受的国家信用规模就不可能很大。现在，中国经济学界有不少的人在研究国债的数量界限。有人说公债数量在不超过财政收入 5％的限度内合适；有人说"近几年内我国国债每年发行额以占当年财政支出的10％或再多一点，最高不超过 15％为宜"。在现有国债余额的基础上，如果以后每年新发国债相当于当年财政支出的 15％，同时考虑财政收入的增长和国债的每年还本付息双重因素，到1995 年以后，国债的累积余额将达到相当于财政收入总额的产值，这是一道公认的国债最高警戒线。笔者也曾有过这种看法，现在看来这个警戒线不一定能够成立。例如，美国 1986 年联邦政府债务余额为 21300 亿美元，当年财政收入为 7940 亿美元，债务余额为财政收入的 2.68 倍。1987 年的债务余额为 23553 亿美元，财政收入为 8504 亿美元，债务余额为财政收入的 2.77倍。从第二次世界大战结束到现在几十年，美国联邦政府债务余额没有一年不超过财政收入，但是并未影响美国经济的正常发展。我无意拿我国和美国相比，而是说美国几十年的实践证明：债务余额超过当年财政收入总额并不构成警戒线。正是这一现象才使人们看到预算赤字和国家信用的区别，这是财政学理论的重大突破。只要经常性预算收入的盈余能够支付当年的利息，国家信用的发展就不会产生消极作用。

总而言之，国家信用作为信用经济的一部分有自己运行的经济空间和运行规则，和银行信用一样，在不超越客观限量的范围内是经济发展的助动器，不是财政赤字的别名。

最后，要简略地讲一下国家信用和通货膨胀的关系，这是目前人们比较关心的问题。第一，如果我们把国家信用和预算赤字分开，把国家信用作为信用经济来研究，国家信用只能吸收居民储蓄和企业存款（或储蓄），不会引起货币发行。用国家信用弥补投资缺口还会抑制通货膨胀。认为国家信用会加剧通货膨胀的人是把预算赤字同用增加纸币发行弥补的预算赤字混淆了。只要把国家信用和预算平衡分开，分别经营，国家信用不会增加纸币发行，因而也不会加剧通货膨胀；第二，国家信用和银行信用有一个重要区别，就是银行信用是存贷相连、长期和短期互相交错的周转性贷款，同时银行支付贷款只需要部分现金，贷款又能派生存款，货币的乘数效应可以使其多倍扩大信贷规模，从而存在着发生信用膨胀，进而导致通货膨胀的可能性。国家信用具有直接融资性质，国家信用收入大多是一次性支付，在它没有转存银行之前，不能成为再贷款的资金来源，不会提高货币乘数扩大信用规模，不会加剧通货膨胀。

（原载《财政研究》1989 年第 4 期）

财政的战略目标

一 财政战略目标的质量规定

财政的战略目标，有它自身的质量规定。量就是财政收入与支出的数量；质是财政收入与支出之间的相互关系。在社会主义计划经济中，财政的战略目标应该是质量统一，保持稳定的收支平衡。

何谓稳定的财政收支平衡？就是按照国民经济有计划按比例发展规律的要求，合理地分配剩余产品，在为实现总战略目标筹集资金的整个历史时期保持各个财政年度的收支平衡，保证国民经济的协调发展。这种稳定的财政收支平衡，既不同于资本主义国家的"周期预算平衡"，也不同于陡升陡降的不规则的间隔平衡，它要为国民经济的稳定发展创造条件。

社会主义计划经济不同于资本主义的自发经济，财政的战略目标必须以国民经济有计划按比例发展规律为依据，经常地保持收支平衡。陈云同志说过，所谓综合平衡就是按比例；按比例就平衡了。平衡是计划经济的本质；不平衡不可能按比例发展，也不能叫计划经济。社会主义计划经济与资本主义无政府状态的根本区别就在于自觉地经常地保持平衡。

财政平衡是计划经济的重要组成部分，也是保证国民经济平衡发展的主要条件。在一般情况下，只要财政收支是平衡的，社会生产与消费大体上就可以保持平衡，社会再生产在总体上也可以按比例发展；财政收支不平衡，说明生产与消费不平衡。如果当年的财政收入大于当年的财政支出，说明生产大于消费，形成财政结余，增加社会的物资储备；如果当年的财政支出大于当年的财政收入，说明消费超过当年的生产，形成财政赤字，造成社会再生产的比例失调。所以，社会主义财政的战略目标必须是稳定的收支平衡，不能是基本平衡略有赤字更不是用赤字财政刺激经济的发展。

财政平衡是通过财政收入与支出的数量关系来表现的，因而确定财政收入与支出的数量就成为财政战略目标的主要内容。第六个五年计划时期的财政收支数量已经由第五届全国人民代表大会第五次会议通过，全国人民正为实现这个目标而努力。现在，我们要预测的是从 1986—2000 年的财政收支数量。总战略目标规定，到 2000 年工农业总产值达到 28000 亿元。根据我们测算，其中工业总产值可能达到 22000 亿—23000 亿元，农业总产值可能在 5000 亿—6000 亿元之间，这是测算财政收入与支出数量的基础。同时，按照总战略部署的要求，1986—2000 年财政的战略目标分属于两个时期，1986—1990 年即第七个五年计划时期，属于前十年的准备时期；1991—2000 年是后十年的经济振兴时期，在这两个不同的历史时期中，财政收支的数量和结构都会有所不同。

1. 从收入方面看。1953—1981 年，工农业总产值平均每年增长 8.1%，国民收入平均每年增长 5.9%，财政收入平均每年增长 6.2%，财政收入快于国民收入的增长速度而慢于工农业总产值的增长速度，财政收入占国民收入的比重是 32.1%，占工农业总产值的比重是 18.7%。1986—2000 年，按照我们的测算，工农业总产值平均每年增长 7.6%，国民收入平均每年增长 7%，财政收入平均每年增长 7.4%，高于国民收入的增长速度，接近工农业总产值增长速度。这是考虑到，在不断提高劳动生产率的条件下，剩余产品在国民收入结构中的比重会相应地提高，财政收入的增长速度应该快于国民收入的增长。财政收入占国民收入的比重大约是 30%—31%，占工农业总产值的比重约在 14.4%—15.1% 之间，低于历史上所占的比重。因为考虑到提高人民生活和财政体制的变化，不可能再保持过去统收统支条件下的比重。

从最近两年来看，1981 年工农业总产值比上年增长 4.5%，国民收入比上年增长 3%，财政收入比上年只增长 0.3%，财政收入占国民收入的比重由上年的 29.6% 降低到 28%；1982 年工农业总产值比上年增长 8.7%，国民收入比上年增长 7.4%，财政收入只比上年增长 3.2%，财政收入占国民收入的比重降低到 25.5%，占工农业总产值的 13.5%。即使我们采取一些有效措施，第七个五年计划时期的财政收入也不可能增加很快。因此，我们测算第七个五年计划时期的财政收入大致是：在工农业总产值平均每年增长 6.4%，国民收入平均每年增长 6.3% 的基础上，财政收入平均每年增长 6% 左右，财政收入占国民收入的比重是 29% 左右，占工农业总产值的比重是 13.6%—14.5%，第七个五年计划时期的财政收入平均每年达到 1550 亿—1700 亿元，到 1990 年可能达到 1700 亿—1900 亿元。

后十年（1991—2000 年）是经济振兴时期，国民经济的发展速度和经济效益会有显著提高。根据我们测算，工农业总产值平均每年增长 8.2%，国民收入平均每年增长 7.2%，财政收入平均每年增长 7.6%，财政收入占国民收入的比重是 31%—32%，占工农业总产值的比重 14.5%—15.1%，后十年的财政收入平均每年达到 3000 亿—3100 亿元，到 2000 年可能达到 3900 亿—4000 亿元。

2. 从支出方面看。按照工农业年总产值达到 28000 亿元需要的投资（固定资产与流动资金）和人民生活达到小康水平的要求，需要的财政支出是相当大的。其中一个关键问题就是如何提高经济效益，用较少的财政支出取得较大的经济效果。如果到 2000 年全国工业企业的经济效果都能达到上海 1980 年的水平（包括资金盈利率和每百元产值占用的投资等），我们的财政支出不仅会有充分的保证，而且会有较多的结余。如果按照 1980 年全国工业企业的平均水平（资金盈利率和每百元产值占用的投资等）进行测算，财政支出就会遇到很大困难，资金不足仍然是一个严重问题。我们估计由于提高生产技术和改善经营管理，到 2000 年的经济效果会有很大提高，但是仍然不可能达到上海 1980 年的水平，因而对 1986—2000 年财政支出的测算是采用高于全国 1980 年的平均水平，而低于上海 1980 年的水平的办法进行的。同时，考虑到第七个五年计划时期所承担的历史任务与第六个五年计划时期基本相同，财政支出结构不会有太大变化，如果有变化，也就是要增加重点建设项目的投资，提高基本建设拨款在财政支出中的比重。从这种考虑出发，我们将基本建设拨款在财政支出中所占的比重，由第六个五年计划时期的 24.6% 提高到 28%（第六个五年计划时期的基本建设投资拨款，包括国外借款在内，占财政支出总额的 27.9%，扣除国外借款占 24.6%），使国家预算中的基本建设投资平均每年达到 430 亿—470 亿元；教育、科学、文化、卫生支出的比重，基本上保持第六个五年计划时期的水平，占财政支出总额的 16.5%；支援农业和国防战备所占的比重均略有提高；行政管理费支出的比重略有降低。这样，第七个五年计划时期财政支出平均每年为 1530 亿—1680 亿元，每年保留 20 亿元的结余。到 1990 年，财政支出可能达到 1680 亿—1880 亿元。

后十年，随着财政收入数量和历史任务的变化，财政支出会相应地发生变化，特别是基本建设拨款会有所提高。但是，鉴于过去的教训，基本建设拨款只能适当增加，不能增加过多。后十年的财政支出平均每年为 2970 亿—3070 亿元左右，每年保留 30 亿的结余。到 2000 年，财政支出可能达到 3870 亿—3970 亿元。

但是，从过去几十年的实践来看，为了实现稳定的收支平衡，从 1986—2000 年的整个历史时期，必须按照量入为出的原则安排财政支出，有多少钱，办多少事，不能打赤字预算，每年要保持 20 亿—30 亿的财政结余，只有这样，才能实现稳定的收支平衡的战略目标。

二　贯彻战略目标的指导思想

实现稳定的财政收支平衡，必须具有正确的指导思想，这就是：

1. 要贯彻物质文明与精神文明并重的思想，在财政支出中要把物质文明建设与精神文明建设的资金需要摆在同等地位，促进两个方面的协调发展，防止偏重一方面忽视另一方面。在社会主义现代化建设中，无论是物质文明建设还是精神文明建设，都离不开现有的财力，都要受财力的制约。离开现有财务，盲目扩大教育和科学技术的投资，不仅不能加速精神文明的建设，还可能造成财政收支不平衡，引起国民经济的比例失调；相反地，如果只是偏重于物质文明建设，忽视精神文明建设，不能培养掌握现代科学技术的劳动者，生产技术和管理水平跟不上，也不能建设真正的物质文明。而且，过分突出任何一个方面，不仅会给当年财政平衡造成困难，而且会形成"欠账"，增加将来的财政负担。

2．要贯彻在生产发展的基础上相应地提高人民物质和文化生活水平的思想。我们进行社会主义现代化建设的目的是为了改善人民生活，使人民生活更加富裕。但是，提高生活必须依赖于积累的增长和经济效果的提高。在国民收入一定的情况下，增加积累和改善人民生活存在一定的矛盾，为了协调这种矛盾，必须正确安排财政支出中积累性支出和消费性支出的比例，并有效地制约和协调国民收入使用中积累与消费的比例关系，正确地发挥财政分配的调节作用。这就需要从思想上克服过去把增加财政收入等同于增加积累的糊涂观念，用财政支出控制国民收入的使用过程。当社会上出现盲目扩大积累（特别是盲目扩大固定资产投资）的偏向时，财政要有意识地压低积累性财政支出，控制积累水平；相反地，当社会上出现片面增加消费基金的倾向时，财政要通过压缩消费性支出的办法，控制消费水平，保证在生产发展的基础上相应地提高人民生活，促进国民经济的协调发展。

3．要在提高经济效益的基础上考虑财政平衡。从提高经济效益出发来组织财政收入，广开财源，讲求生财之道；在提高经济效益的前提下安排财政支出，节约投资，讲求用财之道，使整个财政工作转到提高经济效益的轨道上，避免在单纯财政收支上打算盘。把提高经济效益作为贯彻财政战略目标的指导思想，可以用较少的财政支出换取较多的财政收入，比较顺利地实现稳定的收支平衡；单纯在财政收支上打算盘，该支出的不支出，该收入的收不回来，经济效益不能提高，财政收支都处于紧张状态。

所以，提高经济效益是节约支出和增加收入实现财政平衡的关键。

三 实现战略目标的政策措施

战略目标是制定政策的依据，政策是实现战略目标的手段。从当前的财政形势来看，为了实现稳定的收支平衡，必须采取以下政策措施。

1. 整理财源，调整分配关系，提高国家预算收入在国民收入分配中的比重。目前，我国经济生活中出现一个比较突出的问题，是生产上升，财政收入下降。从1979—1982年，社会总产值增长33.6%，国民收入增长26.8%（按当年价格计算），而国内财政收入却下降了3.3%。形成这种现象的原因主要是劳动生产率下降，国民收入中剩余产品的比重降低，使财政收入减少；其次是财源分散，其表现形式是在国家财政收入中，预算内收入占国民收入的比重下降，预算外收入占国民收入的比重上升。例如预算内收入占国民收入的比重由1978年的37.2%下降到1982年的25.5%，预算外收入占国民收入的比重由1978年的11.5%上升到1982年的15.3%；在预算内收入中，中央预算收入比重下降，地方预算收入比重上升，由导致国家预算连年发生赤字，中央向地方和企业借款。解决这个问题的根本措施，除了提高劳动生产率，提高剩余产品的比重以外，必须整理财源，调整分配关系，取消各种社会摊派，把大部分财政收入集中在国家预算中，特别是近几年内，要将每年新增国民收入的50%左右变成财政收入，使财政收入超过国民收入的增长幅度，这是实现战略目标的主要措施。

2. 建立合理的财政支出结构。财政平衡是由财政收入和财政支出及其相互关系构成的，如何在提高经济效益、增加财政收入的基础上，建立合理的支出结构，对实现稳定的收支平衡具有重要作用。所谓合理的支出结构，就是要使各项财政支出保持合理的比例关系，成为国民经济协调发展的物质条件，不要由于财政支出项目之间的不合比例造成国民经济的畸形发展。财政支出包括许多项目，每一个项目都反映了社会再生产过程的一种需要，在财政支出中占有一定的比重，这种比重与社会生产比例和产业结构有直接的联系。合理的支出结构可以为国民经济的协调发展，为建立合理的产业结构创造条件。对于财政平衡来讲，建立合理的支出结构比增加财政收入还重要。在许多情况下，由于财政支出结构不合理，不仅减少财政收入，还使现有的财政收入遭到浪费，造成财政收支不平衡。

3. 集中资金进行重点建设。集中资金包括两个方面的内容，即收入的适当集中和支出的适当集中。收入的适当集中，称作集中资金；支出的适当集中，称作集中投资，保证重点建设。首先，要在理论上明确，集中资金进行重点建设是社会主义经济建设的一般规律。在社会主义建设中，需要是多方面的，无限的；而物力与财力在一定时期内总是有限的。用有限的物力和财力满足无限的需要，就要有轻重缓急之分。有的需要是紧迫的，不能不集中资金有选择地进行重点建设。不保证这种紧迫的需要，国民经济就不能得到发展。有些需要对国民经济的发展和人民生活影响不大，可以暂时不考虑。如果我们不作这种划分，把有限的资金分散在无限的需要上面，那就会使所有的需要都缺乏资金保证，影响社会经济的发展。其次，集中资金进行重点建设，是提高经济效益，增加财政收入的前提。资金分散，项目过多，必然要延长建设周期，降低投资的经济效果，减少财政收入，这已经为过去的实践所证明。最后，更重要的是建设重点是国民经济发展的客观存在，不是由人们的主观愿望决定的。在各个历史时期，影响国民经济全局的薄弱环节形成国民经济建设的重点，不解决这些薄弱环节，国民经济全局就不能协调发展，目前的能源和交通运输部门就处在这样的地位。

4．严格控制固定资产的投资规模。稳定的财政平衡，不只是取决于财政收入的多少，还取决于财政支出的规模，特别是固定资产投资规模安排得是否恰当。过去几十年的实践证明，凡是固定资产投资规模超过财政负担能力的年份，财政平衡就受到冲击，几次出现财政赤字基本上都是由于固定资产失控造成的。而固定资产投资规模的膨胀，除了造成乱上项目，挤占重点建设项目的资金和原材料以外，还必然要破坏财政支出的合理结构，引起支出项目之间的资金转移，给财政平衡造成极大困难。也就是说，固定资产的无限膨胀会给财政平衡造成双重的困难，即收入与支出的不平衡和支出结构的不平衡，而支出结构的不平衡，最后还要表现在收支差额上面，被迫财政支出，加剧财政收支的不平衡。

5．加强财政收支的综合平衡。财政收支的综合平衡包括两个方面：首先是国家预算收支的平衡。国家预算收支是全部财政收支的主要组成部分，对财政体系各环节的收支平衡具有很大的制约和调节作用。在通常情况下，只要国家预算收支保持平衡，全国财政收支基本上可以保持平衡或者比较容易达到平衡；如果国家预算收支不平衡，整个财政收支很难达到平衡。保持国家预算平衡的根本办法是坚持当年收支平衡，不安排过头支出，不打赤字预算。其次，要取消预算内与预算收入的界限，按照差额汇总、全额管理的原则，建立各级总预算，实行分级管理，加强综合平衡。目前有相当大一部分财政收入在国家预算以外，形成所谓预算外收入。如果不把这部分收入纳入国家财政计划，而由各个社会组织自行决定投资方向，势必形成对国民经济综合平衡的冲击。建立各级总预算，在各级预算平衡的基础上，收支差额列入上级预算，使所有财政资金在不改变使用权（由单位安排用途）的前提下，全部纳入计划，实行计划管理。也就是说，在财政分配的范围内，不搞市场调节。只要在计划中做到国家预算收支平衡，对全部财政收入实行计划管理，就可以有效地加强综合平衡，为实现稳定的财政收支平衡奠定基础。

（原载《财贸经济》1983年第12期）

理财思想的战略转变

　　由产品经济到商品经济的转变，引起财政分配关系的党深刻变化，政企分离、利改税、投资决策权的分散、政府经济职能的变化，使以产品经济为基础的理财思想逐渐被以商品经济为基础的理财思想所代替，理财思想开始发生战略转变。

一　管理对象由微观经济向宏观经济转变

　　产品经济以分配使用价值为主。财政收支以国家的基本建设和物资分配计划为依据，按照"钱随物走"的原则安排投资，给钱必须给物，或者给物必须给钱，体现直接的产品分配。财政的管理对象主要是微观经济，审批企业和机关的预算、制定开支标准、进行资金调度等构成财政管理的基本内容。财政管理机构也是针对微观经济活动设置的，如企业财务司、行政财务司等。至于宏观经济行为，如国民经济中心的消费、积累、投资规模和经济增长则作为确立财政收支规模的既定前提或管理依据，被认为具有无可怀疑的合理性、合法性和权威性。所谓财政要为经济服务，为完成国家计划规定的建设项目筹集资金，保证计划的完满实现，成为财政管理不可偏离的既定方针。如果有人主张把宏观经济作为财政管理对象，用财政收支规模控制国民经济的增长和年度建设总规模，就会被认为是本末倒置，违反经济决定财政的定理，冠以单纯财政观点。这种以产品经济为基础的旧观念直到现在尚未打破，在许多人的头脑中仍然占有支配地位。

随着经济的深入，多种所有制形式和多种经营方式的进一步发展，横向经济联系的加强，所有权和经营权的普遍分离，财政收支逐渐商品化，财政管理要相应地由微观经济转向宏观经济，管理重点转向控制消费、积累、投资和经济增长，即控制社会总需求。这种战略转变是由两个方面的原因造成的：

一方面，随着多种所有制形式和多种经营方式的发展，国家所有制的形式发生了很大变化。国营企业逐渐与国家机关脱离直接联系，成为独立的商品生产者和经营者，不同所有制形式和不同经营方式的企业作为独立的经济实体有了独立财权。企业的财政收支不再受国家财政的直接控制。由于企业的经营目标不同，收支内容和结构不同，国家财政也不可能对不同所有制形式和不同经营方式的企业实行统收统支，规定统一的开支标准。企业除了向国家缴税以外，不再直接承担其他财政义务，财政也不再为企业的经营承担经济责任。经营投资、弥补亏损直到企业破产倒闭，都要由企业自己承担。企业要依靠自己的能力进行自我积累，自我改造和自我发展，财政不再把企业作为直接对象。

另一方面，随着商品经济的发展，财政收支的运行机制及其在宏观经济中的地位发生变化。首先，以价值分配为主的商品经济，把财政收入作为衡量宏观经济效益的主要标志，用上缴税利的多少测度宏观经济效益的高低，使财政由注重微观经济收支转向注重宏观经济效益，提高了财政在宏观经济管理中的地位；其次，财政作为价值分配的主要部门承担了调节各阶层收入水平和国民收入分配比例的重要职能，对协调社会总需求和总供给具有重要作用；再次，财政分配可以灵活地运用税收、利润、利息（包括贴息）、占用费、租赁费、财政补贴、财政融资等等，有效地调节投资方向、生产结构，成为宏观经济控制（即控制宏观）和校正微观经济行为的重要手段。

　　财政管理对象的战略转变，使经济学界的一些人产生了一种误解，以为财政分配范围在缩小，财政在逐渐退出物质生产领域。所谓过去是大财政小银行，现在要变为小财政大银行。银行要代替财政进入物质生产领域的议论，就是这种误解的反映。这种认识是浅薄的。在商品经济中，财政和银行是国民经济的两大支柱，二者具有不同的性质和职能，不能互相取代。财政是分配机构，银行是流通枢纽。尽管这两个部门的职能在商品价值运行过程中会互相交错，有时会在某些环节上出现重复甚至矛盾的现象，但是不能互相代替。无论是用银行代替财政，还是财政代替银行，都会对宏观经济运行造成不良后果。财政作为分配机构，直接分配社会剩余产品（或称公用产品）价值，对集体（包括企业集体）和个人占有的份额、积累、消费和投资具有广泛的调节作用；银行作为流通枢纽，对流通规模、资金周转、供求伸缩具有决定作用。在价值分配过程中，财政和银行的交互作用对宏观经济的运行有非常重要的作用。片面地强调一个部门而削弱另一个部门，同时也就削弱了本部门的特殊作用。

　　财政分配范围决定于剩余产品的数量。随着商品经济发展，剩余产品的转化形态——盈利（税金加利润）作为宏观经济效益和企业的经营目标会不断地提高，财政分配范围也会不断地扩大。财政分配的实质在于确定国家、集体和个人支配剩余产品的份额，由这三方面构成的财政分配关系既不可能扩大，也不可能缩小。经济改革，政企分离，商品经济的发展，只能改变三者的分配比例和分配形式，从而引起财政管理体系层次职能的转移，扩大企业财权，提高企业自我积累的能力，减少国家集中投资，使一部分财政职能由国家转到企业，不会改变财政分配关系的范围。企业财政仍然属于财政分配范围，构成财政分配的一个环节。由于人们受狭隘的国家财政观念的束缚，把财政层次职能的变化和管理对象的战略转变，误认为财政分配范围的缩小，是不正确的。

二　财政分配由实现国家职能到实现社会职能的转变

商品经济是高度社会化的经济，不受国家职能的局限。与商品经济相适应的财政分配也不能以维持国家职能的需要为限。要面向社会，打破国家职能的局限，以实现社会职能为依据。适应各种经济主体的需要，协调社会利益，促进经济开拓，使国家财政变为社会财政。无论就其性质、范围和形式等哪一方面来说，社会财政和国家财政都有很大区别。国家财政是随着国家的职能产生的；社会财政是生产社会化的产物，它包含着国家职能以外的社会职能。尽管国家是社会的正式代表，国家能以社会职能为基础，但是有些社会职能是国家职能不能容纳也无法代替的。从性质上说，国家财政强调财政收支的阶级性，社会财政强调社会再生产的共同需要；从范围上说，国家财政以国家预算收支为主，社会财政以社会剩余产品价值的合理分配为主；从收支形式上说，国家财政以无偿收支为限，社会财政是无偿收支和有偿收支使用的混合体。随着商品经济的发展和生产社会化程度的提高，国家财政逐渐被社会财政所代替，成为社会财政的一部分，社会财政超越国家财政的范围成为整个国民经济乃至国际经济的组成部分，即一国的财政状况直接影响对外经济联系。就一个国家来说，由实现国家职能的财政向实现社会职能的财政的转变是商品经济发展的客观要求：

第一，商品经济的发展要求打破财政分配中所有制形式的局限，实现财政收支商品化，由无偿供给变为有偿使用或等价补偿，使财政分配在可能的范围内采取商品买卖形式。如对盈利企业的投资由无偿拨款改为贷款，定期收回投资并收取利息，就是把财政收支变为商品买卖形式。这是因为无偿投资不符合以盈利为目标的商品经济的经营原则，不利于企业有效地利用资金。资金买卖形式可以迫使企业认真考虑资金使用效果，节省社会投资。

第二，商品经济是开拓型经济，需要有足够的资金改进生产技术，创造新产品，开拓新市场。然而有限的资金始终是企业和整个国民经济发展的限制。如何突破这种限制，使有限的资金发挥最大的效用，成了商品经济发展的主要问题。这就要求财政打破无偿分配的界限，在不同所有者之间进行资金融通，把分散的资金融为社会财力，打破个别企业资金的局限，有效地利用社会资金进行经济开拓。

第三，生产社会化程度的提高，使社会成员对社会依赖性加强。社会保障和社会保险费用的增长已经超越了个别企业的承受能力，要求全社会进行统筹安排。这种社会费用也由国家财政收支变为专门的社会基金，成为社会财政的一部分。

第四，商品经济是国际化经济，不限于一国范围。随着对外开放政策的发展，经济国际化的趋势在加强，国际财政关系在不断发展，国家之间债权债务的财政收支也在不断扩大。

这些情况说明，随着商品经济的发展，财政分配范围已经突破了狭隘的国家财政概念，由单纯管理国家预算收支转向协调社会资金运行。这就需要解决以下两个问题。

一是要打破财政是无偿分配的概念。按照商品经济发展的要求，把财政收支转上商品经济的轨道，以提高经济效益为基点，把无偿分配和有偿使用有机地结合起来，在保证各个所有者经济利益前提下，有效地调动社会资金，增强财政分配的功能。

二是要把财政融资纳入财政分配范围，建立包括财政融资在内的财政理论。财政融资是现代商品经济发展的产物，在一些商品经济比较发达的国家，财政融资已经成为财政收支的重要组成部分，在社会投资中占有很大比重。其中包括国家信用，如发行公债、国库券、专项债券、国外借债款、对企业发放周转贷款、新技术贷款、落后地区经济开发贷款以及无息贷款、贴息贷款等，这种财政融资已经成为协调社会资金、增强社会财力、调节经济发展的重要手段。我国近几年的实践向我们提出财政融资的必要性，如发行国库券、中央财政向地方财政借款和财政贷款等。但是在理论上财政融资没有被纳入财政范畴。顺便说一句，财政融资与银行信用具有不同性质，银行信用不能容纳财政融资涉及的范围，如果把财政融资并入银行信用，就会限制财政融资的功能，阻碍社会资金的有效使用。

打破财政无偿分配的观念，拓宽财政分配范围，由实现国家职能的财政到实现社会职能的财政的转变，是商品经济发展的客观需要。反过来说，没有这种转变，财政分配就会脱离多种所有制形式和多种经营方式并存的经济结构，无法协调各种所有制形式和各种经营方式的资金周转，财政对社会资金的使用方向和结构就会处于无能为力的地位，社会总资金的运用就会失去控制，对有计划商品经济的发展产生不利影响；没有这种转变就不能有效地利用分散在企业、单位乃至个人手中暂时闲散的社会资金，在不侵害资金所有权的前提下，聚集社会资金对企业进行技术改造，加速经济现代化进程；没有这种转变，财政对宏观经济的控制能力就会削弱，社会总需求和总供给的平衡就会受到预算外资金的冲击。

由单一公有制到多种所有制形式的转变，财政分配形式也要随着改变。全民所有制内部的承包、租赁和股份制企业的发展，集体所有制的扩大，只用无偿占有的分配形式集中资金就会破坏多种所有制形式并存的经济结构，扼杀企业的活力，阻碍生产力的发展，与搞活企业的改革目标不相容。

三　政策目标由注重微观平衡到注重宏观平衡的转变

在有计划的商品经济中，财政的政策目标是实现国民经济的均衡发展。所谓均衡发展就是要避免经济增长幅度的过大起伏和周期震荡。在过去的几十年中，我们的国民经济是大起大伏的，实际上也是一种周期震荡，过程是：高速度—严重比例失调—经济调整—平衡发展—高速度。这种周期震荡，时间长短不等，破坏程度大小不同，但在几十年中发生过几次，对社会生产力的发展造成很大破坏。如果我们的经济没有过去的几次震荡，社会生产力水平无疑要比现在高得多。这种震荡与我们的经济体制，特别是经济决策和利益分配体制有非常密切的联系，不彻底改革经济体制就不能改变经济发展的周期震荡。从政策目标来说，要防止震荡和达到均衡发展就必须保持平衡。

平衡是均衡发展的前提，不平衡，严重的比例失调，就不可能有均衡的发展。经济发展是不断争取平衡的过程，只有自觉地保持平衡，才能使国民经济均衡地发展。计划调节就是用平衡手段协调比例关系，截长线，补短线，抑制过度膨胀，资助萎缩，运用一切有效手段保持社会总需求和总供给的基本平衡。

在经济领域，宏观平衡和微观平衡具有相对性。相对于企业和个别项目的平衡来说，财政平衡是宏观平衡。相对于社会总需求和总供给的平衡来说，财政平衡是微观平衡。我们说财政的政策目标由微观平衡到宏观平衡的转变，是指财政平衡要由保持国家预算收支平衡转向社会总需求资金的平衡，并通过总资金的平衡控制社会总需求和总供给的平衡。在产品经济中，社会总需求和总供给是由国家的产品分配计划控制的，财政的政策目标是在总平衡的前提下保持国家预算收支的平衡，只要国家预算本身保持平衡，社会总需求和总供给的平衡基本上可以实现。在商品经济中，社会分配机制发生变化，财政分配与物资分配脱离直接联系，价值分配超前，有支付能力的社会需求的形成先于供给，成为供求矛盾的主导方面，财政的政策目标必须转向控制社会总需求，才能有效地控制经济发展的平衡过程，这种转变是由以下情况引起的。

第一，多种所有制形式和多种经营方式的经济结构，改变了宏观经济的调节体系，以指导性计划和市场机制为主的调节体系代替了单一的指令性计划，企业由按计划生产转向为市场生产，以产定销被以销定产所代替，市场变化成为企业经营决策的主要依据。

第二，多层次、多渠道的投资决策体系，形成国家、集体和个人一起上的投资局面，在全社会固定资产投资中国家预算内投资的比重降低，集体和个人的投资比重上升。1985年全民所有制单位的固定资产投资中国家预算内投资只占三分之一，预算外投资占三分之二。在全社会固定资产投资中，国家预算内投资只占23％，不到四分之一。只管国家预算内的投资不能控制社会固定资产投资规模。

第三，城市工商企业作为独立的商品生产者和经营者，农村分田到户实行个体经营，使社会消费基金的分配完全脱离国家财政收支范围，以企业和个人经营状况为转移，国家失去控制消费基金的有效手段。

第四，过去银行只对国营企业发放临时性周转贷款，不发放固定资产投资贷款。现在银行打破一切限制，可以对所有的经营者发放各种贷款。银行信贷已经成为固定资产投资的重要渠道，投资规模在逐年扩大，财政对银行信贷没有任何制约能力。

这些变化说明，随着商品经济的发展和社会经济结构的变化，财政的政策目标必须由保持微观平衡转向宏观平衡的实现，把财政平衡作为控制宏观平衡的手段，保持社会总需求和总供给的基本平衡。如果财政的政策目标只限于保持财政收支本身的平衡对宏观经济平衡就会失去制约作用。

如何把财政平衡作为制约宏观经济平衡的手段，经济学界存在不同的认识。有一种主张认为，对宏观经济平衡来说，财政平衡本身没有实际意义，因为财政平衡不一定能保证宏观经济的平衡，只有把财政赤字或财政结余作为调节社会需求的手段，才能促进宏观经济的平衡发展，换句话说，就是要学习西方国家的做法，或用财政赤字弥补投资缺口，扩大社会需求；或用财政结余抑制投资膨胀。这种主张对西方的生产过剩能起缓和作用，但是对有计划的商品经济来说，除了加剧不平衡以外不会产生其他积极的作用。近几年就是在盲目崇拜西方的影响下，实行过度扩张的财政和货币政策，造成国民收入连年超分配，需求过旺，物价上涨，对国民经济生活产生消极影响。投资膨胀、需求过剩是我国经济生活中长期存在的弊端，按照西方的经济理论应该抑制有效需求，压缩固定资产投资规模，紧缩货币供应，缓和供给短缺的矛盾，然而由于追求高速度的欲望，在多层次多渠道投资失控的情况下，实行了一种具有自我欺骗形式的赤字政策。下面是

"六五"时期的财政实绩（单位：亿元）：

年　度	当年收入与当年支出			债务收入		平衡差额
	收入	支出	赤字	内债	外债	
1981	1016.38	1114.97	-98.59	—	73.08	-25.51
1982	1040.11	1153.31	-113.20	43.83	40.03	-29.34
1983	1169.58	1292.45	-122.87	41.58	37.87	-43.42
1984	1388.50	1515.00	-126.50	41.50	35.00	-50.00
1985	1776.55	1877.78	-68.23	60.61	29.24	+21.62
合　计	6391.12	6920.51	-529.39	187.52	215.22	-126.65

表中数字说明，当年收入与当年支出相比每年都是赤字预算，把债务收入计算在内，四年赤字，一年结余，五年总计赤字126.65亿元。与西方国家比较这是一种过度膨胀的赤字财政。因为西方国家当年收入减支出的赤字，用公债弥补之后，一般总要留有待分配收入，不再有亏空。我们的当年收入减支出的赤字，用债务收入弥补以后还有亏空（还有赤字），这是一种超财政赤字的赤字，结果必然造成国民收入超分配，纸币过量发行和物价上涨，国民经济发展失衡。这是与有计划的商品经济相背离的。要保持国民经济均衡发展，避免恶性通货膨胀，保持社会安定，必须改变扩张政策，实行平衡政策。其客观依据是：

一是有计划的商品经济与生产无政府状态的区别，在于有计划的商品经济能够自觉地保持社会总需求和总供给的基本平衡，不平衡就不能称为有计划的商品经济。而要使社会总需求和总供给保持平衡，首先要使财政和银行信贷经常保持平衡。因为在社会主义经济中社会总需求和总供给基本由财政收支和银行信贷造成的。外汇收支不是反映在财政收支中，就是反映在银行信贷中；物资分配最终总是要通过货币资金体现出来。只要财政和银行信贷都能保持平衡或者使二者在总体上保持平衡，宏观经济的平衡就有可靠的保证。

二是商品的二重性决定经济发展是一个不断争取平衡的过程，无论对资本主义商品经济还是对社会主义商品经济来说都是如此。由于商品价值和使用价值的矛盾表现为商品与货币的外部对立，平衡就成为商品经济发展的前提。由于社会主义和资本主义的经济条件不同，争取平衡的方法也不同。在总体上，资本主义社会无法自觉地保持社会总需求和总供给的平衡，生产过剩和有效需求不足，是资本主义经济的伴侣。用扩大财政支出的办法增加有效需求，是现代资本主义经常采用的缓和过剩危机的办法。几十年的实践证明，这种办法并不都是有效的，赤字财政不但没有解决资本主义经济的不平衡，反而使慢性财政危机与经济危机互相交织，使经济危机更加频繁。现在一些主要资本主义国家开始放弃赤字财政理论，提出重建平衡财政或消除财政赤字的方针，说明赤字财政的道路是走不通的。社会主义有计划的商品经济之所以能够自觉地保持社会总需求和总供给的基本平衡，除了制定总体计划之外，关键是能够使财政和信贷收支保持平衡。这样，就形成了社会主义宏观经济总平衡的根本基础。

但是，现在的财政收支具有很大的局限性，对社会总需求和总供给的制约作用很小，不能成为国家控制宏观经济的手段。改变这种状况的途径，就是要使财政分配由微观平衡转向宏观平衡。宏观平衡的内容是社会资金的周转过程，包括三部分：即国家预算、财政融资（预算外的社会资金）和国家信用（包括内债和外债）的平衡，日本把财政融资称为第二预算。只有把财政融资和国家信用纳入财政平衡的范围，才能使财政平衡由微观转向宏观，成为协调社会投资，保持国民经济均衡发展的有效手段。

（原载《吉林财专学报》1986 年第 2 期）

振兴财政的关键

　　深化改革，振兴财政，是当前面临的一项战略任务，要引起各方的重视，求得全党共识。并且需要实事求是地说明当前的财政状况和振兴财政的关键所在。

　　我们的财政收支现在已经陷入前所未有的困境。按国际通用方法计算，"七五"时期累计财政赤字 1690.47 亿元，占同期财政总支出的 12.14%。其中国外借款 627.63 亿元，国内债务 591.36 亿元，财政发行 471.48 亿元。在 1991 年的预算安排中，经常性财政收入为 3090.73 亿元，财政总支出为 3566.56 亿元，实际财政赤字为 475.83 亿元。其中国外借款 162.37 亿元，国内债务 190 亿元，财政发行 123.46 亿元，财政赤字占财政总支出的比重是 13.34%，比"七五"时期 5 年平均数高 1 个百分点。据了解，由于经济效益不佳和自然灾害的影响，财政赤字还可能扩大。

　　财政收支状况是国民经济的综合反映，在财政收支严重失衡的情况下，要保持国民经济协调发展是困难的。如果不采取有效措施深化改革，振兴财政，社会主义的经济改革和经济发展必然要遭受挫折。这不是危言耸听，而是历史教训，不能处之泰然。

振兴财政的途径在于深化改革，而深化改革的关键何在？认识未见统一。我认为，要振兴财政，深化改革必须抓住以下几个关键问题。

一　指导思想要注重转换分配机制，不要算死账

我们当前的财政困难不是由于生产下降和国民收入减少造成的，而是由于分配格局不合理和分配机制被扭曲造成的。这种扭曲和过去用算死账的方法决定改革措施，注重现有收入的增减，不考虑分配机制变化可能产生的后果有直接联系。明确地讲，分配格局不合理，分配机制被扭曲，是由于过去的改革措施失误造成的。在社会经济运行中，分配机制会直接影响经济效益和财政收入，但财政收入未必能改变分配机制。实践证明，用算死账的办法决定改革措施，往往会扭曲分配机制，造成财源流失。结果是要保的收入保不住不保的收入完全流失。如果只在现有财政收入范围内打算盘，就财政论财政，不改变分配格局，不触动既得权益，不转换分配机制，要振兴财政是困难的。因为现在的财政困难是在生产发展和国民收入增长过程中出现的。以 1985 年为基期，到 1990 年，按可比价格计算，国民收入增长 43.4%，平均每年增长 7.5%。按当年价格计算增长 103.7%，平均每年增长 15.3%。同期国家预算内正常财政收入只增长 58.44%，平均每年增长 9.7%，相差 5.6 个百分点，致使财政赤字由 1985 年的 68.2 亿元增加到 1990 年的 509 亿元，增加 6.5 倍。如果深入分析一下 1990 年中央财政收入结构情况就更加清楚。1990 年中央财政收入为 1818.35 亿元，其中本级收入为 1336.05 亿元，占 73.5%，地方上解收入为 482.3 亿元，占 26.5%。在中央本级

财政收入中，国外借款、国内债务、能交基金、预算调节基金等为 662.54 亿元，在中央本级财政收入中，国外借款、国内债务、能交基金、预算调节基金等为 662.5 亿元，占中央本级财政收入的 50.41%。这就是说中央本级财政收入的半数是靠借债和非规范性征收得到的。在中央财政收入结构中，正常收入只占 37%（673.5/1818.35×100），借债和非规范性征收及地方上解收入占 63%，致使 1990 年中央财政赤字达 469.14 亿元，占中央财政支出的 24.32%，这说明中央财政已走到难以为继的地步。这种现象只用经济效益下降是说不清楚的，根本问题是分配机制被扭曲。主要表现是：

第一，个人与社会的分配机制被扭曲。现在企业、学校、社会组织和国家机关与个人的分配关系完全失去规范控制，个人收入来源五花八门，承包收入、租赁收入、名目众多的奖金、浮动工资、津贴、劳务费等等，造成国民收入分配向个人倾斜。正常的工资收入在职工个人收入中所占的比重不断降低，非工资收入的比重不断提高。1988 年全国企业单位工资与奖金的比例由 1985 年 85:15 变为 30:70。这种被扭曲的分配机制使大量国民收入流到少数富裕阶层的手中，造成分配不公。据有关人士测算，近几年，全国高收入阶层（个体户、私营企业主、涉外企业职工、企业承包人、名演员等）占全国劳动者的 32%，其收入却占全部城乡居民收入的 57% 强[①]。

第二，国家和企业的分配机制被扭曲。一方面，企业实行税利合一的承包经营，用承包合同代替国家税法，使财政收入规范遭到破坏，扭曲了国家和企业的分配关系，造成国民收入分配向企业倾斜；另一方面，在财政收入相对下降、财政支出产生严重

---

① 见《经济日报》1990 年 7 月 24 日载《正视多层消费群体》一文。

困难的情况下，又在承包基数以外向企业进行额外征收，搞乱了整个分配过程。

第三，中央和地方的分配机制被扭曲。财政分配中预算内和预算外的双轨制和地方承包，造成财政收入向地方倾斜，使中央财政收入比重不断下降，陷入依靠借债维持的境地。

除以上三方面的扭曲以外，还有近几年实行的遗害无穷的"创收"政策，使大量国民收入通过乱收费、乱摊派和乱罚款流入单位小金库和个人腰包。

根据粗略测算，由于分配机制被扭曲，1990 年国民收入流失大约有 1200 多亿元。这是造成经济效益下降、企业大面积亏损和财政收入困难的根源。所以，振兴财政的关键是调整分配政策，转换分配机制，而不是在现行体制的基础上算死账。转换的办法是：规范个人收入形式，整顿个人分配秩序；在国家和国营企业分配关系中实行税利分流；在中央和地方分配关系中实行分税制。

二　政策上要注重增强国营企业活力，巩固社会主义经济基础

经济改革作为社会主义制度自我完善的过程，根本目的是改善社会主义公有制的实现形式，增强国营企业的活力，充分发挥公有制的优越性，提高经济效益，促进生产力的发展，为在和平竞赛中战胜资本主义制度创造条件，这是防止和平演变的基础。只有在社会经济发展中证明社会主义公有制比资本主义私有制能够创造更大的经济效益，具有更强的竞争力，才能保证社会主义取得最终胜利。邓小平同志讲："我们一定要、也一定能拿今后的大量事实来证明，社会主义制度优越于资本主义制度。这要表

现在许多方面，但首先要表现在经济发展速度和经济效果方面。没有这一条，再吹牛也没有用。"① 实现这一条的办法就是深化改革，增强国营企业活力。

社会主义是以公有制为基础的，不管社会主义初级阶段的经济成分有多少，只能以公有制为基础，其他所有制形式只能处于从属地位，不能起主导作用，不能决定社会经济的发展方向。社会主义经济改革必须始终坚持以公有制为主导的原则，保持公有制的主导地位，发挥公有制的主导作用，使公有制特别是全民所有制在社会经济结构中占有最大比重，具有决定社会经济发展方向的活动与能力。

社会经济结构的社会主义经济基础是两个不同的概念。社会经济结构是指各种所有制在社会经济中所占的比重；经济基础是指决定社会性质的所有制形式。社会主义初级阶段的经济结构是由多种所有制构成的，但社会主义的经济基础，即决定国家政权性质和经济发展方向的经济关系只能是公有制，其他所有制形式都处于从属地位。这就是说社会主义的性质是由公有制决定的，不是由其他所有制形式决定的。而要保持公有制的决定作用，除了在质上显示公有制的优越性之外，在量上也要占主导地位，至少要占国民生产总值的 50% 以上。近几年的经济发展趋势对保持国营经济的主导地位不利。据统计，1990 年全国新增工业产值中，乡镇企业占 40%，三资企业占 33%，国营和其他类型企业仅占 27%。国营工业企业的产值在国民生产总值中的比重每年以 2% 的速度下降，应该引起注意。据报道，厦门市外资企业的产值占全市工业总产值的 54%，国营企业的产值只占 32%，

---

① 《邓小平文选（一九七五——一九八二年）》，人民出版社 1983 年版，第 215 页。

而且发展无力，处于萎缩状态。原因是政府部门只热心为三资企业服务，对国营企业有许多政策限制，使国营企业处于非常不利的地位。如果说特区经济可以搞资本主义，需要限制国营经济的比重，另当别论。但在全国社会经济结构中，必须防止这种现象的出现，避免和平演变。

现在，我国有各种所有制形式的企业，其中外资企业、合资企业、私营企业以及乡镇企业都有活力，只有国营企业活力不足，是什么原因造成的？人们可以罗列许多理由去指责国营企业，有的人甚至还把这种现象归罪于全民所有制，认为应该把国营企业改为股份制、企业所有制甚至私有制，以增强企业活力，提高经济效益。实际上，这不是增强国营企业的活力，而是要改变公有制的性质。国营企业活力不足，不是公有制造成的，而是由现行政策引起的。如果把我们现在对待国营企业的各种政策用来对待外资企业、合资企业和乡镇企业，所有这些企业都会失去活力。反过来，如果我们像对待外资企业和合资企业一样来对待国营企业，我相信，国营企业的经济效益决不比外资企业差，这已经为事实所证明。

国营企业为什么活力不足？简单地说有两条：一是国营企业没有产品销售的自主权，价格限制过死，产品不能随行就市，高价购买原材料不能高价卖出商品，使经营陷入困境；二是财政负担和社会负担过重，没有自我改造和发展能力。这里抛开价格体制不说，仅就财政体制而言，要振兴财政就必须从增强国营企业活力入手，培养财源。国营企业是社会主义国家财政收入的主要来源，国营企业活力不足，财政状况很难有根本好转。而要增强国营企业活力，就必须改革现行财政体制，调整分配政策。首先，与其他所有制形式的企业相比，国营企业税收负担偏重。如外资企业所得税率为33％，私营企业所得税基本税率为35％，集体企业所得税最高税税率为 55％，国营企业所得税法定税率高达 70％（55％ 的所得税加 15％ 的留利调节税）至于特区和内地企业所得税率差别更大；其次，还要对预算外收入征收 15％ 的能交基金和 10％ 的预算调节基金，而且两金不只是包括税后留利，还包括基本折旧及其他收入，就是说连维持简单再生产的补偿费用也要征收；再次，国营企业还承担各种社会负担和捐助。总之，国营企业创造的剩余产品即纯收入被国家财政和社会机构分配殆尽，企业除了吃老本就只能在困境中挣扎。可以这样说，我们庞大的国家机构和对外资企业的优惠政策，以及少数先富起来的百万富翁，都是靠国营企业创造的剩余产品支撑的。整个社会的活力是以国营企业活力不足为代价的。死了国营企业，活了外资、合资、私营和乡镇企业，这种状况不能长久下去。

从财政体制角度说，搞活国营企业的关键是实行税利分流，税归税，利归利，降低国营企业所得税率，平衡各类企业的税收负担，改变对国营企业的挤压政策。要和外资、合资、私营、集体企业一样，国营企业的税后利润也要用于国营企业自身的发展。同时，要取消对国营企业的税外征收，取消两金，规范财政分配，使国营业作为相对独立的经济主体有支配税后利润的自主权。在多种所有制并存的经济结构中，其他所有制形式的企业税后利润都归企业支配，而把国营企业的税后利润收归财政，用于一般社会需要和支持其他经济成分的发展是不恰当的。长此以往，公有制的主导地位就会被其经济成分所取代。

实行税利分流的阻力与其说是来自企业，不如说来自现行财政体制。有人测算过，如果不改革现行财政体制，只把国营企业所得税率降低到 35％，实行税利分流，税后承包，有 86％ 的国营企业税后无利，陷于亏损，企业当然不能接受。现在，反对税利分流的人就是以此为根据的。所以，实行税利分流，必须以改革现行财政体制为前提。如果在现行体制下搞税利分流、税后还贷、税后承包，并继续征收两金，那就会进一步搞死国营企业，根本行不通。不仅企业不能接受，恐怕社会各界都不会赞成。

三　体制上要调整财政收支结构，严格实行规范财政

当前的财政收支实际上已经陷入危机状态，长期入不敷出，应该收的收不回来，中途流失；应该支的无力支付，经费供给不足，"饭"吃不饱，路走不通（没有差旅费），要非生产机构"自谋生路"去创收。为了增加收入又在税外征收各种基金，对企业见钱就要，向地方借钱不还，走到不讲政策的地步。造成这种状况的原因当然是多方面的，有政治的、经济的，也有财政本身的问题。要振兴财政，改变现状，首先要从财政自身作起，消除自身的弱点才能推动客观发生变化。

第一，要按照有计划商品经济发展的要求，为国营企业自主经营创造条件，改变统收统支的旧观念，合理调整财政支出结构，把应该归企业的支出全部划归企业。如技术改造措施费、新产品试制费、经营性亏损补贴等，都应该从财政支出中剔除。同时，把应该由财政支出的费用全部纳入财政预算，保证正常经费供给。这是统一政策、消除以权谋私、搞好廉政建设不可缺少的条件。财政支出结构要与社会主义经济改革的方向相一致，促进改革目标的顺利实现。财政支出必须脱离统收统支的旧轨道，在保持宏观控制的前提下，促进市场发育，推动国营企业进入市场，走上自主经营道路。包下来的理财思想与商品经济是不相容的。

第二，按照统一财源，强化财政宏观控制的原则，调整收入

结构。其中包括调整国营企业收入结构和国家财政收入结构两个层次。企业的一切收入都应该来源于税后利润，取消税后利润以外的一切来源，包括税前还贷和从销售收入中提取各种基金的做法，使企业真正走上以盈亏为消长的道路，体现《企业法》规定的经营原则，迫使企业提高经济效益；财政收入，在正常情况下只能来源于税收、规费和国营企业上缴的部分利润，在收入不足时可以发行国债，但不能随意进行税外征收。目前，财政收入中非规范性征收和债务收入占的比重过大，特别是中央财政收入结构非常不合理，其中非规范性征收和债务收入占 36.44%，这种状况必须改变。

财政收支反映经济运行状态，对国民经济运行具有很大的反作用。收支结构合理可以促进国民经济协调发展；反之，则会给国民经济发展造成困难，引起经济发展的不协调。我们说要实行规范财政，就是要在调整收支结构的基础上，划清收支渠道，建立严格的财政规范，改变财政分配的随意性，并借助财政收支规范促进社会经济运行规范化，更好地发挥财政分配的调控作用。概括地讲，实行规范财政的内容主要包括以下几个方面：

一是要实行统一的分级财政，分解预算外收入，分级统一财源。统一的分级财政和现行的"分灶吃饭"体制具有不同的性质。"分灶吃饭"是在统收统支的轨道上分级包干，并未彻底打破统收统支的旧格局；统一的分级财政是在划分中央和地方事权的基础上，按照财权与事权一致原则划分收支，各级财政都有相对独立的收入来源和支出范围，是谁的收入纳入谁的预算。同一单位的收入要统一安排，统筹使用，建立包括一切收入的统一的分级预算。

二是要创造条件用分税制代替财政承包。财政承包和分税制是两种不同的体制。分税制是在健全税制的基础上划分税种，建立规范化收入来源；财政承包是不分收入形式，不问收入来源，按照协议确定收支总额，一个地区一个比例，具有很大随意性。用分税制代替财政承包，规范中央和地方的财政收支，是深化财政体制改革，理顺中央和地方分配关系的根本措施。实现这一措施的条件是完善地方税体系，使地方有可靠的财源。没有这个条件，要在现行体制下把财政承包改为分税制是困难的。

三是要用复式预算控制代替预算内和预算外收入的分散管理。把同一单位的收入分为预算内和预算外两部分、分散管理，不仅造成资金分散，财源流失，而且对国民经济协调发展和宏观控制产生很大消极作用，必须加以改变。办法就是把预算收支分为两部分，一部分是经常性经费预算；另一部分是生产投资性的基金预算，把所有企业部门的基金纳入预算，进行综合平衡，实行计划控制。复式预算就其内容而言并不是什么新东西，50 年代我们曾经实行过经费预算和企业部门财务收支计划并行的制度，那时是按统收统支原则编制的。复式预算控制则是按照分级管理原则，根据资金的不同用途进行总额控制，并不打乱资金所有权。实际上，现在各地对预算外资金都有一套管理办法，只是没有统一的规范，不能进行总额平衡。只要我们按照商品经济发展的客观要求，对过去实行的办法进行改革，实行复式预算控制并不困难。总之，实行规范财政是消除财政分配的混乱状态、振兴财政的关键之一。

只要我们在深化改革中抓住上述三个关键，采取有效措施，振兴财政的战略目标是可以实现的。

（原载《财政研究》1991 第 12 期）

税收理论与
税制改革

社会主义税收发展的客观必然性

　　税收是涉及全体社会成员切身利益的经济问题，不是单纯的财政问题。过去在理论上把税收简单化，只从财政收入上考虑税收的作用。削弱了税收的理论研究，降低了税收在社会再生产中的地位和作用。这次城市经济改革，用税收代替上缴利润，使社会主义税收进入一个新的发展阶段，冲破了传统税收理论的局限，给我们提出一个新问题，即社会主义税收发展的客观必然性是什么？从理论和实践的结合上说明这个问题，对于社会主义税收的理论研究和实践都是非常重要的。

一　所有权与经营权的分离是税收发展的第一个原因

　　随着社会生产力的发展，生产社会化程度不断提高，所有权与经营权普遍分离，这是引起社会主义税收发展的第一个原因。税收是体现国家所有权（或所有制）的经济形式，国家所有权的变化必然要引起税收的变化。从理论上弄清楚税收与国家所有权的关系，是正确认识社会主义税收的性质和作用，阐明社会主义税收发展的客观必然性的前提。马克思和恩格斯都认为：地租、利润、捐税都是凭借所有权支配剩余产品的经济形式，地租体现土地所有权，利润体现资本所有权，税收体现国家所有权。恩格斯说："纳税原则本质上是纯共产主义的原则，因为一切国家的征税的权力都是从所谓国家所有制来的。的确，或者是私有制神圣不可侵犯，这样就没有什么国家所有制，而国家也就无权征税；或者是国家有这种权利，这样私有制就不是神圣不可侵犯的，国家所有制就高于私有制，而国家也就成了真正的主人。"①社会主义国家作为全民所有制的代表与历史上存在过的国家所有制具有不同的性质。这是人们容易理解的。但是不管国家所有制的性质如何，一切国家的征税权利都是从国家所有制来的，这是相同的。

所有权也称所有制，包括占有权、支配权和使用权，对国家来说还有主权和行政管理权。主权是集中的土地所有权，行政管理权是行使所有权的社会职能。有些地方，马克思把所有制、所有权和占有权作为相同的概念，有时分开使用。按照我的理解，马克思说的所有制或所有权，包括主权、占有权、支配权和使用权。如果把占有权和所有权作为涵义相同的概念，主权永远属于国家，支配权和使用权就是我们通常所说的经营权。在不同的经济条件下，所有权（包括主权）与经营权可以合为一体，集中体现，也可以分别体现。独立的小生产者利用自己占有的生产资料进行独立经营，所有权与经营权基本上合为一体；在封建社会，地主占有土地但不直接经营，由租种土地的佃农行使支配权和使用权，所有权与经营权分别体现。在资本主义社会，"与信用事业一起发展的股份企业，一般地说也有一种趋势，就是使这种管

---

① 《马克思恩格斯全集》第2卷，人民出版社1957年版，第615页。

理劳动作为一种职能越来越同自有资本或借入资本的所有权相分离，这完全像司法职能和行政职能随着资产阶级社会的发展，同土地所有权相分离一样，而在封建时代，这些职能都是土地所有权的属性。"① 马克思在这里说的管理劳动，就是我们所说的行使支配权和使用权的经营活动。所有权与经营权的分离是生产社会化的产物，不是资本主义生产特有的现象，它是商品经济发展的结果，也是进一步发展商品经济的前提。马克思对此有过科学评价。

在商品经济中，税收和利润都是借助货币分配剩余产品的形式，也都能体现生产资料所有权。马克思说："正是资本家与工人之间的这种交易创造出随后以地租、商业利润、资本利息、捐税等等形式在各类资本家及其奴仆之间进行分配的全部剩余价值。"② 支配剩余产品是体现所有权的基本标志，剩余产品归谁支配就表明谁拥有生产资料所有权。在资本主义社会，生产资料所有权归资本家阶级，主权为资产阶级国家所有，剩余产品只能在各类资本家及其奴仆之间进行分配，地租、利润、利息、捐税也就成了体现资本所有权的经济形式。在社会主义社会，所有权归国家和劳动人民掌握，剩余产品就要归国家和劳动人民支配，利润和捐税就成了体现社会主义所有权的形式。

问题是为什么在城市经济体制改革中要用税收代替上缴利润？这就需要分析全民所有制内部所有权发生的变化。过去，由于我们把商品经济与社会主义计划经济对立起来，没有认真研究商品经济是所有权与经营权分离的普遍性，认为全民所有就要由国家直接经营，把所有权与经营权合为一体，企业的生产由国家

① 《马克思恩格斯全集》第 25 卷，人民出版社 1974 年版，第 436 页。
② 《马克思恩格斯选集》第 2 卷，人民出版社 1972 年版，第 481 页。

计划直接安排，产品由国家分配，支出由国家拨款，利润全部上缴，亏损由国家补贴，结果束缚了企业生产经营的积极性，降低了经济效益，阻碍了生产力的发展，造成企业吃国家"大锅饭"的局面，呈现出自然经济的偏向。十一届三中全会以后，废除了"以阶级斗争为纲"的理论，把工作重点转移到社会主义现代化建设上，把发展社会生产力作为社会主义历史时期的根本任务，这就必须改革过时的经济管理体制，调整与生产力的发展不相适应的生产关系和上层建筑，才能促进社会生产力的发展。企业是社会生产的基本单位，发挥企业生产经营的主动性、积极性和创造性，增强企业活力，是加速社会生产力发展的关键。而要发挥企业的积极性，就要在不改变全民所有制性质的前提下，赋予企业自主经营的权力，使企业成为相对独立的商品生产者，有权选择经营方式，有权销售自己的产品，有权确定本企业产品的销售价格，有权支配本企业的税后利润，有权改变职工的福利待遇，有权扩大或缩小经营范围等，使企业及其职工的物质利益与企业的盈亏直接联系起来，自主经营，自负盈亏。这种经济体制虽然没有改变全民所有制的性质，但从根本上改变了全民所有制企业的经营形式，即由国家直接经营改为企业自主经营，使全民所有制内部的经济关系发生了深刻变化。国家作为全民所有制的代表不再直接经营企业，而企业则摆脱所有权的束缚成为相对独立的经济实体，使所有权与经营权的分离成为普遍现象。这种变化要求改变国家与企业的分配关系，打破企业吃国家"大锅饭"的格局。在全民所有制国家直接经营的体制下，企业创造的剩余产品通过税收和上缴利润两种形式基本上全部上缴国家，这种分配形式不仅限制了企业自主经营的权力，更重要的是使企业及其职工的物质利益与企业盈亏脱离联系，盈利多的多缴，盈利少的少缴，亏损由国家补贴，不管经营好坏，工资福利都一个样。不改变这种分配关系，要发挥企业的积极性是不可能的。反过来说，政企职责分开，肯定企业作为相对独立的商品生产者具有特殊的经济利益，就要有体现企业特殊利益的经济形式才能使企业的利益得到实现。这样，在国家与企业的分配关系中，用税收代替上缴利润，税后利润归企业，使税收成为体现国家所有权的形式，保证社会的共同需要；使利润成为体现企业经营权的形式，保证企业的需要。这是实行政企分开的必然趋势。

税收是一个古老的经济范畴，在人类社会发展中具有非常重要的作用。正确认识税收在历史上产生和发展的基本原因，可以帮助我们更好地认识社会主义税收发展的客观必然性。在历史上，每一种税都有产生它的经济条件和社会背景。从产生最早的农业税（土地税）来看，所有权与经营权的分离是税收产生的始发原因，至少在中国是如此。马克思下面这段话对我们研究税收产生和发展的始发原因有很大教益。他说："如果不是私有土地的所有者，而像在亚洲那样，国家既作为土地所有者，同时又作为主权者而同直接生产者相对立，那么，地租和赋税就会合为一体，或者不如说，不会再有什么同这个地租形式不同的赋税。在这种情况下，依附关系在政治方面和经济方面，除了所有臣民对这个国家都有的臣属关系以外，不需要更严酷的形式。在这里，国家就是最高的地方。在这里，主权就是在全国范围内集中的土地所有权。但因此那时也就没有私有土地的所有权，虽然存在着对土地的私人的和共同的占有权和使用权。"[1] 在我国历史上，鲁宣公"初税亩"，就是在承认私人对土地的占有权和所有权而不放弃国家所有权的条件下进行的。按照马克思主义的观点，放弃所有权也就无权征税（支配剩余产品）。我认为，从这段话中

---

[1]　《马克思恩格斯全集》第25卷，人民出版社1974年版，第891页。

可以得出这样一种认识：税收随着所有权与经营权的分离而产生，又随着所有权与经营权的普遍分离而发展；在所有权与经营权合为一体的情况下，也就没有与地租、利润不同的赋税。当然，这只是就税收产生的始发原因来说的，不能一概而论。因为：第一，税收产生以后，它会作为现成的收入形式离开产生它的胚胎而发展，产生许多派生的税种，甚至引起其他方面的仿效，因而不能说每一税种的产生都以所有权与经营权的分离直接有关；第二，所有权与经营权的分离会使一系列经济关系发生变化，导致许多社会职能与所有权相分离，使许多社会职能成为独立活动领域，这也是促使税收发展的原因之一。但是，从所有制（所有权）决定分配关系的逻辑上说，归根到底，所有权与经营权的分离是税收与地租、利润相分离的基本原因。

二　作为社会扣除的现成形式是税收发展的第二个原因

实行政企职责分开以后，企业作为相对独立的商品生产者，自主经营，自负盈亏，首先要补偿生产过程的物质消耗，保证企业不亏本，这是企业维持原有生产规模，作为相对独立的商品生产者继续存在的前提。在旧的经济体制中，企业的利润全部上缴，亏损由国家补贴，生产过程的物质消耗实际上是由社会进行集中补偿。企业的经济核算徒具虚名。按照自主经营、自负盈亏的原则，真正由企业补偿生产过程的物质消耗，这是打破企业吃国家"大锅饭"，实行全面经济核算的前提。

生产过程的物质消耗，包括物化劳动与活劳动两部分。在经济学中，经常用 C 表示物化劳动的消耗，用 V 表示活劳动的消耗。补偿生产过程的物质消耗，是一切社会进行社会再生产的自然现象，不受社会性质的影响。"徭役劳动者的产品在这里必须在补偿他的生活资料之外，足够补偿他的各种劳动条件，这种情况对一切生产方式来说始终是一样的，因为这种情况并不是一切生产方式的特殊形式的结果，而是一切连续不断的和再生产的劳动的自然条件，也就是任何继续进行的生产的自然条件，这种生产同时总是再生产，因而也是它本身的作用条件的再生产。"① 不过在社会再生产中，补偿 C 和 V 具有不同的性质。补偿 C 是收回生产过程消耗的生产资料的转移价值，保持再生产的物质条件；V 是活劳动创造的新价值，V 的补偿同时也就是国民收入的分配过程，是保证劳动者及其家属的生活需要的物质条件。

社会再生产包括物质产品的再生产、劳动力的再生产、生产关系的再生产和整个上层建筑的再生产，企业不仅要维持原有生产规模，为满足企业及其职工的需要进行生产，而且要为满足各种社会职能和上层建筑的需要进行生产，也就是说，企业除了补偿生产过程的物质消耗以外，还要为社会提供剩余产品，创造出比补偿物质消耗更多的价值产品，"年生产物必须提供一切物品（使用价值）以补偿一年中所消费的资本的物质组成部分。扣除这一部分以后，剩余下的就是包含剩余价值的纯产品或剩余产品"。② 这种剩余产品是人类社会进一步发展的物质基础，无论是阶级社会还是无阶级社会的发展都取决于这种剩余产品的多少及其使用效果。恩格斯说："劳动产品超出维持劳动的费用而形成的剩余，以及社会生产基金和后备基金从这种剩余中的形成和积累，过去和现在都是一切社会的、政治的和智力的继续发展的

---

① 《马克思恩格斯全集》第 25 卷，人民出版社 1974 年版，第 890 页。
② 同上书，第 636 页。

基础。"① 同样，社会主义社会的一切发展也要以剩余产品为基础。企业为社会提供剩余产品是社会再生产的共同需要。这种需要包括：

1. 创立共同的生产和生活条件。社会再生产能否实现，企业之间的物质变换能否顺利进行，在很大程度上取决于共同的生产和生活条件，如道路、运输设备、通信、市场设施等，这些都是企业和全体社会成员赖以进行生产和生活的物质条件。没有这些条件，任何企业和个人的生产与生活都会遇到困难，甚至无法进行。在商品经济中这些条件显得更为重要。"劳动可能是必要的，但不是生产的。因此，一切一般的，共同的生产条件——只要他们还不能由资本本身在资本的条件下创造出来——必须由国家收入的一部分来支付，由国库来支付，而［创造共同生产条件的］工人不是生产工人，尽管他们提高了资本的生产能力。"② 马克思在这里说的是一些公共工程，如修筑公路、铺设铁路线、通信设施等，不能收回投资，也不能提供利润，对资本来说是不生产的（不能带来利润），对社会来说却是一种生产费用，社会的必要劳动。"因为必须用道路的生产费用来换取道路。只有在花费一定量劳动、劳动资料、原料等等之后，道路才开始存在。不管用徭役劳动来筑路，还是用赋税来筑路，结果是一样的。但是，所以要修筑道路，只是因为它对于共同体是必要的使用价值，因为共同体无论如何都需要它。"③ 在社会主义社会，这些由国库支付的为创立共同生产和生活条件的费用已经被公认为社会生产费用，成为社会必要劳动的重要组成部分。

---

① 《马克思恩格斯选集》第 3 卷，人民出版社 1972 年版，第 233 页。
② 《马克思恩格斯全集》第 46 卷下，人民出版社 1980 年版，第 26 页。
③ 同上书，第 17—18 页。

2. 为完成各种社会职能支付的费用。如计划、统计、管理、调节、科学、文化、教育、卫生保健、社会赡养和救济等，所有这些社会职能，无论是生产职能还是非生产职能，都是整个社会再生产所必需的，"因为再生产过程本身包含非生产职能"。[①] 完成这种职能的劳动是社会的必要劳动，执行这种职能的人和别人一样进行劳动，只是他们的劳动不创造物质产品，也不创造价值，他们所消耗的物质产品要靠物质生产领域的劳动来提供。对物质生产领域的劳动者来说，这是超出维持他们本身需要的剩余劳动。但是，这种剩余劳动又是他们进行劳动的条件。不提供这种剩余劳动，他们的必要劳动也不能实现。

3. 维持社会秩序和国家安全的费用。在阶级社会中，这些费用虽然具有明显的阶级倾向，但也是社会再生产所必需支付的费用。安定的环境和良好的社会秩序是一切社会生产不可缺少的条件，如防止和制裁斗殴、盗窃、侵犯人权、破坏公共财产和刑事犯罪活动，保证人民生命财产的安全，不是只限于保护统治阶级的特殊利益，而是为所有社会成员创立安全的生活环境所必需的一种费用，国家安全则是民族国家的共同需要。

所有这些社会需要，都要由社会成员的劳动来偿付。就个人与社会的关系来说，支付这种费用的劳动是每一个社会成员向社会提供的超过维持自己生活需要的剩余劳动；从整个社会再生产来看，所有社会成员的劳动都是必要劳动，它由社会共同需要和个人生活需要两部分构成。社会必要劳动和个人必要劳动的差额就是我们通常所说的剩余劳动，只有这部分劳动才能用于社会的共同需要，也是税收存在的物质基础。这两种必要劳动的关系是：社会必要劳动－个人必要劳动＝用于社会共同需要的剩余劳

---

① 《马克思恩格斯全集》第24卷，人民出版社1972年版，第149页。

动，或者是个人必要劳动 + 用于社会共同需要的剩余劳动 = 社会成员必须担负的社会必要劳动。

从生产过程来看，每一个社会成员能够向社会提供多少剩余劳动（或剩余产品），取决于劳动生产率的高低。在其他条件不变的情况下，劳动生产率高，提供的剩余产品就会多。"如果劳动生产率只达到这样的发展程度：一个人的劳动时间只够维持他本人的生活，只够生产和再生产他本人的生活资料，那就没有任何剩余劳动和任何剩余价值，就根本没有劳动力的价值和这个劳动能力所创造的价值之间的差额了。因此，剩余劳动和剩余价值的可能性要以一定的劳动生产率为条件，这个生产率使劳动能力能够创造出超过本身价值的新价值，能够生产比维持生活过程所必需的更多的东西。"① 就生产过程可能提供的剩余产品量来说，剩余产品总是扣除必要产品以后的余额。这是税收可能达到的最高数量界限。

但是，在现实的分配过程中，剩余产品要作为既定的社会需要事先扣除，也就是说，在支付必要产品之前首先要扣除用于社会共同需要的剩余产品。进行这种扣除的必要性是由以下原因引起的：第一，社会生产和消费的连续性，不仅要求不断补偿生产过程的物质消耗，保证直接生产者的各种需要，而且要求用剩余产品连续不断地形成社会消费基金和生产基金，保证社会消费和扩大再生产不中断，这就必须在企业支付必要产品之前扣除社会需要的剩余产品；第二，由于社会生产力还没有达到足以满足人们各种需要的程度，劳动还是人们谋生的手段，人们进行劳动的直接目的是为了获得生活资料，改善自己的物质生活。所谓剩余劳动是与既定的生活费相对而言的，不是真正满足各种需要以后

① 《马克思恩格斯全集》第 26 卷，人民出版社 1972 年版，第 225 页。

的剩余,因而人们还没有达到自觉地为社会提供剩余劳动的高度。如果不进行事先扣除,这种剩余劳动就会转化为个人消费,使社会共同需要失去物质保证;第三,企业作为商品生产者的经营兴趣是以自身的经济利益为转移的,无论在主观和客观上企业都不会完全自觉地把社会利益摆在首位,因为这种利益对企业是间接的、不现实的。这决定了在社会主义再生产过程中国家、集体、个人具有不同的经济利益。这种不同的经济利益,一方面决定了剩余产品不能全部归国家支配,要在国家、集体、个人之间进行适当分配;另一方面决定了在多种经济主体并存的条件下,为了保证社会的共同需要,必须事先扣除归国家支配的剩余产品。由于税收在处理国家与企业的分配关系中具有不少优点,就为进行这种社会扣除提供了现成的形式。

(1)税收采取立法形式,有法定税率,使国家与企业的分配关系具有明确的数量界限,有利于协调国家、集体、个人的经济利润,提高企业和个人经营的兴趣,促进生产力的发展。

(2)用税收形式进行社会扣除,有助于企业保持相对的独立性,增强企业的活力,使企业根据市场需要进行灵活经营。只要企业从事正当经营,照章纳税,就可以得到正当的经济利益(税后利润归企业),更好地发挥企业自主经营的积极性。

(3)用税收形式进行社会扣除,可以减少企业亏损对财政收入的影响,使国家收入有比较可靠的保证,避免集体和个人侵蚀归社会支配的剩余产品,保证社会再生产顺利进行。

总之,把税收作为社会扣除的现成形式,能够把国家、集体和个人的经济利益融为一体,使企业和个人在为自己利益奋斗的过程中同时为国家做出贡献,这也是社会主义税收发展的重要原因之一。

三 商品经济的发展是税收发展的 第三个原因

对税收产生的原因历来就有两种不同的看法。一种看法认为税收是私有制的产物；另一种看法认为税收是商品经济发展的结果。从所有制（或所有权）决定分配关系的规律来说，把所有制的变化作为税收产生的始发原因是有道理的。不过，税收是一个历史悠久的经济范畴，推动税收发展的原因是多方面的，只是看到税收产生的始发原因，忽视推动税收发展的其他条件，不能科学地说明税收发展的历史过程和现代税收形式。在税收发展的历史中，商品经济起了非常重要的作用。

1. 商品经济促进了税收的发展。

这种促进作用大体上可以从以下几个方面理解。（1）商品经济改变了征税的形式，使税收由实物税变成货币税。这种变化，不仅克服了征收实物税的局限和各种困难，而且提高了征税的欲望，为税收的扩展创造了主观和客观条件。同时，货币税迫使纳税人出卖产品换取货币，又推动了商品经济的发展；（2）商品经济扩大了征税的范围，原来征税的主要对象是土地和人口，随着商品经济的发展，征税对象主要转向商品与货币收入，产生了许多新税种，有产品税、营业税、关税等，都是商品经济发展的产物；（3）改变了征税环节，使税收的课征由生产过程转向流通过程，以商品是否销售为征税界限，销售即征税，不销售不征税，使税收与商品销售产生依存关系。可见，商品经济的发展是税收发展的重要原因之一。我们在城市经济改革中用税收代替上交利润，就是按照发展商品经济的客观要求进行的。

2. 商品经济使税收成为调节经济的杠杆。

　　商品经济促进了税收的发展，同时又使税收成为利用价值规律的经济杠杆。党的十二届三中全会的决定指出："商品经济的充分发展，是社会经济发展的不可逾越的阶段，是实现我国经济现代化的必要条件。""同时还应该看到，即使是社会主义的商品经济，它的广泛发展也会产生某种盲目性，必须有计划的指导、调节和行政管理，这在社会主义条件下是能够做到的。"[①] 税收就是进行这种调节的有力杠杆。

　　商品经济是为交换而生产的经济，市场需求对商品经济的发展具有决定作用。无论是有计划的商品经济，还是无计划的商品经济，都要根据市场容量及其发展趋势确定生产规模，不能离开市场需求而盲目生产，因而为争夺销售市场而展开竞争就成为商品经济不可分离的伴侣。政企职责分开，企业作为独立的商品生产者，根据市场需求进行灵活经营，必然要展开争取购销市场的竞争。社会主义商品经济，既要利用竞争鞭策企业改善经营，推动社会生产力的发展，又不能放任企业盲目竞争损害社会利益，需要用经济杠杆进行宏观调节，使企业的经营向有利于社会的方面发展。第一，要利用价值规律的作用推动企业改善经营，降低劳动消耗，提高劳动生产率，不断革新技术，提高经济效益，增强竞争能力；第二，要利用价值规律的作用使企业的生产适应社会需要，诱导企业生产社会需要的产品，限制企业生产社会不需要的产品。税收是利用价值规律调节企业经济利益的重要杠杆。这种杠杆作用表现在：

　　（1）税收可以调节由于自然资源不同造成的企业之间经济效益的差异，促使企业合理利用自然资源，加强经济核算，改善经营管理。企业的生产离不开自然资源，不论科学技术发展到什么

---

　　① 《中共中央关于经济体制改革的决定》，人民出版社 1984 年版，第 17 页。

程度，人们也不能造出地球上不存在的物质，商品生产费用也不能完全摆脱自然资源贫富的影响。自然资源优劣会给企业的生产成本和盈利水平造成一定差异。如油田的含油量、铁矿中的贫矿和富矿、煤层薄厚等，都会影响企业的成本和盈利。占有富矿的企业，即使经营水平较差，也会获得较多的盈利；利用贫矿进行生产的企业，即使经营管理水平较好，按照相同的价格出售产品也只能得到较少利润，因为利用贫矿进行生产需要付出更多的劳动和费用。从社会需要来说，自然资源是有限的，贫矿富矿都要开采；从企业来说，开采贫矿是不合算的。为了使开采贫矿与富矿的企业都能获得与自己的实际贡献相等的经济利益，就要用税收校正由于自然资源不同造成的差异，使企业在相同的条件下展开竞争，促使企业改善经营。

（2）商品经济对市场有很大的依赖性，企业的地理位置距离市场远近会直接影响企业的经营费用和盈利水平。距离市场近的企业，可以随时得到市场信息，根据市场需求调整生产经营，缩短运输时间和销售过程，减少经营费用，相应地提高盈利水平；设在边远地区的企业，交通不便，信息不灵，自然会延长销售时间，增加销售费用，降低盈利水平。这种由于地理位置不同形成的盈利水平的差异，与企业的经营管理没有直接联系，不是企业的劳动所得。要使距离市场远近不同的企业获得大致相同的经济利益，减少商品流通的阻力，使商品流通向边远地区，扩大商品销售范围，就需要利用税收调节不同地区的企业的盈利水平。

（3）在商品经济中，市场需要日新月异，千变万化，即使用电子计算机进行市场预测，也很难使生产结构与市场需求完全吻合。特别是在物价不能随市场供求自由涨落和企业部门之间不能自由转移投资的条件下，生产和需求的脱节现象更是难免的。有时甚至会产生市场急需的商品价格偏低，企业不愿生产；市场不需要或供过于求的商品价格偏高，企业不愿限产，加剧供求不平衡。还有一些技术难度较大，费用较高，但对技术进步具有重要作用的新产品，由于盈利较少，企业也不愿生产。所有这些对社会有利而对企业不利的生产经营，都要利用税收的调节作用加以协调。

（4）商品是天生的自由主义者，在正常情况下它反对任何部门和地区的限制，也不受国界的局限。充分发展商品经济就不可能实行闭关锁国的政策。但是，开放政策，在扩大商品流通范围的同时也带来国家之间、地区之间的经济利益的矛盾，发达的国家和地区会得到更多的经济利益，落后的国家和地区在经济上会受到损失。这就需要利用税收的调节作用，通过增税或减税维护国家的经济权益，提高本国企业的竞争能力，吸收外资促进国内经济发展，并鼓励发达地区向落后地区投资。

总之，在商品经济中，税收具有广泛的调节作用，是国家利用价值规律、进行宏观控制、指导经济发展的重要杠杆。

我们从以上三个方面论证社会主义税收发展的客观必然性，说明社会主义税收的发展有浓厚的经济原因。但是需要说明，上述三个原因不是同一层次的问题，在税收产生和发展的历史中也不是平行地起作用。从税收产生和存在的客观必要性来看，所有权和社会扣除是决定因素。从税收产生以后的发展过程来看，商品经济起主要作用；商品经济是一个涵义很广的范畴，既可以包含所有权与经营权分离的过程，也可以包含由这种分离引起的分配形式的变化。然而，如果我们这样来论述社会主义税收发展的客观必然性，在逻辑上就会得出这样的结论：税收随着商品经济的产生而产生，随着商品经济的发展而发展。实际上并非如此。在历史上税收并不是商品经济的产物，将来商品经济消亡之后，税收作为社会再生产费用仍然是需要的。基于这种认识，我们把商品经济作为社会主义税收发展的第三个原因，是按照所有制、分配和交换的顺序来处理三者的关系的。从税收自身发展的历史过程来看，这是合乎逻辑的。

（原载《税务研究》1985 年第 2 期）

重新认识税收的性质、地位和作用

　　中国商品经济不发达，生产社会化程度低，对税收的理论研究不重视，人们对税收缺乏应有的理性认识，没有树立起科学的税收观念和纳税的自觉性，对税收在国民经济中的地位作用采取轻视态度，这是当前经济生活中存在的一个重要问题。

　　解放以前，为了推翻旧社会，激发个人与社会的对抗情绪，在宣传中把税收作为阶级剥削和阶级压迫的工具，说税收是剥削阶级对劳动人民进行的超经济剥削，要人们从直接利害关系中认识税收的剥削性质，发动人民抗捐抗税，主张彻底废除税收。以后的实践告诉我们，没有税收国家不能生存，旧政府需要税收，新政府同样需要税收，这个认识使我们在后来的解放战争中曾经实行沿用旧税制的政策。这是实践给我们提供的感性认识，并未上升到理性。全国解放以后，在很长时间内按照供给制的传统经验管理经济，把一切经济活动全部纳入发展经济保障供给的总方针，税收作为保障供给的手段有两种解释：一是"取之于民，用之于民"，说明我们的税收与旧中国"取之于民，用之于己"的税收具有本质区别；二是新中国的税收本质上已经不是税了，不再具有剥削的性质。这两种解释不能使人们树立新税收观念，相反地使税收处于若有若无的境地，起着可有可无的作用。十一届三中全会以后，随着商品经济的发展，人们虽然开始重视税收的作用，但是仍然没有解决对税收的理性认识，没有树立起科学的税收观念。对税收的性质、地位和作用缺乏明确的理论表述和坚定的税收信念。直到目前为止，在理论上，仍然有许多人认为税收是国家凭借政治权力参与国民收入分配的形式，是靠强制力量强加于经济过程的外在因素，纳税成了屈服于政治权力的行为，不是纳税人的共同需要和社会义务，能偷则偷，能漏则漏。在实践上，有许多人特别是有些地方政府的领导人总认为税收是强加于企业的一种额外负担，能减则减，能免则免。这实际上是把税收看做阻碍经济发展的因素。这种缺乏理性认识的状况给当前税制改革和税收管理造成很大的困难，需要尽快改变。为了加速税制改革进程，强化税收管理，首先要提高人们对税收的理性认识，树立科学的税收观念。

一　税收：国家的经济职能　国民的权利和义务

在现有的财政学中，一般都把税收作为单纯的财政问题，认为税收是财政收入的一种主要形式，具有强制性、无偿性和稳定性。把税收作为国家预算的附属物，随预算收支变化而变化，这就很难帮助人们正确认识现代税收的性质。

税收是国家存在的经济表现，这是马克思主义经济学中的一个定理，现代税收是国家的经济表现，也是国家的经济职能，反映一个国家的经济和政治状况。健全的税制和强大的国家具有同样的性质。一个经济稳定和政治民主的国家必定有健全的税制和充足的税收来源；一个经济不稳、政治动荡的国家，税制也会动荡不定，甚至会失去自主权；一个经济落后，政治腐败的国家，税制也会处于混乱状态。税收作为国家存在的经济表现同时体现了国民在经济上的权利和义务，主要表现在以下几个方面。

1. 税收体现国家的经济职能，反映政府活动的范围。如果我们把国家作为社会的正式代表，把政府作为国家的办事机构，国家的经济职能就是社会再生产的需要，政府作为社会代表执行职能的一切经费都要靠税收来提供。在古代，国家的经济职能较小，税收主要是用于维持政府官吏和军队所需费用，因此，说古代税收主要是为了维护统治阶级的国家机构提供经费是符合实际的。但是，现代税收所体现的主要不是为政府官员和军队提供费用，而是实现国家的经济职能。现代国家，无论是资本主义国家还是社会主义国家都是在为经济发展服务，包括战争也是为抢夺经济资源和占领市场。战争作为竞争的特殊手段，这是商品经济的新现象。现代国家的经济职能具有主宰国家命运的性质，其他职能都要受经济职能的制约，服从经济发展的需要，而发展经济是国民的根本利益。税收作为国家存在的经济表现，首先要体现国家的经济职能，这种职能总体上反映国民的经济利益。越是经济职能强大的国家，税收在国民收入中所占的比重就越大，国民的社会福利就相对越多，这可以从各国统计资料中得到证实。例如 1980 年，美国税收占国内总产值的 32.7%，英国占 40.6%，法国占 45.4%，联邦德国占 42.8%，瑞典占 56.5%。税收比重越大的国家，社会福利水平也相应地越高。现代国家没有政府的经济职能，没有政府对整个社会经济运行的协调和组织是不可能存在和发展的，而国家的经济职能没有税收就不能实现，政府的活动范围在很大程度上取决于税收提供的费用。

2. 税收体现国民的共同消费需要。这种需要包括生产经营的外部条件和生活的社会环境，体现国民在经济上的权利和义务。过去，人们说税收是纳税人对国家的贡献，似乎纳税人把钱交给国家，是一种无偿支付，不是他们自己生产和生活的需要，这是自认为孤立于社会之外的小农经济的观念，不符合实际。我们说税收体现国民的共同消费需要，既包括纳税人及其子女的需要，也包括纳税人应该承担的社会义务（如赡养无劳动能力和失去劳动能力的人口）。撇开阶级压迫的内容不讲，一个国家作为利益共同体必然有共同消费需要，任何个人都不能离开社会环境而孤立地进行生产和生活。共同体的联系和照顾，生产和生活环境的创造和维护是每一个社会成员和生产单位都需要的。如资源开采、环境保护、修筑公路、铁路、通讯设施、城市街道、维护社会秩序、警卫巡逻、制止越轨行为、解决利益纠纷等等。所有这些生产和生活需要的外部条件，每一个社会成员都会无例外地参加消费，"其中也包括表现为社会需要的个人需要，即个人不是作为社会中的单个人，而是同其他的人共同消费和共同需求的需要（这些需要的消费方式，按事物的本性来说，是一种社会的方式）"①。尽管他们在参加其中某一消费行为时可能会支付一定的费用（如买票），但是他们并没有支付创造这些产品或提供劳务的全部费用。为了创造这些共同需要的产品和提供社会劳务，每个社会成员都应该根据他的承受能力纳税，支付共同需要的费用。所以，税收从来就不单是阶级斗争的产物，即使在封建专制国家中，兴修水利、灌溉、修桥、铺路、移民开荒等也是社会的共同需要，不是超阶级剥削。马克思和恩格斯不只一次地讲过，税收作为创造一般生产条件的需要，是对个人收入的一种社会扣除。"国家本身以及同它有关的东西，都属于这些费用的扣除，也可以说，对个人来说，属于消费费用，对社会来说，属于生产

---

① 《马克思恩格斯全集》第46卷下，人民出版社1979年版，第25页。

费用。"① 每一个社会成员都有权享受或消费由这种费用提供的产品和社会劳务，也都有义务支付这种费用，税收就是支付这种费用的形式。

3．税收体现社会经济效益。生产的目的是为了满足个人和社会需要，税收作为社会的共同需要，自然会成为体现社会经济效益的标志，这是在实际生活中，人们把上缴税利作为衡量企业经济效益的指标，用来反映社会经济效益的依据。在商品经济中，所谓经济效益就是在补偿生产费用以后的剩余产品，经济效益大小主要表现为向社会提供的剩余产品多少，其转化形态就是税收和企业的税后利润。经济效益是一个国家经济发展的象征，表明一个国家的生产和经营管理水平。我们和经济发达国家的差距主要是经济效益低，生产技术、管理水平都比较落后，劳动生产率低。经济现代化首先要采用先进技术、提高劳动生产率和管理水平，提高经济效益。当然税收不体现全部社会经济效益，只体现社会共同需要的效益。

4．税收是贯彻国家经济政策的手段。以分散经营为基础的市场机制不能完全符合社会经济发展的需要，企业经营决策的局限性和追求利润的偏向，经常使企业的市场行为偏离正常轨道，有损于社会经济发展。这就需要国家利用税收进行政策诱导和宏观调节，对企业的市场行为作某种程度的校正，税收也就成为调节宏观经济发展和贯彻国家经济政策的重要经济杠杆。

总之，现代税收作为国家存在的经济表现，是体现国家经济职能和国民共同消费需要，反映社会经济效益和国民经济发展方向的重要范畴，体现个人与社会的经济关系，构成全体国民社会生活的权利和义务。

---

① 《马克思恩格斯全集》第 46 卷下，人民出版社 1979 年版，第 24 页。

二　税收在国民经济中的重要地位

国民经济是以国家为标志的，如美国的国民经济、日本的国民经济、中国的国民经济等。税收作为国家存在的经济表现，在整个国民经济运行中自然要占有重要地位。

1. 税收是商品经济发展的必要条件。现代税收是商品经济发展的产物，也是商品经济发展的必要条件。这不仅是因为现代税收的税种税率都导源于商品经济，或者随着商品经济的发展而产生，或者随着商品经济的发展而改变了原来的形式，更重要的是因为完善的税制是商品经济发展的必要条件，二者相辅相成。没有商品经济的充分发展不可能有现代税收，这是一方面；另一方面，没有现代税收也不能促进商品经济的充分发展。目前我国商品经济发展不顺利，市场发育缓慢，税制不健全是一个重要原因。商品经济的顺利发展和市场发育，除政企分离、企业进行自主经营外，还需要三个条件：统一市场的形成；平等竞争的环境；自由价格。这三个条件都与税收有关。首先，统一的市场要以统一的税制为前提，税制不统一、地区封锁（关税壁垒）、关卡林立、到处乱收费、生产画地为牢，商品经济就难以发展。其次，征税标准不一，负担畸轻畸重，随意减税免税，将破坏平等竞争条件，影响商品经济的正常发展，造成产业结构不合理。第三，价内税把税收作为企业定价的内容，限制自由价格的形成，使商品流通受到限制。可以这样说，税制不健全，市场会变得畸形，商品经济发展会遇到很大障碍。现在，有些人特别是一些地方政府的领导人，不了解税收和发展商品经济的关系，把税收和发展商品经济对立起来，一讲发展商品经济就减税免税，不知道这样做的结果正是给商品经济的发展增加困难，使一些免税企业发展过快，生产过剩，使另一些企业处于相对不利地位而减产，破坏平等竞争条件，影响市场发育，使产业结构与社会需求脱节，阻塞商品经济发展的正常途径。为了促进商品经济发展，除了在理论上认识税收是商品经济发展的必要条件以外，在实践上还要加快税制改革的步伐，为商品经济的发展排除障碍，也是当前税制改革面临的主要问题。

2．税收是国民收入分配和再分配的重要环节。在商品经济中，无论是公有制经济还是私有制经济，在连续不断地再生产中，国民收入首先要分为两部分：一部分用于补偿劳动力的消耗，支付职工工资；另一部分形成社会纯收入，即补偿活劳动消耗以后的剩余产品。习惯上人们把这种划分称作国民收入初次分配，把对剩余产品（社会纯收入）的分配称作国民收入再分配。在实际生活中，这两种分配是互相交替同时进行的，甚至在支付工资以前就已经交了税，即对剩余产品进行了再分配。如果我们把国家作为社会再生产的经济主体之一，直接参与国民收入的分配，那么国民收入首先要分为三部分，即职工工资、企业留利和国家税收。职工工资以个人为主体，代表劳动者的利益；企业以集体为主体，代表经营者的利益。我们说税收是国民收入分配的重要环节，是基于这样的事实所说的：（1）在国民收入分配中，用于支付劳动力的费用即必要产品是定性、定向甚至具有定量的性质，这种支付是刚性的，具有固定用途。只有剩余产品才是真正可分配的收入，不定性、不定向、没有固定用途，可分配用于任何需要。所以，对社会来说，只有剩余产品具有可分配的随意性。所谓国民收入的分配，主要是确定剩余产品的最终用途，而剩余产品的主要部分是通过税收进行分配的。（2）剩余产品的分配，即国家税收和企业留利制约着必要产品（支付劳动力的费用）的数量和增长幅度。如果企业除了支付必要产品以外没有剩余，也就是企业不能盈利，在以盈利为目的的商品经济中企业就难以存在，必要产品的支付也就失去前提。当前经济改革中正在进行的所谓劳动组织优化就是根据这个原则进行的，即减少活劳动费用的支付，提高劳动效率，增加剩余产品。(3) 在剩余产品分配中，税收制约着企业留利水平。在剩余产品一定情况下，税收增加，企业留利就会减少，或者相反。在这里，税收处于主导地位，决定企业留利水平。如果国民收入为 100%，1979 年到 1982 年，国民收入中用于支付劳动力费用的部分（即个人所得），可以视为必要产品，约占 56%，其余 44% 归企业集体和国家支配，可以视为剩余产品。按照利改税以后的口径计算，税收约占国民收入的 25% 左右，即剩余产品的 60% 是通过税收进行分配的，成为国民收入分配的重要环节。

3. 税收是财政收入的主要来源。在"利改税"以前，税收和企业上缴利润大约各占财政收入 50%。"利改税"以后，税收成为财政收入的主要来源。1986 年税收占国内财政收入 95.7%，扣除国库券收入占 98.6%。1987 年税收占国内财政收入 94.6%，扣除国库券收入占 97.3%，国家财政收入基本上来源于税收，税收的变化决定财政状况。税收作为财政收入的主要来源是商品经济发展的客观需要，不是由人们的设想决定的。因为，(1) 税收适应企业自主经营的需要。商品经济需要企业成为独立的商品生产者和经营者，按照市场需求自主经营、自负盈亏，税收用法律形式确定企业的负担水平，稳定企业和国家的分配关系，使企业能够根据税法和市场需求确定预期目标，便于经营。(2) 税收适应各种所有制和经营形式的需要。税收对待不同的经济成分一视同仁，使各种所有制经济在平等条件下展开竞争，有利于生产力的发展。(3) 税收使财政和经济保持比较稳定的关系，使财政收入随经济发展而增长，随经济下降而减少，排除财政对经济过程的干扰，使财政关系规范化。税收作为财政收入的主要来源，切断了财政对企业的直接干预，从根本上改变了财政分配的运行轨道，使财政分配由产品经济转入商品经济。

目前，人们对税收地位的认识是远远不够的。许多人不重视税收的地位，有的人可能受了杜林的影响，认为"捐税在国家中只是'第二等的作用'"，甚至把税收放在第三等地位。表现是税务机构在政府机构中普遍低半格，这种现象不应该再继续存在下去。

三　税收具有不能忽视的经济作用

税收的性质和地位决定它在国民经济中具有的重要作用，主要表现在以下几方面：

1. 税收具有调节社会供求的作用。供求矛盾是商品经济运行的主要矛盾，制约商品经济运行的全过程，保持供求平衡是商品经济发展的基本条件。供求矛盾既反映生产和消费总量的适应程度，也反映生产结构与消费结构，即供给结构与需求结构的适应程度。总量适应是保持结构适应的前提，结构适应是保持总量适应的条件。总量失衡，结构会失去制约走向畸形，结构不适应也会导致总量失衡，较常见的是货币发行过多，国民收入超分配，需求过大，使产业结构畸形发展，过剩与短缺同时并存。造成需求过大的基本原因是追求经济高速增长，据有关部门测算，需求超过供给的幅度 1985 年是 4.4%，1986 年为 10%，1988 年上半年为 14%。投资过大，国民收入超分配，货币发行过多，除了宏观经济中贪大、求快，急于求成，领导人追求个人政绩的决策思想以外，没有充分发挥税收对供求的调节作用也是重要原因之一。税收是调节供求的主要经济杠杆之一，它可以直接抑制需求的形成，改变需求结构，使供求趋于均衡。"调节需求原则的东西，本质上是由不同阶级的相互关系和它们各自的经济地位决定的，因而也就是，第一是由全部剩余价值和工资的比率决定的，第二是由剩余价值分成的不同部分（利润、利息、地租、赋税等等）的比率决定的。"① 税收既能控制剩余产品分成的不同部分，也必然会成为调节社会需求的主要杠杆。增税可以减少需求，减税可以增加需求，这是现代税收的基本定理。我们说税收是调节供求的经济杠杆，主要是指税收可以调节货币购买力，如通过增加税收提高商品售价，或者直接征收消费税，征收货币发行税等，降低社会需求。相反，通过减税免税可以增加需求，扩大供给。运用税收杠杆调节供求是宏观经济调节的重要组成部分，在这方面发达的资本主义国家比我们高明，对税收作用的认识比我们深刻。

2．税收具有调节资源配置的作用。在现代商品经济中，资源配置是通过两种媒介达到的，一种是以市场机制为媒介的企业资源配置；一种是以国家计划为媒介的社会资源配置。这两种机制都是现代商品经济所必需的，缺一不可。市场机制以盈利为目的，有很大的局限性，不能满足全部社会需要。这包括两个方面：一是社会需要和个人消费需要的资源配置。市场机制注重个人需要的资源配置，对不能盈利或盈利很少的社会需要不予关注，需要国家有计划地运用税收进行调节。"国家在建造一艘战舰或维持一座灯塔时真正需要的并不是若干数量的钱，而是实际的经济资源：钢铁和看守人——简言之，要使用供给量有限的劳动，土地和资本品。"② 这就是说，税收实际上是为社会共同需

---

① 《马克思恩格斯全集》第 25 卷，人民出版社 1974 年版，第 203 页。
② 萨缪尔森：《经济学》上册，商务印书馆 1982 年版，第 228 页。

要进行资源配置，使个人消费和社会消费保持适当比例，用国家计划弥补市场机制的缺陷。二是地区之间的资源配置，按照盈利原则，市场机制总是要使大量资源流向经济发达地区，不发达地区由于市场条件不佳经常感到资源匮乏。如果单靠市场机制进行资源配置，不仅会扩大地区经济发展的差距，加剧地区经济不平衡，而且会使社会资源遭到浪费。为了促进地区经济均衡发展，需要用税收把发达地区的一部分资源转向不发达地区，加速不发达地区的发展进程。此外，税收还可以对市场资源配置进行某种校正，使企业的生产适应社会需要，使企业的资源配置符合国家产业政策。

3. 税收具有调节收入水平的消费水平的作用。调节收入水平，实现公平分配，这是现代税收理论的基本原则，在社会主义初级阶段具有特别重要的意义。邓小平同志讲："社会主义有两个非常重要的方面。第一，要坚持以公有制为主体的经济。……第二，决不能导致贫富两极分化。如果导致两极分化，改革就算失败了。"[1] 党的十三大的政治报告中说："我们的分配政策，既要有利于若干经营的企业和诚实劳动的个人先富起来，合理拉开收入差距，又要防止贫富悬殊，坚持共同富裕的方向，在促进效率提高的前提下体现社会公平。对过高的个人收入，要采取有效措施促进调节。"[2] 贫与富、公平和效率已经成为我国经济生活的重要问题，特别是由非经济因素引起的收入分配的不公平，已经影响到人们的社会情绪，这除了进一步研究社会主义初级阶段的分配制度，还必须运用税收杠杆合理调节收入水平和消费水

[1]　邓小平：《建设有中国特色的社会主义》，人民出版社1987年版，第117—118页。
[2]　《沿着有中国特色的社会主义道路前进》，人民出版社1987年版，第32—33页。

平。从调节收入水平方面看，目前我们的税制还很不健全，无论对企业还是个人的过高收入，特别是非劳动所得没有调节作用，这是需要着重研究的问题。

税收公平和收入分配公平是两个不同的问题，在研究税收调节收入水平的作用时，要弄清这两个问题的区别。在西方财政学中，所谓税收公平，是指税收负担公平。实现公平负担的原则是：受益和纳税相等，纳税能力和税收负担相等。税负公平并不表明分配公平。在以私有制为基础的资本主义经济中，分配以财产所有权为依据，分配不公平是显而易见的。"如果劳动可以略去不计，收入分配的倾向取决于财产的分配，在相同的利息率之下，双倍的财产得到双倍的收入。因此，财产收入具有较大的洛伦茨曲线所示的不平等。"[1] 在社会主义初级阶段，除了按劳分配以外，还有按资分配，有享受特殊政策优惠多得的收入等，收入差别是很大的，在实行公平税负以外，还要研究调节收入水平的问题。尽管资本主义国家税收，在贯彻公平税负原则中也起调节收入水平的作用，但是不如社会主义税收表现得突出，因为社会主义有抑制两极分化的问题。

4．税收是促进商品流通的润滑剂。上面我讲税收是商品经济发展的必要条件，这里说税收是沟通商品流通的润滑剂，这是两个不同的问题。润滑剂作用的表现是：(1) 纳税使商品具有广泛流通的合法依据，已税商品可以在国内市场自由流通，受到国家法律的保护，不受行政区划限制，纳税凭证就是商品自由流通的通行证，可以排除对商品流通的非法干预。(2) 税收可以给商品流通提供良好的社会秩序，限制投机、假冒和非法暴利，限止非法流通，保护正常交易行为。(3) 税收可以为市场必需但经营

---

[1] 萨缪尔森：《经济学》上册，商务印书馆1982年中文版，第123页。

困难的企业提供优惠，适当减税免税，使企业的产品顺利地进入流通。在商品经济中，税收依存于商品流通，税源在商品流通中形成，税收只有在商品销售以后才能征收。沟通商品流通不只是商品经济发展的要求，也是税收本身的要求。税收作为商品流通的润滑剂，它可以疏通商品流通渠道，促进商品经济发展。但是，税收的润滑剂作用不是自发的，不完全是自动反应，在很大程度上要靠人来运用。如何发挥税收润滑剂的作用，排除商品流通的阻力，沟通流通渠道，税务人员的素质起着重要的作用。这又取决于人们对税收的理性认识和树立科学的税收观念。

　　综上所述，要发展商品经济就必须重视税收的作用，提高税收的地位，提高人们对税收的理性认识，树立纳税观念，把税收作为生活必备的要素，健全税制，把税收变成国民经济运行的稳定器。

（原载《税务研究》1988 年第 10 期）

加强税收理论研究,建立
税收理论体系

一 社会主义税收理论研究的历史转折

税收是一个重要的理论问题，在政治经济学中占有重要地位。资产阶级古典政治经济学用很大篇幅论述税收问题，现代资产阶级把税收作为宏观经济学的重要内容，说明资产阶级经济学很重视对税收问题的研究。

马克思主义经典作家没有留下有关税收理论的系统著作，但是在论述社会再生产，特别是在论述再生产的社会职能时对税收有过不少论述，为我们研究税收理论提供了重要依据。

在无产阶级社会主义革命中，由于各种历史原因曾经对税收采取了否定态度，认为税收是资产阶级对劳动人民进行超经济剥削的手段，在消灭资产阶级剥削的同时也要消灭税收，现在看来，这种认识有很大的历史局限性。无产阶级为推翻资产阶级的统治，夺取政权，而制造舆论，把税收作为超经济剥削的手段，发动人民抗捐抗税，以削弱资产阶级政府存在的经济基础，从推翻资产阶级的政治统治来说，这种宣传是必要的，然而从经济学上说不一定正确。列宁讲过，"在经济学的形式上是错误的，而在历史上却是正确的"。① 同样道理，有些问题在政治宣传上是必要的，在经济学上是不能成立的；也有些问题从经济学上讲是科学的，在政治上是不能成立的。把税收作为超经济剥削的手段，造成人们对税务理论的轻视，从政治上说可能是正确的，从经济学上说可能是不正确的。当然，过去轻视税收理论不只是由于历史的政治宣传造成的，还有以下几个方面的原因：(1) 实物经济或称产品经济，只重视产品的使用价值，不重视产品的价值和社会生产费用，把税收作为单纯取得使用价值的手段，对税收的经济职能很少考虑。(2) 吃"大锅饭"的分配制度，忽视企业和职工的物质利益，只注意收入数量，不注意分配形式，不利用税收的调节作用。(3) 以人治为主的经济管理体制，把领导人的指示和讲话作为经济管理的主要依据，管理制度随着领导人的指示和讲话经常变化，没有法制观念，税收作为经济杠杆被摆在次要地位。(4) 在上述各种因素的综合作用下，形成一种错误的学术思想。这种学术思想的基本内容是：把税收作为专政工具，由经济范畴变成政治概念，抹杀了税收在社会再生产中的作用及其客观必要性；提倡经济为政治服务，颠倒政治与经济的相互关系；把强制征收作为税收的指导思想，忽视税收的基本职能是根据社会再生产的需要分配剩余产品和调节人们的经济利益。这种学术思想也是阻碍税收理论研究的原因之一。

这次城市经济改革从利改税入手，把税收作为城市经济改革的突破口，成为社会主义税收理论研究的历史转折。这种转折是由变革经济关系的客观必要性引起的，它说明过去轻视税收理论

---

① 《列宁选集》第2卷，第432页。

研究的经济条件和社会条件发生了历史性的变化：

　　1.党的十二届三中全会肯定商品经济是社会经济发展不可逾越的阶段和实现经济现代化的必要条件，从根本上打破产品经济的观念。而要充分发展商品经济，必须解决两个问题：第一，使企业成为相对独立的商品生产者，扩大企业自主经营的权力，实行自主经营，自负盈亏的原则；第二，必须重视产品的价值，合理分配生产费用。商品的价值即效用与费用的关系，本质上是一个盈利问题，税收作为分配产品的形式，对盈利的形成具有决定作用，这就促使人们必须重视税收理论研究。

　　2.允许一部分人先富起来的经济政策，要求打破供给制、吃"大锅饭"的分配制度，正确处理国家与企业、企业与职工个人的分配关系。从社会再生产过程来看，剩余产品的分配是分配关系的主导环节，税收成为改革国家与企业分配关系的主要形式。

　　3.商品经济要求打破地区、部门的行政割据，实行开放经营，允许竞争，在经济管理中用经济手段代替过多的行政干预，而经济手段则主要是利用利益分配影响人们的经营兴趣，税收成为重要的经济手段。

　　4.商品经济要求改革过时的学术思想，用经营观念代替直接分配观念，用盈亏标准代替供给制，使学术思想由产品经济转向商品经济，用竞争代替经济领域的"专政思想"。

　　上述变化，迫使人们改变已经过时的旧观念，重视税收的作用，建立新的税收理论，以适应商品经济发展的需要。

　　现在，创立社会主义税收理论体系的条件已经成熟：第一，党的十一届三中全会端正了思想路线，重申历史唯物主义的基本观点，为端正税收理论研究的指导思想铺平道路；第二，科学发展水平达到一个新的历史阶段，使人们有可能突破原有的思想禁锢，按照新的思路考虑问题。现代系统论、控制论和信息论的产生为我们研究税收理论提供了新的科学方法。

二　税收理论研究的层次结构和理论体系

税收作为客观经济过程有它自己的运行规律和层次结构，税收理论体系必须以税收关系的运动规律和层次结构为依据，才能正确揭示税收关系从本质到现象、由简单到复杂、由基础到上层建筑运动的客观过程。不分层次，把本质与现象、经济基础与上层建筑、客观规律和规章制度混为一体，那就不能正确揭示税收关系运动的客观过程，也不能建立科学的理论体系。从税收关系运动的客观过程来看，税收理论体系基本上可以分为四个层次。

（一）税收理论或称基础理论

这是税收理论研究的第一层次，也是税收理论体系的基础环节。税收基础理论的研究对象是客观存在的税收关系，即社会对剩余产品的分配关系。这种关系是社会再生产不可缺少的组成部分，不以人们的意志为转移。人们只能承认这种关系，认识并利用这种经济关系影响经济过程，在这种关系中生活，不能废除或创造这种关系。这种关系要随着社会生产力的发展而发展，生产力发展到什么程度，税收关系就会相应地发展到什么程度。所以，研究税收理论必须以生产力发展水平为依据，把税收关系归结为生产力发展的高度，这是历史唯物主义的基本观点。在把握这一观点时要注意以下两个问题：第一，要正确分析税收在不同社会制度下一般与特殊的相互关系。一方面，税收作为社会生产力发展的必然结果，是社会再生产不可缺少的组成部分，在不同社会制度下的税收都有它存在的客观基础和表现形式，这是税收的一般性；另一方面，税收作为剩余产品的分配形式与生产资料所有制形式有密切联系，在不同社会制度下具有不同的性质，这是税收的特殊性。一般寓于特殊之中，在税收理论研究中要正确揭示这两个方面的相互关系。不能用一般代替特殊，也不要用特殊取代一般；第二，要正确揭示经济基础与上层建筑、政治与经济的相互关系。过去，税收理论研究经常颠倒这种关系，用上层建筑决定经济基础，用政治决定经济，这是税收理论研究不能深入的原因之一。

在税收理论研究的第一层次上，为了深入揭示税收关系运动的客观规律，要尽量克服历史局限性，摆脱现行政策和管理体制的局限性。当然，在社会科学研究中要完全摆脱历史局限性是不可能的。我们说要尽量克服历史局限性，就是说对客观过程的研究尽量采取科学态度，防止科学研究庸俗化。

根据税收基础理论的研究对象和指导原则，来确定税收基础理论的研究内容大致有：（1）税收关系产生和发展的经济基础，主要是运用历史唯物主义基本原理阐明税收关系产生和发展的客观依据，正确阐述生产力与生产关系、经济基础与上层建筑的矛盾在税收关系中的具体表现。（2）税收关系的本质，重点是阐明税收与社会再生产的内在联系，说明税收是社会生产关系特别是分配关系的重要组成部分。（3）税收的作用，主要是阐明税收在社会再生产中的调节作用和怎样促进社会生产力的发展。（4）国家征税的依据，阐明国家与税收的关系，国家的社会职能及其征税依据，批判历史唯心主义和庸俗经济理论。（5）社会主义税收发展的客观必然性，主要阐明生产资料公有制使社会职能进一步扩大，社会共同需要以及商品经济的充分发展，使税收得到进一步发展。（6）社会主义税收与以往阶级社会税收的区别，主要阐明社会主义税收的特点，说明社会主义税收与税收一般的联系与区别，批判历史唯心主义。(7) 征税的基本原则，前人（包括资产阶级古典学家）对这个问题的看法；现代资产阶级国家征税原则；社会主义国家征税原则。(8) 税收系统的层次结构，主要阐明税收作为一个经济系统有自己的特殊形式和层次结构；研究税收系统的层次结构是制定税制的依据。(9) 税制和税法，主要阐明税制的构成，税制与社会经济制度的关系；税法的性质，税法与税制的关系等。(10) 社会主义税收的结构及其发展趋势，主要阐明现代税收的发展趋势，包括社会主义税收与资本主义税收的发展趋势，直接税和间接税等。(11) 税收管理体系，其中包括管理体制和对现代管理技术的系统应用等。

　　税收基础理论主要是阐明税收关系的基本原理，不研究税制和税法的具体内容。当前，税收理论研究中的最大缺陷就是对于基础理论研究没有下功夫。

（二）社会主义税收制度

　　这是税收关系运动的第二个层次，也是税收理论体系的第二个环节。税收制度的研究对象是税种、税目和税率的配置及其对社会经济过程的调节作用。税收制度是税收关系从本质到现象的运动过程，也是税收理论由抽象到具体的转变过程。理论要通过制度来体现，制度要以理论为依据。研究税收制度要把握这样几个原则：第一，要把社会制度和税制的政策目标作为研究税收的出发点。税收制度是社会经济制度的组成部分，由社会经济制度所制约，并为实现特定的政策目标服务。资本主义税收制度是资本主义经济制度的组成部分，其政策目标是熨平经济的周期波动、均衡收入、缓和阶级矛盾；社会主义税收制度是社会主义经济制度的组成部分，其政策目标是调节经济利益、促进国民经济平衡发展；第二，研究税制首先要考虑如何提高经济效益，促进社会生产力的发展，不能单纯从增加财政收入出发。

根据税收制度的研究对象和指导原则，税收制度的研究内容可以大致确定如下：(1) 税收制度与社会经济制度的关系，着重阐明税收制度在社会分配制度中的地位。(2) 税收制度的性质及其在社会再生产中的经济作用，主要说明税收制度是保证社会共同需要的形式，在社会再生产中具有广泛的调节作用。(3) 现代税收制度的结构，主要阐明构成税收制度的要素；现代资产阶级税收制度的结构；社会主义税收制度的结构，税收制度发展的一般趋向。(4) 税种配备，主要阐明税收的种类（从不同角度进行分类）；税制的政策目标；税种配备的重要性及其原则。(5) 税率设计，主要阐明税率的性质，税收的数量界限，税率设计的原则。(6) 征收制度，阐明征收制度的内容，建立合理的征收制度的意义。(7) 管理体制，包括机构设置，职权划分，人员培训等。(8) 现行税制的评价。

税收制度在税收理论体系中占有重要地位，在这次城市经济改革中，结合利改税的改革对过去的税制进行了一些研究，但是研究得不系统，不深入，没有形成体系。今后在进一步改革税制的过程中，要使我们的税制逐步形成完整的体系。

(三) 社会主义税法

税法是税收关系由经济基础到上层建筑发展的纽带，也是税收制度取得法律形式并转化为法律的纽带。如果说税收制度是税收关系由经济基础过渡到上层建筑的中间环节，重点在于协调税收与经济制度的关系，那么税法完全属于上层建筑，重点在于确立税收的法律形式。税法的研究对象是税收的法权关系，用法律形式使税收关系固定化，取得稳定的形式。许多人在说明税法的性质时，总是说由于税收是无偿的，必须用法律手段强迫征收，好像是税法创立了税收关系。马克思主义认为，一切法律包括税法在内只肯定现有的经济关系，不能创立新的经济关系，税法以只能反映现有的税收关系。马克思曾经讲过，由于一切法律都是以国家为中介的，都具有政治形式，因此使人们产生一种错觉，似乎法律不是由现实经济中产生，而是以人们的意志为基础的。其实这种认识是不正确的。"人们往往忘记他们的法权起源于他们的经济生活条件，正如他们忘记了他们自己起源于动物界一样"① 。按照马列主义的理论，应当是经济关系构成经济制度，经济制度产生法律，这是税收关系运动的客观过程，也是税收理论研究必须所遵守的逻辑，不能颠倒，颠倒逻辑层次就会歪曲客观事物的性质。研究税法要把握这样几个原则；第一，税法必须有充分的客观依据。一般地讲，法律是阶级或群体意志的表现，是人们主观意志的产物。立法的目的在于肯定和保护现存的经济和社会关系，必须有充分的客观依据。税法和客观依据主要是税源是否可靠，没有税源或保源不足就是立法根据不足，勉强立法也不能实现；第二，税法要具有公平性。"法律面前人人平等"。这句资产阶级的口号是有道理的，无论哪里一个阶级的立法都要贯彻公平原则。不论什么人，纳税义务必须是平等的，负担不公平就会引起纳税人的反抗，使税法难以贯彻；第三，税法要具有相对的稳定性。法律的稳定性是取信于民的一个重要因素，税法和行政指令不同，具有立法程序，在税源未发生根本变化以前不能经常修改。税法多变会削弱纳税人和收税人的法律观念，削弱税法的严肃性。现在，我们工作中的一个重要缺点说法是缺乏法制观念，用首长讲话代替法律，地方政府随意减税免税，使税收工作遇到不少困难。

根据税法的研究对象和研究税法的基本原则，税法的研究内容大致包括以下几个方面：（1）税法的性质，阐明税法是一种经济法，税法与其他法律的共同点和区别。（2）税法的构成，主要阐述完整的税法应该有哪些要素构成，特别要说明立法宗旨。（3）立法程序，主要阐明税法的严肃性，坚守立法程序的重要性。（4）各种税法的阐述和评价。

（四）税收管理或税收管理学

税收管理是税收关系从上层建筑领域回到经济基础的过程，也是税制、税法从理论到实践的过程。税收管理不仅要使税制和税法得到贯彻，而且要对税制和税法进行实践检验，为进一步修改税制和税法提供依据，也是一种信息"反馈"。税收管理的研究对象是税制税法的实践过程，包括的范围较广，根据我们的设想，大致有以下一些内容：（1）现代税收管理的意义，阐明现代税收管理在整个经济管理中的地位，加强税收管理的经济意义。（2）税收管理的客观依据，说明税收管理不是任意行事，而是一项经常的经济活动，具有充分的经济和法律依据。（3）税收管理原则，说明税收管理是为实现某种目标服务的，着重阐明社会主义税收管理的基本原则。（4）税收管理的形式，具体分析有一般管理、专业管理、驻厂管理等。（5）税收管理技术，特别要讲用现代技术（电子技术）进行税收管理的必要性。（6）管理制度，其中包括管理机构和管理人员的设置，职权和它们的相互制约关系等。（7）管理人员的素质和守则。（8）对税收管理的评价原则和考核。

税收管理在税收理论体系中占有重要地位，也是现代经济管理的一个重要组成部分。有的人认为管理只讲具体业务，没有理论意义，这是不对的。管理是理论联系实际的中间环节，也是检验理论、制度和税法的实践过程，必须把它摆在税收理论研究的重要地位，建立完整的税收管理学。当然，也不能用研究税收管理代替税收基础理论的研究。

（原载《税务研究》1985 年第 6 期）

如何建立科学的税收理论体系

——论税收理论研究层次

　　税收是个复杂的经济问题，涉及社会生活的各个方面，直接影响企业和居民的经济利益，在商品经济中除货币以外没有再比税收涉及更广的范围，几乎所有的经济行为都与税收发生联系，无论是资本主义国家还是社会主义国家，税收始终是现代经济和政治生活中的一个重要因素。在社会主义商品经济中，税收是否合理、税制是否健全、税收是否协调，直接影响社会经济发展过程。理顺税收关系、协调税收政策、健全税收制度，对提高人们生产经营的积极性，促进国民经济持续、稳定、协调发展具有十分重要的意义。从当前的实际情况看，我国的税制很不健全，无论税种税率的设计、立法程序、征收环节、管理制度，还是税收理论研究都存在不少问题，有许多不协调或矛盾的地方需要改进。造成这种矛盾和不协调的原因，除了经济改革措施互相矛盾导致税收环境不良以外，与税收理论研究中把不同层次的问题搅在一起，搞乱认识程序和运行过程有很大关系。要在治理整顿中理顺税收关系、完善税制，建立科学的税收理论体系和税制体系，在税收理论研究中分清理论研究层次是非常重要的，这可以为完善税制体系奠定理论基础。

一　作为经济范畴的税收

　　经济范畴是对客观存在的经济关系的理论概括。马克思讲："经济范畴只不过是生产的社会关系的理论表现，即其抽象。"[①]税收作为客观存在的经济关系反映了不以人们意志为转移的经济过程，不论公有制还是私有制，也不管是社会主义还是资本主义，没有税收，社会再生产就不能进行，国家就无法存在。税收作为宏观经济过程是由以下三个因素决定的。

　　1.社会生产力发展水平。税收是社会生产力发展的产物，不是从人们头脑中产生，也不是国家权力创造的。在税收产生和发展的历史中，生产力发展水平始终是决定因素。当社会生产力发展到个人劳动的生产物除了维持自己的生活以外，还能提供比较稳定的剩余产品时，税收作为社会分配剩余产品的规范形式逐渐取代了以前存在的送礼、徭役、纳贡等非规范形式，而且随着社会生产力的发展不断地发展和完善，以至发展成现代税收经济，形成一个相对独立的经济过程，成为现代经济学一个重要分支。税收不是从来就有的，在人类社会发展的历史中，曾经有过没有税收的时期，在生产力水平很低的原始社会，"为了保证氏族首领和氏族集团的公共需要，需要公社成员提取一部分产品充当公积金。这种征收，还不完全具备税收的性质。"[②]即使在奴隶社会初期，国家的收入也主要是靠奴隶的直接劳动和奴隶主的贡献，比较规范的税收尚未形成。只有在生产力发展到剩余产品

---

　　① 《马克思恩格斯选集》第 1 卷，人民出版社 1972 年版，第 108 页。
　　② 《中国赋税史》，中国财政经济出版社 1987 年版，第 5 页。实际上那时既无公积金的概念，也不会有固定的征收比率和时间，不可能有规范形式的税收。

成为生产劳动的普遍现象，每一个或大多数具有正常劳动能力的人在一般情况下，都能提供一定数量的剩余产品，生产活动开始分裂为细小的经济单位，国家组织形式趋于稳定，税收才会成为国家和经济单位之间分配剩余产品的规范。列宁讲："只有把社会关系归结于生产关系，把生产关系归结于生产力的高度，才有可靠的根据把社会形态的发展看作自然过程。不言而喻，没有这种观点，也就不会有社会科学。"① 过去的社会主义财政学大都离开生产力发展水平去研究税收，把税收归结为国家权力，甚至把税收简单地作为超经济剥削加以否定，违反了生产力决定生产关系的原理，不能正确说明税收的社会职能。税收作为社会经济现象，始终取决于社会生产力发展水平，而反映生产力水平的主要标志是剩余产品的数量。如果每个生产者提供的产品除维持自己生存以外没有任何剩余，税收就无存在的余地。"在一无所有的地方，皇帝也会丧失他的权力"。② 社会生产力水平越高，提供的剩余产品越多，征税的条件就越充分，税收经济就会越发展。无论是研究古代税收还是研究现代税收，把握社会生产力可能提供的剩余产品量是决定税收的第一因素，这是用历史唯物主义研究税收经济的立足点，否则就有滑向主观唯心主义的危险。

2. 社会共同需要的发展，随着生产力的发展，再生产过程的社会职能逐渐独立化，形成社会的共同需要，这种需要也是生产力发展的客观要求。生产从来就是一种社会行为，无论是个人进行的生产还是集体进行的生产，都不能摆脱对社会的依赖，不能离开一定的社会职能。"社会产生着它的不能缺少的某种共同

① 《列宁选集》第 1 卷，人民出版社 1972 年版，第 8 页。
② 《马克思恩格斯全集》第 23 卷，人民出版社 1972 年版，第 217 页。

职能"。① 生产社会化的程度越高，生产者对社会的依赖性越大，社会职能也就越发展，维持社会职能需要的税收也会相应地扩大。例如，美国1902年税收占国民生产总值的6.2%，80多年间税收占国民生产总值的比重由6.2%提高到37%，提高了近5倍，增长速度远远超过国民总产值的增长率。据世界银行统计，1975年到1985年税收占国民生产总值的比重，工业国家由28%上升到31.5%，中等收入国家由16%上升到20%左右，低收入国家由10%上升到14.5%，10年上升3--4个百分点。这说明所有国家的税收规模都有扩大。原因是科学技术的发展提高了劳动生产率，使国民收入中剩余产品的比重提高，为税收经济的发展提供了充分的物质基础。同时，随着生产社会化程度的提高，国家承担的社会职能在不断地扩大，需要支配大量的物质财富用于满足社会的共同需要。社会生产力的发展为税收经济的发展创造了前提，社会职能的共同需要造成税收经济发展的必要性，这两面结合在一起就构成税收经济发展的客观必然性。

有人认为，"生产力发展，是税收产生的基础；而国家的出现，是赋税产生的前提。"意思是说税收是国家的产物，没有国家就不会有税收。这种说法不能说错，但是从逻辑上讲不很确切。为了说明税收的客观性，弄清税收和国家职能的关系，需要研究以下两个问题：第一，按照马克思主义的逻辑，国家和社会并不是相同的概念。国家是阶级斗争的产物，是一个阶级压迫另一个阶级的暴力组织，而社会则包括所有成员。在阶级社会中，国家作为统治阶级的组织会充当社会的正式代表，执行社会职能，但是社会职能和国家职能不完全相同。税收是以社会职能为

---

① 《马克思恩格斯选集》第4卷，人民出版社1972年版，第482页。

依据，不是以国家职能为依据。在税收中，任何阶级的国家都要以社会代表而不是以阶级代表的身份出现。只有充当社会代表才能凌驾于阶级之上，行使政治统治，恩格斯讲："政治统治到处都是以执行某种社会职能为基础，而且政治统治只有在它执行了它的这种社会职能时才能持续下去。"① 阶级职能必须依存社会职能，不论哪一个阶级掌握国家充当社会代表，都必须执行社会职能，而且只有认真执行社会职能才能保持政治统治。尽管任何阶级的国家在执行社会职能时会把本阶级的利益作为社会利益强加于社会，使阶级的利益具有社会利益的形式，使社会职能具有明显的阶级倾向（即阶级性），但是国家职能和阶级职能终究具有不同的性质。马克思说："政府的监督劳动和全面干涉包括两个方面：既包括执行由一切社会的性质产生的各种公共事务，又包括由政府同人民大众相对立而产生的各种特殊职能。"② 这后一方面就是通常所说的阶级职能。将来在阶级消亡以后，作为阶级组织的国家职能会逐渐消失，而社会职能则要继续存在。"所有的社会主义者都认为，政治国家以及政治权威将由于未来的社会革命而消失，这就是说，社会职能将失去政治性质，而变为维护社会利益的简单的管理职能。"③ 只要社会职能是社会再生产不可缺少的内容，社会支配剩余产品的经济形式就不可缺少，至于这种形式是否仍叫税收，社会实践会做出合乎规律的选择。在这里只要了解社会职能是形成税收关系的一个重要因素就行了。第二，社会主义国家承担的社会职能要比资本主义国家广泛，特

---

① 《马克思恩格斯选集》第 3 卷，人民出版社 1972 年版，第 219 页。
② 《马克思恩格斯全集》第 25 卷，人民出版社 1972 年版，第 432 页。
③ 《马克思恩格斯选集》第 3 卷，人民出版社 1972 年版，第 55 页。

别是社会主义国家的经济职能要比资本主义国家大得多。这是由
以下几个因素决定的：1. 社会主义国家是代表劳动人民利益的
具有广泛的阶级基础，国家作为社会经济、政治生活的组织者执
行着广泛的社会职能，这是历史上任何一个剥削阶级的国家所无
法比拟的。那种企图在改革中缩小社会主义国家职能的人，实际
上是受了资产阶级思想的影响，想把社会主义国家变成维护少数
人利益的组织；2. 社会主义国家以生产资料公有制为主导，使
国家具有所有者和社会代表的双重身份，它不仅要承担社会和阶
级的职能，而且还要执行生产资料所有者的某种职能，如积累职
能。在生产资料私有制为主导的资本主义社会，积累职能是由各
个资本家完成的，国家只为资本家的生产经营创造外部环境，不
承担积累职能。国家职能的扩展会引起税收的扩展，否则，社会
的共同需要就无法满足，这是税收经济存在和发展的第二个决定
因素。

　　3. 生产资料所有制的形式和社会经济结构是决定税收性质
的第三个因素，剩余产品是由不同的生产方式提供的，不能离开
一定的生产关系。生产力和生产关系的统一构成生产方式。生产
力是生产方式的物质内容，生产关系是生产方式的社会形成。生
产关系要适应生产力发展的需要，生产力要具有生产关系的社会
形式。在生产关系中，所有制具有主导作用。以公有制为基础的
生产是社会主义生产方式的特征；以私有制为基础的生产是资本
主义生产方式的特征。社会经济结构主要是指不同的所有制在社
会经济总体中所占的比重。税收作为客观经济过程必须适应各种
生产方式的需要，服从社会经济发展的要求，这就是税收的社会
性。我们通常所说的税收的阶级性就是导源不同的所有制，人们
在生产中的地位主要取决于生产资料所有制的形式。在生产资料
私有制中，占有生产资料的阶级总是要剥削没有生产资料的阶

级，无偿占有他们的剩余劳动，而失去生产资料的阶段除了出卖劳动力换取必要的生产资料忍受剥削以外，没有别的出路。在现代商品经济中，占有生产资料的阶级称作资产阶级，失去生产资料的阶级称作无产阶级或工人阶级。在资本主义社会，由于占有生产资料的数量多少不等，又分为不同的利益集团，即大资产阶级、中产阶级和小资产阶级。这种不同的利益集团在剩余产品的分配中都要争取对自己有利的地位，由此导致税收经济中阶级和阶层之间的斗争，这种斗争必然要反映在现实的税收关系、税种、税率和税收体制中，直接影响税收的性质。过去，有不少的人把税收中的阶级斗争简单地归结为纳税人和征税人的斗争，认为国家征税是完全代表剥削阶级的利益，纳税是被剥削的劳动人民。这种简单的观点不仅歪曲了税收关系的社会性质和作用，也给人们正确地认识税收的客观性造成障碍。税收就其存在的客观基础来说是生产社会化引起的共同需要，尽管在阶级社会中这种共同需要具有阶级性，但是税收决不只是限于统治阶级的需要，对劳动人民毫无益处，或者说纳税只是对劳动人民的剥削。剩余产品归根结底是物质生产领域的劳动者创造的，从这个意义上说税收最终都是由劳动者的剩余劳动构成的。但是，不能由此得出结论说税收是对劳动人民的超经济剥削。剩余产品是劳动者创造的，但剩余产品分配和再分配过程是复杂的，税收决不只是征收劳动者可能得到的一部分剩余产品，也要征收剥削阶级得到的一部分剩余产品，对剩余产品的分配和再分配不能简单地归结为剥削关系。马克思讲："任何社会生产……总是能够区分出劳动的两部分，一部分的产品直接由生产者及其家属用于个人的消费，另一部分即始终是剩余劳动的那个部分的产品，总是用来满足一般的社会需要，而不问这种剩余产品怎样分配，也不问谁执行这种社会需要的代表的职能，在这里我们撇开用于生产消费的部分不说。"① 税收正是为了满足一般社会需要对剩余产品分配和再分配的过程，不管是谁执行这种职能，税收总是具有满足社会共同需要的性质，其中包括社会积累。只是不要忘记在阶级社会中税收具有阶级倾向性，不要把社会主义的税收等同于资本主义的税收就行了。

以上三个因素的综合作用构成税收经济的客观性，研究税收经济的发展规律就是要正确把握这三个因素的相互关系，其中生产力发展水平是核心。

二　作为法权关系的税收

税收作为分配剩余产品的规范形式，从它产生的时候起就具有某种法律形式和法律效力；就是税收区别于历史上存在过的其他分配形式（如送礼、纳贡等）的主要标志。和其他事物一样，作为法权关系的税收开始无论就形式和效力不说都是很不完善的，我们不可能拿古代的税法和现代的税法相比，税法和税法体系的完善程度标志着税收经济发展的历史进程，也体现着人们对税收性质的认识过程。作为法权关系的税收与作为经济范畴的税收，二者具有不同的性质，属于不同的研究层次。税收关系属于客观经济过程，是社会经济关系的组成部分，属于经济基础，在宏观经济运行中占有重要地位；税法是国家法律的组成部分，属上层建筑领域，反映国家的意志，上层建筑和经济基础互为前提、互相依存。基础决定上层建筑并受上层建筑的制约；上层建筑适应经济基础的需要并影响经济基础的发展。经济基础和上层建筑是矛盾的统一，永远不能分离。在人类社会中不存在没有经

---

① 《马克思恩格斯全集》第 25 卷，第 992—993 页，人民出版社 1975 年版。

济基础的上层建筑，也不存在没有上层建筑的经济基础。税收经济在任何时候都表现为经济基础和上层建筑的统一性，就是说税收关系一产生就采取立法形式出现。正是由于税收经济在社会实践中具有经济关系和立法形式的统一性，才使一些人在税收理论研究中经常颠倒经济基础和上层建筑的相互关系，把税收作为国家意志的产物，歪曲了税收关系的客观性，使税法失去客观依据，搅乱了经济运行过程。商品经济的发展要求有良好的社会秩序，税收在商品经济秩序中占有重要地位。治理税收环境首先要理顺税收关系，正确区分客观存在的税收关系和反映国家意志的税法，使税法正确地体现客观经济过程和经济发展方向，这就需要在税法理论研究中着重解决以下几个问题。

1. 税法的性质。在马克思主义国家与法权理论中，法律是统治阶级意志的表现，掌握国家政权的统治阶级按照自己的意志制定法律，规范人们的行为，以建立和维护统治阶级需要的社会秩序。但是，统治阶级的意志并不是国家机关或某些人的任意行动，而是客观过程在阶级意识中的系统反映。如果把阶级意志理解为国家机关或某些人的任意行动，那就不仅会歪曲法律的性质，搞乱社会秩序，甚至会导致统治阶级自取灭亡，所以，要正确认识税法的性质，必须把握这样几个基本点：1. 税法是经济法，是经济运行中的行为规范，必须促进经济秩序的巩固和发展。恩格斯指出："在社会发展很早的阶段，产生了这样的一种需要：把每天重复的生产、分配和交换产品的行为用一个共同规则概括起来，设法使个人服从生产和交换的一般条件。这个规则首先表现为习惯，后来便成了法律。"① 税法作为法律关系主要是确立剩余产品的分配程序和分配比例，其中分配程序决定于各

---

① 《马克思恩格斯选集》第 2 卷，人民出版社 1972 年版，第 553—539 页。

个经济主体在社会再生产中的地位和相互关系，分配比例决定于各个经济主体在社会再生产中的经济职能，并且要和各种生产方式的运行规则及社会经济结构相适应，不能任意行事。2. 税法以现实的分配关系为基础，不是在现实分配关系之外创造新的分配关系，这是正确认识税法性质的关键。马克思讲："法的关系正像国家的形式一样，既不能从它们本身来理解，也不能从人类精神的一般发展来理解，相反，它们根源于物质的生产关系。"①法的性质只能用现有生产力水平、生产关系和社会经济结构去说明。长期以来，在财政学教科书中流行着这样一种观点，说税收是国家依靠政治权力进行的强制征收，没有国家权力也就没有税收这种经济形式，完全颠倒了税法与税收关系的相互关系。因为国家是代表统治阶级的各个个人借以实现其共同利益的形式，是该时代整个市民社会获得集中表现的形式，因此可以得出一个结论："一切共同的规章都是以国家为中心的，都带有政治形式。由此便产生了一种错觉，好像法律是以意志为基础的，而且是以脱离现实基础的自由意志为基础的。"② 马克思认为，法律在任何时候都是现实经济关系的反映，导源于现实经济关系并为现实经济服务，决不能倒过来把法律作为经济关系的起源。可是"人们往往忘记他们的法权起源于他们的经济生活条件，正如他们忘记了他们自己起源于动物界一样。"③ 问题是怎样理解法律是统治阶级或国家的意志呢？所谓统治阶级的意志不是脱离现实经济关系的自由意志，更不是任何个人的任意行为或个人意愿，而是指上升到理性的阶级意识，即统治阶级理想的社会制度或社会秩

---

① 《马克思恩格斯选集》第 2 卷，人民出版社 1972 年版，第 82 页。
② 《马克思恩格斯选集》第 1 卷，人民出版社 1972 年版，第 69—70 页。
③ 《马克思恩格斯选集》第 2 卷，人民出版社 1972 年版，第 539 页。

序。对无产阶级来说，理想的社会制度就是共产主义，不是任何个人的自由行为。如何用法律形式促进社会主义经济关系的巩固和发展，使人类社会逐渐走向共产主义，这就是无产阶级的阶级意志或国家意志。税法作为阶级意志不是任意制定的，不能凭借政治权力随意征税，而是与现有生产关系相适应的法律形式，这种法律在目前必须体现无产阶级巩固和发展社会主义经济关系的阶段意志。这就是税法的性质。

2. 税法的内容。从形式上看，税法的内容比较复杂，其中包括立法宗旨、课税对象、税目税率、纳税主体、征税环节、征收和缴纳程序、违章处理等等。概括地讲，税法的内容实际上是在既定的社会制度中公民从事生产经营活动的社会权利和义务的统一，这是研究税法内容必须考虑的总体原则。一种税法的内容是否完善，最重要的是看这个税法规定的内容能否体现公民从事生产经营活动的权利和义务达到高度统一，能否使公民较为顺利地实现从事生产经营的权利和完成应尽的社会义务。从事生产经营是一切公民具有的生活权利，但是实现这种权利需要相应的社会环境和国家的保护，特别是在商品经济中，生产经营的环境和国家保护成为公民能否进行正常生产经营的前提。公民要实现自己进行正常生产经营的权利，必须共同承担生产经营的社会义务，把生产经营成果的一部分交给社会，为享受社会提供的一切条件和保护支付必要的费用。从这个意义上讲，税收实际上是每一个社会成员必须支付的社会生产费用或称作社会扣除。马克思讲："国家本身以及同它有关的东西，都属于这种收入的扣除，也可以说，对个人来说，属于消费费用，对社会来说属于生产费用。"①

———————

① 《马克思恩格斯全集》第46卷下，人民出版社1980年版，第24页。

上面讲过，税收是以社会职能为依据的，一切社会生产都有它不可缺少的社会职能，正如企业的管理人员是企业生产经营不可缺少的组成部分一样，对社会来说，社会的共同职能同样是社会再生产不可缺少的组成部分，甚至已经成为企业进行生产经营的前提，为执行社会职能支付的费用也是社会再生产费用的一部分。正确认识现代税收的这种性质，对于正确了解税法的内容和提高公民纳税意识具有非常重要的意义。1. 纳税不是公民对社会的无偿贡献，而是公民行使生产经营权必须承担的社会义务。公民既要依靠国家创立的社会环境和保护进行生产经营，那就必须支付创造环境和保护的费用，前者属于权利，后者属于义务，公民在税收形式上支付的费用，在生产经营中又得到社会的补偿。至于公民在税收形式上支付的费用和得到的社会补偿是否一致，这是另一个层次的问题。这里主要是讲权利和义务的统一，只享受权利而逃避义务，是任何社会都不允许的立法原则，逃税、偷税理所当然要受法律制裁，这是人们通常所说的税法的强制。2. 税收中的权利和义务不是单方面的，而是纳税人和征税人共同承担的权利和义务。对纳税人来说，他有进行生产经营和要求国家保护的权利，又有必须纳税的义务，二者是统一的；对征税人来说，他有依据社会职能进行征税的权利，又有执行社会职能创造经营环境和提供保护的义务。现在，由于人们对税收的性质缺乏正确的认识，在理论宣传中经常说"税收是国家凭借政治权力进行的无偿征收"。既不讲经济补偿，也不讲权利和义务，把税法作为强制征收的手段，使税法变成单纯对纳税人的强制，歪曲了税收的性质，刺激了抗税情绪，增加了收税的困难，这是税收理论研究中必须改进的一点。

3. 税收的立法原则。总的来说，税收立法原则就是要使税法正确地反映现实的经济关系，促进生产力的发展和社会进步，这里需要明确的是作为统治阶级意志（即国家意志）的税法，在不同社会制度下对社会进步的判断具有不同的标准。现代资产阶级的所谓社会进步就是私有制、自由竞争和按占有要素进行分配；无产阶级所说的社会进步是公有制、社会需要和按劳分配。至于政治上的民主自由更不可能脱离现实的经济制度。我们讲的是社会主义国家的税收立法原则，具体地说：1. 要兼顾国家、集体和个人的经济利益，有利于协调经济关系，提高生产经营积极性，所谓兼顾国家、集体和个人三者的利益，首先要保证国家有执行各种社会职能所必需的财政收入，称作税收的财政原则；其次要使企业集体获得正常生产经营必需的盈利，能够使企业集体不改善经营和扩大生产所必需的资金；最后要使个人从生产经营中得到一定的利益，不断提高生产经营的兴趣。在制定税法时对这三方面的利益必须统筹兼顾，既不能使企业和个人负担过重，失去生产经营兴趣，也不能为了鼓励企业和个人的积极性，不顾国家财政需要。2. 在各种经济成分、各种经营形式、不同行业、不同部门及企业之间实行公平负担的原则。所谓公平负担就是通过税收立法，借助税种税率、纳税人和征收环节的设计使各种经济成分和企业具有大致相同的经济条件，在大致相同的环境中取得大致相同的利益，承担大致相同的义务，平等竞争，减少产业政策以外的特殊照顾。3. 税收立法要有利于提高社会经济效益和效率，促进经济发展，这是税收立法必须体现的一个重要原则。上面讲过税收是一种分配关系，而"分配是提高生产的一种方法、工具和手段。"[1] 税收经济的社会效益包括两个方面：一是征税的结果既能使国家得到充足的财政收入，又能提高企业生产经营的积极性，使税源或税基不断扩大，避免因征税过度而

---

[1] 《列宁全集》第 32 卷，人民出版社 1958 年版，第 43 页。

使税源减少或税基缩小；二是收税的费用最小，税收成本最低，收入效率最高、效益最大。这个原则要求税收立法要从发展经济培育财源出发，力求简明，含义准确，手续简便，减轻纳税人的负担，减少征税人的劳务，轻税薄敛，促进经济发展。税收立法原则不只这三条，还有别的，不过这三条是主要的，在税收立法中只要能全面体现这三条原则，税法就可以趋向完善，起到促进经济发展的作用。税收作为社会分配剩余产品的规范形式，必须以税法为基准，坚持以法治税，依法征收，依法减免，避免征收和减免的随意性，税法作为社会分配剩余产品的规范，是上升到理性的阶级意志，不是政府或领导人的自由行为。在过去的税收教科书中都讲"税收是国家凭借政治权力实行的强制征收"，税法是强制的形式。阶级意志被解释为统治阶级的随意行为，这是搞乱税收科学、造成法制混乱的思想根源。从社会经济发展的历史过程来看，税收作为社会分配剩余产品的规范形式，与其说是政府凭借政治权力实行强制征收的产物，不如说税收是用法律形式限制各级政府利用行政权力乱收费的产物更符合历史实际。在历史上，税收作为分配剩余产品的规范形式，在中国大约产生于奴隶社会向封建社会过渡时期，即封建社会的初期。与奴隶社会相比较，封建社会的剥削形式不再完全取决于封建主的个人意愿，开始出现社会规范，国家征税和私人租地契约就是这种规范的最初形式。但是，封建社会的法制规范还很不健全，这是因为当时被剥削的劳动人民的阶级意识还非常模糊，没有成为自为的阶级，没有统一的阶级意志，反映统治阶级意志的法律也比较模糊。在历史上，立法确实与阶级斗争有直接联系，完善的法律是阶级斗争发展的必然产物，只有在统治阶级和被统治阶级都具有明确的阶级意识，都由自在的阶级变为自为的阶级以后，法制才开始趋向完善。比较完善的税法是在资产阶级民主革命，在资产阶级反对封建贵族的斗争中逐渐形成的，目的是限制封建贵族利用行政权力乱收费。以后为了限制政府的收支范围又产生了国家预算。这是历史发展的简单轮廓。

中国没有经过资产阶级民主革命，依靠英明皇帝治理国家的人治思想根深蒂固，税收处于无法状态。国民党税多不说明国民党依法治税，而是国民党政府利用行政权力乱收费的象征。解放初期，我们来不及制定新税法，沿用国民党的旧税制，减轻税收负担，税种税率由繁到简，现在又由简到繁，税收立法始终处于草创时期。直到目前为止以法治税仍然是一个尚待解决的问题。

三 作为经济运行机制的税收

税收作为经济运行机制属于另一个研究层次，既不同于客观存在的经济范畴，也有别于法权关系。如果说作为客观经济范畴的税收是经济基础的组成部分，税法属于上层建筑，具有不同的性质，有联系有区别，那么税收作为经济运行机制必然是基础和上层建筑的统一，既要体现税收关系的客观性，又要体现上层建筑的反作用，在运行机制这个层次上，我们不能也没有必要区分经济基础和上层建筑的作用，而要着重研究影响税收经济运行的各种因素。

什么叫运行机制？经济学界尚未形成公认的具有确切含义的科学定义。有人曾对财政运行机制作这样的描述："社会主义财政运行机制是指一定财政体制下的财政总体制，其各个组成部分，互相制约，有机地结合和自动调谐所形成的内在关联的运行方式。"这种描述初看颇有道理。仔细想想又难以捉摸，无法进行操作。我认为运行机制是指一种体制运行的方式、状态和效率。从实际操作过程看，运行机制主要取决于以下三个方面的相互作用：

1. 决策体系。税收作为一种经济关系是由纳税人和征税人构成的，税收经济的运行是从纳税人和征税人的决策开始的，决策机构的层次及其相互关系即决策体系，在税收经济运行机制中占有重要地位。在这里我们主要是讲征税人即国家征税的决策体系，纳税人的决策放在税收管理中去讲。在税收运行机制中，征税的决策体系要求决策层次少，决策权力集中和决策思想稳定。决策体系的层次过多，会形成决策权力分散，产生决策层次间的互相摩擦，增加决策过程的内耗，延长决策时间，降低决策效率。税收作为企业经营的外部环境，决策思想保持连续性和稳定性是非常必要的，多变的税收政策，不仅会破坏税法的严肃性，而且会给纳税人和征税人造成不必要的困难，特别对纳税人的经济决策造成困难。目前税收经济运行中存在的许多混乱现象，在很大程度上与税收决策体系的层次过多、权力分散有直接关系。税收中的多头决策必然造成不必要的困难，特别对纳税人的经济决策造成困难。目前税收经济运行中存在的许多混乱状态，使税收产生反作用。统一决策机构，减少决策层次，集中决策权力，是理顺税收关系、整顿税收秩序、治理经济环境首先要解决的问题，这关系到搞活企业和提高经济效益的全局。具体地讲，应该通过治理整顿和深化改革，把征税决策权完全集中在国家税务局，取消其他机构的决策权，消除多头决策的弊端。

2. 税务机构的传递效能。这是税收运行机制的关键部分，税收决策的实行、税收收入与支出的实务及信息传递都是通过税务机构进行的，税务机构的设置及其传递效能对税收运行机制具有决定作用。要保持税收运行机制的效率，税务机构的设置必须是：(1) 机构层次合理，从中央到地方税务机构的层次要与经济运行的客观过程相一致，避免税务机构与社会经济运行过程不协调而产生矛盾，这是协调中央与地方、国家与企业利益的重要环节。税收运行机制是一种利益分配机制，直接关系中央、地方、企业的经济利益，要从协调各方面的经济利益出发来考虑税务机构的层次及其相互关系。为了协调各方面的利益和提高传递效率，税务机构要与政府级次相适应并实行垂直领导，减少行政干扰因素。(2) 分工明确，职责清楚，机构专一，避免职权交叉，互相掣肘，使运行过程受阻。税务机构设置原则上要与税收一致，中央税设中央机构，地方税设地方机构。中央机构代收地方税和地方机构代收中央税，只限于代收代支，不能越权处置。国家税务机构（包括中央和地方）必须专一，即国家只能有一个统一的税收机构，不能有两个或更多的税收机构。多头收税是造成经济秩序混乱、增加税收成本、阻碍有序经济运行的一个重要因素。(3) 操作程序简便，传递环节要少，要在保持信息准确的前提下简化手续，提高传递效率。

3. 经济体制配套和协调状况。税收运行机制是社会经济运行机制的一个组成部分，其运行状态必然要受整个经济体制的制约。经济体制的配套和协调状况直接制约税收体制运行过程。在过去 10 年的改革中，由于缺乏总体设计和指导思想的某种失误，体制改革不配套，各种体制互相矛盾，使整个经济运行呈现混乱状态。税收体制与其他体制如价格体制、财政体制和企业经营体制的矛盾尤其突出，价格体制和财政体制限制了税制改革的进程，目前税收运行机制受阻的主要原因是经济体制不配套。要理顺税收关系，提高税收运行机制的效率，首先要协调税收体制和价格体制、财政体制及企业经营体制的关系，这是改善税收运行机制的关键。

既然运行机制是一种体制运行的方式、状态和效率，那么研究运行机制的关键就是要着重研究体制的总体设计及体制各部分的相互制约关系，其主要方面就是决策体系，机构设置和各种体制的配套协调状况。

四　作为管理制度的税收

税收作为管理制度是最现实、最具体的工作过程，客观经济范畴、税法、运行机制都要在管理中得到体现。马克思讲："具体之所以具体，因为它是许多规定的综合，因而是多样性的统一。"[①]内容是很复杂的。但是，作为管理制度具有严格的科学性，不是杂乱无章的事务，而是有序的工作过程。主要包括以下三个方面：

1.管理依据。税务机构是执法机构，税务管理是执法过程，必须以法律为依据，无论是征税、减税、免税和违章处罚，都要有明确的法律根据，没有法律根据难以进行税收管理。管理工作的好坏，在很大程度上取决于法律的完善程度，所以税收管理可以概括为一句话，即以法治税。目前税收管理中存在的主要问题是法律不健全和法律观念薄弱，有法不依或无法可依，是造成税收管理不严的主要原因。健全税收立法和提高法制观念是加强税收管理和提高管理水平的关键。从税收理论研究的角度来说，依法管理必须深入研究税法和税法体系的严密性，研究偷税、漏税和避税的规律，探索反避税的对策。在税收管理中必须明确，偷税、逃税是违法的；漏税可能是有意违法（即逃税），也可能是疏忽错误；避税则是利用税法的疏漏减轻负担，只要符合税法规定避税本身并不犯法。避税和反避税构成现代税收管理的重要内容，也是健全法制的重要内容，需要进行深入研究。

---

① 《马克思恩格斯选集》第2卷，人民出版社1972年版，第102页。

2．管理程序。税务管理的内容是很复杂的，如果没有科学的管理程序，整个工作就会出现混乱状态。所谓管理程序，就是按照经济运行的顺序把税收管理的内容归类，进行科学的排列组合，使日常事务呈现有序状态，使各个环节形成互相制约和互相推动的链条。现代经济系统学给我们提供了科学方法，我们要运用系统研究税收管理系统，建立科学的管理程序，有效地提高管理效率。目前实行的征、管、查三分离就是一种系统分类管理程序，效果很好。

3．人员素质。税收管理离不开人的素质，人的素质提高管理工作的质量就会高，相反地管理工作的质量就会降低。目前，税收管理的漏洞及某些混乱现象，在很大程度上与税务人员的素质有关。提高税务工作人员的素质是改善税务管理的关键。税务人员的素质是由以下一些因素构成的：（1）平均文化程度，可以用平均受教育的年限进行测量，也可以用文化结构即在全体人员受过小学、中学、大学教育的比重来测量。在其他条件相同的情况下，平均文化程度越高，人员素质就越好。（2）专业操作技能，其中包括专业技术知识和实际操作经验，如会计、审计、统计及电子计算机的知识和操作经验。专业技术知识越多，操作经验越多，在其他条件相同的情况下，人员素质就越好。（3）对经济过程特别是税收经济的理性认识，也是决定税务人员素质的重要因素。特别是高级税务管理人员如果缺乏必要的理论素养，经济学知识贫乏，对税收经济缺乏理性认识，只知道根据经验进行实际操作，那就很难随着经济形势的变化不断提高管理水平，甚至会墨守成规无所作为。（4）职业道德和工作责任心好坏也是构成人员素质的因素，对税务管理会产生很大影响。职业道德高尚，国家观念强，自觉维护社会利益，严格执法，工作责任心强，人员素质就高。提高人员素质的主要途径是加强教育，其中包括文化教育、专业技术教育和职业道德教育。教育形式可以多种多样，除了正规学校、定期培训、岗位训练以外，经常开展学术活动也是提高人员素质的重要途径。

综上所述，我们把税收理论研究分为四个层次，对每一个层次的研究内容作了简略地论述，目的是想推动税收理论研究系统深入，改变目前层次不清、概念混乱、难以系统化的状况，使税收理论研究提高一步。

（原载《税务研究》1990 年第 7 期）

如何研究税收的经济效用

　　税源结构是税收经济效用的重要内容，也是税收经济学研究中的一个重要问题，具有重要的理论和实践意义，需要深入研究。过去人们研究税收主要从财政需要出发，认为税收只是取得财政收入的一种形式，如果不是为了取得财政收入，税收就没有存在的必要，这是几千年自然经济留给人们的传统观念，现在还有许多人坚持这种看法。在自然经济中，人们进行生产的直接目的是为了满足自己的需要，与这种经济形式相适应的财政也只是为了保证政府所需经费而取得收入。随着商品经济的发展，国家承担的社会职能发生了变化，税收的性质也发生了变化，税收由单纯的收入形式变成调节经济运行的经济杠杆，产生了新的作用，成为重要的经济问题。税收的存在和发展也不完全取决于财政需要，相反地，在许多情况下税收作用的变化迫使财政需要必须进行相应调整。这是因为在商品经济中，人们进行生产的直接目的不是为了自身消费，而是为市场需求，供别人消费。由于商品经济中的生产不是为了满足生产者自己有限的消费，而是为了发展，为了致富，为了追求更大的富裕和彻底解放，与商品经济相适应的财政也不再是单纯为政府提供经费，而是转向调节供求，稳定经济，税收也就成为促进经济发展的手段，税收的经济效用也就成了商品经济中需要深入研究的重要问题。税源结构是在发展商品经济的实践中对税收经济效用的理性认识，下面就如何研究税收经济效用问题讲几点看法，供研究参考。

一　税收经济效用的概念和研究层次

税收是一个分配问题，从理论上讲，分配本身不能直接创造经济效益。列宁说:"分配是提高生产的一种方法、工具和手段。"[①]当然也是提高经济效益的手段和方法。税收的经济效用是指税收在社会经济效益变化中起的作用，这种作用可能是积极的，也可能是消极的，或者说它可以提高社会经济效益，促进经济发展；也可以降低社会经济效益，阻碍经济发展。研究税收经济效用的目的是要正确运用税收杠杆促进经济发展，提高社会经济效益。

社会经济效益有多种表现形式:如投入产出率、投资收益率、资金利税率、销售利润率、成本利润率等。无论采取哪种形式测量经济效益，最终都要与剩余产品价值的分配过程发生直接联系。马克思主义经济学认为:每年新创造的价值（即国民收入）由两部分组成:一部分用于劳动者及其家属消费的必要产品；另一部分是用于社会（指无阶级对抗的社会）共同需要的剩余产品。在现实经济生活中，必要产品价值作为支付给个人的劳动报酬构成企业的生产费用，只有剩余产品价值才作为补偿生产费用以后的余额即纯收入，构成社会经济效益的基本内容。马克思讲:"部分收入等于工资（或重新转化为工人收入的产品部

---

① 《列宁全集》第32卷，第439页。本文所引马列著作均为人民版，以下概不注明。

分）＋利润＋地租。但是，纯收入却是剩余价值，因而是剩余产品，这种剩余产品是扣除了工资以后所余下的，实际上也就是由资本实现的并与土地所有者瓜分剩余价值和由这个价值计量的剩余产品。"① 剩余产品是社会生产力发展的重要标志，也是社会进步的特质基础。恩格斯说："劳动产品超出维持劳动的费用而形成剩余，以及社会生产基金从这种剩余中形成和积累，过去和现在都是一切社会的、政治的和智力的继续发展的基础，"② 并且在一切社会中都是测量经济效益的主要标志。税收作为剩余产品价值的分配形式对社会经济效益会产生直接影响，在提高社会经济效益中具有重要作用。

税收的经济效用导源于税收的本质，反映税收与经济发展的内在联系。深入研究税收的经济效用有助于人们正确认识税收和经济发展的相互关系，端正治税思想，制定正确的税收政策，促进商品经济的发展。

首先，税收的经济效用表明，税收收多少不取决于人们的主观愿望，而是取决于社会生产力的发展水平、取决于社会经济效益高低，即可供分配的剩余产品价值多少。经济效益高，可分配的剩余产品价值（即纯收入）多，税收收入就会增加；相反经济效益低，可分配的剩余产品价值少，税收收入就会减少。"在一无所有的地方，皇帝也会丧失他的权力。"③ 具有决定作用的是由剩余产品构成的经济效益。

其次，税收的经济效用还表明，税收限量在提高社会经济效益中具有重要作用。适度的税收可以提高企业和居民生产经营的

---

① 《马克思恩格斯全集》第 25 卷，第 950 页。
② 《马克思恩格斯全集》第 3 卷，第 233 页。
③ 《马克思恩格斯全集》第 23 卷，第 271 页。

积极性，提高社会经济效益；过度的税收，竭泽而渔，必然侵蚀税基，枯竭税源，阻碍经济发展，降低社会经济效益。研究税收的经济效用，就是要按照效益原则把握税收的限量，制定最优税率，均衡利益分配，促进经济发展，实现效益最优目标。

税收的经济效用是税收作用的总体表现，体现在社会经济运行的全过程，表现在经济过程的各环节，其作用形式和内容具有不同的层次。概括地讲，税收经济效用有宏观和微观两个层次，需要分别研究。这里需要说明，社会科学中的宏观与微观具有相对性。宇宙、地球、世界、国家是宏观，省市地区是微观。在经济领域，一般把一个国家的国民经济总量作为宏观，把企业个量看做微观，省市属于哪一层次？有人称作中观，这样划分也无不可，但不尽满意，因为在社会经济运行中，从中央到企业有许多层次，有中央各部委、省市、地区、县、乡镇、企业等除中央和企业以外，其他层次都归入中观层未必能说明问题。我认为，所谓宏观和微观是就研究的范围而言的，相对于全国来说，国家是宏观省市、地区属于微观；就一个省而言，全省是宏观，地区、县属于微观。就一个企业而言，全省是客观，地区、县属于微观。就一个企业而言，也有宏观和微观问题。只是不要忘记世界上的一切事物都是互相联系、互相制约、互相依存的，一个国家的国民经济宏观不能脱离世界经济这个更大的宏观，就如同地球不能脱离太阳系一样。研究税收和经济效用首先要注意宏观经济效益，注重全局利益，当然不能忽视微观，如果微观效益都不好，宏观效益就会落空。

二　税收的宏观经济效用

按照我们所说的税收经济效用的含义，税收的宏观经济效用就是税收在提高宏观经济效益中的作用。我们说的宏观是指整个国民经济，其原理也适用于省市的经济总量，宏观经济效益的主要标志是：投入产出率、投资收益率、资金利税率、产值利润率和社会需要的满足程度。就是说投入产出率、投资收益率、资金利税率越高，社会需要满足程度越大，经济效益就越好，否则经济效益就越低。从全社会看，影响宏观经济效益的主要因素有经济增长速度快慢、结构是否合理、市场供求状况等。税收对宏观经济的作用主要是通过对经济增长速度、经济结构和市场供求的影响来实现的。

（一）税收对经济增长速度的作用

税收与经济增长速度有密切的联系，它可以促进经济增长，提高经济增长速度，也可以抑制经济增长，降低经济增长速度。促产增收就是要提高经济增长速度，增加税收收入。税收对经济增长的作用是通过对投资的影响达到的。投资是经济增长的主要因素，税收作为剩余产品价值的分配形式，直接影响国家和企业的投资规模和投资比例，从而影响经济增长速度。这里要说明的是，现代经济学中的增长与发展具有不同的含义，我们只讲税收与经济增长的关系，至于这种增长能否引起真正的经济发展，另当别论。

在一般情况下，经济增长主要取决于投资率（或称积累率）和投资收益率的高低。投资率为既定，投资收益率越高经济增长速度就会越高；反过来，投资收益率为既定，投资率（积累率）越高经济增长速度就会越高，税收对经济增长的作用主要是通过影响投资率实现的。在投资主体多元化的情况下，税收会影响不同投资主体的投资能力，降低或提高投资率。在消费比率既定的情况下，增加税收可以提高国家的投资能力，提高国民经济的增长速度，但是可能降低企业的投资能力和增长速度，侵蚀税基，减少税收收入；相反，降低税率或减免税收可以提高企业的投资率和增长速度，扩大税源，但是可能影响国家的投资率和增长速度。这里有个全局和局部的关系问题：从全局看，由企业投资效果大还是国家投资效果大，需要根据具体情况进行具体分析，不能一概而论，有的可能是由企业投资效果更好。对这个问题实际部门存在不同看法，有些人认为税收支出即通过减税免税增加企业的投入会影响财政收入，不宜提倡；有些人认为，通过税收支出增加企业的投入会收到更大的效益，达到减 1 收 10 的效果。这里最重要的是要认真研究投入和产出的比率，确定实际效益水平，从优选择。

（二）税收对经济结构的作用

税收对经济结构的作用是通过税种如差别税率实现的。对不同的产业采取不同的税率，有的采取低税率予以支持和鼓励，有的采取高税率加以限制，以此促进资源的合理配置和产业结构合理化，达到提高社会经济效益的目的。

研究税收对经济结构的作用，需要弄清三个问题：1. 弄清结构和经济结构的概念。现在有些人研究经济结构时不交待经济结构的概念，使人很难把握他们的用意。结构定一切事物本身固有的规定，反映事物本身的性质，任何事物都有构成要素及其组合形成，因而也都有自身的结构。简单地讲，结构就是构成事物的各种要素的比重及其组合形式总称，经济结构自然是各种经济要素的比重及其组合形式的总称。不过经济结构比较复杂，有广义和狭义之分。狭义的经济结构是指生产关系体系，即经济基础；广义经济结构包括两个方面，即生产关系体系和生产力配置。生产关系体系包括所有制结构、分配结构、消费结构等；生产力配置包括产业结构、产品结构、企业结构、技术结构等，影响经济结构的主要因素是投资结构，税收对经济结构的作用是运用差别税率影响投资结构达到的，现在要实行的投资方向税就是如此。但是征收投资方向税能否有效地控制投资结构，这是另一个问题，存而不论。2．弄清经济结构在社会经济效益中占什么地位，这是一个重要问题。现在仍然有许多人把发展经济的着力点放在扩大规模和提高速度上，对结构合理化不大重视，因而造成资源浪费和社会经效益下降，这是目前需要着重研究的问题，规模和速度是量的反映，结构是否合理是质的表现。结构不合理，规模和速度可能是无效的，速度很高而经济无发展，叫做欲速则不达。所以，调整经济结构特别是产业结构和企业结构，是有效利用生产资源提高社会经济效益的关键。3．弄清衡量经济结构合理化的标志是什么，这是研究经济结构首先要解决的问题。从全国来说，经济结构合理化的主要标志是：（1）生产和消费的关系比较协调，没有突出的短缺和过剩的压力；（2）原料供应和产品销售市场大体适应，各种生产资源都能得到有效的利用；（3）社会的投入产出率较高，总体收益最大；（4）社会各种需要基本上满足，总供给和总需求趋向均衡。从一个地区来说，经济结构合理的标志可否作这样的决定：（1）地区产业结构符合国家产业政策的要求，地区的发展目标与国家产业结构比较协调；（2）充分发挥地区优势，使地区资源和市场得到有效利用；（3）投入产业比较合理，总体收益最优（相对的）。税收作为提高社会经济效益的手段和方法，要大力促进经济结构合理化，其中包括生产关系体系和生产力配置两个方面。

（三）税收对市场供求的调节作用

税收对市场供求的作用是直接的，它可以促进或抑制市场供给，也可以提高或压缩市场需求。减免税可以增加供给和提高需求总量，改变税种和税率可以调节供给和需求结构。近几年，我们曾经利用税收调节社会需求，征收奖金税、筵席税、建筑税、特别消费税等，尽管有许多失误和缺陷需要认真研究改进，但是作用还是应该肯定的，总的来说，在这方面人们的认识是比较明确的，不多讲。现在需要强调另一个侧面，即在市场供求中如何调节各阶层的收入水平和消费结构。最近许多人叫嚷市场疲软，销售困难，要用各种办法启动市场。然而造成市场疲软的原因是什么？看法很不一致。有人认为市场疲软是由于对集团消费控制过头，居民储蓄增加过快，消费滞后，影响即期购买力造成的。启动市场的办法就是放松对集团消费的控制，增加固定资产投资，减少居民储蓄。深入分析一下，这些看法未必符合实际，许多启动措施未必有效。篇幅关系，其他问题不讲。只讲居民储蓄是否造成市场疲软的原因？第一，居民储蓄通过银行信贷完全投向企业，参加了企业的资金周转，并未退出市场。银行信贷收支表明，1990 年第二季度末各项存款余额为 10294 亿元，各项贷款余额为 13021 亿元，贷款超过存款 2727 亿元，说明居民储蓄全部作为信贷资金来源贷给企业，居民不购买企业购买，购买力并未减少，变化的只是消费结构；第二，储蓄增加的原因是什么？有些人说是由于居民买涨不买落的心理因素造成的，物价上涨幅度降低，居民增加储蓄而减少消费。这是典型的庸俗经济学的观点。我想引用一个材料，就是 1990 年 8 月 15 日《经济参考》报刊登的安东建写的《收入分化对居民消费——储蓄的影响》一文，其中讲国家统计局对 31915 户城镇居民家庭生活费收支情况抽样调查表明，按不同收入层次划分为 7 个组，前 3 组占调查户数的 40％和调查人数的 45.5％，收不抵支，有赤字 10.9 万元；中间两个组收支基本平衡，结余不多；后两个组即高收入和最高收入组，占调查户数的 20％和调查人数的 17％，占全部收入结余额的 76%。如果所收入结余视同储蓄，那么城镇居民储蓄的 76%集中在 20%的高收入阶层手中。这些人需要购买什么呢？住房、家电和生活用品可以说应有尽有，有的人还有个人汽车，除了存入银行赚利息和大批购买债券以外，再无可买的，这就是储蓄增加的主要原因。这种分配结构必然要影响市场取向和消费结构，也是市场疲软的主要原因之一。对这种分配格局税收能否起调节作用？需要认真研究。

三　税收的微观经济效用

无论从全国还是从省和地区来说，税收要注意总体效益，着重研究宏观经济效用。但是，微观经济效用也不能忽视，因为宏观经济效益是微观效益的综合，不研究微观经济效益，即不从改善企业经营提高企业经济效益入手，宏观经济效益就不能实现，税收的经济效用就会落空。概括地讲，研究税收的微观经济效用要着重解决以下几个问题。

1. 稳定政策，简化税制和征管手续，为企业创造较为良好的经营环境。纳税是企业应尽的义务，也是企业所必需的经营环境，稳定而健全的税制是改善企业经营不可缺少的外部条件。目前在这方面存在不少问题，如以包税为特征的承包经营，混淆了国家和所有者的不同职能，削弱了税收的调节作用，把企业经营的外部环境变成企业内部的经营目标（承包基数），扭曲了企业的经营方向，破坏了企业经营的外部环境，这是搞活企业和完善税制的一大障碍，90 年代的税制改革首先要打破包税制，实行税利分流，为稳定税政创造条件。

2. 公平税负，为企业平等竞争创造条件，促进各种经济成分和各类企业协调发展。目前，我们的税收负担是不公平的，从总体上说是大企业重于小企业，国营企业重于集体企业，集体企业重于私人企业和个体经营者，中国企业重于外国企业，不利于平等竞争，不利于发挥公有制的优越性，这是方向性的问题，必须加以纠正。

3. 正确测定税负标准，协调国家和企业的利益分配。目前企业负担轻重，有无自我发展的能力，这是从中央到地方都关心的问题，李鹏总理在全国工业生产工作会议上讲："现在农民负担、企业负担都很重。"重到什么程度，企业负担有三层：税收负担、财政负担、社会负担。税收负担应该摆在什么水平上，企业的负担能力有多大。如何确定企业税负标准才能使社会经济效益最大化，企业最活。所有这些，都与增强企业活力，提高微观经济效益有关，也是促产增收和优化税源结构的主要问题。

4. 为企业提供经济信息，帮助企业改善经营管理和开拓市场，从实际工作来讲，促产增收主要表现在这一方面，因为这种工作比较具体，不涉及政策方针问题，是每一个实际工作者都能办到的。所以，促产增收经常表现在税收工作的顾问、参谋和对企业的协助上，而且效果明显。这是社会主义税收的一个基本特征，在其他社会是没有的。不过这种作用有其局限性，一是受人力限制，税收工作负担很重，力量有限，难以全面顾及；二是干部素质，不是所有税务干部都具备为企业当参谋的条件。因此，研究税收微观经济效用，重点应放在政策和制度上，才能具有广泛作用。

简而言之，税收的微观经济效用就是要按照国家产业政策和地方的特点搞活企业，特别是要搞活国营企业，提高企业的经济效益，扩大税源。

（原载《湖北税务研究》1991 年第 1 期）

"七五"时期的税收模式

税收模式不是一成不变的，在经济改革时期尤其如此。对"七五"时期税收模式的设想，要以"七五"时期经济发展如改革目标对税收提出的要求为依据，全面分析现行税制对这种要求的适应程度，在改革现行税制的基础上确立"七五"时期的税收模式。

一 税收模式的涵义

所谓税收模式，我认为大体上包含三方面的内容。

1. 剩余产品（或称社会纯收入）的分配格局。税收从它产生的时候起就是国家参与社会剩余产品的分配，从而取得收入，保证社会共同需要的形式。在社会剩余产品分配中国家可能得到多大份额，取决于生产力发展水平和社会经营状况，不由人们的主观愿望决定。在这里国家权力不起多大作用，因为任何权力在一无所有的地方都会失效。不论社会制度如何，由当时生产力水平和经营状况的剩余产品分配格局始终是构成税收模式的决定因素。我国税收模式的核心，就是从现有生产力水平和企业经营状况出发，正确处理国家、集体、个人三方面的分配关系，既要保持社会共同需要，又要提高集体和个人生产经营的兴趣，充分发挥集体和个人的积极性，使三方面的利益达到和谐发展。

2．税种设置。税种是实现分配格局的机制，税种设置是税收模式的重要内容。所谓税种设置就是在社会经济进行中，选择适宜的征税环节和课税对象，确立主体税种和辅助税种，进行合理配置，建立税收体系，通过税种的协同作用使每一个经济主体各得其所，保证剩余产品及国民收入分配格局顺利实现。合理的税种设置要符合两个条件：（1）要符合不同所有制形式和经营方式的要求。分配是所有制形式的体现，在多种所有制形式和多种经济方式共同发展的条件下，税种设置要照顾各种所有制形式和经营方式的特点，不像在单一所有制形式下那样简单；（2）要适应经济形式的要求，促进经济发展。经济形式是社会生产力发展的总体表现，决定各个经济主体互相交往的原则和形式，构成人类社会发展的不同历史时期，反映社会生产力水平和生产社会化程度，如自然经济和商品经济。目前，我国的税种设置要符合经济形式的变化，促进产品经济到商品经济的转化。

3．税制的政策目标。税收作为一种分配形式，从来就具有经济导向作用，是国家实现政策目标的手段。税收的政策目标包含互相联系的两个方面：一方面是在不妨碍经济发展的前提下，最大限度保证财政收入，满足社会共同需要；另一方面是通过税率差别和减免税，控制社会经济结构、生产结构、消费结构的发展方向，使社会经济发展符合总体目标。税收的双重目标是税收机制的内在功能，相辅相成，缺一不可。就某一种税来看，保证收入和导向经济可能有所侧重。但从税收总体来看，保证社会共同需要和导向经济发展是同时发生作用，过分强调一方面是无益的。

构成税收模式的三个要素是互相联系的有机整体，不能割裂，单独拿出其中任何一个要素都不能构成税收模式。

二 对现行税收模式的估价

现行税收模式是经过 1984 年第二步利改税建立起来的多税种、多层次的复合税制，以流转税和所得税为主体税种，以其他各种税为辅助税种，基本框架符合商品经济的要求，"七五"时期不需要进行重建框架的改革。理由是：

1. 现行税制基本上适应以公有制为主多种所有制形式共同发展的有计划商品经济的要求。首先，现行税制稳定了国家和企业的分配关系，切断了国家机关和企业在分配剩余产品中的直接联系，对改变国家所有国家经营的形式起了促进作用，为企业成为相对独立的经济实体，进行自主经营、自负盈亏创造了条件，把国家和企业的经济联系基本上纳入商品经济的轨道。其次，现行税收模式可以按照商品经济的要求照顾各类企业的经营状况。商品经济由于资源条件、有机构成、社会需要、市场环境及其他条件的差异，使各企业、各种商品的经营状况千差万别，单一税制不能适应商品经济发展的要求，需要建立多税种多层次的复税制。现行税制的框架已经由产品经济转上商品经济的轨道，尽管税种、税目、税率结构还不够合理，需要进一步完善，归并、增设或简化，但是基本框架已经确立。

2. 现行税制的分配格局与"七五"时期的经济发展目标基本适应。"七五"计划规定，到 1990 年国民收入达到 9350 亿元。财政收入达到 2567 亿元，财政收入相当于国民收入的 27.5%。五年合计国民收入约为 41257 亿元（按每年递增 6.7% 测算），财政收入为 11194 亿元，财政收入相当于国民收入总额的

27.1%。五年内全社会固定资产投资总额为 12960 亿元，其中全民所有制单位的投资为 8960 亿元，集体所有制单位投资 1600 亿元，城乡个人投资 2400 亿元。固定资产投资规模决定"七五"时期剩余产品分配格局。从我国目前国民收入结构来看，大体上是必要产品占 59%，剩余产品占 41%左右，其中工业部门的比重高，农业部门的比重低。按这个比重匡算，"七五"时期可以用于积累（主要是固定资产投资）和社会公共消费的剩余产品约为 16915 亿元，归国家支配部分即财政收入 11194 亿元。这就是说，"七五"时期的剩余产品归国家支配部分大体为 66.2%，略高于 1984 年水平，与 1985 年大体持平。归企业集体和个人支配部分大体为 33.8%，在我看来归国家支配部分已到低限。在全部剩余产品中用于固定资产投资部分约为 10460 亿元[①]，占剩余产品的 61.8%，相当于国民收入的 25.3%，再加上其他积累会超过 30%。按照现行税收模式测算，流转税占财政收入的 50%左右，大约可征收社会剩余产品的 33.1%左右（66.2%×50%），其余 66.9%表现为企业组织的实现利润。从实现利润中扣除了不征所得税的农业部分，工商部门实现的利润大约占剩余产品的 57.9%左右。国家再对工商企业实现利润征收 55%的所得税——57.9%×55%＝31.8%。流转税加所得税大约集中社会剩余产品的 64.9%左右，其他税中所占比重微乎其微。这样，要保证"七五"时期的财政收入和投资规模，基本上要维持目前的分配格局。如对现行税制再作大的改变，势必影响分配格局，与"七五"时期的发展目标产生矛盾。现在的问题是，征收所得税之后又征收一道调节税，使大中型企业留利偏少，活力不足，企业之间存在苦乐不均和鞭打快牛的弊病，需要在总负担水平下

---

① 12960 亿元投资中扣除 2500 亿元的基本折旧，即为 10460 亿元。

进行调整。

3. 现行税制能够实现税收模式的双重功能。首先，现行税制以流转税和所得税两种税为主体税种，以其他各种税为辅助税种，反映了我国以公有制为主多种所有制形式共同发展的有计划商品经济的客观需要。多税种多层次的复税制是商品经济发展的共同要求，无论对资本主义商品经济还是社会主义商品经济来说都是适用的。但是，如果说在单一公有制或单一私有制条件下选择一个主体税种可行的话，在以公有制为主多种所有制形式共同发展的有计划商品经济中，税收除了保证财政收入、均衡分配以外，还具有计划导向和保持公有制占主导地位的作用，单一主体税种很难保持各种所有制形式的协调发展，便是不可行的。特别是公有制的性质不允许把所得税作为单一主体税。因为公有制为主实际上是国有制为主，而国有制实际上就是各级政府所有，无论是国营企业还是集体企业都要听命于各级政府，只要以公有制为主，这种状况很难有根本改变。如果对公营企业创造的剩余产品不用流转税形式进行事先扣除，全靠事后征收所得税保证社会共同需要是靠不住的。同时，流转税还有所得税无法比拟的事前调节功能，对经济结构、生产结构和消费结构能够起导向作用，有助于协调各种所有制形式的发展方向。流转税和所得税相结合的复税制可以全面调节企业的经济行为，为国家对企业的管理由直接控制为主转向间接控制为主创造条件，有利于加强宏观控制。

三 "七五"时期税制的改革目标

税制改革直接关系国家、集体和个人分配格局，影响人们的物质利益，要与其他方面的改革协调进行，保持等速态势，单项突出会引起不必要的矛盾。根据"七五"时期经济改革的主要内容来看，税制改革的目标主要在以下几方面：

1. 调整流转税。流转税的优点和重要性是人所共知的，现行流转税的税种设置也是可行的，无论是产品税、增值税、盐税和营业税，哪一个税种也不能取消。问题在于产品税按销售额征收，流转一次征收一次，形成重叠征税，对商品生产和商品流通有不利的影响，需要进行调整。办法是尽量扩大增值税的征收范围，适当缩小产品税的征收范围，改进产品税的征收办法，克服重叠征税缺陷。但是，为了发挥税收对生产和流通的调节作用，特别是要使税收成为实行间接控制的经济杠杆，产品税是不能缺少的，用增值税完全替代产品税的主张是不适宜的。

2. 改进所得税。现行税制的缺陷主要表现在所得税方面：(1) 税种复杂，其中包括国营企业所得税、国营企业利润调节税、国营企业奖金税、国营企业工资调节税、集体企业所得税、集体企业奖金税、中外合资企业所得税、外国企业所得税、城乡工商业个体户所得税、个人所得税等十几种，单国营企业就征收五种所得税。这种按照不同经济成分（纳税主体）和收入形式（如利润奖金、工资）制定税法的做法，势必造成税种过繁，不符合多种所有制形式共同发展的要求；(2) 负担不公平。所得税的主要作用在于均衡分配，使所得多者多纳税，所得少者少纳税，合理负担，共同发展。现行所得税都是按不同的经济成分和收入形式规定税率，税收负担是国营重于集体、集体重于个人、个人重于外国企业，确有"损中利外保护资本主义"之嫌；(3) 保留上缴利润的残余，继续征收一户一率的调节税，抵消了所有税种的调节作用，继续搞平均主义"大锅饭"。应该承认，第二步利改税不彻底主要表现在所得税方面。改革的办法是：第一，简并税种，把现行十多种所得税简并为企业所得税和个人所得税两种。企业所得税不分公私中外，一视同仁，平等纳税，合理负担，使各种所有制形式处于平等地位；第二，不论企业还是个人，一律按照所得额多少划分档次，实行超额累进税，税后进利润全部归纳税人支配。彻底取消国营企业的调节税。

这里需要解决的问题是：首先，超额累进税率的最高限规定在什么水平上？根据经济改革的总体目标来看，最高以不超过60％为宜，对一些需要优待的企业还可以减税。按照我们设想的剩余产品（即社会纯收入）的分配格局是，用流转税事先征收社会剩余产品的35％左右，其余65％的剩余产品表现为企业利润，再征收50％左右的所得税（平均计算）。这样，国家可以支配全部剩余产品的65％—70％，其余30％—35％表现为税后利润留归企业，也就是实现利润的50％左右归企业支配，可以大大增强大中型企业的活力，为自我积累、自我改造、自我发展创造了条件；其次，对少数利润额很大的大型企业怎么办？如有的企业一年实现利润10亿元，征收60％的所得税，企业税后利润还有4亿元，这样大的数额能不能全部留给企业？首先，要明确对少数大型企业的经营方针，如果我们在"七五"时期对大型企业完全实行自我积累、自我改造、自我发展、保证国家财产不断扩大的"三自一保"方针，税后利润全部留给企业很难说不合理。须知一年实现利润10亿元的企业在我国没有几个，这种企业要实行"三自一保"，一年有4亿元资金用于产品、设备的现代化不会过分；其次，我们实行的是流转税和所得税并重的复税制，完全可以通过流转税事先压缩企业的实现利润，使企业的留利水平保持适当限度；最后，在思想认识上要明确，我们既然要按照优胜劣汰原则让企业之间展开竞争，改变目前小挤大、落后挤先进的弊病，那么按照统一标准征税，拥有先进技术的大型企业会得到较多利润，处于优先地位，具有充分发展能力；落后的小企业处于不利地位，贫困倒闭被淘汰，是理所当然的事情。否则，自我积累、自我改造、自我发展、优胜劣汰都会成为纸上谈兵。

3. 扩大地方税的比重。"七五"时期要实行真正的分级财政体制，划分税种，使地方具有独立财源。现行地方税都是零星小税，无法保证地方需要，不具备建立分级财政的条件，地方预算和中央预算的"大锅饭"，使地方向中央要钱的问题无法解决，对宏观经济控制非常不利。要使地方预算与中央预算脱钩，自求平衡，必须适当扩大地方税的比重。

4. 改革税收管理体制。我国税收征管由三部分组成，即海关、财政机关和税务局。关税委托海关征收是可行的，现在的问题是财政机关和税务局在税收征管中存在一些不应有的矛盾。按照历史习惯，除农业税可以由财政机关单独征收以外，工商税收应该全部由税务局统一征管，财政机关不再插手。税务机构要实行垂直领导，在划分税种以后，在税务机构内部要把中央税和地方税的征管分开管理。

5. 健全法制。税务机构是经济管理机构，又是行政执法机构，具有严格的法制性质。目前税收征管中的许多弊病都与法制不健全分不开。(1) 我们的税法不是完全由立法机构制定的，大多是行政机关制定并且经常由其用通知、指示的名义进行修改，削弱税法的严肃性；(2) 从中央到地方各级行政首脑都有税收减免权，对税务机关的征管工作进行行政干预，以权代法，削弱税务机构的执法地位；(3) 纳税人偷税、漏税可以不受法律制裁，有的地方行政机关对偷税、漏税的企业实行保护；(4) 没有税收征管法，税务人员不能严格依法征税，有的甚至以权谋私。所有这些，都是"七五"时期税制改革的内容。

四 对几个问题的看法

1.有些同志主张在"七五"时期开征资金占用税,认为这是减少企业资金占用,克服争投资、争项目、控制固定资产投资规模,提高资金使用效果的有效措施。我认为这种想法是脱离实际的。资金占用不合理和争投资、争项目的主要责任不在企业,用征收资金占用税的办法限制企业的资金占用实属头痛医脚,不省病理。退一步说,假定能够起作用,"七五"时期也不具备征收资金占用税的条件。(1)征收资金占用税的客观依据是资金平均利润率,而形成资金平均利润率的前提是投资的自由转移,即哪里利润高资金自由流向哪里,这个条件在"七五"时期恐怕很难形成。既然不能形成资金平均利润率,各地区各企业的资金利润率高低悬殊,有利的就征,无利的不征,恰好是鼓励企业多占用资金,打击先进,鼓励落后,这已经为过去征收资金占用费的实践所证明;(2)即使我们放弃有计划的商品经济,实行企业所有制,允许资金自由转移,形成资金平均利润率,在征收资金占用税之前必须对企业占用的固定资产按照重置价格进行估价,核实资金数额,把不需用和不使用的固定资产全部处理掉。否则,使用的固定资产征税,不使用的免税,又会鼓励企业多占用资金。因此,征收资金占用税的主张现在是行不通的。

2."七五"时期不能开征工资所得税。(1)现在是低工资,多数职工的平均工资还只能维持最低生活水平,征收工资所得税会引起广大职工不满,得不偿失;(2)近几年物价水平上涨很快,远远超过统计局公布的数字,平均工资赶不上物价上涨幅度,实际工资在下降,这是职工产生消极情绪的主要原因。在这种情况下开征工资所得税,对税务局来说是引火烧身,自讨苦吃；(3) 个人所得税如何计算是复杂的，这涉及领导层和人民群众的关系。总之，开征工资所得税要慎而又慎。

3. 税收和物价的关系。"利改税"在缓解价格不合理因素方面起了一定的作用。但是税收和价格是两条路上跑的车，不应交叉，在价格理顺以后，税收和价格应该各自发挥调节作用，不能逆向运转。如果因为提价使产品成本升高就减税，因为降价使产品成本降低就加税，恰好抵消价格的调节作用。在正常的情况下，税收应该随价格的升降而升降。需要用税收进行调节的产品，在价格理顺之后，流转税的调节作用不能减弱，而要加强，那种认为价格理顺之后税收的调节作用减弱是没有根据的。

(原载《财政研究》1987 年第 4 期)

略论分税制

创造条件逐步实行中央与地方的分税制是我国税制改革的基本方向。因此我们要加强对分税制的理论研究，提高人们对实行分税制的认识，为实行分税制铺平道路，这是当前税收理论研究中需要着重解决的一个问题。

一　分税制的涵义

党的十三大报告中讲："在合理划分中央和地方财政收支范围的前提下实行分税制，正确处理中央和地方，国家、企业和个人的经济利益关系。"为深化税制改革指明了方向。但是，什么叫分税制，中国能否实行分税制，人们的看法很不一致。有人说，分税制就是把现有税种分为中央税、地方税和中央与地方共享税。把一些收入大、增长快的税作为中央财政收入，把一些收入少、增长慢的税划归地方，作为地方固定收入，把一些税源分布较广又主要是依靠地方组织收入的税作为中央与地方的共享税，按一定比例在中央和地方进行分成，利益均沾。这是目前正在实行的办法。有人说，分税制有三种形式，即分征制、分成制和附加制。分征制就是中央和地方分别征税；分成制就是对同一种税中央和地方按规定比例进行分成；附加制就是中央收正税，地方按一定比例征收附加税。这三种形式，过去我们在不同程度上都实行过，不会使人有什么新鲜感觉。还有人说，中国是中央集权国家不能实行分税制，只能实行分成制。前两种看法，实际上是把我们过去和现在实行的一些分成办法叫做分税制；第三种看法是明确说不能实行分税制。这三种说法的共同点是基本上要维持现状，保持现有财政收入，不作大的改革。如果要改也是从保持现有财政收入盘子或扩大中央财政收入比例出发，把主要收入划归中央，把一些零星收入划归地方，通过"分税制"进一步集中财力。这就难免使人对这种所谓"分税制"产生怀疑，叫做"地方不接受，领导听不清"，使税制改革难以深化。

分税制本身具有确定的涵义，不是随便怎样分税或分收入都能叫分税制。分税制的确定涵义是按照商品经济发展的需要，在明确划分中央和地方职权范围的基础上建立中央和地方两种税制，即中央税制和地方税制，中央税由中央立法，地方税由地方立法，着重点在制上，不是单纯地分税或分收入，它与目前实行的"划分税种、核定收支、比例分成"体制具有原则区别。

1. 分税种、核定收支、比例分成体制是以预算收支为依据分税分收入，税收分成随着中央和地方预算收支比例的变化而变化；分税制是以划分中央和地方职权范围为依据确定中央和地方的征税范围，划分治税法权。在划分税种、比例分成体制中，收入和支出都由中央核定，地方只能在中央核定的范围内组织收入，根据收入安排支出，税收体制和预算管理体制混淆不清。在分税制体制中，中央税和地方税要分别立法，税收体制和预算管理体制具有明确的界限，税收体制不再成为预算管理体制的附属物。

2. 在现行的划分税种、比例分成体制中，税收不分中央和地方，全部由中央立法、统征统管，地方只能在本地区经手的收入中进行分成，没有税收自主权。分税制要在法律上确定地方在税收立法和征管中的自主权。在宪法规定的职权范围内，增税、减税或免税由地方自己决定。当然，从发展商品经济的需要出发，有些税（如关税、产品税等）只能中央征，地方不能征；有些税（如交易、屠宰、房地产、建筑税等）只能由地方征，中央不征。地方无权减免中央的税收，中央也不干预地方减免地方税的自主权。

3. 在划分税种、比例分成体制中，税收和地方经济发展的利益不一致，在税收征管中地方政府减税免税的积极性很大，征税、查税的积极性不大。因为在统征统管比例分成体制中，减税免税会使地方得到更多的利益，藏富于企业使地方经济能得到更快地发展。分税制可以使地方根据本地区经济发展的需要因地制宜制定税法，使税收和地方经济发展的利益趋于一致，使地方关心税制建设，利用税收杠杆促进经济发展。

4. 现行划分税种、比例分成体制，是在统收统支基础上根据支出基数确定收入分成比例，不能消除财政收支"吃大锅饭"的弊病。近几年的实践证明，所谓"划分税种、核定收支、分级包干"，俗称"分灶吃饭"的体制，实际上既不能包，也没有干。经常是地方无钱向中央要，中央无钱从地方调，近几年则改"调"为"借"，但借而不还。还有中央开口子要地方财政出钱，地方藏富于企业挖中央财政收入，互相挤占，互相拉扯，给税制建设造成困难。分税制使中央税和地方税分征分管，中央税归中央财政收入，地方税归地方财政收支，互不干扰，可以消除中央和地方互相挤占的弊病，彻底改变统收统支的习惯，为实行分级财政创造条件。

　　总起来说，分税制的主要优点是适应商品经济发展的需要，在保证中央财政收入占主导地位的条件下，给地方以因地制宜的自主权，有利于发挥地方优势，发展地方经济，充分发挥地方对税收征管的积极性，减少中央和地方在税收征管中的矛盾，这对加强税制建设，实现依法治税具有重要意义。在我们这样一个幅员广大、经济发展不平衡的国家中，税制高度集中、统一立法、统征统管很难适应各地经济发展的要求。因为高度集中，统得过死，不给地方一定的减税免税权，会窒息地方活力，阻碍地方经济发展，同时也使中央税务部门背上无法承受的减税免税的包袱。相反，如果放松控制，让地方随意减税免税，就会削弱税收法制，使税制软化，给税收征管造成困难，使统一税法无法贯彻，造成事实上的负担不平衡，阻碍商品经济的发展，这是当前存在的实际问题。近几年，在每年一度的财税大检查中发现的问题有许多与现行税制不适宜地方经济发展需要有关。消除这些问题的途径就是创造条件逐步实行分税制，给地方以征税的自主权，使税收征管和地方经济利益协调，把税制建设纳入法制轨道。

二　需要解决的几个认识问题

　　弄清分税制的涵义以后，还需要研究解决在我国实行分税制的几个认识问题。

　　1. 中央集权国家能否实行分税制，这是首先解决的问题。有人说，分税制只适用于联邦制国家，不适用于中央集权国家。我国是中央集权的共和制，一切法律都要由中央统一制定，地方只能按照中央制定的法律实行有限的自治，不能具有独立的财政立法权，因而也不能实行分税制。如果给地方一定的立法权，允许地方政府制定地方税法，会削弱中央的统一领导，助长地方割据，使统一的税法无法贯彻。我认为这种认识未免脱离实际。首先，中央集权的共和制是说国家的政治制度、宪法、军队和政令要保持统一，中央对地方具有绝对的领导和指挥权，不允许地方自由选择政治制度、自立宪法和脱离统一政令的区域自治。但是，中央集权不等于中央独裁，不能否定地方在统一政令下的自主权，因而在中央集权的国家必须正确划分中央和地方的职权范围，不能事无巨细都由中央决定，把地方管死，使地方丧失活力。这就需要给地方以充分的自主权，使地方发挥主动性，促进地方经济的发展。旧体制的主要弊病是中央集权过大，窒息地方发展的活力，阻碍商品经济的发展，因而体制改革的主要倾向是下放权力，扩大地方和企业自主权。十三大报告中讲："在中央和地方的关系上，要在保证全国政令统一的前提下，逐步划清中央和地方的职责，做到地方的事情地方管，中央的责任是提出大政方针和进行监督。"同时要在合理划分中央和地方财政收支范围的前提下实行分税制，这说明中央集权和分税制并不矛盾。其次，分税制是依据宪法规定，在明确划分中央与地方职权范围的基础上确定地方的税收立法权，不会削弱中央的统一领导，相反地可以使中央的政策与地方实际相结合收到更好的效果。目前这种统征统管的税制，一方面，在名义上地方没有独立的立法权，一切按中央规定办法征管，限制了地方的自主权和积极性；分税制不仅可以排除地方对中央税的干扰，保持中央税负在各地的统一性，而且可以使地方税收负担与地方经济发展的实际需要相适应，这是保持政令统一、实行因地制宜不可缺少的条件。

2．各地区经济发展不平衡能否实行分税制，或者说在各地区经济发展不平衡的条件下实行分税制有什么意义？这是人们经常提出的一个问题，也是有的人反对实行分税制的重要理由。例如有的说，从 1985 年实行比例分成以来的实际情况看，有 13 个省区是入不敷出，把全部财政收入都留给本省区还不够开支，需要中央进行补贴，有两个省收入分成比例达 90％以上。对这样一些省区实行分税制有什么意义？如果中央把几种主要税作为中央税收走，然后再给地方以大量补贴，除了增加上缴下拨的手续以外，更容易挫伤地方组织财政收入的积极性。这种说法似乎很注重实际，使人感到颇有道理，能够得到一些人支持。实际上这是目前阻碍税制改革深化的主要障碍之一，也是税制改革中必须解决的问题。这种观点之所以不正确，在于他们不能摆脱统收统支观念的束缚，单纯从财政收入出发，只在财政收入上打算盘；不了解税收机制的作用，把税收当做单纯财政收入问题，不知道商品经济需要税收发挥经济作用。税收是一个经济问题，不能只从财政收入出发。如果只在财政收入多少上打算盘那就看不到塑造税收机制的重要性，不仅没有必要实行分税制，就是把税收分为流转税和所得税以及税利分开也没有必要，只要取得收入用什么形式都行，何必搞那么多税种，岂非自找麻烦。这种单纯财政收入观点，或者说是把税收作为预算附属物的观点，是扭曲税制改革、使税制改革流于形式、使利改税走过场的重要原因之一。分税制是要塑造适应商品经济发展的税收机制，不是要集中财力或进一步下放财权，尽管在实行分税制过程中会引起财政收入的变化，但它的直接目的不是从财政收入出发，而是从发展商品经济出发，促进统一市场的形成和实行间接管理为主的调控体系，在保证中央财政占主导地位的前提下，给地方以必要的自主权，使地方因地制宜发展商品经济。因此，各地区经济发展不平衡不是实行分税制的障碍，而是实行分税制的依据，分税制正是要协调各地区经济发展不平衡的矛盾。商品经济的发展需要有两个条件：一是全国统一市场和地区市场的形成，使商品流通打破地区限制，二是地方能充分利用自有资源发展商品经济的积极性，分税制有利于促进这两个条件的形成和发展。一方面，中央税制的统一性有利于创造平等竞争的条件，打破地区分割，促进统一市场形成；另一方面，因地制宜的地方税制使地方有充分的自主权，使税收适应当地经济发展的需要。不管各地区经济发展水平有多大差别，凡是有关平等竞争、统一市场形成和整个产业结构的税种都要作为中央税，由中央立法，中央征收，各地区无权改变。只有这样才能使市场不受阻割，商品流通畅顺无阻。至于中央税的收入是留归地方预算使用，还是由中央预算给地方补贴，这是预算管理体制问题，可以另作研究，不要再把预算管理和税制改革捆在一起，用预算管理办法代替税制改革。在研究税制改革问题时，要着重研究税收的经济作用，避免单纯从财政收入出发，把税制改革作为预算管理的附属物。

3．如何由承包经营向分税制过渡。在1983年实行利改税以前，有不少企业实行承包经营，当时国务院决定要用利改税代替承包经营，按照国家征税，税后利润归企业的原则改革税制，理顺国家和企业的分配关系，为企业竞争创造条件，使企业在大致相同的起跑线上展开竞争，走自主经营、自负盈亏的道路，优胜劣汰。但是，由于改革时间短促，理论准备不足，干部的思想认识不适应改革的要求，在统收统支传统思想的拘束下扭曲了改革过程，使利改税走了过场，名改而实未变。特别是在征收55%的所得税后又增设一户一率的调节税，实际上保留了上缴利润形式，税后又开征能源交通重点建设基金，使企业特别是大中型企业的负担有增无减，迫使企业重新走承包经营的道路，用承包办法稳定或相对降低上缴税利的负担，使利改税成为多余的举动。所以，我认为承包经营是利改税不彻底、企业财政负担过重逼出来的，也可以说是对单纯财政观点的一种反击。可以设想，如果我们把大中型国营企业的所得税由 55% 降低到 35%，税后利润归企业，让企业自己选择，企业的承包经营能否继续下去，实践可以做出正确的回答。

现在党中央和国务院决定不仅企业要普遍推行承包经营，对外贸、银行、财政也要实行承包。这里特别重要的是财政承包，即地方政府对中央实行承包，地方各级政府层层承包。就财政承包而言，无论是递增率承包，定额承包，或者超收分成、不足自补的承包，都是按照收入上缴额算账，只要保证完成承包的上缴数额，用什么形式取得收入无关要旨，税收的经济作用成为次要的，这无疑会给税制改革带来某些困难。但是，要清醒地看到，财政承包与统一市场、间接管理、企业自主经营、合理的产业结构在逻辑上是矛盾的，很难达到完全协调。只要发展商品经济的方针不变，财政承包终究要被分税制所代替。同时，目前实行财政承包还给我们深入研究分税制和深化税制改革提供了较为充分的准备时间，使我们有可能进行较为深入地研究和试验。不管财政承包如何发展，税制改革的基本方向是实行分税制不会改变。

现在的问题是在实行财政承包过程中如何深化税制改革和在适当时机由承包过渡到分税制，这就需要有明确的战略目标，不能走一步看一步，随风摇摆，使税制改革无所适从。为此，首先要对税制改革进行深入的理论研究，真正搞清楚怎样的税制才适应社会主义初级阶段商品经济发展的需要，这是深化税制改革的思想基础和理论依据。不搞清楚这个问题，要使税制改革具有明确的战略目标是不可能的，而没有明确的战略目标也就不可能具有税制改革的坚定性。我们把实行分税制作为税制改革的基本方向是有科学根据的，因为只有分税制才能促进商品经济的发展。其次，既要建立适应商品经济发展的税收机制，在税制改革中就要具有明确的竞争意识，按照竞争原则进行改革，不能受制于人。这种竞争意识要体现在税制改革的各方面：第一，要在税制设计中体现竞争原则，为国内企业平等竞争创造条件，为提高本国企业竞争能力提供方便。第二，在税制改革和其他体制改革的相互关系中，要充分发挥税收的调节功能，争取主动和主导地位，不能消极配合，使税制改革成为其他体制改革的附属物。第三，在改革步骤上要总揽全局，善于选择时机，重点突破，控制改革局势。在商品经济中竞争意识是前进的动力，理想的体现，没有竞争就不会有改革意识，就会墨守陈规，消极等待。在前几年改革中，由于习惯于按领导指示办事，缺乏竞争意识，没有改革的自觉性和主动性，尤其是没有轻税多收占据阵地的意识，使税制改革失去了良好时机，现在被承包经营所排挤。如果我们具有明确的战略目标，能够总揽全局，税制改革的良好时机还会出现，我们也可以用各种办法促进这种时机的形成。再次，要由承包经营过渡到分税制，需要广泛地制造舆论，加强理论宣传，使人们了解税制改革对增强企业活力的必要性和重要性，说明分税制是企业成为独立的商品生产者和经营者、成为投资主体、实行真正自主经营不可缺少的条件，引起企业的共鸣，形成社会压力。以往的习惯是按领导指示办事，不认识舆论的作用，把理论宣传摆在次要地位，使税制改革失去社会支持，显得孤单力薄。现在必须改变这种局面，改变意识，加强理论研究，制造舆论，为深化税制改革创造条件。

现在，中央各部门正在制定中期改革目标，财政部门在制定承包方案，对税制改革来说就是要坚定不移地按照商品经济的要求改革治税思想，实现十三大提出的改革目标，创造条件实行分税制，希税务学界的同志共同奋斗！

（原载《河北税务》1988 年第 1 期）

要加速国营企业所得税改革

税制改革的总体目标需要分别解决三个问题：一是改革所得税，建立统一的企业所得税和个人所得税；二是改革流转税；三是建立科学的税收管理体制，实行分税制。当前最迫切的是加速国营企业所得税的改革，为建立统一的企业所得税创造条件。由于种种原因，第二步"利改税"设计的国营企业所得税率偏高，大中型国营企业税负偏重，企业活力不足，从而导致用企业承包经营否定"利改税"的实际结果，拖延了税制改革的进程。毋庸讳言，承包经营实际上是用承包基数代替所得税，使国营企业所得税徒有其名，税务部门按率征税，财政部门再按承包基数返还企业。这除了成全改革的面子以外，没有任何实际意义。凡是能够面对现实的人都不会否认"利改税"给税制造成的这种缺陷。从当前的情况来看，要尽快消除第二步"利改税"造成的缺陷，扭转税收和财政的被动局面，加速国营企业所得税的改革已经成为迫不及待的问题。

1. 税负不公平严重阻碍了国营大中型企业的发展。现行所得税率是按照不同经济成分设置的，国营大中型企业先征收55%的所得税，再征收10%到15%的留利调节税，边际税率高达70％，如果加上能交基金高达80％；国营小型企业和集体企业征收八级超额累进所得税，税率为10％到55％，边际税率最高为55％；私营企业征收35％的比例税；中外合资企业的税率为30％，加上应纳税额10％的地方附加税，最高税率为33％；外国企业实行五级超额累进税，税率为20％到40％，平均税率30％左右。税负的倾斜度是：国营重于集体，集体重于私营，中国企业重于外国企业，负担最重的是大中型国营企业。这种倾向表明，现行税收政策是奖励私营，限制国营；优惠外国企业，限制国内企业。总起来说限制社会主义经济成分，发展资本主义经济成分；限制民族经济，发展外国资本之嫌。这种倾向的税收政策与大量进口相配合，在经济上确实构成对中国企业的严重威胁，应该引起中国经济界的重视。我们认为，这种倾向不符合发展以公有制为主导的商品经济，使各种所有制在平等税负和相同价格的条件下展开竞争，建立有中国特色的社会主义的战略目标，它在很大程度上遏制了国营大中型企业的活力，削弱了国营大中型企业的竞争力，在客观上造成国营不如集体、集体不如私营、中国人不如外国人的反差，甚至形成"小鱼吃大鱼"、"落后兼并先进"的反常现象。有的人还为这种逆向政策叫好，主张把乡镇企业的机制引进国营企业。有的不明确提出公有制不如私有制，社会主义不如资本主义，说中国经济改革的关键，是废除国有制、走私有化道路。每一个有经济常识的人都清楚，只要分析一下实际情况就会发现这种反常现象是由现行财政税收和物价政策造成的。如果我们不加速改革国营企业的所得税，即降低国营大中型企业的所得税率，使各种所有制平等纳税，使国营大中型企业在平等税负条件下与其他所有制经济展开竞争，很可能把经济改革推向邪路，酿成重大的历史错误。这就要求我们从战略高度考虑国营企业所得税改革。

2. 实际税率和名义税率差距过大，使税法软化。根据我们在湖北和四川的调查，国营企业的名义税率为 55％，实际税率一般均在 30％到 40％之间。其中大中型国营企业的实际税率在 35％到 40％之间；小型企业的实际税率为 25％左右（湖北、四川约 25％，湖南 26％）；乡镇企业的实际税率只有 15％左右。由于资金利润率低，名义税率高，为使企业维持经营不得不进行大面积和大幅度的减税免税，使实际率和名义税率的差距越来越大。许多同志讲，如果不加速改革，所得税的实际税率连 30％也保持不住。他们建议，为使改革切实可行，国营企业所得税率必须降到 30％。商品经济要求的税收秩序是轻税严管。轻税可以鼓励企业投资，严管能够体现政策，树立法制观念，增强企业活力。重税松管，大幅度地减税免税，势必导致以权代法，以人代法，给税收征管和企业经营造成困难，同时加剧税负的不公平。我们在成都市调查 5 户大中型企业，实际税率最高的为 49％，最低的只有 18.5％。这种由政策造成的税负不公平，在很大程度上是由所得税的不规范和承包造成的，对调整生产结构和贯彻产业政策非常不利。

3. 改革国营企业所得税是建立统一的企业所得税的关键。要发展以公有制为主导的商品经济，保持社会主义经济制度，使各种经济成分平等纳税，在相同的条件下展开竞争，协调发展，必须按照公私平等、一视同仁的原则制定统一的企业所得税法，统一税政，这是增强企业特别是国营大中型企业的活力，完善市场机制的前提。其中的关键是降低国营企业的所得税率，改变抑制国营大中型企业、扶持乡镇和私人企业的财政税收政策。按照发展商品经济的客观要求，无论在社会主义国家还是资本主义国家，与发展商品经济相适应的财政税收政策都应该是鼓励先进，鞭策落后，促使经济现代化，而不是限制先进的大中型企业和扶持落后的乡镇及私人企业。中国经济落后，商品经济不发达，发展乡镇企业和私人企业是必要的，财政税收政策对乡镇企业和私人企业不能采取排斥或限制的方针，要听其自然，适应社会需要，促使其逐步由落后走上现代化，但是不能实行限制国营大中型企业和保持落后的政策，造成对社会资源的浪费和总体经济效益下降。从目前的情况来看，把国营企业所得税降低到私人企业或外国企业的水平，把税制改革和企业改革分开，实行税外承包，使国有企业和私人及外国企业不一样，实行自主经营，按照国家征税，税后利润归企业的原则处理国家和企业的分配关系，是商品经济发展的需要。所得税直接关系国家和企业的利益分配，是能否理顺国家和企业分配关系的关键，无论是企业改革还是流转税改革，在很大程度上取决于国营企业所得税的改革进程。

4. 改革国营企业所得税可以为深化企业改革，进一步增强企业活力创造条件。搞活企业特别是搞活大中型国营企业是整个经济改革的核心，也是提高经济效益克服财政困难的根本途径。搞活企业最主要的是两条：一是使企业有充分的经营自主权与经营规范，即依法经营；二是有自我改造和自我发展的财力，能够适应市场变化。自主权与财力有密切联系，没有财力自主权难以付诸实施。改革国营企业所得税可以为深化企业改革创造条件：第一，把国营企业所得税降低到 30％，扩大企业对税后利润的支配权，可以为改变税前还贷，建立企业自我约束机制，消除企业消费和投资双膨胀创造条件；第二，降低所得税率，实行税外承包，可以使税收规范化，使企业的承包经营与税制改革分开，使企业把经营重点转向提高经济效益和生产现代化，增强承包经营的弹性，使承包经营逐步规范化。成为一种比较完善的经营形式。现在企业承包经营的最大弊病是包税，包财政收入，使企业经营受到财政体制的束缚，把主要精力放在保证财政收入上，用各种办法"创收"，不能致力于改善经营。严格地说，现在的承包经营实际上是一种包税制，不是真正的经营责任制，大多是名不副实。湖北省税务局的同志说有句顺口溜："承包承包，大家都捞，有利就包，不利不包。"这种说法虽然有些过分，但是实践证明，以包税为核心的承包经营实际上就是从财政收入中捞好处。这是包税制这种古老方法的固有特点。改革国营企业所得税，税外承包，使企业逐步摆脱财政体制的束缚，可以为企业逐步自主经营，为国有资产管理——以投资者身份参与企业税后利润的分配创造条件，这是深化企业改革的一个重要方面。

5. 改革国营企业所得税可以强化预算约束，为建立企业自我约束机制创造条件。目前我国出现的经济过热和通货膨胀是由现行的通货膨胀机制造成的，这种机制包括两个部分，一是企业税前还贷，一是银行信贷吃货币发行的"大锅饭"。如果不改变这种膨胀的运行机制，通货膨胀会愈演愈烈。税前还贷在理论上犯了合成推理的错误，把对个别企业可以采用的办法定为国家政策，导致微观经济的双膨胀，形成"留利搞生活，生产靠贷款"的经济机制，加上宏观经济决策中用银行信贷决定货币发行额的政策，即用增加货币发行扩大信贷规模的做法，构成一个完整的通货膨胀机制。改革所得税，税外承包，用税后利润还贷，这就可以改变要钱投资的传统，使企业的投资完全依存于企业的税后利润，建立投资对积累的依存关系，形成企业自我约束机制，这是消除消费和积累双膨胀的根本途径。

6. 加速国营企业所得税改革对深化财政体制改革、调整财政支出结构、摆脱财政困境具有重要的作用。当前的财政困难不是由经济衰退引起的，而是在经济过热中采取不合理的分配政策和财政体制本身的弊病造成的。"利改税"的失误和财政体制改革中保护既得权益的政策，在保持旧权力的条件下不断增设新机构，严重地破坏了财政分配的统一性，导致财源分散，造成在国民收入高速增长的同时使国家预算内财政收入萎缩。加速国营企业所得税改革，消除第二步"利改税"造成的失误，对改革财政体制中的权力结构，把财政体制和企业承包经营分开，用分级财政逐步代替财政包干体制，实行分税制，就可以使财政收入与国民收入保持同步增长趋势，这对改变财政状况具有重要作用。

总而言之，我们认为改革国营企业所得税的条件已经成熟，要不失时宜地加速改革。不要把治理整顿与深化改革对立起来，认为治理整顿时期不能加速改革，要从思想认识上抛弃这种形而上学的观点。须知治理整顿本身就是改革，不是复旧。凡是需要治理整顿的地方都是必须改革的地方；不改革就不能治理整顿。加速国营企业所得税的改革，既是治理整顿的重要内容，又是深化企业改革、完善承包经营和深化财政体制改革的突破口。改革不能搞齐步走，对不同的部门来说具有不同的时机和条件。如果说价格改革要在经济平衡最好是供大于求的条件下进行，那么财政改革就要在财政困难时进行，这是历史经验。税制改革在治理和整顿过程中进行最适宜，可以为国民经济的协调发展塑造良好的税收规范，为其他方面的改革创造良好的税收环境，机不可失，错过现在的时机就会受到其他方面的牵制，拖延时日。

（原载《财贸经济资料》1989 年第 10 期）

从深层改革认识税利分流

　　国家财政困难和国营企业活力不足是当前国民经济发展中遇到的两个主要问题，直接影响国民经济的稳定发展和深化改革的历史进程。两个问题互相制约：欲减轻国营企业的财政负担，增强国营企业的活力，会受到国家财政困难的限制；欲增加财政收入，争取财政收支平衡，又由于国营企业活力不足难以实现。这样，国营企业活力不足和国家财政困难相继走进互相堵截的死胡同，难以回旋。唯一可行的办法是深化改革，疏通道路，实行税利分流。

　　现在，有许多人把税利分流与企业承包经营责任制对立起来，认为税利分流是单纯增加财政收入的措施，在国营企业经营十分困难的情况下，实行税利分流对搞活企业不利。这是一种误解。税利分流和企业承包经营责任制属于不同层次的问题，二者可以并行不悖。税利合一是传统的"大锅饭"造成的，它混淆了国家和所有者的不同职能，使国营企业成为国家机关的附属物，取消企业支配税后利润的自主权，使企业失去自我发展的能力。税利分流就是要从根本上改变这种旧体制，彻底打破统收统支的旧轨道，使国营企业真正成为独立或相对独立的商品生产者和经营者，具有自主经营和自我发展的能力。税利分流关系国家和企业、中央和地方的利益分配，会影响一部分人的既得权益，引起强烈反响，成为深化经济改革的焦点，不是单纯的财政问题，也不能只从财政收入角度考虑问题，要从深层改革认识税利分流的意义。

一 税利分流是区分国家职能和所有者 职能实行政企分离的经济标志

税利分流是针对税利合一的各种弊病提出的一项深化改革的措施，其目的是要在正确区分国家职能和所有者（包含经营者，以下同）职能的基础上，把国家征税和税后利润分配分开，按照国家征税、税后利润归所有者和经营者的原则理顺国家和国营企业的分配关系，制定统一的企业所得税法，使各种经济成分在平等纳税的基础上进行自主经营和平等竞争。单就国营企业来说，按照统一的企业所得税法纳税，使国营企业与其他经济成分处于平等地位，就要把现行国营企业所得税率由 55% 降低到 35% 以下，同时取消留利调节税、停止征收能交基金和预算调节基金，取消税前还贷，由国营企业用税后利润进行投资。至于税后利润在所有者和经营者之间如何分配，这涉及到由谁代表所有者的职能，需要另行研究，与国家税收没有直接联系。这样，国家职能和所有者的职能就会分开，财政收支和国营企业的经营就会有明确的界限，政企分离就会顺利实现。

二 税利分流是增强国营企业活力和 显示国营经济优越性的关键

为了增强国营大中型企业的活力，首先要弄清造成国营大中型企业活力不足的原因是什么，对症下药才能取得实质性进展。我们认为国营企业活力不足的原因主要有以下几方面：

1. 国营企业负担过重，没有进行开拓经营的能力。目前国营企业有三重负担，即税收负担、财政负担、社会负担。现行税法规定国营企业税收负担最重，名义税率高达 70%（55% 的所得税和 15% 的留利调节税）。此外，对税后利润还要征收 15% 的能交基金和 10% 的预算调节基金，两项合计约占实现利润的7.5%（30%×25%）。这样，国营大中型企业的税收和财政负担就达到 77.5%，剩下 22.5% 的利润要用于维持职工的生活福利、支付奖金和其他社会摊派。而且两金不只是征收税后利润，还包括基本折旧费。这样重的财政负担，必然使国营大中型企业的经营陷入困境。如果把这种政策放在外资企业和合资企业身上，它们也会失去活力。这就说明，国营企业活力不足与现行财政政策有关，不是像有的人说的那样是由于产权不明确造成的，非要用企业所有制、股份制或私有制代替国家所有制，把产权落实给个人不可。

2. 承包关系错位，扭曲了企业的经营目标和外部环境。承包经营责任制作为规范所有者和经营者之间的经济关系，具有不少的优点，不能否定。问题是用承包方式处理国家财政和国营企业的分配关系，使承包关系错位，把所有者与经营者之间的经济责任移作国家和企业的关系，歪曲了经济关系的性质，产生了消极作用：其一，是企业包税进一步混淆了国家和所有者的不同职能，强化了企业对国家机关的依赖性，削弱了企业的自主权。其二，是企业包税扭曲了企业的经营目标和外部环境。其三，是由于承包基数不同，造成企业间负担不平衡。

3. 包税扭曲了国家和企业的分配关系，打乱了财政分配的正常秩序，增加了企业经营的困难。包税用承包合同代替国家税法，破坏了财政分配的统一性，使规范分配变成非规范分配，把互相依存的分配过程变成互相挤占的对立关系。企业想通过承包在新增利润中得到较多好处；财政想打破承包基数的局限，又在承包收入以外征收各种基金和附加费。企业除上缴承包收入以外，还要交纳各种基金和附加，使企业负担难以承受，除了少数有特殊待遇的企业以外，多数企业都面临承包困难。

从理论上讲，承包是一种利害相依的互保关系，企业包财政收入，财政就必须包企业亏损，二者互为前提。因此，现在的承包形式实际上并未脱离统收统支的旧轨道，企业很难有真正的活力。暂时争到一点好处，随着统收统支机制的延伸会很快消失。这是因为税利合一的"大锅饭"意味着企业没有支配税后利润的权力，财政分配没有规范界限，企业包盈不包亏、财政要集中全部或大部分纯收入也就成为必然现象。

从政策上说，企业活力要有两个条件：一是企业有销售产品的自主权，价格能随行就市；二是企业有支配税后利润的自主权，有自我改造、自我发展、进行开拓经营的能力。除开第一个条件不说，和其他类型的企业相比，国营企业没有支配税后利润的自主权，留利过少是活力不足的主要原因。

三　税利分流是深化财政体制改革和
走出财政困境的现实选择

1. 税利分流是理顺国家和国营企业分配关系，打破国营企业和国家财政的"大锅饭"，转换财政机制的起点。按照我们的设想，国家征税，税后利润归所有者和经营者，把国营企业的所得税降低到35％以下，取消留利调节税，停止征收能交基金和预算调节基金，取消税前还贷和经营性亏损补贴，国营企业经营性亏损由代表所有者利益的产权机构用税后利润去弥补。这样，国家财政收支和国营企业在总体上就会走上自主经营、自负盈亏的道路，不再吃国家财政的"大锅饭"，经济运行和财政分配就会转入发展商品经济的正常轨道。如果以1989年的实际数为例测算一下，取消两金财政收入减少280亿元，取消税前还贷财政收入增加70亿元，减少亏损补贴290亿元（按1989年亏损补贴总数1半计算），按实现利润计征所得税使税基扩大可能增加收入100亿元左右。总起来算，财政收入会增加几十亿元，主要是来自银行利息和承包中流失的部分。重要的是随着经济机制的转换，国营企业的经济效益会有显著提高，财政收入会有较大增长，财政收支就会走出困境。

2. 税利分流是实行分税制和建立统一的分级预算，正确处理中央和地方分配关系的起点。现行财政体制是预算内和预算外双轨分配，预算内收入实行地方承包，也称"分灶吃饭"。财政承包是按收入总额确定上缴数额或上缴比率，不管收入项目或收入形式，只要完成承包基数就算达到目的，税收形同虚设。这种按收入总额分割承包体制，不仅阻碍国内统一市场的形成，助长地方割据，对发展商品经济不利，使统一的税收政策难以执行。

要协调中央和地方的分配关系，必须在明确划分中央和地方职权范围的基础上，建立统一的分级预算，实行真正的分级财政，用分税制代替财政承包体制。而分税制的前提是税利分流，分设中央税和地方税。分税制不是分收，不是传统的收入分成，而是分税种，中央税归中央，地方税归地方。只有这样，才能分解预算外收入，用分级财政代替双轨分配，统一财源，建立统一的分级预算，加强财政分配的宏观控制，这是消除地方分割，保持国家统一重要条件。双轨分配和预算内收入承包制蕴含着经济分割的因素，也是产生"诸侯经济"的条件。统一的分级预算不是要削弱地方的权力和限制地方经济发展，相反地，分级预算便于地方行使法律赋予的自主权，集中地方财力，发展地方经济。

四　必须解决的几个政策和认识问题

1. 关于税前还贷问题。我们主张采取果断措施，对以前的贷款余额进行认真的清理核实，凡是没有形成资产价值的无效贷款，实事求是作为银行贷款损失注销；凡是形成资产价值的有效贷款，一律转作国家投资，不再由企业归还。转作国家投资的贷款余额停止利息支出，本金分中央和地方两部分，由财政和国有资产管理局用所得税和税后利润分期归还。这样，可以在实行税利分流的同时尽快形成新的经济机制，缩短机制转换过程，防止新体制被扭曲变形。我们不造成财政部提出的新贷新办法、老贷老办法的做法，这会拖延很长时间，旷日持久，甚至会扭曲改革的进程，使整个经济改革受阻。同时，实行税利分流以后，企业用税后利润进行投资，是否还需现在这种形式的贷款，这是企业自己的事情，财政无须插足，也不能再搞所谓税前还贷的政策。

2. 关于税后利润的分配。国家征税，税后利润归所有者和经营者，那么由谁代表所有者？税后利润在所有者和经营者之间如何分配？这就成了税利分流的核心问题，也是能否增强国营企业活力的要害。对这个问题进行研究的不多，在理论和政策上都不十分明确。从剩余产品（即社会纯收入）的分配过程来看，在统收统支的财政体制中，财政部是一身二任，在事实上充当了产权代表的角色，既要凭借国家职能征税，又要以所有者的身份支配税后利润，这是混淆两种职能造成税利合一的根源。税利分流的核心是把国家税收和税后利润分配分开，这就必须把所有者的职能从财政部分离出来，由专门代表全民所有制的产权机构去执行。从目前的机构设置情况来看，由国有资产管理局执行所有者的职能，参与税后利润的分配并对国营企业的经营承担经济责任较为适宜。根据这种看法，国营企业税后利润的分配（假设税率为35％，税后利润为65％），应该由国有资产管理局（即所有者）和企业（即经营者）依据国家产业政策、企业的经营状况和技术改造任务等进行协商，通过合同加以确定。总的来说，我们考虑国有资产管理局可以集中税后利润的10％—15％（占利润总额的比率），其余50％—55％由企业支配。国有资产管理局集中的利润主要用于两个方面：一是弥补某些国营企业经营亏损；二是用于国营企业技术改造和扩大经营规模的投资。

　　3. 税利分流是否会减少财政收入和削弱宏观控制？这里有两个问题：一是税利分流会使财政收入发生什么变化？二是税利分流对宏观控制会产生什么影响。对第一个问题，我们在本文的第三部分作过一些分析。如果从统收统支的角度看，把国营企业所得税率降低到35％，税后利润归所有者和经营者，同时取消留利调节税和停止征收两金，在表面上财政收入可能会减少，国营企业的税后利润会相应增加。但是，这种变化会带来整个经济机制的转换和税源扩大，最终会使财政收入大幅度增加是无疑的。第二个问题是从宏观角度看，税利分流可以为建立有效的宏观控制机制创造有利条件。

（1）在税利分流条件下，取消税前还贷，国营企业用税后利润进行投资，会造成投资对税后利润的依从关系，形成企业自我约束机制。这不仅会改变企业要钱投资不讲经济效益的弊端，而且会切断通货膨胀的传导机制，制止国民收入超分配，有效地遏制通货膨胀。

（2）税利分流为实行分税制、建立统一的分级预算创造条件。由此可以建立完善的预算体系，其中包括中央预算、地方预算、企业基金预算，用复式预算代替双轨分配，使国民收入特别是社会纯收入（即剩余产品价值）分配的全过程处在国家计划控制之下。

最后要着重指出，税利分流的出发点是理顺分配关系，塑造适应有计划商品经济运转的经济机制，其结果必然是在多种所有者并存的经济结构中增强国营企业的活力与竞争力，有助于控制通货膨胀和克服财政困难，促进国民经济的协调发展，不会削弱宏观控制。

（原载《财政研究》1991 年第 5 期）

"八五"时期深化税制改革的
粗略设想

从当前治理整顿的进程和经济发展趋向来看，"八五"时期应该是深化改革的关键时期，社会主义初级阶段的经济体制应该基本定型。与经济改革相适应税制应该步入规范，形成比较完善的税制体系。因此，深化改革的任务比较繁重。现在需要对"八五"时期深化改革的目标进行粗略地设想，以便有计划地推动改革逐步深化。

一 要对现行税制进行全面估价

"八五"时期的税制改革要在、而且只能在现行税制基础上继续深化，不能离开现行税制再去建立新税制。要对现行税制进行改革，首先需要对现行税制进行全面估价。从肯定现行税制的优点和克服现行税制的缺点出发制定"八五"时期税制改革的目标。

（一）现行税制的主要优点

有不少同志在分析现行税制的缺点时经常忽略肯定现行税制的主要优点，使人感到现行税制似无可取之处，有推倒重建之必要。这是不全面的。

1. 现行税制是以流转税和所得税并重、多层次、多环节、多税种的复税制。这种税制的优点是能够适应社会主义初级阶段多种经济形式和多种经营方式发展的需要，促进以公有制为主导的多种经济形式的协调发展。多种经济形式并存是实行改革开放政策的客观要求，也是实行改革开放政策的必然结果。既然改革开放是强国之路，必须坚定不移、一如既往地贯彻执行，那就不能改变多种经济形式并存的经济结构搞单一的公有制，必须允许私营企业和外国企业的存在和发展。然而，要搞社会主义又不能削弱公有经济的主导地位，到目前为止还没有人发现在私有制占主导地位的条件下能够建设社会主义的逻辑。只是由于社会生产力发展水平的限制，社会主义初级阶段还不能完全消灭私有制，这已经为过去追求"一大二公"的实践所证明。要使各种经济形式在公有制的主导作用下协调发展，平等竞争，只能采用多层次、多环节、多税种的复税制，单一税制不能适应多种经济形式发展的需要。"八五"时期的税制改革不能改变现行税制的这一优点。

2. 现行税制比较适合当前的分配格局，有助于调节生产结构和消费水平，便于发挥税收的调节作用。由于社会主义初级阶段的经济结构和利益结构比较复杂，各个利益主体的发展目标不尽一致，税制的层次结构就不能简单化。从生产过程来说，我国幅员广大，资源分布不均，生产力发展不平衡，要使生产结构和资源配置趋向合理，必须分层设置税种。不仅需要利用所得税调节积累水平，而且需要利用流转税导向生产，利用资源税促进资源的合理配置。从分配过程来说，要合理调节各阶层的收入水平，引导居民消费倾向，单一税制很难胜任，而现行税制却具有这种广泛调节的优点。

3. 现行税制具有保证财政收入、改善财政状况的作用。目前财政收入90％以上来自税收，税制结构对财政收入具有决定作用。从经济结构来看，税收主要来自国营经济和集体经济，这是我国税收与西方国家税收的根本区别，因而不能照搬西方国家特别是美国的税制结构。以公有制为主的税制，既要从搞活企业出发，使企业具有充分活力，又要保证国家的财政收入，改善国家的财政状况。这不是单纯的理论问题，不能只进行理论探讨不管具体操作。要在操作过程使两方面结合起来，就要采用流转税和所得税并重的复税制。这是因为：第一，税收是实体经济，在税收经济学中公有制不是抽象概念，而是具有纳税能力的经济实体。目前公有制的主要形式是国有企业，而国有制的代表是各级政府，企业归政府所有。政府作为企业的所有者是纳税人，作为社会职能机构又是征税人，身兼二任，可以支持征税，也可以支持企业逃税，哪一方面利益较大就倾向哪一方面。在现实经济活动中更多的是支持企业逃税，"藏富于企业"对地方经济发展更有利。因此，在国有制为主特别是政府身兼二任的条件下，需要把流转税放在第一位。流转税具有事前调节功能，不管企业属于哪一级政府所有，也不问企业盈亏，只要企业从事生产经营就须照章纳税。这对保证财政收入具有重要作用。如果在各级政府身兼二任又经常倾向企业的条件下，实行以所得税为主的单一税制，那就等于放弃财政收入的稳定性，使国家财政收入失去保证。所得税直接影响国家和企业的利益分配，对增强企业活力、调节各阶层的利益分配具有重要作用。在用流转税稳定财政收入的条件下，再用所得税调节国家和企业的利益分配及各阶层的收入水平，可以把搞活企业和保证财政收入很好地结合起来。

总之，现行税制具有不能忽视的优点，"八五"时期的税制改革要在现行税制基础上深化。

（二）现行税制存在的主要缺点

要深化税制改革，需要在肯定现行税制主要优点的同时，充分认识它存在的主要缺点。

1. 税负不公平。这是现行税制存在的一个较为广泛而严重的缺点。它表现在各方面，包括流转税、所得税及辅助税种造成的税负不公平：（1）各种经济形式税负不公平。国营大中型企业征收 55% 的所得税和 10% 到 15% 的调节税，边际税率高达 70%；集体企业实行八级超额累进税，税率 10% 到 55%；私营企业税率为 35%；中外合资企业税率为 33%；外国企业的税率为 20% 到 40%，平均 30% 左右。所得税负担倾向是：国营重于集体、集体重于私营、私营重于外国企业。（2）行业之间税负不公平。据湖北省黄石市统计，各行业的流转税负担率是：冶金业 12.26%，建材业 10.48%，机械业 6.47%，轻纺业 4.05%，负担最重的是冶金业。（3）企业之间税负不公平。大中型企业税负重，小型企业税负轻；经济效益好的企业税负重，经济效益差的企业税负轻。据湖北省税务局调查，1983 年到 1987 年流转税和所得税平均负担率，6 户经济效益好的企业流转税平均负担率为 11.8%，所得税负担率平均为 45.2%；87 户经济效益差的企业流转税平均负担率为 6.7%，所得税平均负担率为 33.7%。企业之间的税负不公平还包括由于承包形式和计算方法不同造成的不公平。例如对成都市 5 户大中型企业的调查，由于承包形式和计算方法不同，所得税负担率高的为 49%，低的为 18.5%，相差 1.6 倍。（4）地区之间税负不公平。相同的企业在不同地区税收负担差距很大，越是经济开放地区税负越轻，后进地区税负偏重。税负不公平影响各种经济形式平等竞争，造成国营不如集体、集体不如私营、私营不如外国企业的级差。

2. 税制不规范，税政不统一。这是现行税制存在的另一主要缺点。税制不规范表现在：（1）立法和执法过程不规范。所有政府行政部门（包括计委和各职能部门），似乎都可以提出征税或免税的主张，甚至可以发布征税或免税的行政措施。税法本身缺乏严肃的法律性，行政命令和经济合同都可以代替税法。（2）税法本身不规范，税种税率的设置具有很大随意性，有时把税收作为临时措施，哪里失控就在哪里征税。税种税率缺乏科学根据，可行性差，丧失法律效力。例如，奖金税、建筑税、筵席税的设定就缺乏科学根据，很难执行。再如私营企业所得税在许多城市因无法确定纳税人而不能开征。（3）税收减免权限不规范。似乎各级政府都可以减税免税，造成税收大量流失，使国家财政收入受到不应有的损失。税政不统一，主要表现在两方面：一是政出多门，农业税由财政部农业财务部门征收；工商企业的所得税由工商财务部门审核决算，确定所得额，由税务机关收税；税收任务不是依据税法按率征收，而是根据预算机构提出的收入任务（收入指标）确定收税总额，用收入任务代替税法的贯彻。二是中央和地方对税法的执行有很大反差，税法鼓励发展的行业反而要受地方财政的限制，税法限制发展的行业地方财政给以照顾，越是重税限制的行业发展越快。

3．税种杂乱，征管制度不合理。首先是税种杂乱，流转税中的增值税、产品税（包括消费税）和营业税有重复征收和互不衔接的现象；所得税按照不同经济形式和收入来源设置税种，造成税种紊乱，难以管理。其次是征管制度不合理。例如，实行增值税而没有统一发货票证明税款并根据发票扣除税款的征管制度。加上税率档次较多，给计税增值额和适用税率的认定造成困难，使增值税具有很大随意性。再如，产品税纳税规定过于复杂，产品生产中的自产和委托加工规定不同的税率；自销、自用和出厂批发有不同税率，一个企业或一种产品因加工和销售方式不同要分别交纳几种税或用几种税率进行计算，给税收征管造成不必要的矛盾。还有批发企业按进销差价征收营业税，负担不到销售收入的1％，零售企业按全部营业额征收营业税，税率3％，相差两倍。目前几乎所有商业企业都是零售兼批发，甚至小摊商也挂着批发的牌子，增加了征管的困难。

现行税制存在不少缺点或弊病，无须逐一列举，指出几个主要方面以说明深化改革的必要性就够了。

二　深化改革的指导思想和总体目标

税制与经济结构、经济管理体制和经济发展趋向有直接联系。它会随着经济结构、经济管理体制和经济发展趋向的变化而变化，不会一成不变。即使在已经定型的资本主义国家，税制也会随着经济管理体制和经济发展趋向的变化而不断地进行改革。何况处于经济改革时期的社会主义国家，经济结构、经济管理体制和经济发展趋向均未定型，税制改革变成为不可避免的现象。我们承认生产力在不断地发展，生产关系和上层建筑要随着生产力的发展不断地变化。不能设想，我们的税制经过一、二次改革就可以彻底完成，以后再不需要进行改革了。改革是一个不断完善的过程，需要经历很长时间。当然，改革不是每次都要推倒重来。走一步否定一步，不是改革的要求。过去40年的一个重要教训就是不扎实，急于求成，总想通过不断改变生产关系推动生产力的发展，结果常常走向反面，欲速则不达，经常改变生产关系反而阻碍了生产力的发展。要使经济稳定发展，生产关系和上层建筑需要保持相对的稳定性。生产关系和上层建筑经常动荡不定，每年来个新花样，要想稳定地发展生产力是困难的。稳定不是僵化，而是要使改革与生产力发展水平相适应。税制是现代生产和生活秩序的重要内容，也是现代生产关系和上层建筑的重要组成部分。怎样使税制适应生产力发展的需要，成为推动生产力发展的动力，应该是税制改革的指导思想。由此出发设想"八五"时期税制改革的总体目标，应该包括以下内容：

1. 从发展以公有制为主导的商品经济出发，按照两权分离、职能分工原则，把税制改革与预算体制和企业经营体制改革分开，进一步理顺国家和企业的分配关系，增强企业特别是国营大中型企业的活力，使各种经济形式在平等税负的条件下展开竞争，显示社会主义公有经济的优越性。

2. 健全税制，有计划有步骤地调整税种税目税率，使税制结构进一步合理化。按照以法治税的原则实行规范化的征收管理制度，维护税法的严肃性，克服执法的随意性。

3. 统一税政，强化税收的调节作用。要创造条件（主要是政治体制改革）使征税权统一于国家税务局，保持税政统一。按照税价分离、税利分流、财税分工原则，明确职能分工，增强税收的调节作用。

4. 在税种税率的设置中要使税制结构进一步合理化，为实行分税制创造条件，正确处理中央和地方的经济利益，既要保证中央财政收入的稳定性，又要使地方有适度财源。

5. 适应商品经济发展的要求，税制要有助于国内统一市场的形成，打破地区封锁，促进商品流通，促进技术进步，鼓励先进，鞭策后进，体现产业政策，促进生产结构和资源配置合理化。

6. 适应对外开放的需要，税制要有利于出口，适当限制进口、保护外商投资的合法利益，为引进外资创造良好的税收环境。

7. 在实行复税制基础上简化税种税率，简化征收手续，制定简明和规范化的计税方法，节约征收费用，增强税收服务。

8. 逐步改革税收管理体制，提高税务机构的行政地位，扩大税务机构的执法权，实现以法治税。

总起来说，"八五"时期税制改革的总体目标可以概括为：适应社会主义有计划商品经济发展的需要，合理调整税种税率，使税制结构进一步合理化，逐步建立比较完善的税收体系，使税收能够较好地体现公平、效率和合理配置原则，增强税收的调节作用，使税收成为促进国民经济协调发展的经济杠杆。

三　深化改革的粗略设想

（一）改革所得税系列的设想

所得税是现行税制中的第二主体税种，仅次于流转税。从当前的经济发展趋向看，"八五"时期所得税的地位作用不会有根本性变化，还不能超越流转税。而且与我国的经济结构相适应，所得税仍然是系列税，税种税率都不会是单一的。但是目前存在的税种杂乱、管理混乱、负担不公，特别是按照不同经济形式制定税法，限制国营企业发展的不合理现象必须加以改变。具体目标是把现行的各种所得税和收入调节税归并为企业所得税和个人所得税两种。

1. 统一企业所得税。首先，按照平等纳税原则统一国内企业所得税，降低大中型国营企业所得税率，取消调节税。为了增强企业活力，使企业具有自我积累的能力，对国营企业、集体企业和私营企业一律按 30％的比例税率征收所得税。同时对小企业规定适当的减征幅度。其次，按照内外一致原则统一国内企业和外国企业所得税，对国内企业和外国企业都实行 30％的比例税，对外国企业的优惠另作减免规定。这种内外统一的低税政策有利于实行对外开放，改善投资环境。

2. 区分国家职能和所有者的职能，把国家征税和税后利润分配分开。按照税利分流原则把税制改革和企业经营形式分开。所有企业不分公有和私有都要依法纳税，实行税后承包和税后还贷，彻底打破国家和企业的"大锅饭"，使税收和企业经营向规范化方向发展。

3. 所有工商企业所得税都由税务局统一征管，其他部门不能插手。同时要用法律形式规定计税所得额的扣除项目，减少执法的随意性。所有政府部门（包括财政部门）的有关财务管理规定不能干扰计税所得额的规范，即不能用行政规定干扰税法。

4. 用个人所得税代替现行的奖金税和收入调节税。制定统一的个人所得税法，规定计税收入、扣除项目和纳税起点。为了调节居民消费水平，个人所得税一般应该实行全额累进税率，收入越多税率越高。最高税率设在什么水平上，需要进行认真的统计测算，不能想当然。对个人所得税理论界存在不同看法，有的人认为，为了培养纳税意识，个人所得税纳税起点要低，征收面要宽。作者不敢赞同这种想当然的说法。征税不是儿戏，它关系人们的切身利益、征收费用、征收能力、征税依据、纳税纠纷的处置、政治影响等等，必须与国内人民生活水平相适应。别的不讲，如果我们把个人所得税纳税起点规定为月收入 200 元，税率 1%，征收费用(包括人力物力支出)会远远超过税收收入。对财政会起负作用。我主张个人所得税纳税起点要高，纳税面要小，税率适当提高。这里需要体现防止两极分化的社会主义思想。

(二) 改革流转税系列的设想

我国目前的流转税主要包括增值税、产品税和营业税 3 个主要税种。现在征收的特别消费税实际上也是产品税，只是征收环节不同而已。流转税存在的主要问题是税种不衔接、管理不规范、有重复征税和税收流失现象。改革的具体目标是：

1．逐步扩大增值税的征收范围，把增值税扩大到商品生产和销售的各环节。即对有形商品从生产到销售的全过程征收增值税，相应缩小产品税和营业税征收范围。计税增值税按照生产型增值税模式进行计算（即按企业增值的国民生产总值计税），有利于调节投资和消费需求。从我国控制投资膨胀的实际出发，不宜采取消费型增值税，否则会产生与税前还贷一样的弊病，助长投资膨胀。增值税要按产业政策进行适当调整，税率档次要减少，以3到5个档次为宜。扩大增值税范围必须实行统一发票注明税款的规定，由税务局统一制定增值税发票，根据发票注明的税款扣税，避免无根据地扣税或者不必要的争执。

2．随着增值税范围的扩大，要相应缩小产品税的征税范围，调整产品税的税率。把产品税变为在增值之外调节生产和消费的经济杠杆。即为了限制生产或消费对征收增值税的某些产品（如烟、酒、电视机等）再征收一道产品税或称消费税。在价税分离条件下，产品税和消费税具有相同性质，都是在企业销售价格之外加税，提高消费价格，起限制消费从而也限制生产的作用。区别是征税环节不同，在生产企业征收可称产品税，在销售环节征收可称消费税，最终都由消费者负担。以前笔者主张在生产环节征收，继续用产品税的名称，避免居民把通货膨胀的恶名加在税务局头上。现在看来，在价格分离、价格放开的条件下，在销售环节征收可能对生产和控制销价有好处。这可以继续调查研究。

3．缩小营业税征收范围，统一营业税的课税对象。在对有形商品流通的全过程征收增值税以后，营业税一般只限于无形商品的营业收入，如金融、保险、交通运输、建筑安装、旅游、咨询、邮电、饮食和服务等行业。课税对象应该是营业收入，税率不宜过高。

4．使税收和价格分离，变价内税为价外税，消除税收和价格吃"大锅饭"的弊端。把价内税变为价外税，使税收和价格都能发挥有效的调节作用。税收和价格本来是两个不同的范畴，具有不同的性质和作用，不能互相替代。但是，在以往统收统支的体制中，把税收和价格合在一起算总账，提价的好处用增税的办法收归财政，提价或降价的损失用减税办法去抵偿。反过来，增税提价，减税降价，使税收和价格的调节作用互相抵消，阻碍了商品经济的发展。彻底改革这种价税统一的"大锅饭"体制，以充分发挥流转税的调节作用。

（三）调整辅助税种的设想

完整的税制是由主体税种和辅助税种两部分构成的。辅助税种作为主体税的延伸或补充具有特殊作用，是主体税无法代替的。辅助税种不健全或设置不当，不仅会干扰主体税有效地发挥作用，而且会使整个税制产生重大缺陷。从理论上说，收税具有客观限度，不是税种越多收入也就越多，但是要把应该收的税全部收回，没有主体税和辅助税互相衔接的税制网络不行。这就要求辅助税种设置必须适当。目前存在的主要问题是辅助税种多而乱，不能起辅助作用，需要进行合理调整。具体设想是：

1. 统一资源税，适当扩大资源税的征税范围，促进资源的合理利用。现在资源（包括土地）的使用是非常浪费的，有些地方在进行掠夺式开采，浪费惊人。据山西省垣曲县人民银行对23 个企业的调查测算，每年浪费铁矿石 1 亿吨，原煤 7000 万吨，水 1000 万立方米，电力 8000 万度，柴油汽油 50 万升。[①] 这只是山西垣曲县的数字，全国 2000 多个县资源浪费有多大，恐怕是非常惊人的。为了促进资源的有效利用，适当扩大资源税的

---

① 引自 1989 年 6 月 30 日《经济日报》。

征收范围是非常必要的。税率要适当提高。

2．废止建筑税，修订城市维护建设税和筵席税税法。首先，在有计划商品经济中用征收建筑税的办法控制投资规模，具有很大讽刺意味。在我国投资规模是由各级政府决策造成，投资是由各级财政或银行支付的，通过改革投资体制可以进行有效控制，无须让税务局出面。事实上，征收建筑税的范围是有限的，加上许多减免规定，征税是徒有其名。其次，现行城市维护建设税不具备税的要素，实际上是流转税的城市附加，负担很不合理。如果要保持城市维护建设税的名称，需要重新制定税法，讲明征税依据和课税对象。我认为应该保留城市维护建设税的名称，使它成为一种地方税，作为城市建设的资金来源，适当提高税率，把"人民城市人民建"中一些不可缺少的社会摊派纳入正税，有利于统一财源，统一财政这对控制投资规模和减少税收流失有重要作用。最后，现行筵席税无论是课税对象、纳税起点和纳税人的规定都缺乏科学根据。没有起码的防止避税的观念，甚至离开征税常识。不仅给征收管理造成困难，而且干扰主体税收入，需要彻底修订。

3．在减少一些不必要的辅助税种的同时，适当增设必要的新税种，如赠予税等，调节财产积累。

（四）改革税收管理体制的设想

在税制改革中阻力最大的是改革税收管理体制。它关系税务机构的权力、地位、税务机构和其他方面的关系，以及财税的职权划分等。过去几年税收管理体制受阻的主要原因是原有机构不想放弃既得权益，不想改变原来的权力结构。在一个缺乏法制意识，重权轻法的国家中，改革的最大难点是保持原有权益的阻滞。这种阻滞会扭曲改革过程造成经济体制的畸形发展，即经常在保持原有机构和既得利益条件下增设新机构，造成新旧机构的权力摩擦。这种现象在财政系统表现得特别突出。这是造成财源分散、财政混乱、税政不统一的重要原因。但是，税制是要通过人来贯彻的，要建立比较科学的税制体系，不彻底改革税收管理体制是不可能的。这种改革包括以下几个方面：

1. 提高税务机构的行政地位，增强税务机构执法的相对独立性，明确规定税务机构在国家机构中的地位和作用。从广义上说，税收是财政的组成部分，在总体上不能脱离财政体系。但是，财政体系本身是个复杂的经济系统，其中包括税收、信用、公有财产管理和预算支出4个部分。每1个部分又都具有自身的运行规则，具有特殊的职能作用，构成相对独立的子系统。在国家行政机构中必须保持相对的独立性，明确划分职权范围。税务机构是管理国家收入的执法系统，应该具有更大的独立性。在国家机关中除国家税务局受财政部监督以外，省市税务机构作为国家收入系统要实行垂直领导，与同级政府财政机构具有相同地位，使税收摆脱地方财政的局限。这有利于保证国家财政收入的稳定和商品经济的发展。

2. 扩大税务机构的执法权，提高税务人员的法制观念，以法治税，区分合法避税和偷税的界限。税法作为国家法律应该高于行政规范，政府的行政措施要符合法律规定。税务人员执行税法应该不受行政措施的干预，对违反税法的行为应该具有执法处置权。

3. 统一税收，所有国税全部归税务局统一征收，包括工商税和农业税。所有税务机构都归国家税务局统一领导，消除多头征税的混乱状态。同时，税务机构不能承担各级政府非税性质的征收工作，以区分国家税收和社会摊派的界限。

4. 要创造条件实行分税制。我们所说的分税制，不是现行的分税即分收入的体制，而是要在中央和地方划分税收立法权，分别建立中央税和地方税，正确解决中央和地方的矛盾。实行分税制的条件，除了明确划分中央和地方的职权范围，从而规范中央和地方的财政支出范围以外，还要科学地解决税制结构问题。即进行合理的税种分配，适当扩大地方税的比重，使各级政府都有适度的财源。

（原载《税收研究资料》1990年第1期）

90 年代税制改革的总体设想

一　对 90 年代经济发展趋势的判断

税制改革要与经济发展趋势相适应，服从经济发展的客观需要。90 年代税制改革的总体设想要以 90 年代经济发展趋势的判断为依据。如何判断 90 年代经济发展的趋势，有两种方法：一种是按照治理整顿和深化改革的进程判断经济发展趋势，提出深化改革的主张；另一种是按照经济发展的客观过程判断经济发展趋势，适应社会主义商品经济发展的客观要求提出改革措施。前一种方法对确定"八五"时期的改革措施具有重要作用，但是对判断更长时期的经济发展趋势来说，必须研究经济发展的客观过程。因为治理整顿和深化改革的目的是促进经济发展，并且要随着经济发展的客观需要而变化。"八五"时期由前两年以治理整顿为主转入后三年以深化改革为主，无疑会影响经济发展形势。然而，"九五"时期是否会进行另一种形式的调整很难预料。现在无法确定 5 年以后随着经济形势的变化党中央会做出什么新的决定，只有根据经济发展的客观过程判断经济发展趋势，才有比较确定的依据。可以预料，"九五"时期中央还会针对当时的实际情况做出一些新的决定，这些决定无疑会影响经济发展趋势，但是无论做出什么新的决定都很难改变以下的发展趋势。

1. 以公有制为主导多种所有制形式并存发展商品经济的趋势不可逆转。"商品经济的充分发展，是社会经济发展的不可逾越的阶段，是实现我国经济现代化的必要条件"。[①] 这个论断概括了社会经济发展的一般规律。商品经济作为生产社会化的经济形式，是人类社会发展共同经历的一个阶段，没有任何生产方式可以超越。社会主义生产方式可以超越或代替资本主义生产方式，但是不能超越商品经济这个生产社会化的历史过程。社会主义和资本主义的区别不在于发展商品经济，而在于生产资料的占有形式。即：以生产资料私有制为主导的商品经济是资本主义的商品经济；以生产资料为公有制为主导的商品经济是社会主义商品经济。现代社会主义理论的最大功绩，就是摒弃了把商品经济与社会主义相对立的错误观念，走上以公有制为主导发展商品经济的轨道，使社会主义经济冲破自然经济的束缚，显示出无限的生命力。历史已经证明，把商品经济与社会主义对立起来，用社会主义反对发展商品经济，或者用发展商品经济反对社会主义公有制，都会断送社会主义。现在摆在社会主义现代化面前的首要任务，是探索在公有制条件下发展商品经济的有效形式，促进社会生产力的发展。这是战胜资本主义和平演变的基础。以公有制为主导发展商品经济，是 90 年代社会主义经济发展的基本趋势，一切政策决议和发展措施都会循着这个方向前进。

2. 经济改革要继续深化。邓小平同志讲："改革是中国发展生产力的必由之路"，我们要发展社会主义经济，提高人民生活，

---

① 《中共中央关于经济体制改革的决定》，人民出版社 1984 年版，第 17 页。

改革就不能半途而废。不管"八五"、"九五"时期的经济是否发生波动，是否再次进行调整，改革的路子是不能终止的。因为过去 10 年已经开始走上以公有制为主导发展社会主义商品经济的道路，市场有了相当程度的发育，改革的路子必须坚定地走下去，已经出台的改革措施必须进一步完善，阻碍商品经济发展的管理体制和上层建筑（包括政策措施）必须继续改革，后退已经不可能，停止改革，经济就会发生阻滞，改革的趋势已经不可逆转，必须继续深化。改革的核心是按照社会主义商品经济发展的客观要求，正确认识计划与市场统一的客观性质，把握计划调节和市场调节的内在联系，摒弃把计划与市场相对立的错误观念，把计划调节与市场调节统一于实际操作过程，建立以市场为基础的计划和以计划为轴心的运行机制。为此，必须批判用计划限制或代替市场和用市场否定计划的错误认识和做法。市场是商品经济的核心，没有市场就不会有商品经济。世界上不存在没有商品的市场，不也存在没有市场的商品，发展商品经济的核心是解决市场问题。在发展商品经济的过程中限制市场犹如缘木求鱼，必将弄巧成拙。商品经济中的计划就是商品生产和销售计划，必须以市场为基础，随着市场的变化而变化，市场过热和市场疲软都会迫使计划进行某种调整。离开市场编制商品生产和销售计划如同闭门造车，没有出路。所以，要发展商品经济，必须在实际操作中解决计划与市场的矛盾，用市场需求（有支付能力的需求）代替"长官意志"，即以市场为基础编制计划，也只有这种计划才能对市场调节发挥调控作用，深化改革的要害是确立计划和市场的统一性，探索计划调节和市场相结合的有效形式和操作方法，塑造计划和市场统一的运行机制，建立社会主义商品经济的新秩序。不管"八五"、"九五"时期的政策有无变化，只要发展商品经济，就不可能离开这个核心，经济改革也就必须继续深化。

3．对外开放的大门不能关闭。改革是为发展商品经济创造国内条件；开放是发展商品经济创造国际条件。改革和开放，都是发展商品经济即发展生产力的有效措施。商品经济作为生产社会化的经济形式，适用于各种生产方式，不仅需要有国内市场（即商品交换），也需要有国外市场（国家间的商品交换）。商品经济发展到现在，已经具有广泛的国际性，任何一个国家的商品经济都不能脱离国际环境。孤立于世界之外，只能使自己永远处于落后状态。但是要与世界保持广泛的经济联系，就必须采取世界共同的商品经济形式，进行广泛的国际贸易，发展外向型经济，国门就不能关闭。反过来说，关闭国门也就很难发展商品经济。

4．科学技术是推动生产力发展的主要动力。邓小平同志讲："科学技术是生产力"，社会生产力的发展，主要是靠科学技术的进步。谁掌握先进的科学技术，谁就能够把生产力推向高峰，在经济领域占据优势，具有较强的竞争力。当今的经济竞争是科学技术的竞争，高科技产品具有领先地位。我们要实现四个现代化，在经济上赶超比较发达的资本主义国家，不采用先进的科学技术是不可能的。要实现本世纪后 10 年到 21 世纪前半叶的战略目标，必须推进科学技术发展，把科学技术成果尽快地转化为生产力，改变过去科研和生产两张皮的弊端。这不仅是加速本国经济现代化的基础，也是扩大对外贸易，减少进口和增加出口，增强国际竞争能力的基础。不发展新技术产品，只靠初级产品发展对外贸易，会永远处于被剥削的地位。所以，发展科学技术是经济现代化的必由之路，也是国际经济发展不可抗拒的趋势。

上述经济发展趋势，是不以人们意志为转移的客观过程。我们的经济政策和经济改革，必须适应这种趋势。税制改革的总体设想必须与这种发展趋势相适应。

二　税制改革的迫切性

如果我们对 90 年代经济发展趋势的判断是正确的，那么税制改革的迫切性就显而易见。这表现在如下几方面：

1. 现行税制的税种税率过于复杂。据统计：现在征收的税有 42 种，基金和费有 4 种。按大类划分：流转税 9 种，所得税 7 种，奖金税 3 种，调节税 6 种，资源税 4 种，财产税 3 种，行为税 3 种，凭证税 2 种，特别税 4 种，进出口关税 1 种，此外还有能源交通建设基金、预算调节基金、教育费附加和矿区使用费，共计 46 种。税率更为复杂，其中产品税税率从 3%—60% 共 26 个档次，增值税税率从 8%—45% 共 11 个档次；所得税税率 2—8 级。这样复杂的税种税率不仅干扰了分配过程，加重了企业的负担，恶化了企业的经营环境，而且侵蚀了税基，减少了财政收入。1985—1989 年税种在不断增加，税收占国民收入的比重却由 1985 年的 29% 下降到 1989 年的 21%，减少了 8 个百分点。如果不改变这种趋势，税收和财政收入占国民收入的比重还会降低。这就是说，现行税制已经不能起稳定财政收入的作用。

2. 现行税制的政策倾向不符合以公有制为主导多种所有制形式发展的要求。社会主义初级阶段的经济结构是由多种所有制形式构成的，不仅有占主导地位的公有制，也有不同形式的私有制，其中包括资本主义私有制。"在一切社会形式中都有一种一定的生产支配着其他一切生产的地位和影响，因而它的关系也支配着其他一切关系的地位和影响，这是一种普照的光，一切其他色彩都隐没其中，它使它们的特点变了样。这是一种特殊的以太，它决定着它里面显露出来的一切存在的比重。"① 在社会主义初级阶段的经济结构中，公有制是一种普照的光，在整个经济发展中起主导作用，决定其他所有制形式的发展方向、地位和作用。社会主义税制必须为巩固和发展社会主义经济服务，维护社会主义公有制的主导地位，适应以公有制为主导多种所有制形式协调发展的要求，保证国民经济沿着社会主义道路健康发展。但是，现行税种税率的设计在这些方面存在严重缺陷。例如，目前大型国营企业的所得税率最高为70%（55%的所得税加15%的留利调节税），国营小型企业与集体企业所得税率最高为55%，私人企业所得税的基本税率为35%，中外合资企业所得税率为33%，外国企业所得税率平均为30%。又例如，在"税利分流试点"中，厦门特区的企业所得税率为15%，重庆企业的所得税率为35%，相差20%。这就是说厦门企业的税收负担只有重庆企业的42.9%，或者说重庆企业的税收负担比厦门企业重1.3倍。这样，在特区的企业，不费任何气力就会多得20%的利润，即使成本高于重庆的企业也会有很大的活力和竞争力。这种政策倾向会造成外国企业比中国企业效果好的印象，不利于显示社会主义公有制的优越性，对发展社会主义商品经济没有积极意义。因为特殊政策优惠，并不能证明外国企业或特区企业比中国企业或内地企业会经营、效果好，而且由于不平等的税收政策使外国企业和特区企业得到最大好处，压制了国营企业的发展和竞争力，限制了公有制的优势，起了不好的导向作用。在公有制占主导地位、多种所有制并存的社会主义初级阶段，我们并不主张实行50年代那种限制私营资本主义企业发展和对国营企业实行特别优惠的政策，而是主张改变不利于国营经济的政策倾向，实行

---

① 《马克思恩格斯选集》第2卷，人民出版社1972年版，第109页。

统一的企业所得税，使中国企业和外国企业、特区企业和内地企业按照统一的企业所得税法等纳税，在相同的条件下进行两种缺席即社会主义和资本主义企业的竞争。为了吸引外资，可以用减税免税给予优惠，把政府给外国企业的优惠摆在明处，这就不是证明外国企业比中国企业会经营，而是说明政府对外国企业的优惠。

3．现行税制不能体现产业政策，不利于结构调整和统一市场的形成。过去历次税制改革都以不减少财政收入为前提，强调保持原税负，很少考虑产业政策。行业部门的税率基本上都是按照原有税率换算的，叫做"不挤不让"，维持原负担，这就使现行税制保留了历史上的一切缺陷，很难体现产业政策，再加上地方利益的局限，造成现行税制对产业政策发生逆向调节作用。其主要表现是：（1）产品税的税率倾向是原材料工业重于加工工业，生产资料重于消费资料，生活必需品重于装饰品。如加工工业除烟、酒、焚化品以外的 199 个产品税税率中，5％以下的低税率产品有 76 个，占 38.2％，而原材料工业的 114 个产品税税率中，5％以下的低税率产品为 41 个，占 35.9％。其中汽油税率 40％，酒类的平均税率为 27％；供电税率为 10％，各种电热器具的税率为 5％；铝合金的税率为 10％，金银饰品的税率为 5％等。这样的税率倾向很难体现产业政策的要求。（2）由于税政不统一，财政体制与税制建设不协调，使现行税制成为保护地方利益的手段，越是高税率加以限制的产品，地方就越发展，对产业结构起着逆向调节作用。现在不少地区又用税收封锁分割市场，限制外地商品流入，保护本地落后产业，这不仅阻碍了统一市场的形成，也阻碍了技术进步和经济现代化进程，使有限的生产资料遭到浪费。

4．现行税制混淆了不同的经济职能，分配关系不顺，给以法治税造成困难。其表现是：（1）税利合一，混淆了国家职能和所有者职能，搞乱了国家税收和企业税后利润分配的界限。"利改税"以前是以利代税，用上缴利润代替税收；"利改税"以后又以税代利，仍然是税利不分，在承包经营的名义下企业继续吃国家税收的大锅饭，用企业经营责任制代替依法纳税，用承包合同代替税法，使以法治税难以贯彻。（2）税收和价格的职能混淆，以价代税和以税代价搞乱了正常的分配秩序，使税收和价格的调节作用互相抵消，使税制和价格改革相互掣肘难以进展。（3）收入和支出混淆，用税前还贷代替财政投资，未收先支，搞乱分配程序，加剧了投资膨胀和通货膨胀。

5. 名义税率（法定税率）和实际税率差距过大，重税轻征和高税少征，造成大量税收减免。据广东省湛江市 17 户建材企业的调查，1987 年减免税款 326.7 万元，减免占实际税收的 38.1%，1988 年减免税款 254.7 万元，减免占实际税收的 26.6%。大量的减税免税，使名义税率和实际税率的差距越来越大。1988 年湛江市国营机械行业法定综合税率（名义税率）为 5.5%，实际只有 3.1%，国营建材企业法定综合名义税率为 10.5%，实际只有 4.2%。国营企业所得税名义税率为 55%，实际税率不到 40%。同时高税率造成企业亏损和税后利润过少，增加了财政补贴，影响企业提高经济效益的能力和积极性。

6. 税率布局不均匀，收入结构畸形，有几种税的税率偏高，在全部税收收入中占的比重过大，给实行分税制造成困难。要深化财政休制改革，实行分级财政，必须在合理设置税种的同时合理解决税率布局，协调中央和地方的利益分配。

此外，在税收管理体制中存在税权分散，机构重叠，多头决策，征管不统一的弊病，影响税收执法的专一性和税法的严肃性。

现行税制的上述弊病不仅影响到财政收入的基础和税收本身的职能，而且已经影响到社会主义经济结构、产业政策和商品经济的发展，到了非改不可的地步。

三 税制改革的指导思想

税制改革关系国民经济发展的全局，直接影响企业和居民的利益分配，对企业和居民生产经营的积极性具有决定性影响，对经济改革、国民经济的协调发展和财政状况具有举足轻重的作用，必须从经济改革和国民经济发展全局出发，统一指导思想。

1. 税制改革要着眼于转换运行机制，搞活经济，提高宏观经济效益，不能着眼于局部得失。当前国民经济中遇到的主要问题是分配关系混乱，运行机制阻滞，企业经营困难，财政状况不佳。根源在于过去几年的改革措施不协调，搞乱了经济秩序。90年代深化改革的关键是转换运行机制，建立社会主义商品经济的新秩序，使国民经济由波动转入持续、稳定、协调发展的轨道。这是整个经济改革的指导思想，也是税制改革的指导思想。从税制改革的角度看，当前的运行机制是利益错位，决策和传递机构混乱，程序颠倒。转换运行机制的关键是在正确区分各种经济职能的基础上，相应调整机构设置、整顿分配程序和协调权益关系，消除新旧机构的权益矛盾。同时，要从全局出发搞活经济，中央活、地方活、企业更要活。不能像现在这样，不是活的企业困住国家，就是活了国家搞死企业，结果是企业和国家都活不了。90年代的税制改革要从搞活国民经济全局出发，打破部门利益的局限，为国民经济协调发展创造条件。

2. 从发展社会主义商品经济的需要出发，理顺利益分配关系，统一税收，集中税权，为建立社会主义商品经济的新秩序服务，使税收成为保护国家主权，促进对外开放，维护国家统一，促进统一市场的发育，巩固公有制经济的主导地位，促进各种经济形式协调发展的经济杠杆。税收是国家掌握的一个重要的政策手段，在现代商品经济发展中具有广泛的调控作用，良好的税制不仅是保护国家主权，促进对外开放，吸引外商投资，促进民族经济发展的手段，也是维护国家统一，增强中央宏观调控能力的物质基础。强有力的政府和健全的税制有十分密切的联系。税制混乱，不仅会削弱国家的控制力，造成地方割据，而且会阻碍对外开放。因为无论是发展外向型经济还是吸引外商投资，都需要有健全的税制和良好的税收环境，特殊的税收优惠过多，不仅不能引起外商的兴趣，而且会使外商对投资环境产生严重怀疑。良好的税收环境的主要表现是：税政统一、税权集中、法制健全、负担公平，各种经济形式能够进行平等竞争。

3. 用法治代替人治，用规范收入代替非规范收入，为建立正常的财政秩序和改善企业经营环境创造条件。目前，我国的财政收入十分混乱，42 种税还不能保证财政支出的需要，在税收之外又用非规范的行政手段征收名目繁多的基金。这不仅冲击了正常的税收，而且征收了企业维持简单再生产的费用，给企业进行技术更新和技术改造造成困难，使企业经济效益下降，直接侵蚀税基，使税收在国民收入中的比重不断下降，导致财政收入相对减少。这是造成目前财政困难的重要原因之一。90 年代的税制改革必须树立规范化的理财思想，用法治代替人治，用规范收入代替非规范的财政措施，为企业创造较好的财政环境。同时，要通过规范收入提高宏观税率，增加财政收入在国民收入分配中的比重，使财政收入有可靠的法律保证。

4. 要从总体上考虑国民收入分配的总格局和宏观税率的限度。税收是一个分配范畴，税收收入多少取决于社会生产力发展水平。在国民收入总量已定的情况下，税收的限度取决于国民收入分配的总格局。这里首先要确定财政收入占国民收入的比重应该有多大为宜？其次是财政收入中税收占多大的比重。假设，财政收入占国民收入的比重以 28％为宜，税收占财政收入的 90％，宏观税率（税收占国民收入的比重）就应该是 25％左右。这种宏观税率是设计税种税率的主要依据。在税制改革中如果对国民收入分配的总格局一无所知，对宏观税率心中无数，那就很难使税制改革不发生问题。我们说税制改革关系国民经济全局，就是首先要把税收和国民收入分配的总格局联系起来考虑，特别要研究国民收入的价值构成（必要产品价值和剩余价值的比重）对税收的决定作用，确定宏观税率的总水平。

5．要简化税种税率和征收手段，平衡产品税收负担，完善税收的调节功能，使税收在保证财政收入的同时发挥最大的调节作用，促进企业改善经营，提高效率，使企业在为自身利益奋斗中对国家作最大的贡献。税收不是单纯取得财政收入的手段，它要在取得财政收入过程中促进经济发展，在一般情况下还要把促进经济发展摆在首位，从发展经济中取得财政收入。对前者作了努力，对后者就轻而易举，这是毛泽东留给我们的理财思想。

总而言之，税制改革不能从局部利益出发，要考虑国民经济全局，为国民经济持续、稳定、协调发展创造条件。

四　税制改革的难点是可以突破的

经过几年的讨论，对深化税制改革方向，财政学界大多数人的认识逐渐趋向一致，只有少数人持有不同意见。现在的关键问题是对税制改革遇到的几个难点如何突破。

1．税制改革的指导思想不统一，改革难以起步。企业主管部门希望通过税制改革减轻企业的财政负担，增加企业的税后利润，增强企业活力，叫做"放水养鱼"；企业希望通过税制改革得到更多的好处，有更多的资金和经营自主权；财政部门希望通过税制改革增加财政收入，提高财政收入在国民收入分配中的比重；税务部门希望通过税制改革健全税制，合理负担，加强税收的调节作用，为以法治税创造条件。这些想法从总体上说并不矛盾，但是实际做法有很大的距离。税制改革是很具体很实际的问题，直接影响利益分配，必须有统一的指导思想。我们认为税制改革的指导思想应该以转换运行机制、理顺分配关系和搞活经济为核心，排除部门和企业利益的局限。只要通过改革转换了运行机制，理顺了分配关系，企业就会增强活力，财政收入就会相应增加，整个国民经济就会搞活。目前企业的财政负担确实很重，除了税收以外，还有各基金、费用和社会摊派，已经难以承受，不能再加重企业的负担，否则企业就难以生存。但是，在财政存在严重困难的情况下，要大幅度减轻企业的财政负担也是不现实的。这种困难完全是由于分配关系混乱和经济体制不协调造成的，不改变现行体制，即使经济效益再好，也难以增强企业活力和克服财政困难。认真地说，现在的财政体制和企业经营体制是相互围困，困住了财政也搞死了企业，只有通过税制改革解开这个套，才能使企业和财政两活。如果紧紧抓住自己手中的绳头不放，互相拉扯，谁也活不了。

2. 把税前还贷改为税后还贷，这是税制改革遇到的第二难点。税前还贷是用尚未生产出来的利润进行投资，让银行提前垫付未来的财政拨款。这是一项有损社会经济协调发展的政策，会给公有制经济制造危机。从理论上讲，对个别企业来说向银行借款进行投资，以投资项目作抵押，用投产后的利润进行偿还，是完全可行的，如果善于经营，企业的实际利润超过银行贷款利率，可以取得很好的效果。但是，对一个国家和一个地区来说，所有企业都向银行借钱投资，用未来的利润偿还，那么银行的资金从何而来？这成了无中生有，除了增发货币制造通货膨胀以外，不会有别的结果。然而，正是这种无中生有的政策，使地方和企业冲破资金来源的约束，即没有积累可以借钱扩大投资，并从中捞到很大的好处。表面上也增强了企业和地方的活力，实际上造成了严重的投资膨胀、通货膨胀和国民收入超分配，损害了国民经济的协调发展。但是，现在税前还贷已经成为地方和企业维持生产、进行技术改造、推动经济发展的必要条件，取消税前还贷，会引起地方和企业经济停滞，遇到地方和企业的强烈反对。因此，我们主张把税前还贷改为税后还贷，着眼于转换运行机制，而不是削弱企业的活力。办法是降低所得税率，增加企业税后利润，提高企业投资能力，转换投资主体。目前企业用于税前还贷的利润约 200 多亿元，如果把企业所得税率由 55％降到 35％或是 30％，企业税后利润就可以增加 200 亿—250 亿元，这样就可以把税前还贷改为税后还贷。在不影响企业投资能力的条件下转换运行机制，为建立企业的自我约束机制，提高投资效果和控制国民收入超分配，割断通货膨胀的传导机制奠定基础，意义重大。

3. 税利分流。这是正确区分国家职能和所有者职能，完善税制和国有资产管理的起点，也是税制改革的第三个难点。这个难点来自财政系统本身，涉及原有机构和人员的既得权益，使税制改革遇到很大阻力。深层原因与当前的人事和工资制度有直接联系。税收和税后利润代表不同的经济主体，体现不同的职能。税收以国家为主体，体现国家的职能；税后利润以所有者为主体，体现所有者和经营者的职能。国家依法征税，税后利润归所有者和经营者。至于税后利润在所有者和经营者之间如何分配，这是所有者和经营者之间的分配关系，与国家税收无直接关系。但是，由于长期以来实行税利合一，企业和国家吃"大锅饭"，在财政系统内部形成原有机构的既得权益，使改革受阻。

4．改税前承包为税后承包。这是税制改革遇到的第四个难点，本来承包经营责任制作为企业经营形式和税收没有必然联系。但是，统收统支的后遗症，税利不分，把税收作为企业承包的主要内容。这不仅改变了企业承包经营的性质和方向，也使税收失去作用，搞乱了分配过程，困住财政也搞死企业，使企业把主要精力放在完成收入指标上，无力顾及技术改造、开发新产品和提高竞争能力。税收本来是企业经营的外部环境，对所有企业是相同的，承包是经营者和所有者之间的关系，是经营者对所有者承担的经济责任，与税收负担无关。然而，税前承包却把税收作为承包的主要内容，把企业的外部环境变为企业的责任，承包形式不同，企业的税收负担也不同，使税收失去统一性，破坏了企业共同的经济环境，使企业的实际税负畸轻畸重。现在企业不了解税后承包的真实含义，只从目前实际出发，认为征税以后再承包无多大油水，竭力反对。他们不了解，税后承包的目的是增强企业活力，办法是按照国家征税，税后利润归企业的原则，把所得税降到35％或30％，把税后的利润（即65％或70％）归企业，然后由企业与国有资产管理局协商承包。至于税后利润是全部或部分企业，要从实际需要出发，由所有者和经营者协商解决。这不仅会把所有者和经营者的利益、目标统一起来，而且会大大增强企业活力，排除财政对企业的干扰。

从转换运行机制和理顺分配关系的角度上看，上述难点基本上是人为的，在实践中并无多大困难，只统一认识，上述难点是完全可以突破的。

五　税制改革的基本内容

税制改革是个很复杂的问题，包括税种设置，税率的分配和档次，税负水平，主体税种和辅助税种及协调各种税的衔接和照应关系，中央税和地方税的格局，税权划分，征收和管理程序等等。作为税制改革的总体设想，只能就改革的基本内容进行总体勾画，不可能涉及税制改革的所有内容，更具体的实施方案要按不同的税种分项拟定。我们的总体设想主要包括以下四个部分。

（一）　流转税改革的内容

在以公有制为主导的社会主义商品经济中，流转税作为主体税种在整个税制中占有重要地位，对保证财政收入、贯彻产业政策、协调经济结构、调节资源配置和消费水平具有重要作用，是所得税无法代替的。完善流转税系列，协调流转税的税种税率和征收环节，是税制改革的重要内容。其中包括：

1. 扩大增值税的征收范围，简化税率档次，规范计算方法和征收手续。在现代流转税中，增值税是比较科学的一个税种，它以生产和销售环节的增加值为课税对象，避免重复征税，有利于分工协作和科学技术的应用，把保证财政收入和促进经济发展融为一体，比较符合经济现代化的要求。"八五"时期要随着治理整顿和深化改革的进程扩大增值税的征收范围。但是，人们对增值税扩大到什么范围，认识不尽相同，我们赞成先由生产环节扩大到商业批发环节。零售商业是否推行增值税，待商业批发环节征收增值税以后视情况而定，避免步子过大产生预料不到的失误。在扩大增值税征收范围的同时，要简化税率档次，调整税率幅度和税负水平。现有增值税的税率，是在保持原工商统一税税负的基础上换算的，保留了历史缺陷，结构不合理，税负不平衡，且税率档次过多，征收和计算方法不规范，需要进行合理调整。我们设想增值税税率先定为 10%、12%、14% 三个档次。档次不要再多，税率不要太高，其余的问题留给产品税去解决。增值税的税率设置，应以调节经济为主，兼顾财政收入，不能传递过去的缺点。同时，扩大征收范围，必须实行凭发票扣税的制度，规范征收办法，不能把增值税变为"争执税"。

2．调整产品税的征收范围，把产品税作为贯彻产业政策和调节消费的手段，与增值税相配合实行双重调节。即：在普遍征收增值税的基础上，对一些需要再调节的产品再征收一道产品税，税率可以根据产业政策和消费政策分若干档次，以便促进产业结构和消费合理化，但档次不能过多。

3．在扩大增值税征收范围的同时，相应调整营业税的征收范围和税率，对已经征收增值税的收入不再征收营业税，税率要按平等负担原则进行适当调整，与增值税相衔接。

按照我们的设想，流转税的综合税率（包括增值、产品和营业三税）要占总体税率（指工商部门的税收总额占工商部门国民收入的比率）的 50% 左右。假设总体税率为 25%—27%，流转税的综合税率就要保持在 12%—14% 之间，其余部分则要留给所得税和其他税种。

（二）所得税改革的内容

在税制体系中，流转税实际上是由全体社会成员负担的，而所得税则是由企业和一部分社会成员负担的。由于纳税主体不同，所得税又分为企业所得税和个人所得税两部分。它们的征收原则和改革目标不同，需要分别考虑。

1．企业所得税改革的内容。在以公有制为主导多种经济形式并存的社会主义初级阶段，企业所得税的纳税主体包括不同性质的企业，有国营企业、集体企业、私营企业和外国资本主义企业。所得税如何设置，税收如何体现社会主义经济的发展方向，是需要认真研究的一个问题。现行所得税是按不同的经济成分设定的，税种过多，负担不平衡，不符合以公有制为主导多种所有制协调发展的要求。税负倾向是国营重于集体，集体重于私营，私营重于外国企业，与社会主义经济发展的方向相悖，需要进行改革。改革的重点是国营企业所得税主要是：

（1）把税收和企业税后利润分开，实行税利分流，分别征收，分别管理。要使税收体现国家利益，使税后利润分配体现产权利益。征税归国家税务局；税后利润分配归国有资产管理局，彻底打破企业吃税收"大锅饭"的格局。

（2）按照国家征税，税后利润归企业（所有者和经营者）的原则，实行税后承包，稳定税收，改善企业经营环境。纳税是企业应尽的义务，要规范化。包税会破坏税收法制，恶化企业经营环境，造成税负不平。承包作为经营责任制对协调所有者和经营者的利益具有重要作用，是一种较好的经营形式。但是，承包只能包税后利润，不能包税。至于税后利润如何分配，应该由国有资产管理局与经营者协商解决，灵活处理，不能干扰国家税收。

（3）在税利分流的基础上把税前还贷改为税后还贷，使企业的投资依存于企业的税后利润，建立企业自我约束机制。在私有制中，企业的自我约束机制是产权；在公有制中，企业自我约束机制是投资对税后利润的依存关系。税前还贷是预支财政拨款，用尚未生产出来的利润进行投资，会加剧通货膨胀，危害国民经济的协调发展，必须改变。

（4）按照税利分流、税后承包、税后还贷的格局，降低国营企业所得税率，取消留利调节税，依法征税，增强国营企业的活力和竞争力。目前国营企业所得税的名义税率与实际税率差距过大，名义税率高达70％（55％的所得税加15％的调节税），实际税率（所得税占实现利润的比率）不到40％。同时由于税收不规范，财政收入大量流失，又引起非规范的征收，加重了企业的实际负担，给企业正常经营造成严重困难。降低国营企业所得税率，规范财政收入，是改善企业经营环境，增强企业活力的重要途径。

（5）合并税种，简化税率，统一税政。按照以公有制为主导多种经济形式协调发展的方针，改变按不同经济成分设置所得税的传统做法，制定统一的企业所得税法。首先，要统一国内企业所得税，对国营企业、集体企业和私营企业按照统一税法征税，以国营企业的税率为基准设定不同档次的比例税率，要有利于国营大中型企业的发展和现代化，适当照顾小企业，对私营企业进行适度的调节。但是，国营企业的基准税率不能过高，我们主张30％—35％，企业税后的利润分配用利润上缴和承包形式去解决，企图用一道税解决所有问题的想法是不切实际的。其次，根据条件逐步统一国内企业和国外企业所得税，对外资企业的优惠，通过适度减税去解决。优惠摆在明处，有利于吸引外资，便于灵活处置，适应国际斗争。

2. 个人所得税改革内容。随着商品经济的发展，个人收入来源和结构发生很大变化，收入差距在扩大，制定较为完善的个人所得税法，用以代替现行的奖金调节税和个人收入调节税是经济发展的客观要求。个人所得税和企业所得税不同，直接与居民个人打交道，涉及面广，目的在于调节居民的收入水平和消费水平，缓和两极分化，抑制贫富差距，调节阶级矛盾，创造正常的社会秩序，是一个复杂的社会经济问题，体现国家的性质。对社会主义国家来说，个人所得税必须体现这样的原则：鼓励劳动

（包括体力和脑力劳动）收入，限制具有剥削性的非劳动收入；鼓励科学技术的发明创造和教育事业，限制正常工作以外的经营收入；抑制高收入和高消费，缓和两极分化。从巩固社会制度和促进社会经济发展来说，个人所得税的征收面宜窄不宜宽。任何明智的统治阶级和政治家在税收问题上总是要尽量缩小与居民的直接矛盾。有些人主张"为培养居民的纳税意识"要降低个人所得税扣除额，这是不明智的。纳税意识是一种法制观念，要在法制约束下才能形成。没有健全的法制，不坚持以法治税，根本不会产生纳税意识即自觉守法。认为征税就能产生纳税意识是税盲语言。同时，从我国实际情况出发，个人所得税征收面过大，脱离实际不利于抑制两极分化。我们主张：（1）个人所得税扣除额目前不能低于 400 元，随着货币贬值和部分居民实际收入下降，降低扣除额势必引起社会矛盾。（2）有利于科学技术发展和讲课的收入扣除额要适当提高，避免挫伤科学教育工作者的积极性。（3）对万元以上的非劳动收入要提高累进率。总之，社会主义的个人所得税必须体现按劳分配和遏制剥削的原则。

（三）调整辅助税种

现行税制中辅助税种过多，显得零散，互不衔接，有的重复，有的不构成独立税种，需要进行必要的调整。

1. 取消筵席税、建筑税和城市维护建设税。现行的筵席税，立法宗旨不明，课税对象难以界定，要限制高消费，可以适度提高高级饭店的营业税率，不必另设筵席税。企图用筵席税限制用公费请客是无效的。建筑税对控制投资规模和投资方向不起作用。我国的基本建设投资是由各级政府决定和控制的，用建筑税或投资税控制规模和投资方向，徒劳无益，征税和扩大投资会同时并进，实际上是在税务局、投资单位和财政支出之间兜圈子，起不了控制投资规模和投资方向的作用。有效的办法是制定投资法，规定各级政府的投资权和资金来源。城市维护建设税原意是解决城市维修费，实际上是城市附加，没有形成独立税种，而且给人印象似乎其他税没有用于城市建设。在实行分税制，明确划分中央税和地方税的基础上，一切城市税收都可以用于城市建设，维修要用租费去解决，城市维护建设税无存在的必要。

2. 扩大资源税征收范围，改进征收办法。首先要对所有自然资源，包括土地、地上资源和地下资源一律征收资源税，促进资源的合理开采和有效利用，特别是对无再生能力的资源的开采和利用要加以控制。其次要改进征收办法，从量征收还是从价征收要根据实际情况而定。同时要根据资源丰度、品位、运输距离分档设置税率。

3. 对各种辅助税种要进行总体设计，既要考虑财政需要和纳税人的总体负担水平，又要考虑税种衔接，税负平衡和各种税的调节作用。

（四）中央税和地方税的合理配置

税制改革的目标之一是逐步实行税制，协调中央和地方的利益分配，使中央和地方都有相应的收入。从现行税种设置来看，除增值税、产品税、关税作为中央税，企业所得税要分为中央所得税（对所有企业征收）和地方所得税（同样对所有企业征收）以外，其他税包括营业税、资源税、个人所得税、房产税、印花税、屠宰税、交易税等，原则上都作为地方税。但是，对经济比较发达、收入过多的地区可以适当减少划归地方的税种，对收入不足的地区一律实行定额补贴，不设共享税。要明确分税制是分税，不是分收入，这是分税制的要害。只有分税才能协调中央和地方的利益分配，保持中央统一调度的能力，强化宏观控制。

六　改革的步骤

税制改革要引起企业、居民、中央和地方的利益调整，必然要遇到既得利益的抵制，而且在通货膨胀没有得到根本控制，部分居民实际收入下降，市场不景气的情况下，改革的难度会更大。所以，改革不能操之过急，应重视条件逐步推进。"八五"时期的前两年仍以治理整顿为主，后三年转入深化改革，步子不可能太大。估计上述设想要到"九五"时期才能完成。改革过程需要采取以下步骤：

1. 舆论准备。要从理论和实践上宣传税制改革对发展商品经济、改善企业经营环境、增强企业活力、完善宏观控制机制的重要意义，引起领导重视，争取社会各界支持。宣传税制改革也要讲策略，不要过分强调增加财政收入的作用，要着重讲改善企业环境和提高经济效益的作用。

2. 扩大试点范围，端正试点的指导思想，完善试点的内容。财政部决定扩大"税利分流、税后承包、税后还贷"的试点范围是完全正确的，原则上每个省市都应该试点，以便广泛总结经验。但是，试点的指导思想必须端正，试点要从理顺分配关系、转换运行机制出发，为国民经济持续、稳定、协调发展创造条件；为发展社会主义商品经济，提高经济效益，加速现代化服务；还要从显示社会主义经济的优越性出发，不要从部门、地方、企业捞多少好处出发，扭曲试点的内容。"税利分流、税后承包、税后还贷"三部分是相互关联，缺一不可，而且试点必然引起权益的调整和机构分工的变化，触及一些人和机构的实际权益，要保证试点不被扭曲，对原有机构和权益的调整必须坚决，不能迁就妥协，否则试点就会流于形式，改革就会有名无实。

3．要科学地处理税制改革与其他体制的衔接关系，其中最重要的是税制改革与企业承包经营责任制、税制改革与价格改革、税制改革与财政体制的关系。对税制改革与其他改革的关系，首先要进行理论研究，然后才能在实践中做出正确的处理。必须明确，每一种体制都有自己特殊的运行规则，有自己的经济职能，混淆各种体制的界限，用一种体制代替另一种体制，势必搅乱经济秩序，不利于国民经济协调发展。

4．在改革国营企业所得税、统一税政和扩大增值税征收范围的基础上，调整税种搭配，均匀税率，逐步划分中央和地方税税种，实行分税制。

（原载《财贸经济》1990 年第 10 期）

深化税制改革　增强国营企业活力

　　深化税制改革是社会共识。但是，深化进程从何时起步，"八五"时期能迈多大步子，深化到什么程度，认识并不一致。有些同志认为，"八五"时期深化改革的重点是完善企业承包经营责任制和财政包干体制，税制改革只能搞税利分流和分税制的试点，不能有大的动作。提出这种看法的主要根据是财政困难和国营企业活力不足，没有深化税制改革的条件。在这些同志的心目中，税制改革不是减少财政收入，就是增加企业负担，在财政困难和国营企业活力不足的情况下，很难深化税制改革。确实，税制改革和企业承包及财政包干是有矛盾的。因为企业承包和财政包干都是建立在否定税收作用的基础上。企业承包经营是用承包合同代替国家税法；财政包干是用收入基数代替收税，而税制改革却是要用规范化的税收代替一户一率或一地一率的承包形式。在规范化的税收中，现在这种以包税为主要内容的承包经营能否继续存在，企业是否还乐于接受，确实值得研究。然而，要增强国营企业活力并克服当前的财政困难，除了深化税制改革，理顺国家和国营企业的分配关系，别无选择。而且只有深化税制改革才能使财政和企业走出互相堵截的死胡同，收到克服财政困难和增强国营企业活力的双重效果。从当前的情况来看，财政陷入前所未有的困境，国营企业经济效益大幅度下降，经营非常困难，要摆脱这种互相堵截的困境，只能从深化税制改革入手，解开国营企业活力不足和财政困难这个结。

一　统一税收政策，平衡税收负担，为国营企业创造平等竞争的条件

在多种所有制形式并存的商品经济中，市场竞争是客观存在。税收负担直接影响企业的竞争能力；税收负担轻的企业在市场竞争中会处于有利地位，有较大的回旋余地和应变能力；税收负担重的企业会在激烈的市场竞争中因缺乏应变能力而陷入困境。所以，平衡税收负担，在多种所有制并存的商品经济中不搞税收歧视是企业进行平等竞争不可缺少的条件。

在社会主义初级阶段，要始终保持公有制特别是国营经济的主导地位，促进多种所有制并存的经济结构沿社会主义道路发展，防止经济结构蜕变而扭曲社会主义经济的发展方向。因为，在社会主义初级阶段，我们要充分发展商品经济，需要保持多种所有制并存的经济结构，实行对外开放政策，允许私营企业和外国资本主义企业的存在和发展，而这些企业必然要和国营企业展开激烈的竞争，使自己占有更大的市场份额，获得更大的发展。这种竞争具有社会主义和资本主义谁胜谁负的性质，不能等闲视之。近几年在我国经济发展中出现了一种非常值得重视的倾向，许多地区热心于为三资企业服务，以发展三资企业为最大政绩，而对国营企业采取歧视态度，致使国营工业企业在国民生产总值中的比重不断下降，每年以 2% 的速度降低。在 1990 年全国新增工业产值中，乡镇企业占 40%，三资企业占 33%，国营和其

他类型企业只占 27％。在一些特区中，三资企业的产值达到 60％，国营企业则呈萎缩状态。这种现象对社会主义公有制会产生什么影响，不言而喻。

为什么在多种所有制并存的商品经济中，其他所有制形式的企业都有活力，只有国营企业活力不足呢？人们可以用种种理由加以说明，但都不能解决问题。国务院为增强国营企业活力制定了许多政策措施，算起来有几十条，给人们的印象是措施越多似乎国营企业活力越不足，原因在于许多措施只讲表面现象，实质性问题解决不了。其实要增强国营企业活力用不着多少条，有两条就够了，这就是使国营企业具有销售产品的自主权和支配税后利润的自主权。国营企业的产品能在一定程度上自主销售，价格随行就市税后利润由企业自主，有了这两条国营企业的活力就会大大增强，经济效益就会显著提高。除开销售自主权不讲，要使国营企业有支配税后利润的自主权，就必须深化税制改革，统一税收政策，平衡税收负担，稳定国营企业负担水平，这是增强国营企业活力的前提。

首先，要统一税收政策，制定统一的企业所得税法。政策不统一是税制不规范的重要原因。这种不规范现象在各个税系都有不同程度的表现，比较突出的是所得税系，仅企业所得税就有六七种之多。这种按照不同经济成分和分配形式征收所得税的办法，不仅违背多种所有制协调发展的要求，造成各种经济成分税负不平衡，起了限制国营经济发展的作用，而且给征收管理带来不少麻烦，增加了税收的随意性，削弱了税收的规范性。按照商品经济发展的要求，在多种所有制并存的经济结构中，应该实行统一的税收政策，公平税负，用统一的企业所得税法代替对不同经济成分制定的征税办法，避免税收歧视。代替过程可以分两步走，也可以一步到位。两步走的办法是先把私营企业所得税、集体企业所得税、国营企业所得税、留利调节税等合并为国内企业所得税，与外商投资企业和外国企业所得税并存，待取得统一征收的经验以后，再把涉外企业所得税和国内企业所得税合并，制定统一的企业所得税法；一步到位就是把现行国内各种企业所得税条例直接与涉外企业所得税合并，按照公私内外平等纳税原则制定统一的企业所得税法，避免多次立法。从现在情况看，分两步走可能稳妥些，但第二步的时间不宜太长。

其次，要降低国营企业所得税率，停止对国营企业的税外征收，平衡各种经济成分的税收负担。按照现行税法规定，在各类企业所得税中，国营企业负担偏重。例如，涉外企业所得税率为33%，私营企业所得税基本税率为35%，集体企业所得税最高税率为55%，而国营企业所得税法定税率高达70%（55%的所得税加15%的留利调节税），这就大大削弱了国营企业的竞争力，使国营企业失去平等竞争的条件。再加上税外征收和社会负担，使国营企业经营陷入困境。(20世纪)50年代，毛泽东同志按照"四马分肥"原则设定的国家资本主义企业的利润分配比率是：所得税为34.5%，福利费为15%，公积金为30%，资方红利为20.5%。总起来看，归企业支配的税后利润为65.5%。这是毛泽东同志为国家资本主义企业设定的分配政策和税收负担水平。可以推断对国营企业的税负不能比这更重。现在国营企业的法定税率显然偏高，不利于国营经济的发展，必须降低。我认为，国营企业所得税率应该和涉外企业定在同一水平上，为国营企业创造平等竞争的条件。

二　实行税利分流,理顺国家和国营企业的分配关系,改善国营企业外部环境

增强国营企业活力的关键是实行税利分流,理顺国家和国营企业的分配关系, 税归税, 利归利, 国家征税, 税后利润归企业(包括企业所有者和经营者, 以下同), 使国营企业和其他类型的企业一样具有支配税后利润的自主权, 这是增强国营企业活力, 使国营企业具有自我发展能力的根本途径。但是, 要实行税利分流, 必须从理论和实践的结合上解决以下几个问题:

1. 充分认识税利分流的客观必要。税收和利润是两个不同的经济范畴, 体现不同的经济主体。税收体现以国家为主体的分配关系, 反映阶级和社会的利益; 利润体现以生产资料所有者为主体的分配关系, 反映所有者的利益, 二者不能互相代替, 这是由多种经济成分并存的所有制结构决定的。我们要按照客观经济规律办事, 就必须尊重经济运行的客观过程。如果说在以国家为单一公有制条件下, 税收和利润合二为一有其客观必然性, 可以保证共同需要和简化分配程序, 那么在多种所有制并存的经济结构中, 对国营企业继续采取税利合一的形式, 就会产生严重的弊端: (1)造成税收政策不统一和对各种经济成分的不平等待遇, 破坏了企业之间进行平等竞争的条件。而且由于税利合一只限于国营企业, 对其他所有制形式的企业只能实行税利分流, 即按照国家征税, 税后利润归企业的原则处理国家和企业的分配关系, 企业具有支配税后利润的自主权。只有国营企业的纯收入(剩余产品)不分税收和利润由国家集中分配, 这就必然要削弱国营企业自我发展的能力, 影响国营经济在社会经济发展中的主导地位, 削弱社会主义公有制的优越性和吸引力。(2)税利合一扭曲

了国营企业的经营目标和外部环境。税收属于企业经营的外部环境；利润是企业的经营目标。承包把税收和利润合在一起作为企业的经营目标，也就把外部环境作为企业的经营目标，使企业把主要精力集中在完成上缴财政收入上，把产品质量和社会效益摆在次要地位，无暇顾及技术进步和市场竞争。纳税是企业应尽的义务，对所有企业是相同的，但企业决不是为了纳税而经营，把税收作为企业经营目标，这就把企业的注意力转向外部环境，引导企业在减税免税上做文章。(3) 由于承包基数不同，造成企业负担不平衡。有的企业由于各种原因承包基数小，实际负担很轻；有的企业承包基数大，实际负担很重，造成分配不公。(4) 税利合一削弱国家宏观调控能力。这不仅是因为承包取消了税收的调控作用，而且在税利合一的承包经营中，政府把主要精力投入国营企业的微观经营，从资金周转、债务清算、原材料供应到产品销售都要过问，这就必然要削弱政府对宏观调控的注意力，甚至有时用控制微观经营代替宏观调控，这是造成国营企业活力不足和社会经济发展不稳的重要原因。要增强国营企业活力，理顺国家和国营企业的分配关系，必须对国营企业实行税利分流。

2. 正确认识实行税利分流的客观依据。税利分流是由国家和所有者的不同经济职能决定的。税收体现国家职能；利润体现所有者的职能。多种经济成分并存的所有制结构，要求在社会经济活动中严格区分两种不同的职能，彻底改变单一公有制条件下国家和国营企业的分配关系。在单一公有制条件下，国家作为社会单一的经济主体可以集中全部剩余产品（纯收入），进行统收统支，实行不经过市场的集中分配，不考虑国营企业的特殊利益。而在多种所有制并存的经济结构中，国家不能对各种不同所有制形式的企业实行统收统支，只能按照国家征税，税后利润归企业的原则统一规范社会经济秩序，使国营企业和其他企业一样，在社会经济活动中具有自主经营的地位和能力。如果国家对其他企业实行税利分流，而对国营企业实行税利合一，那就必然要把国营企业搞死，使国营企业在市场竞争中失去活动力。

3. 要积极创造实行税利分流的条件。税利分流是深化经济改革，增强国营企业活力的重要措施，不是简单的改换名称。对现行财政体制来说，税利分流是极其深刻的变革。这种变革要求财政体制彻底离开统收统支的旧轨道，实行规范财政，用法治代替人治，用规范分配代替财政征收的随意性，对财政分配实行严格的法律控制。具体地讲，税利分流就是国家依法征税，税后利润归企业，取消能交基金和预算调节基金，停止中央和地方对国营企业税后利润的各种税外征收。如果在实行税利分流的同时，还要对国营企业和税后利润征收各种基金，税利分流就失去实际意义，那就如同用留利调节税否定利改税一样，会造成对税利分流的彻底否定，使企业重新走包税的道路，把税利分流搞臭，使财政体制走进无法回转的死胡同。应该看到，税利分流不只是深化税制改革的关键，也是深化财政体制改革的关键，应该以积极的态度促进税利分流的实现。从当前的情况看，税利分流的阻力与其说是来自企业，不如说来自现行财政体制更切合实际。

顺便讲一下税利分流和企业承包的关系。从理论上讲。承包经营作为所有者与经营者之间的一种经济责任制，不失为公有制的一种经营形式，与税制改革本无直接联系。问题是现在的承包关系错位，把所有者与经营者的关系移作国家和国营企业的关系，用承包合同代替国家税法，使承包变成包税，成为税制改革的一大障碍。税利分流要求废除包税制，至于税后利润如何分配，继续采取承包还是别的形式属于所有者和经营者之间的分配关系，需要另行研究，不要和税制改革搅在一起。

三 健全地方税体系,为实行分税
制创造条件

　　深化税制改革,从本质上说就是要理顺国家和国营企业、中央和地方的分配关系,规范经济运行。理顺国家和国营企业的分配关系,关键是统一税收政策,实行税利分流,上面讲过了。理顺中央和地方的分配关系,关键是创造条件实行分税制,用分税制代替财政包干。

　　分税制和"分灶吃饭"具有根本不同的性质,不是名词的区别。分税制是在划分中央和地方职权范围的基础上划分税种,建立规范化的收入来源,实现财权与事权的统一;"分灶吃饭"的财政包干是不分收入形式,按照协议确定收支数额,包干使用,一个地区一个比例,没有统一规范,收支数额具有很大随意性。用分税制代替财政包干是深化财政体制改革的一项重要措施,也是深化经济体制改革,建立规范经济的起点,不能等闲视之。

　　实行分税制无疑需要有一定的条件。这就是:(1)按照有计划商品经济发展的要求划分中央和地方的事权,这是难度很大的问题。长期以来,我们一直按照"统一领导,分级管理"原则处理中央和地方的关系,从未明确划分过中央和地方的事权。中央办的事地方也可以办,地方办的事中央同样可以办,事权界限不清,财政收支互相挤占。分税制的前提就是要划分中央和地方的事权,依据事权划分收入来源,实现财权与事权的统一。(2)分税制需要有完善的地方税体系,保证地方财政有比较充分的收入来源。目前的税种结构不能完全适应分税制的要求,税种搭配不均衡,收入过分集中,不能有效地平衡中央和地方的收入。这需要在深化税制改革中,通过调整税种税率逐步完善,为实行分税

制创造条件。(3) 建立中央和地方的财政收支规范，明确中央和地方的财政收支关系。在实行分税制情况下，地方财政收入只限于承担地方本身的财政支出，不能承担由中央确定的全国性财政支出。同样，中央的财政收入也只能承担应该由中央负担的支出，不能互相挤占。过去那种中央开口子地方出钱的做法要完全避免，这是造成财政收支不规范的重要原因，如果不改变这种非规范的做法，分税制也很难保持。

如何确定实行分税制的条件，认识很不一致。有些同志认为"八五"时期根本不可能实行分税制，甚至连试点都很困难；还有的同志认为分税制在中国根本行不通，而且分税制和"分灶吃饭"体制没有多大区别，实行分税制是多此一举。他们认为不能实行或者在很长时期内不能实行分税制的原因是：(1) 地区经济发展不平衡，有的地区经济发达，收入很多，大部分收入必须上缴中央；有的地区经济不发达，收入很少，把全部税收都留给地方也不能维持自己的支出，需要中央补贴，对这些地区划税没有任何意义。(2) 目前财政困难，需要强调集中财力，要地方多作贡献，分税制不利于克服当前财政困难。(3) 经济体制中存在的党政不分、政企不分的弊病没有完全改变，地区封锁现象比较严重，分税制会加剧"诸侯经济"的倾向。(4) 实行分税制国家都以所得税为主，我国以流转税为主，加上价格关系没有理顺，实行分税制会遇到困难。我认为，上述种种理由和分税制并无直接联系，不能成为实行分税制的障碍。首先，一个国家地区经济发展不平衡是会永远存在的，包括发达国家和不发达国家，没有哪一个国家的地区经济发展是平衡的，这并未妨碍它们实行分税制。而且分税制并不否定财政补贴，相反在分税制中，财政补贴还是控制地区经济和进行宏观调控的必要手段；其次，分税制有利于发挥中央和地方克服财政困难的积极性。我国当前的财政困难不是由于生产下降和国民收入减少造成的，而是由于分配格局被扭曲，财源流失造成的。分税制有助于理顺分配关系，对克服当前财政困难具有积极作用；再次，实行分税制的初衷就是要彻底打破按照企业隶属关系组织财政收入的弊端，这对促进政企分离和消除地区封锁会起重要作用，决不会加剧"诸侯倾向"。

分税制的核心是划分税种，分别建立中央税和地方税系列。中央税由中央立法，收入归中央；地方税由地方依据中央赋予的职权进行立法，收入归地方。原则上不设收入分成的共享税，避免中央与地方互相挤占收入现象。就目前税种结构来说，除关税、增值税、产品税作为中央税，企业所得税分设中央和地方两种以外，其余税种都可以划入地方税系列。税种归属要照顾地区经济发展水平，经济发达地区税种可以少一些；经济不发达地区税种可以多一些。但是，不论地区经济发展水平如何，中央税也不能划归地方。对少数经济不发达地区，如果全部地方税收入不足以弥补支出，要通过中央补贴办法加以解决，这是实行分税制应该坚持的原则。

分税制属企业经营的外部环境，对增强国营企业的活力有重要作用。现在国营企业活力不足是由多方面原因造成的，外部环境起了重要作用。分税制有助于规范国家和国营企业的分配关系，减轻国营企业的社会负担，打破地区封锁，改善国营企业经营的外部环境。

（原载《吉林税务》1991 年第 11 期）

规范财政分配　强化税收职能

规范财政分配和强化税收职能是互相联系的两个问题。规范财政分配是强化税收职能的前提，强化税收职能可以使财政分配进一步规范化。现在存在的主要问题是财政分配不规范使税收职能弱化。规范财政分配的目的在于转换分配机制，建立规范财政，在财政分配中用法治代替人治，消除财政分配中的混乱状态。规范财政要求以法理财，以法组织收入，以法完成支出，收入和支出都是法规为准，这是强化税收职能的前提。税收是财政收入的主要来源，规范财政分配首先要依法治税，建立刚性税制。如果没有严格的税制，要建立规范财政是困难的。

税收职能和税务机构的职能不完全相同，二者有联系也有区别，不能等同。税收的职能是指税收这种分配形式在社会经济运行中产生的客观效能，说明这种分配形式的功用，也是税收本质的进一步体现。具体地说，税收的职能主要表现为互相联系的两个方面，即聚财职能和调节职能，只要存在税收这种分配形式，税收的职能就会有所体现。如果税收职能受到局限，也就意味着税收分配形式被扭曲，与税收分配形式不同，税务机构税收分配形式的载体，税收实务要由税务机构执行，税收职能要在税收运行中体现。从这个意义上讲，税务机构只要能正确地执行税法，依法收税，税收职能就会得到发挥。税法是税收关系的法律形式，也是社会分配规范的重要组成部门，税收分配形式的基本特征是规范性。所以，税务机构的首要职能是执行税法，它决定了税务机构是执法机构的性质；税务机构的第二个职能是对纳税人和收税人进行法律监督，使纳税人和收税人全面履行法律义务，维护税法的尊严，保证税收职能得到正确体现。区分税收的职能和税务机构的职能，可以帮助我们正确把握问题的实质，对深化税制改革和健全税务机构具有重要的实际意义。我们说税收职能弱化，指的是税收分配关系被扭曲，税收形式变形，税制软化，使税收职能受到的局限，不是说税务机构软化或执法不力。本文讲的财政分配的规范化和税收的职能，不是财政部门和税务机构的职能，而是财政税收的客观过程。

一　税收职能弱化的原因

税收职能弱化的主要表现是税制软化，税法不能全面贯彻。如国营企业所得税有名无实，形同虚设，既不能有效地聚财，也不能直接调节企业的利益分配；流转税的聚财和调节职能在非规范分配格局中受到很大局限，有的甚至被扭曲。造成这种现象的原因主要是：

1. 在国家和国有企业分配中实行的企业包所得税的经营形式，使社会纯收入（即剩余产品价值）的分配不断向企业和职工个人方面倾斜。企业包所得税是用承包合同代替国家税法，用承包基数代替税率，扭曲了国家和企业的分配关系，不仅在事实上否定了税法，破坏了分配规范，使国有企业所得税有名无实，不起税的作用，而且造成在企业净产值分配中企业和职工个人分配的比重不断提高。下表是 3 个地方 213 户企业的调查材料。

在企业净产值分配中，企业和职工个人占的比重不断提高，国家占的比重相对下降，主要原因是企业包所得税，割断了税收和企业纯收入的直接联系，使税收不能与企业纯收入同步增长，纯收入增量的大部分留在企业，以奖金和浮动工资形式流向个人，其中收入最多的是企业承包人。从公布的典型材料看，有些承包人年收入几万甚至几十万元。为了缓和与企业职工的矛盾，承包人又设法不断提高职工个人的收入，发放各种名目的奖金和实物，造成收入分配不断向个人方面倾斜，1990 年与 1985 年相比，上海市 14 个地方国营工业局可分配的国民收入中，国家的分配份额减少 26.4 亿元，下降 23％；企业的分配份额增加 3.8 亿元，上升 23.9％；个人的分配份额从 32.8 亿元增加到 50.7 亿元，上升 57％。

在企业净产值分配中企业和职工所占比重（％）

年　份	陕　西	福　建	厦　门
1983	34.62	41.88	38.96
1986	40.23	51.62	42.37
1989	34.94	54.75	51.36

2. 在中央和地方的分配中，实行预算内和预算外双轨分配及预算内收入地方承包体制，使预算内收入不断向预算外转移，预算内收入的年增长额大部或全部留在地方，造成社会纯收入（即剩余产品价值）的分配向地方倾斜。下表是近几年中央和地方预算内财政收入（不包括债务收入）的比重。

中央和地方预算内财政收入的比重（%）

年　份	中　央	地　方
1989	30.86	69.14
1990	33.87	66.13
1991	30.84	69.16

在不包括债务的预算内财政收入中，中央财政收入只占三分之一，如果把预算内和预算外收入加在一起计算，中央财政收入的比重就更小，这与财政分配不规范有直接联系。下表是中央财政收入的构成。

中央财政收入构成

收入项目	1989 年		1990 年		1991 年（预算）	
	收入 （亿元）	比重 （%）	收入 （亿元）	比重 （%）	收入 （亿元）	比重 （%）
中央本级财政 收入总额	1105.49	100.00	1336.05	100.00	1305.64	100.00
其中：国外借款	144.06	13.03	162.74	12.18	162.37	12.44
国内债务	138.91	12.57	195.87	14.66	190.00	14.55
能源交通建设基金	202.18	18.29	180.38	13.50	205	15.70
预算调节基金①	91.19	8.25	123.55	9.25	135.00	10.34
正常收入②	592.15	47.86	673.51	50.41	613.27	46.97

①能源交通重点建设基金和预算调节基金收入不全部归中央财政，地方有小部分分成，数字不大，且每年在变，具体数字财政部未公布，故全部作为中央财政收入，影响不大。

②正常收入包括税收和企业收入，是测算数。

上列收入结构反映了中央财政收入状况。在我们这样大的国家中，中央财政收入半数以上靠非规范性征收和债务收入，正常收入不到一半，这种状况与非规范的地方承包有直接联系。地方承包预算内财政收入，不只是造成社会纯收入分配向地方倾斜，而且使流转税发生逆向调节，国家越是用高税率限制的产业，地方越要发展，因高税率产业对增加地方财政收入有好处，扭曲了税收的调节职能。

3. 税政不统一。在多种所有制并存的经济结构中按照不同的经济成分制定税率，造成各种经济成分税负不平衡。从目前实行的税收政策看，国营大中型企业所得税税率为 55%，利润调节税 15%，对税后利润再征收 25% 的能源交通重点建设基金和预算调节基金，三项合计大约占企业实现利润的 77.5% 到 80%，而外商投资和外国企业所得税率为 33%，私营企业所得税的基本税率为 35%。这说明越是国有大中型企业税负越重，严重遏制了国有经济的自我发展，而且财政分配不规范，税政不统一，对国有企业税外征收过多。这种不规范的税外征收是造成国有企业活力不足的重要原因。现在有的同志申辩国有企业实际税负并不重的理由，这对深化税制改革和克服当前财政困难没有任何实际意义。第一，企业实际纳税额不能证明企业税负不重和现行税收行政管理的合理，相反却意味着随意减税免税的实践上是对的。实际税负低，不能说明在实行轻税政策，只能证明企业负税能力低，想多收而收不到。第二，税负轻重是比较而言的相对概念，与各种经济成分相比，国有大中型企业税负偏重是不可否认的事实，无论如何不能说 77.5% 的税率比 33% 的税率负担轻。而且税负轻重与企业的实际经济效益有关。从税收的分配对象来看，税收收入不完全取决于国民收入多少，而且取决了国民收入中剩余产品的比例，如果企业创造的国民收入在扣除个人消费（补偿活劳动消耗的费用）以后没有剩余，税收就失去物质基础，企业就没有纳税能力，向企业的补偿费用（包括原材料消耗、折旧和工资即人工费）征税，税率再低企业也无力承受，这是实际生活告诉我们的定理。所以，单用实际税负占国民收入的比重说明税负轻重并不科学。第三，企业税负轻重要与市场环境和经济发展联系起来观察才能说明问题。目前由于财政分配不规范，企业社会负担过多，财源流失严重，财政收入自然减少，税收聚财能力就会严重削弱，想收的税有许多收不到。

4. 高税率宽减免、使法定税率和实际税率差距不断扩大，造成企业实际税负严重不平衡。据福建省统计，国有企业名义税率55%，实际税率只有35%，相差20个百分点。造成实际税率和名义税率差距不断扩大的主要原因是承包基数低于税率规定的纳税额和大面积减税免税。实际上，不降低承包基数，不减税免税也不行，因为企业经济效益很低，名义税率很高，不降低基数和减税免税企业就不能生存。在高税率宽减免政策下，减税免税又偏重于照顾经营困难、亏损和小企业，越是经济效益差的企业税收负担减轻；越是经济效益好的大中型企业税负越重。据上海市税务局对54户企业调查，企业所得税实际负担率1983年为77.9%，1986年为60.7%，1989年为43.8%。其中18户国有大中型企业的实际负担率分别为82.38%、67.12%、56.02%；9户乡镇企业的实际负担率分别为46.7%、33.81%、30.77%。国有大中型企业明显重于乡镇企业，实际上起了遏制国有大中型企业发展的作用。这种不规范的财政分配，不仅扭曲了所得税的调节职能，由促进技术进步变为照顾落后，而且也削弱了聚财职能。

5. 税前还贷政策的冲击。税前还贷是用未来的利润进行投资，使企业纯收入（即剩余产品价值）在未形成实现利润之前就变成支出，超前分配，而且随着贷款余额的增加，企业的利息支出不断地扩大。据调查，企业利息支出在企业净产值分配中占的比重越来越高。陕西省由1983年的3.05%上升到1989年的

15.63％；福建省由 1983 年的 3.19％上升到 1989 年的 9.37％；厦门市由 1983 年的 5.69％上升到 1989 年的 12.69％；湖北郧阳地区由 1983 年的 12.5％上升到 1989 年的 22.3％。这就是说，企业的净产值有 15％—20％变成利息支出，由效益变成费用。可见，税前还贷政策从两个方面冲击税收，一是用税前利润还贷，实际是用应缴税款归还银行贷款，直接减少税收；二是利息支出减少应税所得额，使税收减少。我们曾多次讲过，税前还贷政策对个别企业来说是可行的，在全国范围内普遍实行是不可以的。实际上是用增发纸币的办法扩大投资，影响国民经济协调发展。

　　6. 财政支出的缺口政策造成财源大量流失。财政支出的缺口政策就是在财政支出中留缺口，经费供给不足，由单位和个人自谋收入，实行所谓创收政策，扭曲正常的分配秩序。从全社会来看，支出缺口实际上是一种扩大支出和减少收入的有害政策，基本建设中 95％的项目超概算，企业周转中的"三角债"，行政事业经费超支，都是由支出缺口引起的。这种政策推动人们用各种方法谋收入，使乱收费、乱摊派、乱罚款成为社会公害，屡禁不止，侵害了社会主义经济基础，腐蚀了政权，滋生了腐败现象，财坏了社会风气，把以权谋私变成合法的权钱交易，使国家财政收入蒙受严重损失。"三乱"不仅侵蚀了税基，而且到处收费扩大了财政支出，提高了经济运行的社会成本，降低财政支出的实际效益。据 1990 年 8 月 29 日《人民日报》报道，陕西省取消不合理行政事业收费 1851 项，合理收费项目有多少没有讲，自然要比不合理的多；1990 年 12 月 13 日《经济日报》报道吉林省已清理出收、罚、摊内容的文件 2778 份，属于应该清理的 328 件，需要保留的 2450 件；1991 年 2 月 18 日《经济参考报》报道，据杭州市物价局不完全统计，参与收费的 36 个职能部门，收取的行政事业性费用292类，6653项。这种无限制的乱收费，既加重了企业的负担，也直接冲击了税收。湖北《纳税人》杂志1991年第12期有一篇短文，题目是《税在"费浪"中呻吟》，讲的是某水泥厂1990年的利润只有5.03万元，上缴的各种摊派费用为6万元；某百货公司1990年的利润为5.05万元，上缴各种摊派费用7.7万元，企业再无纳税能力。1991年5月16日《中国税务报》报道山东省龙口市税务局反映，城区经营布的个体户，每月纳税56.5元，而每月缴工商管理费60元，卫生费15元，摊位费40元，3项共计115元，超过税收一倍。当然，有些摊派不属于财政控制的范围，但是"三乱"中有许多项目与财政支出缺口和所谓的创收政策有关。这是必须正视的问题。

税制不规范，税权分散。所谓税制不规范，主要是指税制不健全，税法软化，对税收执法干预过多；地方减税免税权过宽；课税对象的确认和一些计算方法没有科学标准，等等。所有这些都使税收职能受到限制。

总起来说，税收职能弱化的原因是多方面的，从深化财政体制改革的角度来说，主要是财政分配不规范造成的。

二　强化税收职能的主要对策

税收是财政收入的主要来源，也是财政分配的主要内容，税收职能弱化会直接影响财政分配是无疑的。当然，税收职能不只是受财政体制的制约，也受经济体制的制约，不过财政体制的制约是直接的，强化税收职能首先要从规范财政分配做起。从当前的问题来看，强化税收职能的对策主要有以下几方面：

1.转变理财思想，规范财政分配。这里包含几重意思：首先，要认识转变理财思想是由深化改革的客观必要性引起的。江泽民同志讲："十多年的实践充分说明，改革开放的政策是正确的，我们要始终不渝地贯彻改革开放的政策。"把深化改革摆在重要地位，充分认识深化改革对巩固社会主义制度、防止和平演变的重要性。不改革就不能促进经济发展和建设有中国特色的社会主义。从深化财政体制改革的角度来讲，转变理财思想是深化改革规范财政分配的前提。思想不转变，改革必将受阻。在过去12年中，由于理财思想没有显著转变，许多改革措施被扭曲，以致使财政陷入目前的困境。马克思主义者要面对实际，正视现实，在改造客观世界中也改造主观世界，防止思想僵化。转变理财理想的关键是正确认识商品经济发展的历史规律，改变在产品经济时期形成的理财思想，摒弃统收统支的旧观念，按照商品经济发展的客观要求设计财政体制，在多种所有制并存的经济结构中增强国有经济即全民所有制经济的主导地位和竞争力，显示社会主义国有经济的优势性，增强人们的社会主义意识，这是防止和平演变的根本保证。经济基础决定上层建筑，只要我们坚持公有制特别是全民所有制的主导地位，不使全民所有制蜕变为集团所有制，使国有经济具有充分的活力和竞争力，在经济效益上超过私人和外国资本主义企业，社会主义也会"不战而胜"。这是财政体制乃至整个经济体制改革的目的。如果我们的经济改革削弱了国有经济，使国有大中型企业失去活力，转而要国有企业学习"三资"企业和私人企业的经营方式，不管人们嘴上怎样说，实际上是降低国有经济的声誉。资本主义企业经营的优点我们当然要学，要吸收，但是学的结果应该是显示国有经济的优越性，而不是证明国有经济不如私有经济。这是产品经济转变为商品经济、单一公有制转变为多种所有制并存的经济结构以后，理财思想转变的核心。其次，在由产品经济到商品经济转变过程中，要有自学改革和主动改革的思想意识，不能固守旧体制。要从改革财政体制入手促进其他方面的改革并为其他方面的改革创造条件。毋庸讳言，在过去12年中，财政体制改革在许多方面显得被动。理财思想万变不离其宗，经常用现有财政盘子局限或扭曲改革措施，给自身的发展设下许多障碍。应该承认，在经济调整发展、社会财富大量增加的情况下财政陷入困境，有客观原因，也有财政本身的原因，不能只强调客观。从现在的情况看，理财思想是一个重要的问题。转变理财思想就是要按照商品经济发展的要求规范财政分配，用法治代替人治，改变财政分配的随意性。第一，要规范财政收入，使收入形式和数量规范化，这是稳定企业财政负担，改革企业经营环境，强化税收职能的前提。财政收入不规范会扰乱整个分配过程，影响企业和职工个人的分配关系，使税收规范丧失效力；第二，要规范财政支出，制定科学的支出标准，保证正常的经费供给，改变支出缺口政策，这是防止财力分散和进行廉政建设的基础。廉政包含着节约支出的内容，但支出缺口不是节约，而是引起以权谋私的条件。因为各种社会职能是经济发展所必须的，为执行社会职能支付的费用构成社会再生产不可缺少的组成部分，要与社会再生产的实际需要相适应。支出过多会造成浪费，影响社会经济发展；相反，支出不足会影响社会职能的正常运行，对经济发展也不利。在不改变社会职能的情况下留有支出缺口，只能造成执行社会职能的机构以权谋私，自己创收，权钱交易，败坏社会风气。规范财政支出，要求把一切执行社会职能即国家管理职能机构的经费全部纳入预算支出，除财政供给经费以外，不得凭借社会职能谋取收入。同时，一切执行国家职能的收入（包括规费和罚款）要全部上缴财政。这是制止"三乱"的根本措施。

2.深化税制改革，理顺分配关系，解开财政困难和国有企业活力不足的扣子。上面讲过，造成财政困难的主要原因是分配关系被扭曲，分配机制变形，税制软化，财源流失。要改变这种状况，必须从深化税制改革入手，理顺分配关系，规范财政分配，转换分配机制。从逻辑上讲，分配关系是基础，税收只是分配关系的组成部分，从深化税制改革入手理顺分配关系似乎有本末倒置之嫌。实际上，分配关系在实际生活中主要是通过税收、工资和奖金来体现的。税收是分配关系的主导形式，体现国家和企业、中央和地方的分配格局，对工资和奖金具有制约作用。从深化税制改革入手理顺分配关系，不仅合乎实际，而且也只有从税制改革入手才能解开财政困难和国有企业活力不足的扣子，走出国有企业活力不足和财政困难互相堵截的死胡同。深化税制改革的主要途径是加速税利分流的进程，把税收和税后利润的分配分开，税归税，利归利，国家征税，税后利润归企业（包括企业所有者和经营者，下同）。制定统一的企业所得税法，统一税率，统一所得额的计算，平衡各种经济成分的税收负担。这是转换分配机制，增强国有大中型企业活力和使财政走出困境的关键。现在实行税利分流的阻力主要有两点：一是国有大中型企业的税后利润如何分配，是否还要直接上缴财政？二是税前还贷如何处理？对于第一点，我认为既要实行税利分流，国有企业的税后利润就应该和其他经济成分的企业一样归企业所有者和经营者支配，不再直接上缴财政。国有企业实现利润的分配格局，可以参照毛泽东同志在50年代设计的"四马分肥"方式来处理，即所得税33%，职工福利15%，所有者的红利20%，企业积累32%。至于在企业税后利润分配中由谁执行所有者职能，20%的红利如何使用，另行研究。对于税前还贷如何处理，我主张从实行税利分流时算起，现有税前还贷的贷款余额一律停息挂账，解脱企业还债的负担；税利分流以后的贷款一律由企业用税后利润归还，首先转换机制，让企业活起来。至于以前的贷款挂账以后如何解决，由财政和银行另行研究，不要采用现在试点地区的办法，使改革旷日持久。要充分认识税前还贷政策对经济运行的干扰。如果税前还贷的贷款余额达到1万亿元，每年新增加的国民收入不够还本付息，国民经济运行就会出现难以控制的混乱状态，不能不引起重视。

3．积极创造条件实行分税制，用分税制代替地方财政包干体制，理顺中央和地方的分配关系，消除中央和地方互相挤占收入及地方争基数、乱减税的现象，改变税收的逆向调节，促进产业结构合理化和国内统一市场的形成。目前实行分税制的困难有两个方面：一方面是正确划分中央和地方的事权，规范支出范围，这涉及整个行政体制的改革，难度很大；另一方面是建立较完善的地方税体系，提高地方税在税收收入中的比重，保证地方有相应的财源，达到财政与事权的统一。这是深化税制改革必须解决的问题。划分中央和地方的事权不是财政体制改革所能解决的问题，需要中央决策。但是，划分中央和地方的事权是实行分税制的前提。中央和地方事权划分不清，支出范围不能确定，分税制就失去依据，按支出基数确定的包干体制就很难改变。有的同志提出，在中央和地方事权划分不清的情况下，只能实行准分税制，根据现有支出基数划税，逐步过渡。我觉得也可以采取逆行法，即通过划分财政支出范围来探索中央和地方的事权，用分税制促进行政体制改革。至于提高地方税的比重，需要全面考虑税种结构，调整税率。但是，提高地方税的比重和中央财政收入的比重要同时考虑，不能因为提高地方税的比重而使中央财政收入进一步减少。这是两个不同的问题，提高地方税的比重属于税制结构；提高中央财政收入的比重属于财政体制，二者可以相辅相成。

4．在理顺分配关系的基础上统一财源，集中财权和税权。

所谓理顺分配关系，明确地讲，也就是规范财政分配，在国家和企业分配中区分两种职能，实行税利分流；在中央和地方分配中实行分税制。以此为基础统一财源，分解预算外收入，建立统一的分级财政，进行单轨分配，把预算外收入分别纳入各级财政预算，进行复式预算控制；依法治税，改变财政分配的随意性和"游击"习气，逐步取消各种税外征收，同时把一切依据国家职能得到的收入，包括各种规费和罚款全部收归国家财政；统一行政事业单位的经费供给，一切执行国家管理职能的经费都由财政统一供给，分别纳入各级财政预算，在财政供给经费之外，不能凭借职权另谋收入，这是防止财源流失，进行廉政建设，消除以权谋私的前提。没有严格的财政制度，在经费支出中各行其是是造成收入流失和"三乱"的根源。

规范财政分配和强化税收职能涉及面很广，牵连到整个经济体制的改革，但不能事无巨细面面俱到，要抓主要问题，纲举目张。就目前的问题来说，关键是规范财政分配，建立刚性税制，真正依法治税。以规范分配为基础，统一财源，集中财权，建立统一的分级财政，实行有序分配，有序经营。只有这样，才能在搞好国有企业的同时走出财政困境，不至于越陷越深。

（原载《税务研究》1992 年第 4 期）

作者主要论著目录

著 作

《财政学新论》，中国财政经济出版社，1984年。

《改革财政学》，中国财政经济出版社，1989年。

《我国流通部门的发展战略》（主编），中国社会科学出版社，1985年。

《九十年代中国税制改革设想》（主编），中国财政经济出版社，1990年。

《社会主义流通经济研究》（主编），中国社会科学出版社，1993年。

《中国税务百科全书》（主编），经济管理出版社，1991年。

论 文

经济理论部分

《社会主义企业一定要有盈利》，《中国经济问题》1977年第4期。

《关于改善资金管理体制的建议》，《经济研究资料》1978年第3期。

《论经济核算制的基本内容》，《中国经济问题》1979年第3期。

《实行独立经济核算制是改革企业管理体制的方向》，《财贸经济》1980年第1期。

《重新学习马克思剩余劳动理论的现实意义》，《学习与思考》1983年第2期。

《马克思的剩余劳动理论在社会主义经济中的实际意义》，《经济研究》1983年第3期。

《经济体制改革的关键环节刍议》，《光明日报》1984年4月22日。

《从〈资本论〉第二卷的内容看流通过程的研究对象》，《财贸经济》增刊，1984年6月。

《在宏观经济决策中试行"三权分立"互相制约体制》，《经济体制改革》1986年第1期。

《试论建立〈社会主义流通经济学〉的必要性》，《商品经济论坛》1986年第1期。

《固定资产投资规模与短缺经济》，《中州学刊》1986年第4期。

《商品经济发展的自然趋向》，《经济新论》1986年第5期。

《略论社会主义所有制形式的新格局》，《光明日报》1986年11月22日。

《商品经济是孕育共产主义种子的母胎》，《财贸经济》1986年第12期。

《不能把企业所有制作为经济改革的目标》，《财政研究》1987年第1期。

《对财政银行体制配套改革的设想》，《财政研究》1987年第10期。

《社会主义初级阶段的经济特征》，《光明日报》1987年11月7日。

《在深化改革中巩固和发展企业承包经营》，《城市改革理论研究》1988年第1期。

《关于运用宏观经济杠杆的几个问题》，《财政研究》1988年第8期。

《论商品经济和社会主义的统一性》，《财贸经济》1990年第6期。

《不要把商品经济和市场经济对立起来》，《财贸经济》1992年第3期。

《社会主义与商品经济》，载《我的经济观》，江苏人民出版社，1992年。

财政部分

《略论财政收入的经济内容》，《财政研究》1981年第5期。

《关于财政本质的探讨》，《学习与思考》1982年第2期。

《提高经济效果，增加财政收入》，《财贸经济》1982年第2期。

《关于财政学的几个问题》，《财贸经济》1983年第3期。

《关于中国财政发展战略的几个问题》，《参考资料》1983年5月27日。

《中国财政发展战略》，《山西财政研究》1983年第7期。

《财政的战略目标》，《财贸经济》1983年第12期。

《略论财政与国家的本质联系》，《财政研究》1984年第1期。

《要充分认识利改税对经济体制改革的意义》，《中国税务》1984年第2期。

《关于实现财政平衡的对策研究》，《中国社会科学院要报》1984年4月14日。

《解决财政体制中集权与分权的正确原则》，《财贸经济》1984年第3期。

《利改税展示出税收发展的新阶段》，《经济研究》1984年第8期。

《利改税是城市经济改革的重要步骤》，《经济学文摘》1984年第11期。

《略论财政关系层次结构》，《财贸经济》1985年第6期。

《利用国债促进经济发展》，《光明日报》1985年12月14日。

《理财思想的战略转变》，《吉林财专学报》1986年第2期。

《宏观经济的财政控制问题》，《财贸经济》1986年第5期。

《财税体制改革与理财思想的战略转变》，《山西财税研究》1986年第11期。

《我国现行财政平衡计算方法具有严重弊端》，《中国社会科学院要报》1986年11月6日。

《正确认识财政赤字问题》，《人民日报》1986年12月1日。

《关于系统深化财政体制改革的建议》，《财贸经济资料》1987年第11期。

《把国家信用和财政平衡分开研究》，《经济日报》1987年12月26日。

《明确财政体制改革总结目标，加快和深化财政体制改革》，《财政》1988年第2期。

《重新认识国家信用的性质、作用及国债的承受力》，《财政研究》1989年第4期。

《如何使财政走出困境》，《财政研究》1989年第9期。

《财政状况关系社会主义经济改革前途》，《财贸经济》1990年第3期。

《试论商品经济中的财政职能》，《中州学刊》1991年第1期。

《从深层次改革认识税利分流》，《财政研究》1991年第5期。

《建立有中国特色的社会主义财政新模式》，《湖北财税》1991年第6期。

《调整分配格局是振兴财政的重要途径》，《中国财经报》1991年7月31日。

税收部分

《社会主义税收发展的客观必然性》，《税务研究》1985年第2期。

《加强税收理论研究，建立税收理论体系》，《税务研究》1985年第6期。

《"七五"时期的税收模式》，《财政研究》1987年第4期。

《略论分税制》，《河北税务》1988年第1期。

《把税收理论纳入商品经济轨道》，《浙江财税会计》1988年第7期。

《重新认识税收的性质、地位和作用》，《税务研究》1988年第10期。

《"八五"时期深化税制改革的粗略设想》，《税收研究资料》1990年第1期。

《如何建立科学的税收理论体系》，《税务研究》1990年第7期。

《90年代税制改革总体设想》，《财贸经济》1990年第10期。

《如何研究税收的经济效用》，《湖北税务研究》1991年第1期。

《深化税制改革增强企业活力》，《中国税务报》1991年11月25日。

《规范财政分配，强化税收职能》，《税务研究》1992年第4期。

金融部分

《有关货币流通与银行信贷的几个理论问题》，《金融研究》1983年第10期。

《货币发行与银行信贷混合管理的弊病与分开管理的优点》，《财贸经济》1983年第10期。

《管住货币发行，放开银行信用》，《金融研究》1985年第4期。

《金融体制改革的趋势》，《经济工作者学习资料》1985年第9期。

《货币发行的数量界限与控制措施》，《财贸经济》1985 年第 8 期。

《要从体制上解决控制货币发行与搞活银行信用问题》，《财贸经济资料》1986 年第 1 期。

《如何强化中央银行的职能》，《财金贸易》1986 年第 10 期。

《固定资产投资和银行体制改革》，《金融研究》1987 年第 10 期。

《对投资体制全方位改革的想法》，《投资研究》1987 年第 11 期。

《通货膨胀与改革的前途》，《财贸经济》1988 年第 3 期。

《当前货币政策的选择》，《吉林金融研究》1988 年第 9 期。

《把货币发行和银行信贷分开研究》，《光明日报》1989 年 6 月 10 日。

《治理通货膨胀重在治本》，《金融研究》1989 年第 6 期。

《银行体制改革的理论指导》，《金融研究》1991 年第 3 期。

作者年表

1929 年 7 月 1 日　生于山西省灵丘县

1937 年 10 月　参加山西灵丘抗日儿童团

1939 年 1 月—1942 年 7 月　灵丘县上小学

1939 年—1945 年 10 月　抗日儿童团长

1944 年 8 月　加入中国共产党

1945 年 10 月—1947 年 2 月　灵丘县第二高级小学　学生会宣委

1947 年 3 月—1947 年 7 月　灵丘县南降村　小学教员

1947 年 8 月—1947 年 10 月　灵丘第四区武装部　教导员

1947 年 11 月—1948 年 2 月　灵丘第二区武装部　后勤队长

1948 年 3 月—1948 年 7 月　大阳丰第六区　副区长

1948 年 8 月—1949 年 3 月　冀晋区支前工作团　组长

1949 年 3 月—1949 年 11 月　察哈尔省税务局行政科　主任科员

1949 年 11 月—1952 年 11 月　察哈尔省税务局计划科　股长

1952 年 11 月—1956 年 8 月　中国人民大学财政系预算班学习，任党支部书记

1956 年 8 月—1978 年 4 月　中国科学院经济研究所　党组成员、总支副书记，财贸副组长、组长

1978 年 5 月—1992 年 8 月　中国社会科学院财贸物资经济研究所党委委员、党组成员，室主任，研究员，博士生导师

1992 年 8 月 26 日　因病在北京逝世，享年 63 岁。